小畑　郁

ヨーロッパ地域人権法の憲法秩序化

――その国際法過程の批判的考察――

学術選書
130
国際法

信山社

はしがき

本書は、ヨーロッパ人権条約についてこれまで筆者が書いてきた論稿のうち、問題意識の共通性が大きいものを選び出して加筆し、一つの著作としても読める体裁に再構成したものである。あわせて、このように抽出された共通のテーマとの関連性が強いヨーロッパ連合（ＥＵ）の人権規範についての論稿を「補論」として、またテーマと直接関連する判例研究と条文および関連資料を「付録Ⅰ」「付録Ⅱ」として収録した。

今、漸くにして最終校正を終えようとしている校正刷りを通読して、「ヨーロッパ地域人権法の憲法秩序化」といういささか大胆とも思われるテーマを論ずるものとしては、あまりにも検討が細部にこだわりすぎているという印象を禁じ得ないが、こうした大胆な構図の批判的考察に（いわば後知恵的に）着地するための処理として、筆者としては避けて通ることができなかった道のりであったことも確認できた。とはいえ、読者を混乱させるのは本意ではない。もちろん、筆者の構造認識と主張をその細部の裏付けも含めて検証しようとされるのであれば、全体の通読をお願いするほかはないが、主張の要点について一応の理解を求めようとする読者には、序章と終章を、「憲法秩序化」を批判的に分析するために筆者なりに適用した国際法学のディシプリンに関心をお持ちの方には、第四部（第七、八章）、補論と終章を、ヨーロッパ人権条約についての知識を求めて本書を手に取られた方には、第一部（第一、二章）と第三部（第四～六章）を、まず読んでいただき、関心に応じて他の部分を読んでいただければ幸いである。

ヨーロッパ人権条約については、研究者としての処女作以来今日まで二八年間、ときどきに論稿を書き進めてきたが、その間、対象自体もその背景事情も大きく変動してきた。筆者としては、（ある場合にはテーマも限定されて）与えられたスペースにその都度寄稿する原稿を執筆する過程で、考察を一歩一歩進めるほかはなかった。その結果本書に収められた論稿は、付録に収録したものを除いても一三本にのぼり、初出の時期も一九九五年から二〇一二年までの一七年間にわたる。こうした論稿を一つの著作にまとめるには、用語・訳語および註の形式の統一という形式面のみならず、内容面においても比較的大幅な加筆が必要であった。他方、各論稿にはそれぞれ文脈があり、それを全くそぎ落とし、一旦解きほぐして体系的に再構成することには、それに伴う時間を考える以上に、学問的な誠実さという意味でも抵抗を覚えた。したがって、全体としては多少デコボコした構成も甘受した上で、各論稿の趣旨は可能な限り保存し、発表後の見解に基づく補正については註でその旨明記するスタイルをとった。それが読みにくさに繋がっているとすればお詫びするほかないが、こうした構成・スタイルには、今後の批判的検討に開いておくというメリットもあるであろう。なお、こうした来歴から、先行業績との関連を、まとまった形で示すことはしていない。人名索引等を利用して読み取っていただければ幸いである。

国際法・国際法学の歴史に関心を抱いて研究者を志した筆者としては、ヨーロッパ人権条約の分析というテーマは、まだ使い慣れない国際法学のディシプリンを適用するのに好都合な素材としてまずは選択されたものであった。その後、筆者の研究発表は、人権の国際的保障一般、国際責任・外交的保護の法、現代国際法理論の歴史的文脈などに広がっていったが、ヨーロッパ人権条約は、筆者の当初の予想以上に、学問と現状認識を深める豊かなフィールドとして役立ってきた。それはなによりも、この条約が、かの大陸を平和で人々が協力しあう空間として構築しようとした人々の産物であり、どれほど成功しているかはともかくとして、時代を通じて多くの人々のそのような努力によって支えられてきたシステムであるからであると考えている。したがって本書におけるまず最初の謝辞は、このようなヨーロッパの人々に捧げなければならない。一九九八年のストラスブールでの在外研究で、筆者は、はじめてこのような有名・無名の人々と直接に接する機会を得た。その最初の橋渡しをしていただいた建石真公子氏にも、この場で御礼申し上げたい。

筆者がその教育活動の直接の目標としてきた、日本やアジア地域の法の発展にとっても、ヨーロッパ地域人権法の歴史は、モデルとしてではなく苦闘を含むプロセスとして、貴重な教訓を提供している。逆に、アジアや日本のわれわれにとっては、ヨーロッパ地域の法を、静態的にまた純粋培養されたものとしてではなく、動態的にまた矛盾を孕んだ多元的な過程として観察することが、決定的に重要であろう。筆者は、本年（二〇一四年）四月より、名古屋大学法政国際教育協力研究センター（Center for Asian Legal Exchange, ＣＡＬＥ）のセンター長をつとめることになったが、アジアとの関わりでの教育・行政実践と本書のような研究とは、切り離されているわけではないのである。

本書は、筆者の最初の単著となる。研究者を志望して大学院に進学して以来三二年間の最初のまとまった成果としては、十分なものとは到底言うことができないが、それでもここまで研究を積み上げて来られたのは、多くの人々のおかげであり、そのリストを掲げると、名前だけでも数頁を要するであろう。ここでは、そのなかでも特別の人々について簡潔に記させていただきたい。

香西茂先生には、学生として国際法への最初の関心を開いていただき、大学院時代を通じて研究指導を頂戴した。生来粗忽な文字通り不肖の弟子を、現在に至るまで厳しくも暖かく見守ってくださっている。大学院では、香西先生と太寿堂鼎先生の主宰するスクーリングで、国際法学の基礎的な手ほどきを受けた。さらに、当時の関西地区の国際法専攻の院生には、なんと言っても毎週開かれる京都の国際法研究会が、文字通り戦慄すべき「道場」であった。この研究会を主宰されていた田畑茂二郎先生からは、その後も声をかけていただき、所長を務めておられた世界人権問題研究センターで嘱託研究員を務めるきっかけをつくってくださった。学問的に厳密な方法論については、民科法律部会国際法グループの研究会で多くのことを学んだ。この研究会で、祖川武夫先生の謦咳に接したことは、その後の筆者の研究の重要な礎石となっている。田畑、祖川、太寿堂の各先生は、すでに鬼籍に入られたが、仮にでも「憲法」というタイトルを帯びる国際法学からの本書のような著作をどのように見られるであろうか。

とりわけ、人権の国際的保障の分野については、芹田健太郎先生、薬師寺公夫氏に研究の初歩からお教えを頂戴した。安藤仁介先生には、現在も世界人権問題研究センターその他でご指導いただいている。安藤・芹田両先生には、当時勤めておられた神戸大学の研究室まで押しかけてお教えいただいたことを、自らの愚かさについての恥ずかしい思いとともに懐かしく思い出す。

振り返って筆者の研究に原動力を与えてきてくれたのは、大学院研究室の同僚（とりわけ浅田正彦、桐山孝信、戸田五郎、真山全、山形英郎の各氏）や、大学教員となってからの同僚との議論であった。金沢大学時代には、五十嵐正博氏に、現在では、山形、高村ゆかり、水島朋則の各氏に日常的にお世話になっている。とりわけ、松井芳郎先生には、現在の職場に来る機縁をつくっていただき、また、佐分晴夫氏には、公私にわたって本当に気を遣っていただいた。名古屋大学に勤めることになって一八年目を迎えるが、この濃密な時間なくしては、今の私の研究はあり得なかったと実感している。

本書の基となる研究の多くは、二〇〇一年に結成された「ヨーロッパ人権裁判所判例研究会」の研究活動との密接な関係のなかで生まれた。戸波江二先生をはじめとするこの研究会のメンバーの皆さんにも感謝したい。

信山社の袖山貴社長と今井守氏が、本書の構想について筆者のもとを訪ねてくださったのは、二〇〇七年のことであったと記憶する。途切れがちで、一時はほとんど投げ出していたも同然であった本書が、ともかくも出版にこぎ着けることができたのは、ひとえに信山社とお二人の熱心な慫慂と献身的なサポートのおかげである。伏して御礼申し上げる。同僚でもある石川クラウディア氏には、英文要旨と謝辞について目を通していただいた。もちろん、なお残る誤りについての責任は、筆者のみにある。

私事にわたるが、家族についても記すことをお許し願いたい。父母は、筆者が研究の道に進むことを心から応援してくれた。二〇一一年に他界した母に本書を見せることができなかったのが心残りである。生活に潤いを与え続けてくれる、私にとっては娘も同然の猫たちにも感謝したい。また妻・前田雅子は、私生活でだけでなく、大学教員・研究者としての悩みも分かちあえるパートナーとして、筆者を支えてくれた。朗らかな彼女との生活なしには、絶望感すら抱くこともある政治・社会状況に堪えられなかったであろう。彼女に対して感謝を表すふさわしい言葉は、探しても見つからない。

二〇一四年初夏

新棟建設に伴い間もなく撤去される木々の緑を臨むCALEセンター長室にて

小畑　郁

※本書は、次の研究助成に基づく研究成果の一部を含むものである。

科学研究費補助金

・二〇〇二—〇三年度基盤研究（B）「ヨーロッパ人権裁判所の総合的研究——国際人権の保障モデルとして」（研究代表者・戸波江二）

・二〇〇四—〇六年度基盤研究（B）「国際人権の地域的保障の総合的研究——ヨーロッパ人権条約と人権裁判所を中心に」（研究代表者・戸波江二）

・二〇〇五—〇八年度基盤研究（A）（海外）「EU拡大後のエストニア・ラトヴィアにおける国家統合と複合民族社会形成に関する研究」（研究代表者・橋本伸也）

・二〇〇八—一〇年度基盤研究（A）「ヨーロッパ地域における人権（基本権）規範のハーモナイゼーションとその限界」（研究代表者・小畑郁）

・二〇一一—一四年度基盤研究（A）「人権条約実施状況の分析を通じた欧州地域秩序の「憲法化」構造の把握」（研究代表者・小畑郁）

（財）日東学術振興財団二〇〇七年度海外派遣助成「ヨーロッパ人権条約実施システムの構想と展開についての国際法的研究」（派遣者・小畑郁）

なお、二〇一三年度前期に認めていただいた名古屋大学大学院法学研究科におけるサヴァティカルは、本書をまとめるうえで、決定的な後押しとなった。記して感謝申し上げる。

〈略目次〉

◇序　章　ヨーロッパ地域の憲法秩序化の基盤と原動力を求めて
——ヨーロッパ連合（EU）制度との関係を中心に……3

◆第一部　総　説

第一章　人権条約実施システムの歩みと展望——動態的観察……37

第二章　新旧両制度の組織と手続——静態的観察……57

◆第二部　実施手続改革の国際的環境

第三章　中東欧諸国とヨーロッパ評議会および条約……79

◆第三部　改革後の条約実施体制の構造

第四章　条約実施機関における個人の「裁判をうける権利」……101

第五章　人権裁判所(新)の組織と手続の確立
――三年目の時点での小括……113
第六章　大規模かつ重大な人権侵害と条約制度
――チェチェン紛争に対する対応を中心に……133

◆第四部　条約実施機構改革の構造的基礎
――旧制度の分析を通じて

第七章　旧制度における人権裁判所の管轄権……151
第八章　旧制度における閣僚委員会の事件の実質的処理権限……177

◆第五部　条約による国内の基本権救済手続の統制
――「実効的な国内救済手段を得る権利」の可能性

第九章　「実効的な国内救済手段を得る権利」の性格と適用範囲……215

第一〇章　条約上の権利の国内手続での援用可能性……233
第一一章　入国管理措置に対する国内不服審査制度の条約による統制……261
◇〈補　論〉ＥＵ法における人権規範の展開
——憲法秩序化への対外協力コンディショナリティのインパクト……283
◇終　章　国内的実施の進展と補完性原理……319
◆付録Ⅰ　人権裁判所判例研究
第一　実施機関の権限を一方的に制限することの可否
——ロイズィドウ事件（先決的抗弁・本案）
（大法廷一九九五年三月二三日判決、大法廷一九九六年一二月一八日判決）……337
第二　国家間紛争と人権裁判所
——キプロス対トルコ事件（第四申立）
（大法廷二〇〇一年五月一〇日判決）……347

第三　パイロット判決の先例
　　　――ブロニオヴスキ事件
　　　（大法廷二〇〇四年六月二二日判決）……361

◆付録Ⅱ　条文および関連資料

第一　ヨーロッパ人権条約および議定書……373
第二　第一一議定書についての説明報告書……417
第三　第一四議定書による改正規定の新旧対照表およびコメンタリー……455
第四　人権裁判所（新）の一九九八年規則……491

細目次

はしがき
凡例／略語一覧

◇序　章　ヨーロッパ地域の憲法秩序化の基盤と原動力を求めて
——ヨーロッパ連合（EU）制度との関係を中心に——　3
はじめに　5
第一節　シンボルを基盤とする特殊な憲法秩序としての条約　9
第二節　ヨーロッパ共同体／ヨーロッパ連合と条約とのパラレリズム　15
結びに代えて——憲法秩序の構造とあらたな課題　30

◆第一部　総　説

第一章　人権条約実施システムの歩みと展望——動態的観察——　37
はじめに　37
第一節　条約の作成とその原初的特徴　39

第二節　実施システムの展開……42
1　人権抑圧政権・政策への政治的介入機能の凋落――一九六〇年代～一九七〇年代前半（42）
2　「中核」諸国における個人の不服の司法的解決機能の強調
――一九七〇年代後半～一九八〇年代前半（45）
3　個人申立・司法的解決制度の「周辺」諸国への波及――一九八〇年代後半（48）
4　中東欧諸国への条約の拡大と第一一議定書による改革（49）
第三節　第一四議定書と人権裁判所の当面する問題……52
第二章　新旧両制度の組織と手続――静態的観察――57
はじめに……57
第一節　旧制度における申立処理手続……58
1　概観と各機関の構成（58）
2　人権委員会における手続（60）
3　人権裁判所（旧）における手続（61）
4　閣僚委員会における手続（63）
第二節　現行制度における唯一の実質的申立処理機関としての人権裁判所……64
1　構　成（64）
2　手　続（67）

（1）新手続の規定上の保守的性格（67）／（2）受理されるまでの手続（67）／
（3）友好的解決手続（70）／（4）調査および審理手続（71）／
（5）大法廷への回付と上訴（72）／（6）判決と衡平な満足を与える決定（72）
第三節　判決の効力と確定判決の閣僚委員会による執行監視……73

◆第二部　実施手続改革の国際的環境

第三章　中東欧諸国とヨーロッパ評議会および条約――79
はじめに……79
第一節　ヨーロッパ評議会と中・東欧……81
1　ヨーロッパ評議会の性格と冷戦時の対東欧政策（81）
2　冷戦後ヨーロッパ政治におけるヨーロッパ評議会の対中・東欧政策（83）
第二節　条約体制への包摂メカニズム……87
1　条約体制への包摂政策の確立（87）
2　ヨーロッパ評議会への加盟と人権条約適合性（88）
3　非加盟国を含む中・東欧諸国へのその他の対応（93）
結びに代えて……95

◆第三部　改革後の条約実施体制の構造

第四章　条約実施機関における個人の「裁判をうける権利」――101
はじめに……101
第一節　個人の申立権の自動的承認……103
1　背　景（103）
2　第一一議定書における個人の申立権（104）
第二節　「裁判をうける権利」の到達点……105
1　裁判所の審理をうける権利の確立（105）
2　裁判所の独立性・公平性（107）
3　個人にとっての手続の実効性（108）
（1）受理可能性審査の手続（108）／（2）本案審査の手続（109）／（3）上訴手続（110）
結びに代えて……112

第五章　人権裁判所（新）の組織と手続の確立
――三年目の時点での小括――113
はじめに……113
第一節　新裁判所の構成……114

1 裁判官の選挙（114）
2 裁判所の構造（116）
3 挫折した裁判官付調査官構想と書記局（119）
第二節 新裁判所の作業方法……121
1 受理されるまでの手続（121）
2 友好的解決手続の見直し（123）
3 大法廷への回付手続および上訴手続（125）
第三節 新裁判所の当面する主要問題……127
1 申立数の増加（127）
2 大規模人権侵害への対応（129）
結 語……131
第六章 大規模かつ重大な人権侵害と条約制度
——チェチェン紛争に対する対応を中心に——133
はじめに……133
第一節 法的責任が確定したこれまでの大規模かつ重大な人権侵害事例……135
1 ギリシャ事件（一九六七—一九七〇年）（136）
2 アイルランド対イギリス事件（一九七一—一九七八年）（137）

3 キプロス対トルコ事件（第三次申立、一九九四年——）（139）
4 まとめ（141）
第二節 チェチェン紛争と条約制度……141
1 経緯と関連事実の概要（141）
2 人権裁判所判決の動向（144）
3 閣僚委員会における動向（145）
結 語……147

◆第四部 条約実施機構改革の構造的基礎
——旧制度の分析を通じて

第七章 旧制度における人権裁判所の管轄権——151
第一節 問題の所在……151
第二節 締約国による管轄権受諾宣言……155
1 受諾宣言の期間と受諾状況（155）
2 受諾に対する諸条件（158）
第三節 実施機関と締約国の実行——いくつかの事例研究……162
1 ベルギー言語事件とベルギーによる事項的制限の試み（162）

2　キェルドセンほか事件とデンマークによる人権委員会提訴事件の除外（165）
3　タイラー事件――領域的制限と受諾宣言の不更新（168）
4　管轄の時間的制限とバルベーラほか事件（169）
5　ま と め（171）
第四節　冷戦終結後の動向……173

第八章　旧制度における閣僚委員会の事件の実質的処理権限――177

はじめに……177
第一節　準備作業における閣僚委員会の機能の転換……180
1　閣僚委員会の政治的役割――専門家委員会および高級公務員会議（180）
2　閣僚委員会の機能への法律的要素の導入――閣僚委員会第五会期（184）
第二節　実質的処理権限の閣僚委員会による運用……187
1　閣僚委員会手続の自己認識――一九六九年規則の成立まで（188）
（1）初期の動向とオーストリア対イタリア事件（188）／（2）二つの争点軸の提起と規則成立の経緯（190）／（3）紛争処理機能の自己制限（192）／（4）「裁判所」的手続の実質上の排除（194）
2　法的・政治的コミットメントの回避傾向――閣僚委員会決議研究（198）
（1）決議の全般的傾向（198）／（2）条約解釈・適用機関としての閣僚委員会（200）／

(3) 紛争解決機関としての閣僚委員会(204)
結びに代えて……208

◆第五部 条約による国内の基本権救済手続の統制
――「実効的な国内救済手段を得る権利」の可能性

第九章 「実効的な国内救済手段を得る権利」の性格と適用範囲――215
はじめに……215
第一節 条約一三条の権利性……217
第二節 条約一三条の自律性……222
第三節 〈条約上の権利〉についての救済手段?……226
結び……231
第一〇章 条約上の権利の国内手続での援用可能性――233
はじめに……233
第一節 一九八〇年代半ばにおける過渡的判例……234
1 事件と人権裁判所の判断(234)
(1) シルヴァーほか事件(234)/(2) アブドゥルアジスほか事件(238)

2 両判決における論理（240）
3 批判的考察――両判決の背景（244）
第二節 〈条約上の権利〉の援用可能性要件の確立
――ゼーリング判決 249
1 ゼーリング判決に至るまでの人権委員会の判断（249）
2 ゼーリング事件と人権裁判所判決（251）
3 ゼーリング判決の意義と限界（254）
結びに代えて 257

第一一章 入国管理措置に対する国内不服審査制度の条約による統制―― 261
はじめに 261
第一節 不服審査制度において適用される実体基準の統制 264
1 虐待（ill-treatment）の禁止（条約三条）をめぐって（264）
2 その他の権利をめぐって（268）
第二節 不服審査制度の手続的統制 271
1 不服審査機関の独立性および対審的手続の要求（271）
2 追放等の決定の執行停止の要求（275）
結語 280

◇〈補　論〉ＥＵ法における人権規範の展開
──憲法秩序化への対外協力コンディショナリティのインパクト── 283
はじめに……285
第一節　域内基本権保護とその限界……289
1　ＥＣ機関の行為に対するＥＣ司法裁判所による統制とその存在根拠（289）
2　判例の展開とその限界（293）
（1）加盟国の行為とＥＵ法上の人権規範（293）／（2）人権規範はＥＵの権限の源泉となるか（296）
第二節　対外協力人権コンディショナリティとその展開……298
1　対外協力についての人権コンディショナリティの登場（298）
2　基本条約上の「基礎原則」としての人権の確立（301）
（1）中東欧諸国との協力条件から加盟条件へ（301）／（2）ＥＵ条約規定の改正（306）
3　ＥＵ基本権局の発足（311）
第三節　ＥＵ法における人権規範の基礎と限界……314
◇終　章　国内的実施の進展と補完性原理── 319
はじめに……321

第一節　条約の国内受容の進展とその背景……322
第二節　補完性原理の維持と意味変容……326
結　び……330

◆付録Ⅰ　人権裁判所判例研究

第一　実施機関の権限を一方的に制限することの可否
——ロイズィドウ事件（先決的抗弁・本案）
（大法廷一九九五年三月二三日判決、大法廷一九九六年一二月一八日判決）——337
第一節　事　実……337
第二節　判　旨……339
1　先決的抗弁判決（339）
2　本案判決（341）
第三節　論　点……343
第二　国家間紛争と人権裁判所
——キプロス対トルコ事件（第四申立）
（大法廷二〇〇一年五月一〇日判決）——347

第一節　事　実……347
第二節　判　旨……349
1　先決的問題（349）
（1）キプロスの原告適格および訴えの利益（349）／（2）トルコの責任（349）／（3）国内的救済原則（350）
2　ギリシャ系キプロス人行方不明者とその親族の権利の侵害の主張（350）
（1）行方不明者（350）／（2）行方不明者の親族（351）
3　避難民の住居の尊重の権利および財産権の違反の主張（351）
4　北キプロスのギリシャ系キプロス人の生活条件から生ずる違反の主張（352）
（1）個別的違反の主張（352）／（2）全般的状況（353）
5　トルコ系住民の権利の侵害の主張（353）
第三節　解　説……354
1　キプロス紛争とヨーロッパ人権条約（354）
2　人権裁判所の取扱い（355）
3　判決執行をめぐる問題（356）
第三　パイロット判決の先例
——ブロニオヴスキ事件
（大法廷二〇〇四年六月二二日判決）——361

第一節　事　実……361
第二節　判　旨……363
1　第一議定書一条(財産権)違反の主張について(363)
(1)審査の範囲および第一議定書一条の可能性(363)／(2)審査基準およびその適用(364)
2　条約四六条(判決執行義務)に基づきとられるべき措置(365)
3　条約四一条(衡平な満足)(366)
第三節　解　説……366
1　パイロット判決方式のモデル・ケース(366)
2　人権裁判所の救済措置特定権限(367)
3　判決執行のための一般的措置(367)
4　人権裁判所の憲法裁判所機能とその限界(368)

◆付録Ⅱ　条文および関連資料

第一　ヨーロッパ人権条約および議定書——373
人権および基本的自由の保護のための条約(ヨーロッパ人権条約)……373
人権および基本的自由の保護のための条約についての議定書

（ヨーロッパ人権条約第一議定書）（抄）……390
条約およびその第一議定書にすでに含まれているもの以外のある種の権利および自由を保障する、人権および基本的自由の保護のための条約についての第四議定書
（ヨーロッパ人権条約第四議定書）（抄）……391
死刑の廃止に関する人権および基本的自由の保護のための条約についての第六議定書
（ヨーロッパ人権条約第六議定書）（抄）……393
人権および基本的自由の保護のための条約についての第七議定書
（ヨーロッパ人権条約第七議定書）（抄）……395
人権および基本的自由の保護のための条約についての第一二議定書
（ヨーロッパ人権条約第一二議定書）（抄）……397
あらゆる状況の下での死刑の廃止に関する人権および基本的自由の保護のための条約についての第一三議定書
（ヨーロッパ人権条約第一三議定書）（抄）……398
人権および基本的自由の保護に関する条約を改正する第一五議定書
（ヨーロッパ人権条約第一五議定書）（抄）〔未発効〕……399
人権および基本的自由の保護のための条約第一六議定書
（ヨーロッパ人権条約第一六議定書）（抄）〔未発効〕……401
ヨーロッパ人権条約（第二節以降）旧条文……404

第二　第一一議定書についての説明報告書――417

訳者まえがき……417

ヨーロッパ人権条約第一一議定書についての説明報告書（抄訳）……419

Ⅰ　序（419）

Ⅱ　背　景（421）

Ⅲ　条約により設立された監督機構を再構成する緊急の必要性（424）

Ⅳ　単一裁判所システムの主な特徴（426）

Ⅴ　選択議定書ではなく改正議定書を選択したこと（430）

Ⅵ　議定書の諸規定のコメンタリー（431）

第三　第一四議定書による改正規定の新旧対照表およびコメンタリー――455

訳者まえがき……455

新旧対照表（第一九条以下）および改正規定のコメンタリー……457

第四　人権裁判所（新）の一九九八年規則――491

訳者まえがき……491

ヨーロッパ人権裁判所規則（一九九八年一一月四日）……492

第一編　裁判所の組織と作業方法（493）
第二編　手　続（503）
第三編　経費規則（527）
第四編　最終条項（529）

【図　表】

〔図三―一〕ヨーロッパ人権条約締約国集団の量的・質的変動（91）／〔図四―一〕新旧条約実施手続の比較（102）／〔表五―一〕ヨーロッパ人権裁判所裁判官の出身職業別構成の推移（115）／〔表七―一〕条約旧四六条に基づく宣言一覧表（157）／〔表補―一〕EC／EU人権規範関連年表（294）／〔表補―二〕ヨーロッパ連合条約主要人権関連規定新旧対照表（308）／〔表終―一〕条約の国内受容と旧東欧圏諸国の評議会への加盟（323）／〔表終―二〕人権裁判所による「補完性」への言及頻度の推移（328）

初出・原題一覧（531）
本書に収録されていない著者による関連文献一覧（535）
判例索引（巻末）
人名索引（巻末）
事項索引（巻末）
英文目次および謝辞（巻末）

一　ヨーロッパ人権条約

ヨーロッパ評議会において作成され、一九五〇年一一月四日に署名に開放され、一九五三年九月三日に効力を生じたこの条約は、正式には、「人権および基本的自由の保護のための条約 Convention for the Protection of Human Rights and Fundamental Freedoms（英）／Convention de sauvegarde des Droits de l'Homme et Libertés fondamentales（仏）」というが、国際的に、European Convention on Human Rights（英）／Convention européenne des Droits de l'Homme（仏）で通用しており、日本の学界でも一般に「ヨーロッパ人権条約」とよばれてきた。本書では、紛れるおそれのない限り単に「条約」ともいう。なお、本書ではこの条約を「ヨーロッパ」人権条約とよぶ関係上、Europe の訳語として「欧州」を用いることを避けた。

とくに断りのない限り、本文中に（〇条〇項）の要領で示されているのは、この条約の条文からの引用である。なお、この条約は、一九九四年採択、一九九八年発効の第一一議定書で第二節（一九条）以降が全面改正された。本書では、とくに断りのない限り、これ以前（この改正直前）とこの後の条文を、それぞれ旧・新の条文ということにする。その他の改正による異なるテキストを区別して引用する場合は、いずれの議定書による改正の前・後かを明示する。

二　ヨーロッパ評議会

ヨーロッパ四七か国で構成される国際機構である Council of Europe（英）／Conseil de l'Europe（仏）は、日本では、Europe をヨーロッパとするか欧州とするかの選択に加えて、Council も会議、理事会、審議会、評議会とさまざまに訳されてきた。この機構で作成された「刑を言い渡された者の移送に関する条約」（受刑者移送条約）に、日本が二〇〇三年に加入したときに作成された公定訳において、この機構は、「欧州評議会」と訳されたので、本書でも「評議会」とする。ただし、一に述べた理由から「欧州」は避けて「ヨーロッパ評議会」とする。なお、単に「評議会」と呼ぶこともある。

三　ヨーロッパ人権裁判所

ヨーロッパ人権条約の実施機関であるEuropean Court of Human Rights（英）／Cour européenne des Droits de l'Homme（仏）は、一九五九年四月二〇日に正式に発足したものであるが、一九九八年一一月一日に効力を生じたヨーロッパ人権条約第一一議定書による条約改正により、同名の新組織に置き換えられた。もっとも、この新・旧両組織の区別はしばしば曖昧にされており、そうすることが同名の組織とすることの意図でもあると考えられる。本書では、人権裁判所ないし単に裁判所ともいう。新・旧両組織のいずれを指すか明確にすべき場合には「人権裁判所（新）」・「人権裁判所（旧）」ないし「新裁判所」・「旧裁判所」と表記して区別する。

四　ヨーロッパ人権委員会

ヨーロッパ人権条約によって設置され、各締約国につき一名の個人専門家で構成されていたヨーロッパ人権委員会 European Commission of Human Rights（英）／Commission européenne des Droits de l'Homme（仏）は、申立の受理可能性審査、事実調査、調停、調停不調の場合の条約違反の有無についての報告書作成、人権裁判所への事件の付託等の条約実施機能を果たしてきたが、第一一議定書による条約改正により、一九九八年廃止された（ただし、その委員は、残務処理のためさらに一年間活動を続けた）。本書で断りなく「人権委員会」という場合、この委員会を指す。

五　ヨーロッパ評議会（条約機関を含む）の資料（刊行物を含む）

ヨーロッパ評議会の公用語は、英語とフランス語であり、文書は原則としてこれら二つの言語で作成される。本書では、どちらの言語がオリジナル（あるいは正文）か明らかである場合には、オリジナルを他方の言語版を参照しつつ利用した。どちらの言語がオリジナル（正文）であるか判明しない場合、原則としてフランス語版を参照しつつ英語版に依った。フランス語版の方が意味が明確である等の理由により、逆の方法によった場合、（f）と記した。刊行物は、多くの場合これら二つの言語を対照する形で印刷され、これら二つの言語のタイトルを帯びるが、本書では、常に英語のタイトルで指示する。

諮問会議 Consultative Assembly（議員会議 Parliamentary Assembly）の勧告・決議・意見は、*Texts adopted by the Consultative (Parliamentary) Assembly* として会期ごとに刊行されているほか、ほとんどのものが〈http://assembly.coe.int/

ASP/Doc/XrefATListing_E.asp〉（最終確認日：二〇一四年七月一〇日）からテキストを閲覧できるので、原則として番号と採択年のみで引用する。また諮問会議（議員会議）の作業文書も、*Documents; Working Papers of the Consultative*（*Parliamentary*）*Assembly* として会期ごとに刊行されており、容易に検索できるので、原則として番号のみで引用する。

日本国内でこれらの資料をもっとも広範に収集し、閲覧できるのは、立命館大学ヨーロッパ審議会資料コーナーであり、本書のための調査でもしばしば利用した。ただし、閣僚委員会の旧非公開資料の収集はごく部分的である。そのため、かかる文書については、主としてヨーロッパ評議会文書庫（Archives of the Council of Europe）で閲覧した。

六　条約機関（ヨーロッパ評議会閣僚委員会が条約上の任務を果たす場合も含む）の決定・判例

1　事件名　個人申立に関する事件については、本文中では、（第一）申立人の名前（匿名の場合は、申立の相手国名も付して）で言及し、註においては、（第一）申立人（*et al.*）v. 申立の相手方の国で引用する。国家間申立の場合は、本文中では、（第一）申立国（原告国）対相手方国（被告国）で言及し、註においては、（第一）申立国（原告国）v. 相手方国（被告国）で引用する。ただし、いずれの場合も、通用している事件名で言及・引用することがある。

2　人権裁判所判決・決定の引用　事件名、判決・決定の別、判決日（言渡日または書面による通知日、決定の場合は採択日）、公式判例集（*Series A* ないし *Reports*）の巻(年)号で引用する。公式判例集に掲載されていないものも、人権裁判所のウェブ上の判例検索システムであるＨＵＤＯＣ〈http://hudoc.echr.coe.int/sites/eng/Pages/search.aspx#〉（最終確認日：二〇一四年七月一〇日）で検索・閲覧できるので、非公式判例集に掲載されている場合も、紙媒体の刊行物は指示しない。大法廷の判決（決定）の場合は［GC］と、全員法廷の判決（決定）の場合は［PC］と、事件名のあとに付記した。なお、本書でも引用した多くの判例の解説が『ヨーロッパ人権裁判所の判例』（信山社、二〇〇八年）に収録されており、当然本書でも参照しているが、あまりに煩瑣になるため、筆者（小畑）執筆のもの以外には言及しない。判例索引欄において同書における判例番号のみを15といった要領で指示する。

3　ヨーロッパ人権委員会の決定・報告書の引用　事件名、Decision（または Report）of the Commission, 採択日、ヨーロッパ評議会の刊行物（*Series A*, *Series B*, *DR*, *Yearbook*）の巻号等で引用する。これらの刊行物に掲載されていなくとも、ＨＵＤＯＣでテキストを閲覧できるものについては、紙媒体の刊行物は指示しない。

4　閣僚委員会決議の引用　事件名、決議番号、採択日、*Collection of Resolutions* または *Yearbook* の頁等で引用する。

七　条約・条約機関規則のテキスト

1　ヨーロッパ人権条約（および諸議定書）　原則として、次のヨーロッパ評議会条約局（Treaty Office）公式ウェブサイトの条約一覧のページからリンクしているものをテキストとする。

〈http://conventions.coe.int/Treaty/Commun/ListeTraites.asp?CM=8&CL=ENG〉（最終確認日：二〇一三年八月二五日）

ここでは、条約テキストのほか、閣僚委員会で条約テキストと同時に採択される説明報告書（Explanatory Report）も提供されている。本書では説明報告書もここで提供されるものをテキストとする。

ただし、ここでは、改正が織り込まれたテキストしか提供されていない。したがって、改正がなされる前のオリジナルな条文を参照する場合、原則として、*Yearbook* 関係年度版に掲出のものをテキストとした。もっとも、一九九四年一月当時有効であった条文については、次のヨーロッパ評議会の出版物（英語・フランス語の二点）が便利で信頼できるので、ここに掲出のものをテキストとした。

European Convention on Human Rights – Collected texts（1994）

Convention européenne des Droits de l'Homme – Recueil des textes（1994）

この場合、英文のソースと該当頁を註記する。

2　条約機関の規則　人権裁判所規則については、人権裁判所公式サイトからリンクしている次のページからダウンロードできるものをテキストとした。

〈http://www.echr.coe.int/Pages/home.aspx?p=basictexts/rules&c=#n1347875693676_pointer〉（最終確認日：二〇一三年八月二五日）

閣僚委員会の条約適用に関する規則については、ヨーロッパ評議会公式サイトからリンクしている次のページからダウンロードできるものをテキストとした。

〈http://www.coe.int/t/dghl/monitoring/execution/Documents/Doc_ref_en.asp〉（最終確認日：二〇一三年八月二五日）

これらの改正前の条文およびヨーロッパ人権委員会規則については、*Yearbook* 関係各年版に掲出のものをテキストとした。もっとも、1と同様、一九九四年当時有効であった条文については、ヨーロッパ評議会の *Collected texts / Recueil des textes* に掲出のものをテキストとした。

3　ヨーロッパ評議会規程（**Statute of the Council of Europe**）　1と同様に条約局ウェブサイトの条約一覧のページからリンクしているものを、原則としてテキストとする。改正前の条文については、87 *UNTS* 103 所載のものをテキストとした。なお、日本語訳として、香西茂＝安藤仁介ほか編『国際機構条約・資料集〔第二版〕』（東信堂、二〇〇二年）三二三頁以下、があり、本書でも参照した。

4　その他　ヨーロッパ評議会で採択されたものは前掲同条約局のウェブサイト、それ以外のものは原則として *UNTS* 掲載のものをテキストとし、その巻頁を註等で各章ごとに示す。なお、次の条約集にある日本語訳は常に参照したが、その旨いちいち註記しない。

・田中則夫ほか編『ベーシック条約集〔二〇一四年版〕』（東信堂、二〇一四年）
・松井芳郎ほか編『国際人権条約・宣言集〔第三版〕』（東信堂、二〇〇五年）

〈略語一覧〉

・**社会権規約**：経済的、社会的及び文化的権利に関する国際規約
・**自由権規約**：市民的及び政治的権利に関する国際規約
・**『人権裁判所の判例』**：戸波江二ほか編『ヨーロッパ人権裁判所の判例』（信山社、二〇〇八年）

・***AEHRYB***: *All-European Human Rights Yearbook*
・***CC Acad Eur L***: *Collected Courses of the Academy of European Law*
・**CDDH**: Comité directeur pour les droits de l'homme / Steering Committee for Human Rights〔人権運営委員会〕
・**CM**: Committee of Ministers / Comité des Ministres〔閣僚委員会〕
・***Collection of Resolutions***: *Collection of Resolutions of the Committee of Ministers adopted in Application of Article 32 and 54 of the European Convention on Human Rights*（Council of Europe）
・***DR***: *Decisions and Reports of the European Commission of Human Rights*
・**DH-PR**: Committee of Experts for the Improvement of Procedures for the Protection of Human Rights
・***ECR***: *European Court Reports*
・***EHRR***: *European Human Rights Reports*
・**FRG**: Federal Republic of Germany〔ドイツ連邦共和国・西ドイツ〕
・**GC**: Grand Chamber / grande chambre〔大法廷〕
・***HRLJ***: *Huma Rights Law Journal*
・***ICJ Reports***: International Court of Justice, *Reports of Judgments, Advisory Opinions and Decisions*
・***ICLQ***: *International and Comparative Law Quarterly*

- ***OJ***: *Official Journal of the European Union* または *Officail Journal of the European Communities*
- **PA**: Parliamentary Assembly〔議員会議〕
- **PC**: Plenary Court〔全員法廷〕
- ***Reports***: *Reports of Judgment and Decisions of the European Court of Human Rights* (Carl Heymanns)
- ***Series A***: *Publications of the European Court of Human Rights, Series A: Judgments and Decisions* (Carl Heymanns)
- ***Series B***: *Publications of the European Court of Human Rights, Series B: Pleadings, Oral Arguments and Documents* (Carl Heymanns)
- ***Travaux Préparatoires***: *Collected Edition of the "Travaux Préparatoires" of the European Convention on Human Rights*, 8 Vols. (Martinus Nijhoff, 1975–1985)
- **UK**: the United Kingdom〔イギリス〕
- ***UNTS***: *United Nations Treaty Series*
- ***Yearbook***: *Yearbook of the European Convention on Human Rights* (Martinus Njihoff)

ヨーロッパ地域人権法の憲法秩序化

序　章　ヨーロッパ地域の憲法秩序化の基盤と原動力を求めて

――ヨーロッパ連合（EU）制度との関係を中心に

はじめに

立憲主義や憲法の概念を、個別の国家の秩序それぞれについてではなく、諸国家を包含する地域（regional な）[1]国際秩序や普遍的な国際秩序について論ずる傾向が、冷戦後顕著となっている。[2]しかし、観念や構想のレヴェルを越えて、制度のレヴェルにおいて「憲法」といったものを国家という単位を越える規模で具体化しているのは、ヨーロッパをおいてほかにはない、ということができ、その点での注目が集まっている。[3]とくに、結局は発効しなかったものの、ヨーロッパ連合（EU）の新しい基本条約として、二〇〇四年に「ヨーロッパのための憲法を制定する条約 Treaty establishing a Constitution for Europe」[4]が署名されたことは、ヨーロッパ地域憲法についての論議において焦点となった。こうしたことから、EUの制度に特化して「ヨーロッパ憲法」を論ずるむきもないわけではない。これに対して、本書は、EUを取り扱う補論を除いて、一九五〇年一一月四日に署名、一九五三年九月三日に発効したヨーロッパ人権条約[5]の制度に則して、憲法秩序化を論ずるものである。したがって、ここで、憲法秩序の概念や同制度へのこの概念の適用可能性の端緒的な検討とともに、EU制度との関連をも明確にしておく必要がある。

ところで、国家の単位を超える憲法秩序を理論的に展望する場合、まず思い起こされるのは、国家を超える規模での機能的結合（一定の、とくに非政治的分野での権限の国際機関への委譲）の有用性を主張する機能主義（functionalism）の潮流である。[6]この立場は、個別の非政治的分野における国際的統合を進めることから、漸進的な政治統合を展望した。しかし、ヨーロッパにおける統合の過程においては、機能的結合は政治統合をもたらしていない、として機能主義は批判されてきた(7)。

今日のEUについて、それを「憲法秩序」と捉えることができるかどうか論ずる場合には、上の論争を議論の一つの手がかりとすることができるであろう。しかし、ヨーロッパ人権条約やその母体であるヨーロッパ評議会（Council of Europe）(8)については、この論争の関連性はより限定的である。ヨーロッパ評議会は、加盟国が有する主権的権能を譲り受けたものではなく、条約もそのような約束を含んではいないからである。実際にも同条約の締約国のなかには、ロシア、ウクライナやカフカース地方の諸国のように、当面EUやEFTA（ヨーロッパ自由貿易地域 European Free Trade Area）に加盟することが全く予想できない諸国が少なからず含まれている。別の言い方をすれば、ヨーロッパ人権条約のシステムは、統合された社会ではなく、ヨーロッパ地域国際社会の上に成り立っているということである。統合されていない「国際社会」とは、その構成部分たる国と国との間で、少なくとも潜在的には死活的利害対立がありうることが想定されている「社会」である。にもかかわらず、今日、条約は、「憲法秩序」の最小限度の要素を満たしていると考えられる。簡単にいえば、それは「統合なき憲法秩序」である。では、このように統合を前提としない社会の上に、どうして憲法的なシステムが成立しえたのか。それは、結果として通常の国際法秩序とは異なる形態に到達しているとしても、プロセスとしては、国際法的なものにほかならない。本書は、ヨーロッパ人権条約について国際法学のディシプリンから分析を加えることを通じて、さきの問いに答え、もってヨーロッパ地域憲法秩序が抱える構造的制約の一端を示し、新たな課題を提起しようとするものである。

ここで、本書で用いる「憲法秩序」の概念を説明しておこう。「憲法」の概念は、国家あるいは政治社会の概念と結びついて議論されてきた(9)。憲法のもっとも単純な定義は、国家の基本法、というものである。しかし、ここでは、冒頭で述べた議論状況を理論的に先鋭化して受け止めるために、憲法の概念からその国家的性格を脱色しておくのが有用と考えられる(10)。このように考えられた憲法秩序は、内容的側面と形態的側面をもつ(11)。内容的にいえば、憲法秩序は公共性の原理体系を要求するものである。他方、公共性の原理体系を抽象的に規定するだけでは、憲法秩序ということはできない。それを支える一貫したシステムを兼ね備え、これが構成部分の意思から自立して持続的に存立していなければならない。これが憲法秩序の形態的側面の最小限の要素ということができる。

条約は、公共性の原理体系である人権の体系を規定し、それを支える一貫性を有するシステム（ヨーロッパ人権裁判所）を備え、この裁判所の管轄権から、締約国は、条約それ自体を廃棄するのでなければ離脱できなくなっている。その意味で、本書で用いる用語法に従って、「憲法秩序」である。

（1）　本書では、「地域 region」の語を、「地域主義」といった用語において用いられてきたように、地理的ないし文化的な近接性を基盤として伝統的に形成されてきた諸国家の国境を越える単位、たとえばアフリカ、アジア、米州、ヨーロッパといった単位を意味するものとして用いる。

（2）　代表的なものとして、最上敏樹『国際立憲主義の時代』（岩波書店、二〇〇七年）、寺谷広司「国際人権の立憲性」国際法外交雑誌一〇〇巻六号（二〇〇二年）二七頁以下、（憲法学ないし政治学の立場から）阪口正二郎編『岩波講座　憲法5　グローバル化と憲法』（岩波書店、二〇〇七年）。本章で中心的主題とする経済的協力の高度化と憲法秩序化の関係の問題を、普遍的なレヴェルで論じたものとして、佐分晴夫「ＷＴＯと人権」法政論集（名古屋大学）二〇二号（二〇〇四年）二九三頁以下、伊藤一頼「市場経済の世界化と法秩序の多元化」社会科学研究五七巻一号（二〇〇五年）九頁以下。

（3）　代表的なものとして、「シンポジウム　国民国家を越える『憲法』は可能か――一九九〇年代以降のヨーロッパ統合の問いかけ」比較法研究七一号（二〇〇九年）一頁以下、中村民雄＝山元一編『ヨーロッパ「憲法」秩序の形成と各国憲法の変化』（信山社、二〇一二年）。

（4）*OJ* 2004/C301/1.

（5）この条約の全体像については、ヨーロッパ人権裁判所を中心とするものであるが『人権裁判所の判例』を参照されたい。

（6）David MITRANY, *A Working Peace System* [1943], in: *id., A Working Peace System* (Quadrangle Books 1966), p. 25 ff.（抄訳：遠藤乾編『原典　ヨーロッパ統合史』〔名古屋大学出版会、二〇〇八年〕一二〇―一二四頁）なお見よ：吾郷眞一「国際社会の機能主義的結合」法律時報八五巻一一号（二〇一三年）。

（7）国際法学からの議論として、参照：横田洋三「国際機構の法構造――機能的統合説の限界」〔一九七九年〕同『国際機構の法構造』（東信堂、二〇〇一年）四五頁以下。

（8）西欧・北欧一〇か国によって一九四九年に設立された国際機構である。さしあたり参照：小畑郁「ヨーロッパの機構」家正治ほか編『国際機構〔第四版〕』（世界思想社、二〇〇九年）二〇七頁以下、二一三―二一七頁。

（9）このような憲法の概念について、論争的ではあるが、もっとも徹底的な分析を加えたものとして、見よ：Carl SCHMITT, *Verfassungslehre* [1928], (Zehnte Auflage, Duncker & Humblot, 2010), S. 3-44（日本語訳：阿部照哉・村上義弘訳『憲法論』みすず書房、一九七四年、一七―六三頁）。

（10）この点、「国家ごっこ」をやめた存在としてEUを捉える次の著作は示唆的である。遠藤乾『統合の終焉』（岩波書店、二〇一三年）。

（11）ワイラーは、EUに即して、共同体法の加盟国法との関係が連邦国家類似のものとなってきたことを示す理論（直接効果、優位性、黙示的権限および人権の理論）を憲法秩序化（constitutionalization）に貢献したものと位置づけ、司法審査制度をそれをいわば支えるものと議論している。Joseph H.H.WEILER, "The transformation of Europe" [1991], in: *id., The Constitution of Europe* (Cambridge UP, 1995), esp. pp. 19-29（日本語訳：南義清ほか訳『ヨーロッパの変容』〔北樹出版、一九九八年〕とりわけ二九―四四頁）. EC／EU法秩序の変容を捉える上では一定程度有効なものとは思われるが、本書の観点からすれば、なお（連邦）国家の要素にとらわれすぎており、また、内容的側面において、公共性の原理そのもの（人権）とその実現の形態（直接効果、優位性、司法審査）とが十分に整理されていないという点で不満が残る。

第一節　シンボルを基盤とする特殊な憲法秩序としての条約

1　憲法秩序としての性格

さきに憲法秩序の最小限の要素を示したが、ヨーロッパ人権裁判所自身も、一九九〇年代から同様の意味で条約を憲法になぞらえてきた。一九九五年のロイズィドゥ判決（先決的抗弁）では、次のように述べられている。

もし、被告政府が主張するように、〔個人の申立権と人権裁判所管轄権についての〕両選択条項の下で実体的または領域的制限が許されるとすれば、締約国は、おのおのの受諾の範囲によって、別々の条約義務強制の制度に自由に服することができることになろう。……このようなシステムは、人権委員会および当裁判所のその機能を果たす上での役割を深刻に弱めるだけでなく、ヨーロッパ公序の憲法的文書（constitutional instrument of European public order）としての条約の実効性を減ずるものであろう。(12)

ここでの「憲法的文書」としての条約という表現は、直接的には、当時存在した選択条項に付す留保により、条約義務の内容を実質的には変更できないことを根拠づけようとしたものである。実際、一九七〇年代後半から、人権裁判所の権限は各締約国の個別的な意思によってコントロールできない、という観念が徐々にその姿を現わし、(13)一九九四年の条約第一一議定書の採択によって、確立するに至った。一九九八年一一月一日に効力を生じたこの議定書による条約の改正によって、個人の申立権および人権裁判所の管轄権のために当事国による受諾宣言を要する方式（旧二五条・四六条）は廃止され、従来の人権委員会および人権裁判所（旧）の機能を引き継ぐ人権裁判所（新）が、個人の訴えおよび国家間申立について条約上当然管轄権を有することになったのである。このとき、人権裁判所と事件の実質的処理権限を分かち持っていた政治的機関たるヨーロッパ評議会閣僚委員会のかかる権限（旧三二条）は廃止された。こうして、条約に基づく事件の実質的処理について、人権裁判所が、これ以上法的にチャレンジできないという意味で最終判断を下す制度ができあがったのである。その権限は、条約の廃棄によらない限りは、締約国の手のうちに回収することができない。その意味で、締約国の意思によるコントロールはもはや消え去っている。こうした構想ないし状況を捉えて、条約を憲法と、人権裁判所を憲法裁判所と性格づける議論が有力になされてきた。[14]

他方、およそ「憲法」というからには、それが妥当する社会において、他の（国内のあるいはＥＵの）法規範を包摂し、そこで上位の法的権威を有していなければならない、という考え方もあろう。このような意味でもちいる場合、本書ではそれを憲法秩序の第二の観念とよぶことにする。実際、〈憲法裁判所としての人権裁判所〉という観念を支持する立場から、「〔人権裁判所（新）の国内憲法裁判所との〕類似性は、日常的な実務においては、他のすべての司法機関のピラミッドの頂点に立つヨーロッパ司法機関、すなわち、実にヨーロッパ憲法裁判所の観念をまず間違いなく強化することになろう。[15]」と述べられ、より慎重には、〈第一一議定書により実現された改革による個人の提訴権の承認は、人権裁判所を憲法裁判所にし、条約と国内法秩序との関係の再検討を迫るものである〉との主張がなされている。[16]

このような第二の意味での憲法秩序としての条約や憲法裁判所としての人権裁判所の観念は、さきほど述べた憲法秩序の観念とは、一応レヴェルの異なるものである。しかし、両者は論理的に全く無関係というわけではないであろう。なぜなら、条約の旧実施制度においても、第一一議定書以降の改革された制度においても、人権裁判所という国際裁判所の判断と、締約国の国内裁判所の判断とには、当然齟齬があり得るのであるが、旧制度においては、この齟齬には、それを説明し、政治的な調整過程の介入を根拠づける要素が介在していた。それは、一つには、人権裁判所の審理権限が締約国国民のある程度定期的に更新される意思により根拠づけられていたということであり、[17]もう一つには、個人申立人の、人権裁判所への参加とりわけ直接の提訴権が保障されていなかったことである。[18]改革された制度においては、これらの要素は取り除かれている。今やこの齟齬は、国家（政府）の同意なく開始され、かつ当事者を同じくする裁判についてのものとなっており、政治的調整過程の介入の根拠は法規範論理の上では脆弱になったのである。結局、最小限度の「憲法秩序」の観念から、より強い説得力をもって第二の観念を主張することが可能になっているのである。実際、第一一議定書の採択以降、一九九八年人権法で著名なイギリスのほか、諸条約が国内的効力を有しない北欧諸国でも、ヨーロッパ人権条約を国内法に変型する措置がとられた。[19]

現実には、国内法とくに憲法に対する優位性を国内法レヴェルで承認することは、法的義務として確立しているわけではなく、次にみる条約実施のプロセスを通じて、ほとんどの場合事実上確保されているにすぎない。しかし、ヨーロッパ人権裁判所の少なくとも確定判決は制度上実施しなければならない、という議論が、近年の人権裁判所懐疑論にもかかわらず、ほとんど否定されることはない。つまり、条約を相対的に高度な規範と位置づける観念が成長していること、すなわち、第二の意味でも憲法秩序である、あるいはそうなりつつある、という主張が強くなっていることは認めなければならないであろう。

（12） *Loizidou v. Turkey*（*Preliminary Objections*）[GC], Judgment of 23 March 1995, *Series A*, no. 310, para. 75. 小畑郁〔判例批評〕松井芳郎ほか編『判例国際法〔第二版〕』（東信堂、二〇〇六年）三三六頁以下〔本書付録I第一〕。

（13） 参照：小畑郁「ヨーロッパ人権条約体制の確立」田畑茂二郎編『二一世紀世界の人権』（明石書店、一九九七年）五九頁以下〔本書第七章〕。

（14） ロイズィドウ事件（先決的抗弁）の当時人権裁判所の所長（President）であり、この事件の裁判長も務めたリスダルは、好んで人権裁判所を憲法裁判所に見立てる議論を提起したが（e.g. Rolv Ryssdal, "Winston Churchill Lecture: On the Road to a European Constitutional Court" in: II（2）*CC Acad Eur L* 1991,（1993）1）、彼がのちに第一一議定書に体現される構想を強く支持したことが想起される。*Id.*, "The Expanding Role of the European Court of Human Rights", in: *The Future of Human Rights Protection in a Changing World: Fifty Years since the Four Freedoms Address; Essays in Honour of Torkel Opsahl*（Norwegian UP, 1991）, p. 115 ff. なお参照：Evert Albert Alkema, "The European Convention and its Court as a constitutional court", in: *Protecting Human Rights: The European Perspective; Studies in Memory of Rolv Ryssdal*（Carl Heymanns, 2000）, p. 41 ff.

（15） Mark E. Villiger, "The New Court and its Domestic and International Context" [1986], in: *Merger of the European Commission and European Court of Human Rights;* Second Seminar on International Law and European Law at the University of Neuchâtel, 14-15 March 1986, 8 *HRLJ*（1987）84 at para. 244（p. 84）.

（16） Juan Antonio Carrillo Salcedo, "Vers la réforme du mécanisme de contrôle institué par la Convention européenne des droits de l'homme", 97 *Revue générale de droit international*, 1993, 640 at 640 f. 日本の学界において、第一一議定書による改革と「国際機構と国内機構の関係」の「質的変化」が結びつく可能性を説くものとして、見よ：江島晶子「ヨーロッパにおける人権保障システムの発展」明治大学短期大学紀要五七号（一九九五年）三五頁。なお、人権裁判所が憲法裁判所となっているかどうかのメルクマールとして「条約を国内法に受容する義務」を挙げるものとして、見よ：Pablo Antonio Fernandez-Sanchez, "Toward a European Constitutional Court", 75（2）

Revue de droit international de science diplomatique et politique, 1995, 79 ff. at 79-82. ここで「受容」と訳したのは incorporation であるが、この文脈では必ずしも一般的受容に限らず、個別的受容すなわち、変型（transformation）も含まれるものと解される。

(17) これについては、小畑・前掲註(13)論文、八〇頁〔本書一七五頁〕で指摘しておいた。

(18) 一九九〇年採択、一九九四年発効の第九議定書により、同議定書締約国については、人権委員会手続を経た事件を個人申立人が人権裁判所に付託する権利が認められたが、同裁判所の審理をうける権利が自動的に保障されたわけではない。これについては、さしあたり参照：小畑郁「ヨーロッパ人権条約における実施機構の改革と個人」法と民主主義三〇四号（一九九五年）一三頁以下、一四―一五頁〔本書第四章一〇五―一〇六頁〕。

(19) これについては、さしあたり参照：小畑郁「ヨーロッパ人権条約における国内実施の進展と補完性原理」法律時報八〇巻五号（二〇〇八年）四八頁以下、とりわけ四八―四九頁〔本書終章。とりわけ三二二―三二三頁〕。

2　高度なシンボル秩序としての性格

このように条約を憲法秩序と性格づけることは不当だとはいえない。しかし、それは、きわめて特殊な性格を有している。ここでは、国内憲法学のディシプリンからはなじみが薄いと考えられるヨーロッパ人権条約の（国際的）実施システムを概観しながら[20]、この特殊性を考察したい。

人権裁判所は、被害者たる個人による条約上の権利侵害の申立（個人申立）、および締約国による他の締約国が条約を遵守していないとの申立（国家間申立）を受け付け、一定の受理可能性要件を満たしたものについて、対審審理を経て本案の判断として判決を下す。確定判決は、法的拘束力を有する。判決は、従来は条約違反の有無のみについて述べる宣言判決の形をとっていたが、現在では、条約違反の訂正のあり方をより具体的に示すこともしばしばなされている[21]。一つ以上の条約違反認定を含む確定判決は、ヨーロッパ評議会閣僚委員会において、その執行が監視される（四六条二項）。ここでは、是正措置は原則として関係国によって提示され、それが閣僚委員会で同意が得られるまで繰り返し審議されるという手続となっている[22]。確定判決を執行しない国については、閣僚委員会の中間決議で執行を促すことが行われているが、それ以上の措置としては、二〇一〇年発効の第一四議定書による改正により導入された判決不履行確認訴訟（infringement procedure, 四六条四・五項）を、閣僚委員会が人権裁判所に提起すること、さらには、閣僚委員会の決定に基づくヨーロッパ評議会における権利停止および除名（ヨーロッパ評議会規程八条）[23]も理論上はありうる。もっともこれらの措置は前例がない。

このような手続からも明らかなように、確定判決が法的拘束力を有するといっても、それは理屈の上での法的拘束力であり、国内法的な意味での執行力はそれ自体としては皆無である。閣僚委員会は、判決執行監視手続においては、ヨーロッパ評議会事務局の法律家によって支援・助言が与えられるとはいえ、ヨーロッパ評議会加盟国の外務大臣（の代理者）によって構成される政治的機関であり、確定判決後の手続きの進行には、この機関による決定が必要である。要するに、法的に確定した判断を内容的に再び問題にすることは得策ではないという、その意味では政治的には内容空虚な（あるいは政治的判断停止に基づく）、ヨーロッパ評議会加盟国の政治的コンセンサスのみが、執行の原動力ということができる。

実施メカニズムから観察すると、ヨーロッパ人権条約のシステムは、「ヨーロッパ」の「人権」に関する「裁判所」の判断への尊重意識に圧倒的に依拠する、その意味で抽象的なシンボルの力を基盤とする秩序ということができる。

(20) 以下、全般的に参照：小畑郁「ヨーロッパ人権裁判所の組織と手続」『人権裁判所の判例』一〇頁以下、一五一一六頁〔本書第二章七三―七六頁〕。

(21)　二〇〇四年から試みられるようになったパイロット判決がその典型的な例である。パイロット判決とは、特定の国についての構造的問題を背景にして同種事案が多数係属する（ことが予想される）場合に、選び出された一事件についての先行的な判決を下し、そこで是正措置を指示する判決である。これについては、さしあたり参照：徳川信治「欧州人権裁判所によるいわゆるパイロット判決手続き」立命館法学二〇〇八年五＝六号一六九〇頁以下、なおまた参照：小畑郁〔判例批評・ブロニオヴスキ判決〕『人権裁判所の判例』一〇六頁以下〔本書付録Ⅰ第三〕。

(22)　この点も含め、判決の執行（監視）をめぐる最近の問題については、参照：前田直子「欧州人権条約における判決履行監視措置の司法的強化」国際協力論集（神戸大学大学院国際協力研究科）一八巻二号（二〇一〇年）四一頁以下。

(23)　ヨーロッパ評議会規程三条「ヨーロッパ評議会の各加盟国は、法の支配という原則とその管轄内にあるすべての者が人権および基本的自由を享有するという原則とを受諾し、かつ、第一章に明記する評議会の目的の実現に誠実にかつ実効的に協力しなければならない。」

同八条「ヨーロッパ評議会の加盟国で、第三条に対して重大な違反を犯したものは、代表を出す権利を停止され、また第七条に基づき脱退するよう閣僚委員会により要請されることがある。この加盟国がこの要請に応じないときは、閣僚委員会は、その加盟国が閣僚委員会の定める日からヨーロッパ評議会の加盟国ではなくなったことを決定することができる。」

第二節　ヨーロッパ共同体／ヨーロッパ連合と条約とのパラレリズム

このような、抽象的なシンボルの力を基盤とする憲法秩序というヨーロッパ人権条約のあり方と、ヨーロッパ共同体（ＥＣ）／ＥＵとの関係はいかなるものであろうか。また、ヨーロッパ地域の憲法秩序それ自体を観念するとき、ヨーロッパ人権条約制度とＥＵの制度はそこでどのような位置づけが与えられるべきか。これらの点の検討は、ヨーロッパ憲法秩序といえば、まずイメージされるのはＥＵの制度であろうから、省略することはできないであろう。

実際、ヨーロッパ人権条約の発展過程で、ＥＣ／ＥＵとの関係は重要な要素であった。しかし、ＥＣ／ＥＵとヨーロッパ人権条約との関係は、単純に前者が後者を、「共同体法の一般原則」という形で取り込んでいた[24]、という面だけでは十分に把握できない。両者は、それぞれの関心領域を守りながら、独自性を維持し、さらに相互に利用してきた、といった方が正確といえる。その意味で、両者の関係は、「パラレリズム」と性格づけることができるであろう。

（24）　この点については、さしあたり見よ：庄司克宏「ＥＣ裁判所における基本権（人権）保護の展開」国際法外交雑誌九二巻三号（一九九三年）三三頁以下、須網隆夫「ＥＵと人権」国際人権一八号（二〇〇七年）八頁以下。

1　原初的制度配置とＥＣとの関係での条約制度の位置取り

まず重要であるのは、第二次世界大戦後のヨーロッパ統合運動を背景とした、ヨーロッパ評議会発足の事情と、ＥＵに繋がるＥＣＳＣ（ヨーロッパ石炭鉄鋼共同体）・ＥＥＣ（ヨーロッパ経済共同体）・ユーラトム（ヨーロッパ原子力共同体）の流れとの分裂という経緯である[25]。

戦後東西ヨーロッパの軍事的分断は、徐々に不可逆的なものとなりはじめていたが、一九四八年二月のチェコスロヴァキアにおける政変の翌月、イギリス、フランスとベネルクス三国は、今日の西欧同盟（ＷＥＵ）に繋がるブリュッセル条約（経済的、社会的および文化的協力ならびに集団的自衛に関する条約）[26]に署名した。この条約は、締約国に対する武力攻撃があった場合に国連憲章五一条に基づく集団的自衛権を発動することを約束したものであるが（同条約五条）、共産主義イデオロギーに基づく国内闘争（の国際的「輸出」）への対処を念頭において、その名にある通り、締約国における生活水準の向上のための協議を約束し（同二条）、さらには締約国に共通の文明の基礎をなす諸原理の理解を促進することを謳っていた（同三条）。ここでいう諸原理とは、同条約前文で締約国の「共通の継承財産 patrimoine commun」と性格づけられた「民主主義的諸原理、政治的および個人的自由、憲法的伝統ならびに法の支配」と解される。

ブリュッセル条約の枠組みで交渉がすすめられたヨーロッパ評議会規程は、前者との重複を避け国防に関する権限は有しないとしながら（同規程一条（d））、一方で前者のイデオロギー防衛の意識を強く反映して、「共通の継承財産」の規定をほぼ受け継いでいる（同前文）。さらに、よりイデオロギー的に一致できるヨーロッパ諸国を取り込もうとする意図から[27]、先に見た権利停止・除名規定（同八条）や加盟条件として法の支配と人権を規定している（同四条）[28]。他面、ヨーロッパ評議会規程は、政府間協力の形態を維持しようとするイギリスと、ドイツを超国家的ヨーロッパに埋め込もうという意図から連邦主義的統合を主張するフランスとの間の、妥協の産物でもあった。そこから、加盟国の議会代表で構成される諮問会議（Consultative Assembly, 現在では議員会議 Parliamentary Assembly と呼称）を、諮問機関として備えるほか、目的として「加盟国間に一層の統一（unity（英）, union（仏））を達成すること」が掲げられている（同一条）。同規程一条の規定は、右のイデオロギー防衛、社会経済的協力および統合への展望（と抑制）といった要素の当時におけるバランスを反映している[29]。

ヨーロッパ評議会が一九四九年八月に発足すると、ヨーロッパ人権条約はそこで直ちに作成が開始された。この条約自身も、諮問会議を根拠地とする統合運動（ただし連邦主義者と政府間主義的漸進主義者の両方を含む）を原動力として生み出されたといってよい[30]。一九五〇年一一月に採択された当初の条約には、先に述べたように二つの選択条項があり、締約国には、個人の申立権を認めるかどうか、また、人権裁判所の管轄権を受諾するかどうかの選択権があった。条約起草過程[31]では、連邦主義的統合論者が強く求めていた人権裁判所の設置自体が厳しい対立点となり、八か国が管轄権受諾宣言をした後に設置することとした（旧五六条）。その結果、人権裁判所自体一九五九年になってようやく発足したのである。いずれにしても、条約に参加することによって受け入れなければならなかったのは、他の締約国からの申立について、人権委員会による調停に応じ、調停不調の場合には閣僚委員会による決定に服することであった。つまり、左右の「全体主義」に対して、政府のイニシアチヴで介入の道を開いておくこと、これこそがむしろ条約の原初的システムであった。これは「憲法秩序」とはいえない。さらにいえば、条約が個人の不服の司法的処理という特徴をもちうるかどうかも、あげて選択条項の受諾にかかっているのであり、この段階では未定であったといわざるをえない。人権シンボルへの依拠は認められるが、それは西側の現状の政治体制を一致して保持しようとする政治的意思のむしろ直接的表現ということができる。このように、原条約の構造には、政府間主義の圧倒的優位の下に、選択条項の形で連邦主義への若干の妥協が示されている。

フランスの連邦主義路線にイギリスが追随する動きをみせていれば、ヨーロッパ評議会は統合のセンターとなり、ヨーロッパ人権条約は統合の基本文書に成長していったかもしれない。しかしそれは現実とはならなかった。フランスの路線は、まず、シューマン・プランとして具体化され、さらに政治統合にまで急進化した。この急進的部分はフランス議会がＥＤＣ（ヨーロッパ防衛共同体）条約の締結承認を拒否したこと（一九五三年八月）により挫折したが、機能的統合は、一九五二年発足のＥＣＳＣならびに一九五八年発足のＥＥＣおよびユーラトムから構成されるヨーロッパ共同体（EC: European Communities, 原加盟国は、ベネルクス三国にフランス、イタリアおよびドイツの六か国である）として制度化されることになる。

ＥＣは、雇用の確保や生活水準の向上といった社会経済的目的を掲げて統合を目指す組織であると規定できる。すなわち、三共同体のうち最も一般的なＥＥＣの設立条約[32]によれば、それは「ヨーロッパの諸人民の間に絶え間なく緊密化する結合（une union sans cesse plus étroite）の基礎を打ち立てる」との決意（ＥＥＣ設立条約前文）に基づき、「共同市場の設立と加盟国の経済政策の漸進的接近により、共同体全体の経済活動の調和的発展、継続的で均衡のとれた拡大、安定性の増大、生活水準の一層速やかな向上、および加盟国間の関係の緊密化を促進すること」（同一条）を任務とするものである。ＥＣはまた、手法として分野毎に従来個別国家によって行使されていた権限をＥＣの機関に移譲し、これら機関によって採択される法規範（ＥＣ法）を主に司法裁判所（Court of Justice of the European Communities, 現ＥＵ司法裁判所）によって実施する方法を採用した。

留意すべきは、ＥＣの設立文書からは、本文はもとより前文からも、人権や法の支配といったブリュッセル条約以来色濃かったイデオロギー防衛の色彩は消えていることである。一九五七年署名のＥＥＣ設立条約の場合、その権限は経済分野に限られるとはいえ、上に見たようにかなり包括的な目的を有するのであるから、前文からも人権への言及が消えているのは疑いなく意図的である。ＥＤＣ条約署名（一九五二年五月）によって勢いづいた連邦主義的統合構想は、一九五三年三月のＥＰＣ（ヨーロッパ政治共同体）規程条約草案[33]において最高潮に達したが[34]、この草案では、前文で「人間の尊厳、自由および基本的平等」が確認され、「加盟国における人権および基本的自由の保護に貢献すること」をＥＰＣの目的の冒頭に掲げ（二条）、ヨーロッパ人権条約とその第一議定書の規定は、ＥＰＣ規程の不可分の構成部分である、と規定した（三条）。ＥＤＣとＥＰＣ構想の挫折の後に作成されたEEC設立条約では、このような構想を想起させる文言は避けなければならなかったのである。

他方、ECの成立に向かう動きによって位置取りの修正を迫られることになったヨーロッパ評議会においては、統合と社会的経済的協力の要素は次第に後退し、イデオロギー防衛のために、政府間協力の手法で合意を積み重ねることが残されることになった。人権以外の活動領域として、社会的経済的協力の分野では、社会保障関係の条約作成があるが、むしろ、法律分野および文化・スポーツ・教育の分野での活動が目立っていくことになる。[35]

ヨーロッパ人権条約の作成を推進した統合論者、とりわけ連邦主義的統合論者は、この条約が、将来のヨーロッパ連邦の中核となることを期待していた。たとえば、彼らに強く影響されていた諮問会議が作成した条約の初期の草案では、ヨーロッパ人権裁判所に相当するものを「ヨーロッパ司法裁判所」と呼んでいた（八条）。[36] それは、議会としての評議会諮問会議と、執政部としての評議会閣僚委員会と並んで、将来の連邦の三権の一つを担うべきという起草者たちの希望を表している。[37] しかし、ECがヨーロッパ評議会とは分岐した時点で、ヨーロッパ人権条約制度を強化することを通じて政治統合に向かうという選択肢は、決定的に失われたといってよいであろう。

(25)　これについての筆者自身の簡潔な概観として、参照：小畑・前掲註(8)、とくに二〇八—二一〇頁。より詳しくは、参照：遠藤乾編『ヨーロッパ統合史』（名古屋大学出版会、二〇〇八年）第三章（上原良子執筆）および第四章（細谷雄一執筆）。

(26)　テキストは、19 *UNTS* 52.

(27)　実際ヨーロッパ評議会は、ブリュッセル条約締約国のほかに、ノルウェー、スウェーデン、デンマーク、アイルランドおよびイタリアを原加盟国とした。

(28)「ヨーロッパのいずれの国であるとを問わず、第三条〔一五頁註(23)に引用〕の規定を履行する意思と能力を有すると認められる国は、閣僚委員会によってヨーロッパ評議会の加盟国となるよう招請されることができる。
〔第二文略〕」

(29)「(a) ヨーロッパ評議会の目的は、その加盟国の共通の継承財産である理想および主義を擁護・実現し、ならびに加盟国の経済的・社会的進歩を容易にするために加盟国の間に一層の統一を達成することにある。
「(b) この目的は、共通に関心をもつ問題の討議と、経済的、社会的、文化的、科学的、法律的および行政的事項につきならびに人権および基本的自由の維持および一層の実現についての合意および共同の行動によって、評議会の機関を通じて追求される。

「(c)(d)〔略〕」

(30) 以下、筆者自身の所見として、参照：小畑郁「ヨーロッパ人権条約実施システムの歩みと展望」『人権裁判所の判例』二頁以下、三—四頁〔本書第一章三九—四一頁〕。

(31) 日本語による詳しい紹介として、薬師寺公夫「ヨーロッパ人権条約準備作業の検討（上）(中)(下)」神戸商船大学紀要・第一類文科論集三二—三四号（一九八三—一九八五年）、各三五、一五、一頁以下。

(32) テキストは、294 *UNTS* 17.

(33) Projet de traité portant Statute de la Communauté Européenne（テキストは、〈http://mjp.univ-perp.fr/europe/europeintro.htm〉（最終確認日：二〇一一年八月二五日）から閲覧できる）. 本文中には、混乱しないように「ヨーロッパ政治共同体」と記したが、原文では、「(単数の) ヨーロッパ共同体」となっていることに注意が必要である。すなわち、政経分離は必ずしも前提となっていないのである。なお、この草案は、諸政府によってではなく、議会の代表たちにより作成されたものであることは明記しておかなければならない。見よ：Résolution adoptée le 10 septembre 1952, à Luxembourg, par les six ministres des Affaires étrangères sur l'élaboration d'un projet de traité instituant une Communauté politique européenne, *available* at: 〈http://mjp.univ-perp.fr/europe/1953cper.htm〉（最終確認日：二〇一一年八月二五日）（別のテキストに基づく日本語訳：遠藤編・前掲註(1)、二七六—二七七頁）。

(34) これについての日本語による貴重な研究として、黒神聡『一九五三・三・一〇欧州政治共同体構想』(成文堂、一九八一年)。

(35) 筆者自身の簡潔なまとめとして、参照：小畑・前掲註(8)、二一五頁。また、準公式の概説書として、見よ：Un groupe de fonctionaires du Secrétariat, *Manuel du Conseil de l'Europe* (Pedone, 1970). なお、国際政治学者・遠藤乾と彼のグループによる「EC―NATO―CE〔ヨーロッパ評議会〕体制」論は、相対的に自立した諸機構の重層性そのものがヨーロッパ政治秩序に果たしてきた役割に着目しており(もっとも、より先駆的には、最上敏樹「ヨーロッパ地域機構の重層性とヨーロッパ新秩序」ジュリスト九六一号、一九九〇年、二六頁以下もあった)、本章の観点と共通するものがある。とりわけ、cf.: 遠藤乾「拡大ヨーロッパの政治的ダイナミズム」国際問題五三七号(二〇〇四年)八頁以下、遠藤編・前掲註(25)、六―八頁(遠藤乾執筆)、一二一―一二三頁(上原良子執筆)。しかし、この枠組みで書かれたという同書においても、ヨーロッパ評議会やヨーロッパ人権条約それ自体に即した記述は全般的に弱く、とりわけヨーロッパ評議会のEC設立後の修正された位置が不明確であるという印象を持たざるを得ない。

(36) Recomendation No. 38, 8 September 1949, II *Travaux Préparatoires* 274. at 278.

(37) 見よ：*ibid.* 181 (Pierre-Henri Teitgen). 一九五二年の段階でも、諮問会議では、諸共同体とヨーロッパ人権条約に跨る単一の「ヨーロッパ司法裁判所」が構想されていた(勧告三六(一九五二))。

2　冷戦下におけるパラレリズムの展開

一九六〇年代は、ヨーロッパ人権条約の主要な実施メカニズムとして想定されていた政治的介入手続が、ほとんど機能しないか、機能しても大国の望まない利用に道を開くことが明らかになっていった時代であった。[38] それにつづく一九七〇年代、とくにその前半は、条約制度が新たなアイデンティティを求めて模索をはじめる時期であったが、この時期に、ECの方が「憲法秩序」化(とくにその内容的側面)という観点からして、新たな発展をはじめている。ＥＣ司法裁判所の一九六九年のシュタウダー事件（先行裁決）判決において、共同体法の一般原則に含まれ、同裁判所によって確保されなければならない基本権という観念が認められ[39]、その後の判例において、ＥＣ法が基本権保護規範を含むことが確立していった。

こうした判例は、加盟国裁判所が自国憲法上の基本権規範を援用してＥＣの措置の合法性を審査するという事態に対抗する必要性に促されたものであった。もちろんＥＣ法の自律性を確保しようとするＥＣ司法裁判所としては、援用された加盟国憲法そのものを基準として審査するわけにはいかないが、加盟諸国の憲法以外に依るべきものは見いだしがたかった。したがって、一九七〇年の国際商事会社事件（先行裁決）判決では、「加盟国に共通の憲法的伝統に着想を得る」が、ＥＣ法の枠内の基準を適用するとした[40]。いわば比較法的アプローチをとったと評される。しかし、ここにはなおジレンマがあった[41]。国際商事会社事件と後のノルト事件（一九七四年）の報告裁判官を務めたペスカトール（Pierre Pescatore）は、一九七〇年のペーパーで、加盟国憲法中最高のレヴェルのものに引き上げる圧力がかかる懸念があると指摘していた[42]。これを解決するものとして彼が挙げるのが、ヨーロッパ人権条約を共通法と位置づけるアプローチである[43]。もっとも、この条約については、当時ＥＣ加盟国中ただ一国残っていたフランスが批准するまでは、共通法とみなすことができないとも指摘していた[44]。はたして、フランスが批准（一九七四年五月三日）した直後に言い渡されたノルト事件判決では、ＥＣ法上の基本権規範の文脈で、はじめてヨーロッパ人権条約に言及した[45]。

このように、ヨーロッパ人権条約は、ＥＣ法上の基本権規範に、加盟国憲法基準に沈み込んでしまわない基盤を与え、ＥＣ法の自律性確保に貢献したということができる。もっとも、もう一方では、この時期、条約を直接に共同体法のなかに取り込んでいたわけではないことにも注意が必要である。それが実現するのは、現在交渉中のＥＵの条約加入が実現したときである。こうして、ＥＣ側は、ヨーロッパ人権条約の制度を利用しながら、距離をおいてきたのである。

こうして、ともかくもヨーロッパ人権条約を一つの淵源とする基本権規範が、ＥＣ司法裁判所において適用されるようになったことは、逆に、ヨーロッパ人権条約の解釈・適用における同条約固有の制度の弱さの露呈につながった。ヨーロッパ評議会議員会議が一九七六年に採択した「ヨーロッパにおける人権保護」と題する勧告七九一は、人権分野におけるＥＣ司法裁判所の最近の決定に言及して（七項）、ヨーロッパ人権条約の規定がＥＣ司法裁判所とヨーロッパ人権委員会・裁判所との双方で解釈されることから困難が生じうることを指摘した（八項）。しかし、ヨーロッパ人権委員会・裁判所が機能する上で決定的に重要な個人申立権と裁判所管轄権は、選択条項受諾宣言によっており、そもそも宣言していない締約国も少なからず存在していた。こうしたことから、この勧告は同時に、すべてのヨーロッパ評議会加盟国がこれらの宣言をすることが、条約の統一的解釈のために不可欠であると強調したのである（五項（i））。

このような論理で、ヨーロッパ人権条約固有の制度の中で、個人の不服の司法的な処理を確実にすることがたしかに追求された。おそらくは、ヨーロッパ人権裁判所の側では、ＥＣ司法裁判所が条約を参酌することは、自らの地位に対する脅威と感じられたであろう。同じ時期（一九七〇年代後半）に、条約の自律性を高める解釈（自律的解釈[46]や発展的解釈[47]）を打ち出し、さらに事件の当事国が問題にしない限りで自らの管轄権についての形式的瑕疵を不問に付す態度をとっている[48]。

もっとも、ヨーロッパ人権委員会・裁判所を含むヨーロッパ評議会の機関として、このような議論の問題意識を共有したとしても、諸政府に実質的な影響を直ちに与えたとは考えにくい。ＥＣ内で唯一個人の申立権を認めていなかったフランスがそれを認めたのは、右の勧告から五年を経過した一九八一年のことであり、ＥＣ外にあった評議会加盟国（トルコ、ギリシャ、キプロス、マルタ）が、両選択条項を受諾するのは、一九八〇年代後半以降のことである。(49)

個人の不服の司法的処理がヨーロッパ人権条約の中心的実施制度であるという観念は、一九七〇年代後半を転機にその後徐々に成長をしてきた。(50)たしかに、その一つの要因として、ＥＣ制度の発展があることは認めなければならないであろう。右に述べたことに加えて、構造的な面についていえば、とくにアイルランド・イギリス・デンマークのＥＣ加盟（一九七三年、これによりＥＣは九か国体制となる）によって、ヨーロッパ評議会（当時一七か国）の内部に、経済統合をめざす大きな核が形成されることになり、この部分では、ヨーロッパの審級による拘束力ある判断について一定程度の慣れが生ずることになった。この状況が、条約についての先の観念の成長に有利な基盤を提供したことは間違いない。しかし、フランスやＥＣ外の評議会加盟国の態度に見られるように、ＥＣ制度の発展が条約制度の憲法秩序化への動きを決定的に促したとはいえない。

もっとも、両制度が相互に自律的な位置を保つというパラレリズムそのものは、ヨーロッパ人権条約が経済的利害とは離れてシンボル的秩序として純化していくのに好都合な環境を提供したということはできるであろう。ＥＣの側では、たとえばウガンダ・アミン政権による住民大量殺害事件（一九七七年）にもかかわらず、援助は停止されなかった。ＥＣの対外コンディショナリティへの人権の取り込みは、冷戦後にようやく実現するのである。(51)条約制度がＥＣに吸収・統合されていたとすれば、両者とも到底批判に耐えられなかったであろう。

(38)　参照：小畑・前掲註(30)論文、四頁〔本書四三頁〕。

(39) *Stauder* v. *City of Ulm*, Case 29/69, Judgment of 12 November 1969, [1969] *ECR* 419, para. 7.

(40) *Internationale Hadelsgesellschaft* v. *Einfuhr und Vorratstelle für Getreide und Futtermittel*, Case 11/70, Judgment of 17 December 1970, [1970] *ECR* 1125, para. 4. この事件の紹介・評釈として、大藤紀子〔初出二〇〇七年〕、中村民雄＝須網隆夫編『EU法基本判例集〔第二版〕』（日本評論社、二〇一〇年）一三一頁以下。

(41) このアプローチの理論的なジレンマについては、参照：小畑郁「EC／EU法における人権規範の展開」法政論集（名古屋大学）二二四号（二〇〇八年）三二七頁以下、三三三頁〔本書補論二九一頁〕。

(42) Pierre Pescatore, "The Protection of Human Rights in the European Communities" [1970], 9 *Common Market Law Review* (1972) 73 at 79.

(43) *Ibid.*

(44) *Ibid.*, p. 75.

(45) より正確にいえば、判決で、基本権規範の内容を定めるために参照しなければならないものとして直接に挙げられているのは、「加盟国が協力し参加した人権に関する国際文書」であるが、その直前の節における原告の主張の要約のなかで、ヨーロッパ人権条約が挙げられているので、同条約を参照するという意味は明確である。*Nold et al.* v. *Commission*, Case 4/73, Judgment of 14 May 1974, [1974] *ECR* 491, paras. 12-13. より明確なものとしては、見よ：*Hauer* v. *Land Rheinland-Pfalz*, Case 44/79, Judgment of 13 December 1979, [1979] *ECR* 3727, paras. 14-15.

(46) ヨーロッパ人権条約に用いられている用語が、「刑事上の罪」といった国内法に由来するものであっても、国内法で与えられている意味から一応離れて条約独自の意味を考えるべきである、という解釈方法である。人権裁判所では、エンゲル事件がリーディング・ケースである。*Engel and Others* v. *The Netherlands* [PC], Judgment of 8 June 1976, *Series A*, no. 22.

(47) ヨーロッパ人権条約上の用語を、起草時に意図された（であろう）意味において解するのではなく、現在の文脈で考えられる意味において解すべきである、という方法論である。人権裁判所では、タイラー事件がリーディング・ケースである。*Tyrer* v. *UK*, Judgment of 25 April 1978, *Series A*, no. 26. なお、以上の人権裁判所の解釈方法については、参照：戸田五郎「欧州人権裁判所による欧州人権条約の解釈」国際人権一一号（二〇〇〇年）一六頁以下、江島晶子「ヨーロッパ人権裁判所による解釈の特徴」『人権裁判所の判例』二八頁以下。

（48）これについては、参照：小畑・前掲註（13）論文、とりわけ七一―七五頁〔本書第六章、とりわけ一六五―一七〇頁〕。

（49）選択条項の受諾状況については、さしあたり見よ：本書第三章九一頁、図三―一。

（50）さしあたり参照：小畑・前掲註（30）論文、五頁〔本書四五―四七頁〕。一九七〇年代後半が転機であるとの所見は、最近刊行された次の浩瀚な研究書でも示されている。Edward Bates, *The Evolution of the European Convention on Human Rights* (Oxford UP, 2010).

（51）以上については、さしあたり見よ：小畑・前掲註（41）論文、三三九―三四〇頁〔本書二九八―三〇〇頁〕。

3　パラレリズムの根拠と今後の展望

このようなパラレリズムは、なによりもまず、加盟国法秩序との関係で、統合組織であるEC／EUが基本権規範を限定的にしか取り込むことができないという構造から生じているということができる。

下ってリスボン条約による改正後のEU条約（二〇〇九年一二月一日発効）は、二〇〇〇年のEU基本権憲章（二〇〇七年調整）[52]の法的効力を認め、基本条約（EU条約およびEU運営条約）と同等の地位においた（六条一項）。しかし同時に、これらがEUの権限に影響を及ぼさないとも定めている。判例法上認められてきた基本権規範も、EUの機関ないしEU法を実施している加盟国の機関しか拘束しないのであり[53]、EU基本権憲章も、同様に制限された適用範囲を有する（五一条）。

この制限が意味しているのは、EUは、すでに与えられている権限に基づく活動を越えて、基本権を実施するための措置をとることはできない、ということである。EUは統合組織であり、専属的権限が認められている場合はつねに、加盟国と競合的権限が認められている場合にもEUが措置をとっている限りにおいて、EUの措置が加盟国の内部法秩序を優越的に統制する。このような状況の下で、基本権規範がEUの権限の独自の根拠となれば、加盟国法秩序の自律性はほとんど消え去ってしまう懸念が深刻となる。

こうした限界のもとで、EUとしては、人権規範それ自体を解釈・適用し、それを生産・再生産していくということについて、主導的な役割を果たす立場にもなければ、その意思もないといってよいであろう。カディ事件についての二〇〇八年のEC司法裁判所の判決[54]が、EU機関の措置が基本権規範に抵触すると判示した最初の事例であったのは、ヨーロッパ人権裁判所の違反認定判決の数・割合[55]と、くっきりとした対照をなす。

他方で、加盟国国内裁判所や、援助対象国や加盟申請国といった外部との関係でEU制度において適用される人権規範は必要とされる。こうしてEU制度の外部に、それと一定の関係をもって、人権規範が生産・再生産される場が必要とされた。それがヨーロッパ人権条約の制度であったと考えられる。

さらに、とりわけ刑事司法・警察協力の分野の拡充など、EUの活動分野が拡大するに伴って、加盟国の措置であれば人権裁判所の統制を受けていたものが、EUに権限が移譲されてEUの行為となればその統制を受けなくなるという、いわば「人権統制の赤字」といった事態が生じていることは、EUの正統性の危機の一つの側面を構成している。こうして、リスボン条約によるEU条約の改正により、EUのヨーロッパ人権条約への加入[56]は義務的なものとなった（六条二項）。加入のためには、加入協定が必要とされており、現在その作成作業が進行中である。実際に加入が実現するには、この加入協定にすべてのヨーロッパ人権条約締約国（四七か国）とEU自身が参加する必要があり、なおかなりの時間と曲折が予想される。しかし、EUが加入すれば、以上見てきたパラレリズムは形式上消失することは明らかである。

もっとも、パラレリズムの論理は、実質上維持されるとも予想される。加入協定作成のための非公式作業部会の最終草案（二〇一一年七月）[57]によれば、ＥＵが当事者となる事件において、その機会がなかった場合、ＥＵ司法裁判所が先に審査するために相当の期間が保障される（加入協定案三条六項）。このような、ヨーロッパ人権条約締約国には認められていない「特権」的制度を通じて、違反認定が回避される割合が高くなるだけでなく、ＥＵ司法裁判所の作業にそれなりの敬意が払われることを通じて、ヨーロッパ人権条約の解釈・適用におけるヨーロッパ人権裁判所の優位性は事実上緩和される。いずれにしても、前述した弱い執行システムはＥＵにも適用されるから、ヨーロッパ人権裁判所の判断を受け入れる義務はＥＵ法上は生じない。こうしてみると、少なくとも、ヨーロッパ人権条約制度とＥＵ制度との間に、上下の階層的関係が生ずる余地はない、と考えられる。

こうした状況を、一九五三年に構想されたように人権保護への貢献を任務とするヨーロッパ政治共同体によってもたらされたであろう事態と比較することで、興味深い示唆が得られる。つまり、ここで構想された単層的公共圏の下では、加盟国からの抵抗を受けて地域的憲法秩序は生じようがなかったであろうことである。逆に言えば、とくにＥＵ制度とヨーロッパ人権条約制度とのパラレリズムを中心とした、ヨーロッパ公共圏の重層性こそが、現在のヨーロッパ地域憲法秩序の、さらにはヨーロッパ人権条約の憲法秩序化の不可欠の基盤であったといえる。

（52）　*OJ* 2010/C 83/389.

（53）　この点はさしあたり参照：小畑・前掲註（41）論文、三三四―三三六頁（本書二九三―二九五頁）。

（54）　*Kadi & Al Barakaat v. Council & Commission*, Joint Cases C-402/05 P & 415/05 P, Grand Chamber, Judgment of 3 September 2008, [2008] *ECR* I-6351. 紹介・評釈として、中村民雄・ジュリスト一三七一号（二〇〇九年）四八

頁以下、同、中村＝須網編・前掲註(40)書、三六七頁以下、中西優美子・国際人権二〇号（二〇〇九年）一二五頁以下。

(55) 二〇〇九年までで、一二、一九八件の判決中一〇、一五六件（八二%）で違反が認定されている。見よ：*European Court of Human Rights in Facts and Figures* (Council of Europe, 2010), p. 17.

(56) この問題の詳しい検討は、別稿に委ねたい。

(57) CDDH-UE (2011) 16, final version, *available* at: 〈http://www.coe.int/t/dghl/standardsetting/hrpolicy/CDDH-UE/CDDH-UE_documents/CDDH-UE_2011_16_final_en.pdf〉（最終確認日：二〇一一年八月二九日）.

結びに代えて——憲法秩序の構造とあらたな課題

このように、ヨーロッパ地域憲法秩序は、ＥＵとヨーロッパ人権条約制度のパラレリズムを基盤として、形成されている。また、基本権規範を取り込むようになったＥＣ／ＥＵ制度の側圧が、ヨーロッパ人権条約の憲法秩序化に導く一つの要因であることは認められる。しかし、選択条項制度と閣僚委員会の実質的権限の廃止という改革が、一九九〇年代に至るまで踏み切られなかったことから分かるように、これが決定的な原動力になったとは考えられない。だとすれば、ヨーロッパ地域憲法秩序の観点からすれば、ＥＵ制度のみの分析では少なくとも不十分であり、むしろ、公共性の基礎原理である人権の体系をそれ自体として保護するヨーロッパ人権条約制度自体の発展を分析することが不可欠ともいえるのである。

本書の主張の一つは、ヨーロッパ人権条約制度の憲法秩序化への決定的な原動力は、「周辺」や「外部」との対抗関係と結局のところそれらを懐柔していく要請にある、というものである。こうした要素が個々の局面でどのように働いたかは、本書を通じて読み取っていただきたいが、ここでは、第一一議定書（一九九四年署名、一九九八年発効）による右の改革が、まさに旧東欧圏諸国の大量加盟と時を同じくして実現したことにだけ注意を促しておきたい。とくに当時の中東欧の実情からすれば、個人の不服を司法的に処理する機能を中心とすることは、時期尚早ともみえるが、そうではなく、シンボル機能を純化しつつ中東欧を形式的に取り込んだうえで、政治力の動員を省く効率的処理が目指された結果であったのである。(58)

このように、憲法秩序化をヨーロッパに内在する価値に基づく制度の純化でなく、「周辺」や「外部」への政治的対応の結果（としての政治的判断停止）と捉えるのは、相対的に優れた制度の粗探しをしてヨーロッパの人々の自尊心を不必要に傷つける試みと受け止められるかもしれない。しかし、もとより筆者の意図はそこにあるのではない。こうした来歴を明らかにすることによって、形成されてきた憲法秩序の基盤と構造を解明し、新たな秩序が提起する課題をも明確にすることができると考えているのである。

とくに本書で試みた国際法学の立場からの分析からは、改革されたヨーロッパ人権条約制度は、著しく司法化された（あるいは法律家優位の）システムであるということができる。国民の意思を形成し、それを国家の代表の間の交渉を通じて集約し、ミニマムな公共性の共通原理の遵守をアドホックに約束するというプロセスは、ほとんど重要性をもたない。政治的調整過程が介在する余地が極小化している。こうした構造からは、政治的構造から生ずる人権問題や国家間紛争や内戦が絡んだ人権問題への対処という面では、ヨーロッパ人権条約の制度はほとんど機能しないことが予想される。こうした問題には、別の手続きや制度を少なくとも平行して活用することが求められるのである。(59)

また、こうして司法化された人権保障手続は、そもそも司法的な性格の強いＥＵ法秩序や国内法秩序と、扱う主題も当事者も同じ法的議論の場ということになり、国境を越える法律家の共同性に確固とした基礎を与えるとともに、その（一つの）結節点となる。ヨーロッパ地域憲法秩序の観点からみると、条約とEUのパラレズムという形でヨーロッパ地域のレヴェルにおいても重層的であるが、それぞれなお基本的には自律性を保持している各国憲法秩序を考慮に入れるとむしろ多層的ということができる。これらの「層」の間の関係は、階層的なものとして垂直的に統制されるのものではなく、相互干渉と対話を通じて、漸次的に調和が生まれてはまた新たな齟齬が生ずる、といったものとなろう。[60]ここで結局のところへゲモニーを掌握するのは、第一義的には内容上権威的な法的議論であろうからである。その意味では、第二の意味での憲法秩序は、主張としては頻繁になされても、確立するという展望をもつことができない。

このような秩序においては、国境の内外を自由に行き来して法律的議論をその標準的な語彙と文法に従って展開することができる能力が決定的に重要である。このようにいわばルールは変わってしまったのである。こうした状況が、グローバルにも存在するとすれば、新しいルールに慣れることはわれわれにももはや必須の要請である。[61]しかし、この新しいルールに埋め込まれた不公正を、その新しいルールの成立過程の分析をも通じて批判していくことが、また別に必要とされるということも明らかであろう。[62]

（58）さしあたり参照：小畑・前掲註（30）論文、七頁〔本書五〇—五一頁〕。

（59）さしあたり参照：小畑郁「重大・組織的な人権侵害とヨーロッパ人権条約制度」法律時報八四巻九号（二〇一二年）六〇頁以下〔本書第六章〕。

（60）EU法と国内（憲）法と間についても、従来EU司法裁判所の判例法が説いてきたような上下の階層的関係で捉えるのではなく、併存競合・協力関係として捉える憲法的多元主義の考え方が力を増してきているようである。これについては、参照：須網隆夫「EU法と国際法」福田耕治編著『多元化するEUガバナンス』（早稲田大学出版部、二〇一一年）七頁以下、とくに一七―二一頁。

(61) グローバルなレヴェルの司法化が提起する問題についての筆者の考察として、小畑郁「司法の世界化・世界の司法化のなかの日本の司法改革」法律時報七三巻七号（二〇〇一年）二〇頁以下。

(62) 以上について、ヨーロッパ人権条約の各国法秩序への受容を素材とした筆者の具体化の試みとして、見よ：小畑・前掲註(18)論文〔本書終章〕。

第一部　総説

第一章　人権条約実施システムの歩みと展望――動態的観察

はじめに

二〇〇六年の一年間でヨーロッパ人権裁判所は、一、五六〇件の判決を下した(1)。これに対して二〇〇五年における日本の最高裁判所の行政事件上告新受数は三五九件(2)、二〇〇六年にドイツ憲法裁判所が憲法異議に対して実質審理を行い最終判決を下したのは一三九件(3)、アメリカ合衆国連邦最高裁判所の二〇〇五年度の署名付き理由のある判決数は六九件である(4)。要するに、基本権に関して司法判断を下す機能において、人権裁判所は、世界に類例のない裁判所ということができる。このような膨大な活動は、この裁判所が、ヨーロッパのほぼ全域（トルコ、ロシアを含む）、人口にして計約八億人の国々からの(5)人権侵害の訴えについて、管轄を有するからにほかならない。

しかし、法的な観点からすれば、人権裁判所の最も重要な特徴は、このように管轄の範囲が広くそれに応じて活動量が膨大な基本権を扱う裁判所、という点にあるわけではない。その本質であり、最もユニークな点は、基本権に関する司法裁判所でありながら、ヨーロッパ人権条約という国際法に基礎をおくということにある。

第二次世界大戦後の国際法は、人権問題にも関心を寄せるようになったが、今日においても人権侵害の訴えを裁判所において審理し、法的拘束力のある判決を下すことのできる手続は、世界的な規模では存在せず、ヨーロッパ、米州、アフリカの地域人権条約によってのみ設けられている。[6] このうち、米州およびアフリカの人権裁判所は、個人の訴えを受け付けていない。[7] つまり、個人が自ら提起した訴えを審理する裁判所により人権を実施しているというのが、ヨーロッパの人々が、条約を「人権の国際的保障の最も完成されたモデル」[8] と自負する点なのである。しかし、客観的な立場から、付け加えて言わなければならないのは、このようなヨーロッパ・モデルの特徴は、一九五〇年に署名された条約に当初から備わっていたわけではないことである。個人が訴える人権侵害の苦情を、裁判所で審理し法的拘束力ある判決を下すという手続で条約を実施するようになったのは、後述するように、一九九八年の第一一議定書の発効による改正以降のことである。このように条約実施システムにおける人権裁判所の位置づけは、歴史的に変化してきた。さらに、今日でも、締約国による判決執行とヨーロッパ評議会閣僚委員会による判決執行の監視といった、国際法に基礎をおく国際裁判所であることに由来する、憲法裁判の一般的な概念からは理解しがたい手続もある。

このようにしてみると、人権裁判所をより深く理解しようとすれば、ヨーロッパ人権条約その他の同裁判所の国際法的な基盤がどのようなものであり、それが歴史的にどう発展してきたか、今日におけるそのさらなる発展への障害はどこにあるか、といった観点からの分析が不可欠であることがわかる。ここでは、このような観点から、人権裁判所を概観してみたい。もっとも、その前に、条約そのものについて、検討しておく必要がある。

（1）　European Court of Human Rights, *Survey of Activities 2006*, p. 3.

（2）『司法統計年報1　民事・行政編』二〇〇五年版、第一―二表：事件の種類と新受事件数の推移――最高、全高等・地方・簡易裁判所、五頁。

（3）　Bundesverfassungsgericht, Aufgaben, Verfahren und Organisation - Jahresstatistik 2005 - Erledigungen, *availa-*

ble at: http://www.bundesverfassungsgericht.de/organisation/gb2006/A-III-2.html（最終確認日：二〇〇七年四月三〇日）.

（4）*2006 Year End Report on the Federal Judiciary*, p. 9.

（5）『人権裁判所の判例』資料Ⅱ（五一二頁）参照。

（6）さしあたり、松井芳郎ほか『国際法〔第五版〕』（有斐閣、二〇〇七年）六二―六三頁（小畑郁執筆）参照。

（7）正確には、アフリカ人権裁判所（正式には、人および人民の権利に関するアフリカ裁判所）は、特別にその旨宣言した締約国に対する個人の訴えを受け付ける（アフリカ人権裁判所設立議定書五条三項、三四条六項）。二〇一三年三月の時点で、このような宣言をした国は、ブルキナ＝ファソ、アラウィ、マリ、タンザニア、ガーナの五か国である。List of Countries which have signed, ratified / Acceded to The Protocol to the African Convention on Human and Peoples' Rights on the Establishment of an African Court on Human and Peoples' Rights, 28 March 2013, *available* at: 〈http://au.int/en/sites/default/files/achpr_0.pdf〉（最終確認日：二〇一三年九月二日）. 米州人権条約のテキストは、1144 *UNTS* 123. アフリカ人権憲章（人および人民の権利に関するアフリカ憲章）および裁判所設立議定書のテキストは、次のウェブページからダウンロードした。〈http://au.int/en/treaties〉（最終確認日：二〇一三年九月三日）

（8）Frédéric SUDRE, *La Convention européene des droits de l'homme* 8e éd.（PUF, 2010）, p. 3（建石真公子訳『ヨーロッパ人権条約』〔有信堂、一九九七年〕〔一九九四年刊の原著三版の翻訳〕一頁）。

第一節　条約の作成とその原初的特徴

ヨーロッパ人権条約は、一九四九年西欧および北欧の一〇か国により設立された国際機構であるヨーロッパ評議会（Council of Europe）の枠組みにおいて作成されたものである。ヨーロッパ人権条約は、この機構の加盟国のみが締約国となることのできる条約であり（五九条）、それは、同条約が、ヨーロッパ評議会加盟国集団に固有の人権シンボルと考えられていることを意味している。

ヨーロッパ評議会は、「加盟国の共通の世襲財産である理想および主義を擁護・実現し、ならびに加盟国の経済的・社会的進歩を容易にするために、加盟国の間に一層緊密な統一を達成すること」（ヨーロッパ評議会規程一条（a））を目的とするが、その設立の背景には、ヨーロッパ統合運動と、急速に形成されつつあった東欧圏への対抗があり、(9)さらにその根底には、ヨーロッパ文明の内部からのナチズムの出現を阻止できなかったという危機意識があったことを指摘しておかなければならない。この機構が発足後直ちに作成しはじめたヨーロッパ人権条約も、このような背景に照らして理解できるものである。(10)

まず、実体規定においては、条約は、一九四八年に国連総会で採択された世界人権宣言を受けて作られていることを自ら確認しているが（前文）、権利のカタログにおいて、同宣言で認められた社会的権利は全く含まず、生命権、人身の自由、裁判を受ける権利、私生活の尊重および精神的自由のみを挙げている。(11)結局、条約は、おおむね自由権を保障するものということができるが、精神的自由を中心におくのではなく、人身の自由中心の構成をとっていることに注意が必要である。このような構成は、一方では国際法的保障の対象となってきた外国人法の伝統に沿うものであるが、他方で、身体に対する暴力を抑止することの方が、民主主義的空間を確保することよりも喫緊の課題であると考えられたことの反映でもあろう。(12)

手続規定においては、個人の申立を条約機関が受け付ける権限および人権裁判所の管轄権については、いずれも締約国にとって選択的に認めればよいものとされている（いわゆる「選択条項」：旧二五条および四六条）。締約国が自動的に認めなければならないのは、他の締約国による自国の義務不履行についての申立が独立の個人専門家で構成されるヨーロッパ人権委員会によって審理され（旧二四条）、ここでの調停不調の場合にヨーロッパ評議会加盟国政府代表によって構成される閣僚委員会による決定の拘束をうける（旧三二条）、ということだけである。つまり、ヨーロッパ・モデルなどと後になって言われる特徴は実はきわめて弱く、むしろ（諸）政府の政治的イニシアチヴおよび集団的決定による実施システムこそが、ヨーロッパ人権条約の原初の姿なのである。このことと、締約国の現行の法律に合致する限度での留保が認められていること（旧六四条、現五七条と同文）とを突き合わせてみれば、自由権、とりわけ人身の自由について、後退的立法を行うような政権が出現したときに、他の国家が合理的に介入する制度こそが、条約が設定しようとしたものだったことがわかるのである。

このような制度のなかで、人権裁判所が果たすべき役割、とりわけ個人の不服に対して果たすべき役割は、微温的なものであった。一九九八年の第一一議定書発効以前の旧制度の下では、現実には、旧二五条・旧四六条の両選択条項を受諾している締約国に対する個人の申立について、人権委員会が条約違反を認定（ないし僅差で違反なしと認定）したのち、人権委員会によって、人権裁判所に付託されるという道筋しかなかったのである。人権裁判所への付託権は、一九九四年に第九議定書が発効するまで、締約国または人権委員会に限定されていた（旧四四条）からである。

準備作業では、人権裁判所の設立そのものに対する反対も強く、八か国が旧四六条に基づく管轄権受諾宣言をした後に、第一回選挙を行い、それまではいかなる事件も人権裁判所に付託できないと規定して（旧五六条）、ようやく設立が合意されたのであった。この条件が満たされて人権裁判所が正式に発足したのは、一九五九年四月二〇日であり、条約はすでに一九五三年九月三日に発効していた。

（9）　さしあたり参照：本書序章一六―一八頁。
（10）　このような背景も含めた条約起草過程については、参照：薬師寺公夫「ヨーロッパ人権条約準備作業の検討（上）（中）（下）」神戸商船大学紀要・第一類文科論集三二―三四号（一九八三―八五年）各三五頁、一五頁、一頁以下。
（11）　なお、条約本体の採択後、追加議定書によって、いくつかの権利を同条約の保障の下におくこととされている。しかし、社会的権利については、議論はあったものの現在に至るまで追加されず、ヨーロッパ社会憲章という別の条約制度の下での保障が与えられている。ここでは、個人の申立や裁判所による保障は認められていない。
（12）　なお、現在に至るまで、人権裁判所が扱う事件の大多数は、五条（人身の自由）および六条（裁判を受ける権利および刑事裁判の諸原則）関係のものである。この点についてさらに参照：小畑郁「人権条約機関における人権概念と判断手法」比較法研究七五号（二〇一三年）二二一頁以下、二二二―二二四頁。

第二節　実施システムの展開

それでは、このような原初的な制度から、今日見るような個人の救済・司法的解決志向の制度への変化は、どのように生じたのであろうか。

1　人権抑圧政権・政策への政治的介入機能の凋落――一九六〇年代～一九七〇年代前半

実際には、ヨーロッパ内部に生じた人権抑圧政権への合理的政治介入という機能は、一九六七年に提起されたギリシャ事件（デンマーク、ノルウェー、スウェーデンおよびオランダ対ギリシャ）においてのみ果たす機会があった。ここでは、人権委員会は、クーデターで成立したギリシャ軍事政権による多くの条約違反を認定した報告書(13)を採択し、閣僚委員会も一九七〇年これを追認し、この報告書を公表する決議を採択した(14)。しかし、閣僚委員会は、ギリシャが先に条約の廃棄を通告したことを理由として、これ以上の具体的な措置を決定せず、西欧・北欧諸国は、軍事政権への対応において分裂したため、ギリシャの民主化に向けたヨーロッパ評議会としての働きかけはほとんどみられなかった。

他方、初期に、条約制度内唯一の大国であったイギリスを悩ませたのは、植民地における人権問題であった。イギリス支配の下にあったキプロスにおける人権侵害について、ギリシャが一九五六年とその翌年にイギリスを相手取って人権委員会に申し立てたが（第一・第二キプロス事件(15)）、この事件では違反認定には至らなかったものの、イギリスは、むしろ国家間申立を警戒するようになった。イギリスが一九六六年に個人の申立権および人権裁判所の管轄権を受諾することに踏み切ったのは、この流れの中で理解できる。領域的変更を迫る政治的圧力と一体化しやすい国家間申立から閣僚委員会への手続よりも、個人申立により持ち込まれる個別的事件の裁判所による処理を選好したのである(16)。

こうして、一九六〇年代末には、国家間申立や閣僚委員会での実質審理という手続は、一方で人権抑圧政権・政策への合理的政治介入という機能を実際にはほとんど果たさないこと(17)、他方でこれらの手続は、個人申立や人権裁判所での審理といった手続との比較において、大国の望まない利用の仕方に道を開くものであることが明らかになっていた。しかし、後者の手続が順調に展開したわけではない。一九六九年末の時点では、ヨーロッパ評議会加盟国は、条約およびその手続との関係で、三つの立場に分裂している状況であった。すなわち、①条約の締約国となり個人の申立権も人権裁判所の管轄権も受諾している国（一一か国）、②条約の締約国となっているが、個人の申立権および人権裁判所の管轄権を受諾していない国（五か国）および③条約の非締約国（フランスとスイスの二か国）である。[18]

一九七〇年代前半においても、①の国が安定的に受諾を継続する見通しはなかった。一九六七年のベルギー言語事件（本案）判決に不満を持つベルギーは、同年以降、それまで五年としていた人権裁判所の管轄権受諾宣言の有効期間を二年に短縮した。[19] 一九七二年には、ゴルダー事件[20]、東部アフリカのアジア系住民事件[21]、アイルランド対イギリス事件[22]といった難事件を抱えていたイギリスが、それまでの三年間の期間を二年に短縮した。

このような状況の下で、人権裁判所は自己の権限を抑制的に行使していたようにみえる。一九七四年までの本案判決の対象となった実質一〇件中、違反を認定したのは五件にとどまった。解釈方法においても、たとえばベルギー言語事件（本案）[23]では、準備作業にかなりの程度依拠していた。

(13) *The Greek case*, Report of the Commission, 5 November 1969, 12 (The Greek case) *Yearbook* 1.

(14) *The Greek case*, ResDH (70) 1, 15 April 1970, 12 (The Greek case) *Yearbook* 511.

(15) *First Cyprus case*, Report of the Commission, 26 September 1958; *Second Cyprus case*, Report of the Commission, 8 July 1959.

(16) 参照：A. W. Brian Simpson, *Human Rights and the End of Empire; Britain and the Genesis of the European Convention* (Oxford UP, 2001), p. 988 ff.

(17) もちろん、これは閣僚委員会の自己抑制によるところが大きい。一九六九年の[旧]三二条の適用に関する規則の採択に至る経緯で、同委員会の紛争解決機能・条約違反決定機能の両面にわたる自己抑制がすでに明確になっていた。参照：小畑郁「ヨーロッパ人権条約実施手続の司法的純化についての一考察」国際法外交雑誌九八巻一＝二号（一九九九年）一二四頁以下、一三五―一四四頁〔本書第八章一八七―一九三頁〕。

（18）　さしあたり参照：本書第三章九一頁、図三―一。
（19）　参照：小畑郁「ヨーロッパ人権条約体制の確立――人権裁判所の管轄権受諾宣言の取り扱いを中心に」田畑茂二郎編『二一世紀世界の人権』（明石書店、一九九七年）五九頁以下、七一頁〔本書第七章一五七頁表七―一〕。
（20）　*Golder* v. *UK* [PC], Judgment of 21 February 1975, *Series A*, no. 18.
（21）　*East African Asians* v. *UK*, Report of the Commission, 15 December 1973, 78 *DR A/B*, 5.
（22）　*Ireland* v. *UK* [PC], Judgement of 18 January 1978, *Series A*, no. 25.
（23）　*Belgian Linguistic case* (*Merits*) [PC], Judgment of 23 July 1968, *Series A*, no. 6.

2　「中核」諸国における個人の不服の司法的解決機能の強調――一九七〇年代後半～一九八〇年代前半

転機は明らかに、一九七〇年代の後半期にある。イギリスは、ゴルダー判決において、人権委員会の条約解釈方法を争うことを目的に自ら人権裁判所に出訴したが、一九七五年の判決で見事に敗訴した。一九七四年から一九八〇年まで裁判官を務めたフィッツモーリス（イギリス出身）は、判決に関与した一二件中八件で個別意見を書き、この時期に人権裁判所がとった条約規定の拡張的解釈に反対したが[24]、このこと自体、彼のような立場が人権裁判所内で少数派になったことを示している。実際、この時期に、ヨーロッパ人権条約についての解釈原理として著名な、「自律的解釈[25]」や「発展的解釈[26]」が人権裁判所の判決において確立されている。

このような人権裁判所の態度の基礎には、締約国による管轄権受諾宣言が更新されないといった事態が生じそうにない、という情勢認識がある。イギリスはゴルダー事件での敗訴にもかかわらず一九七六年に、ベルギーは一九七八年に、受諾宣言の有効期間を五年とした[27]。また、この時期に、個人の申立権および人権裁判所の管轄権についての選択条項を受諾する国の環は、大きく広がった。アルジェリア解放戦争をかいくぐったフランスも、一九七四年に条約を批准し、直ちに人権裁判所の管轄権を受諾し、一九八一年には個人の申立権も認めた。スイスも一九七四年に批准、直ちに両選択条項を受諾している。条約には参加しながら選択条項を受諾していなかったイタリアも、一九七三年に両選択条項を受諾した。ヨーロッパ評議会の外にあったポルトガル・スペインも権威主義体制を脱して評議会に加盟し、それぞれ一九七八年・一九七九年に条約を批准し、ほぼ同時に両選択条項を受諾した。

このような一九七〇年代後半の進展は、さらにその背景を探れば、国際人権規約の効力発生およびそれともかかわる東欧圏の動向と関連している。一九六六年に採択された国際人権規約（社会権規約および自由権規約）[28]は、所定の三五か国の批准・加入を得て、一九七六年にそれぞれ効力を生じた。このうち自由権規約は、政府報告書審査制度（同規約四〇条）とともに、選択的ながら国家通報制度（同四一条）および個人通報制度（同規約選択議定書）を有していた。西欧圏諸国としては、これらの手続が保障しない、個人の申立を淵源とする訴えが裁判所によって審理されるということを、条約の独自性として主張することによってのみ、人権の先駆的擁護者としての自らのイデオロギー的優位性を示し得たのである。[29]この事情は、当時ヘルシンキ・プロセスによって人権問題を含む対話の対象となっていた東欧圏諸国が、自由権規約にむしろ積極的に参加していたことによっても、[30]強化されていた。

人権委員会は、一九七七年、タイラー事件において、事件が生じたマン島についての人権裁判所管轄権受諾宣言が更新されなかったにもかかわらず、この事件が個人により人権委員会に申し立てられた時点で有効であった管轄権受諾宣言を援用して、事件を人権裁判所に付託した。このような態度の基礎には、個人のイニシアチヴで提起された申立の実質が最終的には裁判にかかるというのが、条約実施システムの中核である、という観念がある。そして、この問題について形式論からすれば管轄権を否認する十分な根拠を有していたイギリスも、このよ

うな立場を争わなかったのである。(31)

もっともこの時期には、このような立場は、決して一般化できるものではなかった。一九八〇年前半期には、キプロス、ギリシャ、トルコ、マルタといった条約締約国のうちでも「周辺」諸国は、選択条項を受諾していなかったからである。これら諸国は、個人の申立や人権裁判所の判断が、地域や国の統治に対する耐え難い攻撃となりうることを怖れる状況にあったといえるであろう。

(24)　*National Union of Belgian Police* v. *Belgium*, Judgment of 27 October 1975, *Series A*, no. 19; *Ireland* v. *UK*, *supra* note 22; *Tyrer* v. *UK*, 25 April 1978, *Series A*, no. 26: *The Sunday Times* v. *UK* [PC], Judgment of 26 April 1979, *Series A*, no. 30; *Marckx* v. *Belgium* [PC], Judgment of 13 June 1979, *Series A*, no. 31; *The Sunday Times* v. *UK*（Article 50）[PC], Judgment of 6 November 1980, *Series A*, no. 38; *Guzzardi* v. *Italy*, Judgment of 6 November 1980, *Series A*, no. 39.

(25)　リーディング・ケースは、エンゲル事件（*Engel and Others* v. *The Netherlands* [PC], Judgment of 8 June 1976, *Series A*, no. 22）である。

(26)　人権裁判所におけるリーディング・ケースは、タイラー事件（*Tyrer* Judgment, *supra* note 24）である。

(27)　さしあたり、見よ：小畑・前掲註(19)論文、六四頁の表〔本書一五七頁表七―一〕。

(28)　テキストは、993 *UNTS* 3 および 999 *UNTS* 171.

(29)　ヨーロッパ評議会議員会議の勧告七九一（一九七六年）は、両選択条項の受諾を求めたが（五項(i)）、同時に自由権規約の発効にも言及し（九項）、閣僚委員会による同規約とヨーロッパ人権条約の並存に伴う問題の研究を歓迎した（一〇項）。さらに勧告八八三（一九七八年）は、ヨーロッパ人権条約が実効的な国際的監督を及ぼす点で類例のないものであることを強調し（三項）、両選択条項の受諾が必要であると述べていた（七項）。

(30)　一九八〇年一月一日の時点で、自由権規約の締約国（計六一か国）となっていた東欧圏諸国は一〇か国を数え、一一か国の西欧圏諸国と拮抗する影響力を有していた。見よ：UN Doc. ST/HR/4/Rev. 2.

(31)　以上については、参照：小畑・前掲註(19)論文、とりわけ、七三―七四、七六頁〔本書一六八―一六九、一七一―一七二頁〕。

3　個人申立・司法的解決制度の「周辺」諸国への波及――一九八〇年代後半

「周辺」国のこの状況を変化させたのは、「中核」諸国の側の事情であった。トルコの一九八〇年の軍によるクーデターおよびこれにより成立した一九八二年憲法に基づく体制は、多くの人権問題を発生させたが、諸国家の動きは鈍かった。議員会議決議七六五（一九八二）もあって重い腰を上げた諸締約国政府により、一九八二年七月一日に提起された申立は、一九八五年に、トルコにとっては極めて穏便な条件で友好的解決に至ったことが確認された(32)。この解決合意に基づいて一定の監視任務を果たしていた人権委員会が、一九八七年、その任務の終了について報告書を公表する前日、トルコは、旧二五条に基づく個人の申立についての選択条項受諾宣言を行った(33)。これが人権委員会の任務終了のための取引条件であったことは、明白であろう。このように、人権委員会が個人の申立を認めるよう強く促したとすれば、その背景には、西側「中核」諸国が、国家間申立を適時に行い、人権侵害の責任を明らかにするまで申立を追行するかどうかについての、むしろ不信があったといってもよいであろう。要するに、締約国たるトルコの人権侵害は等閑視はできないが、他方でそれに対処できるはずの既存の国家間申立手続には期待できない、という事情が、トルコへの個人申立手続の適用を促したのである。

このようなトルコをめぐる動きは、この地域の他の国に対して影響を及ぼさずにはおかなったように思われる。実際、マルタ、ギリシャ、キプロスがこの時期に、両選択条項の受諾を終えた。こうして、一九九〇年一月二二日にトルコが人権裁判所の管轄権受諾宣言を寄託した時点で、すべての条約締約国が、個人の申立権と人権裁判所の管轄権を受諾するという事態がはじめて出現したのである(34)。

(32) *France, Norway, Denmark, Sweden & The Netherlands v. Turkey*, Report of the Commission, 7 December 1985.
(33) 以上については、参照：戸田五郎「ヨーロッパ人権条約とトルコの地位」国際法外交雑誌九一巻五号（一九九二年）三二頁以下、とりわけ、三七―三八、四六―四九頁。
(34) 参照：小畑郁「欧州審議会の人権保障活動と中・東欧」外国学研究（神戸市外国語大学）三二号（一九九四年）一〇七頁以下、一一六頁〔本書第三章九〇頁〕。フィンランドは、一九九〇年五月一〇日ヨーロッパ人権条約の締約国となり、同時に両選択条項を受諾した。

4　中東欧諸国への条約の拡大と第一一議定書による改革

しかし、この等式が永続的に成り立つ保証はすでになかった。一九九〇年一一月のハンガリーを皮切りに、冷戦構造の崩壊によりヨーロッパ社会への復帰を目指す旧東欧圏（中東欧）諸国が、ぞくぞくとヨーロッパ評議会に加盟してきたのである。これら諸国の加盟に際しては、ヨーロッパ人権条約への国内法適合性が審査されたうえ、加盟後早期の両選択条項の受諾を伴う同条約の批准を誓約するという、それまでになかった加盟条件が付された[35]。このような条件は、個人の不服の実質が裁判所により審査されるという歴史的な到達点が、部分的な後戻りさえ許さないほどにヨーロッパ評議会が体現する西ヨーロッパ・コミュニティのシンボルとして確立していたことを意味する。

しかし、他方において、このような条件のもとでの中・東欧諸国の取り込みは、すでに感じられていた個人申立の殺到による実施システムの機能不全の危険性を飛躍的に高めてしまう。実際、個人申立権と人権裁判所の管轄権の受諾が一般的になった段階で、人権委員会と人権裁判所の機能は重複しているというう見方が生ずるのはむしろ必然であった。このような見方と、個人申立の増加[36]に伴う事件処理の遅延に対する懸念が結びついて、両機関の機能をフルタイムの人権裁判所に統合するという、後に第一一議定書で実現する構想が、一九八〇年代半ばには盛んに議論されていた。もっとも、作業はたびたび中断し、専門家で構成される委員会では、一九九二年一〇月に至っても合意ができないままであった。この段階でもし政治的決断が介在しなければ、個人申立に限り人権委員会の報告書を法的拘束力あるものとし、人権裁判所は自ら上訴許可を与えた事件のみ審理するという、いわゆる二審制案程度の改革に止まった可能性が大きい[37]。

実際に介在した政治的決断は、ロシアまでもヨーロッパ評議会に加盟させることが既定路線となっていく最中に下された[38]。一九九三年一〇月にウィーンで開催されたヨーロッパ評議会首脳会議に集まった加盟国首脳は、この機構を「共産主義の抑圧から逃れたヨーロッパの民主主義国を、平等の基礎の上にかつ恒久的な構造のなかで、歓迎することのできる卓越したヨーロッパの政治組織」（ウィーン宣言五項[39]）と位置づけたのである。それは、せいぜいローマ法の影響が及んだ地域あるいはオーストリア帝国の版図までといった、中・東欧諸国の限定的な統合にとどめようという路線の敗北を意味していた[40]。このなかで、一九九四年五月一一日、第一一議定書が署名に開放された。

個人の訴えを受け付ける人権裁判所への機能統合と政治的不安定要因を抱える中・東欧諸国全域への拡大路線というのは、一見矛盾するようにもみえる。しかし、もし旧システムが維持されたり、いわゆる二審制案が採用されたとすれば、個人申立の増大とともに、おおむね加盟国の二倍の条約機関構成員（人権委員会委員と裁判官）がズルズルとフルタイム化することも予想された。個人の不服の実質が裁判所によって審理されるというのが、他の地域にみられないヨーロッパの先駆性のシンボルである以上、これをわかりやすく表示するとともに、ほぼ加盟国と同数の条約機関構成員（裁判官）で効率よく稼働させるというのが、第一一議定書による改革の狙いであるということができる。その意味では、改革の背景と内容は整合的に理解できる。冷ややかにいえば、少なくとも政府レヴェルでは、ヨーロッパ全体での人権の実現について政治的責任を引き受けようという意思はほとんどみられず、シンボリックな意味での人権だけが問題だったのである。(41)

（35）　参照：小畑・前掲註(34)論文、一一六―一一八頁〔本書九〇―九二頁〕。

（36）　『人権裁判所の判例』五二〇頁資料Ⅶ(1)参照。

（37）　フルタイム人権裁判所への機能統合改革を行なうという合意が達成されたプロセスについては、参照：Andrew Drzemczewski, "Major Overhaul of the European Human Rights Convention Control Mechanism: Protocol No. 11", VI (2) *CC Acad Eur L* (1997) 112, esp. 141-153.

（38）　一九九六年に実現するロシアの加盟は、国内法のヨーロッパ人権条約適合性については目をつぶる形ですすめられた。これについては、参照：庄司克宏「欧州審議会の拡大とその意義――ロシア加盟を中心に」国際法外交雑誌九五巻四号（一九九六年）一頁以下。ヴィルトハーバー人権裁判所元所長は、人権条約適合性審査が不十分なままにヨーロッパ評議会加盟・条約批准を認めたことを「歴史的過ち」と表現している。Luzius Wildhaber, "Consequenses of the European Court of Human Rights of Protocol No.14 and the Resolution on Judgments Revealing an Underlying Systemic Problem - Practical Steps of Implementation and Challenges", in: *Applying and Supervising the ECHR: Reform of the European Human Rights System* (Proceedings of the High-Level Seminer, Oslo, 18 October 2004, Council of Europe, 2004), p. 24 ff. at p. 27.

（39）　Vienna Declaration, *Minutes of the Council of Europe Summit* (*Vienna, 8-9 October 1993*), Council of Europe, SUM (93) PV 2, Appendix I, at p. a1 [14 *HRLJ* 373 at 374]

（40）　ヨーロッパ評議会人権部長を長く務め、一九九三年以降事務次長であったロイプレヒト（Peter Leuprecht）は、一九九七年、評議会の急速な拡大に伴う「価値の稀釈」に抗議して辞職した。彼によれば、ポーランド、ハンガリー、チェコやスロヴェニアといった国々については完全に統合されたが、ヨーロッパ人権条約を批准しても実際の状況は対応していない、自分にとっては「喉にひっかかった」新規加盟国があるという。"［Interview］Peter Leuprecht: «le Conseil de l'Europe est devenu flasque», *Dernières Nouvelles d'Alsase*, 26 juin 1997.」このエピソードについては、さらに参照：Andrew Drzemczewski, "Reflection on a Remarkable Period of Eleven Years: 1986-1997" in: *Liber Amicorum Peter Leuprecht* (Bruylant, 2012), p. 105 ff. at p. 115.

(41) 以上については、参照：小畑・前掲註(17)論文、とりわけ一五三—一五四頁〔本書二〇八—二〇九頁〕。

第三節　第一四議定書と人権裁判所の当面する問題

閣僚委員会の事件の実質的審理権限を廃止し、個人の申立権と人権裁判所の管轄権を選択条項によって受諾する方式から自動的に受諾する方式に改め、人権委員会と人権裁判所（旧）の機能をフルタイムの人権裁判所（新）に統合する改正を盛り込んだ第一一議定書は、一九九八年一一月一日に発効した。しかし、個人申立件数は、等比級数的に増大し、はやくも二〇〇〇年に開かれた人権閣僚会議では、中期的には実施システムの更なる改革が必要だという認識で一致した。[42] 閣僚委員会を中心にさまざまなフォーラムで検討された改革案のうち、合意が成立したものが、二〇〇四年五月一三日に署名に開放された第一四議定書に結実した。[43]

同議定書は、単独裁判官という裁判体を創設し、一定の場合そこで不受理決定を行うことができるようにし、従来不受理決定にのみ関わってきた三人構成の委員会（commitees / comités）に、判例法の単純な適用で処理できる事件について本案判決を下す権限を与えた。これで個人申立の処理能率を人権裁判所の全体構成を変えることなく限界まで引き揚げようとしているのであるが、注目されるのは、「相当な不利益をこうむっていない」という新たな不受理事由の導入である。すなわち、ヨーロッパ人権条約違反があったとしても、その結果としてこうむる不利益が軽微であるとされる個人の申立は、却下されることになる。これは、個人の条約違反の訴えが裁判所により審理されるということをヨーロッパ・モデルの核心と考えてきた観念からすれば、ささやかであれ原理的な修正を内包している。つまり、人権裁判所は、個人の不服をすべて扱うのではなく、重要なものに集中し、そうでないものは、締約国の国内制度に委ねるという考え方である。人権裁判所所長を長くつとめたヴィルトハーバーは、このような「補完性原理」を強調してきた[44]。人権裁判所（大法廷）は、締約国が条約上の権利を保障すると約束している第一条に「補完性原理」は内在しているという[45]。ボスポラス航空会社事件で採用された「同等の保護」理論は、ヨーロッパ連合（ＥＵ）の制度に委ねるという趣旨であるが[46]、国内裁判所について同様の理論を採用しない合理的理由は見あたらない。パイロット判決方式（ブロニオヴスキ判決[47]）は、同種の事件のうち一件についての判決で構造的問題を指摘し、他の事件については手続を停止するというものである。このような傾向は、国家（政府）と個人の間の紛争を処理する機能を少々犠牲にしても、いわばヨーロッパ人権公序を確保する機能を重視していこうという志向を表している。

このような志向は、ヨーロッパ・モデル観念の基礎である個人主義と抵触する。のみならず、補完性原理は、適用の仕方次第では信頼できない国内制度しか有しない国を個別的検討抜きに特定するということになり、国家間平等を持ち出すまでもなく恣意性が問題となりうる。これをいかに統御するかが、今後の人権裁判所の課題となるであろう。

第一一議定書採択過程でもみられた諸政府のヨーロッパ全体での人権擁護への関心の稀薄性は、依然として閣僚委員会に委ねられた人権裁判所の判決執行監視手続の円滑な進行を妨げている。この手続では、とりわけ国内制度の構造的問題を背景とした個人申立事件（イタリアにおける訴訟遅延問題）、内戦状況の中での人権侵害（トルコの一部、チェチェン文民攻撃事件判決[48]）や国家間紛争を背景とする事件（キプロス対トルコ判決[49]）において、困難な問題を抱えている[50]。このような問題については、性質上裁判所がなしうることは限られていると思われるが、条約の枠組みでは、すべて人権裁判所の判決の執行という形をとるのである。しばしば深刻な抗争を背景とする構造的問題の解決にそれが資するかどうかは、せいぜい状況によるとしかいいようがないであろう。ここには、司法的処理そのものの限界が横たわっているというべきであるが、第一四議定書は、判決執行義務（四六条一項）の不履行を人権裁判所において確認するという不履行確認訴訟（infringement proceedings）という制度を導入した。閣僚委員会での判決執行監視手続の進行にはずみをつけるためと説明されているが、深刻なのはもはや法的問題でなくなっているからであり、そこで人権裁判所にふたたび頼ろうというのは、法規範の列への「無限の後退」（ケルゼン）というほかない[51]。

このようにみると第一四議定書による改正は、実務的には限定的であり、理論的には困難な問題を一層先鋭化させるものともいえるが、遅くとも二〇〇六年秋の効力発生が目指されていた同議定書ですら、ロシアによる批准の遅延により発効が大幅に遅れ、二〇一〇年になってようやく効力を生じた。一説には、チェチェン問題が影を落としていたといわれている。

たしかに、ヨーロッパ人権裁判所は、古典的なものから優れて現代的なものまで、広範な人権問題について、相当に高い水準の法的思惟をめぐらして多くの判断を下してきた。私たち日本の法律家が参考にすべきは、第一義的には、かかる判例法（jurisprudence）なのかもしれない。しかし、ヨーロッパ人権条約の経験から、私たちが学ぶべきことは、その困難のなかにもあるといわなければならない。

(42) Summary Report of the Secretary General, CM (2000) 172, Part II, para. 21.

(43) 以下、第一四議定書の内容については、参照：小畑郁（訳）「（資料）第一四議定書によるヨーロッパ人権条約実施規定等の改正」法政論集（名古屋大学）二〇五号（二〇〇四年）二四九頁以下、〔本書付録Ⅱ第三〕。

(44) ルツィウス・ヴィルトハーバー「ヨーロッパ人権裁判所と人権保障」『人権裁判所の判例』xxiii 頁以下、xxvi, xxx 頁。

(45) *Kudla* v. *Poland* [GC], Judgment of 26 October 2000, *Reports* 2000-XI, para. 152.

(46) *Bosphorus Hava Yollari Turizm ve Ticaret Anonim Sirketi* v. *Ireland* [GC], Judgment of 30 June 2005, *Reports* 2005-VI.

(47) *Broniowski* v. *Poland* [GC], Judgment of 22 June 2004, *Reports* 2004-V. 参照：小畑郁〔判例批評〕『人権裁判所の判例』一〇六頁以下〔本書付録Ⅰ第三〕。

(48) *Isayeva, Yusupova and Bazayeva* v. *Russia*, Judgment of 24 February 2005.

(49) *Cyprus* v. *Turkey* (Application No. 25781/94) [GC], Judgment of 10 May 2001, *Reports* 2001-IV. 参照：小畑郁〔判例批評〕『人権裁判所の判例』七三頁以下〔本書付録Ⅰ第二〕。

(50) さしあたり参照：Edward BATES, "Supervising the Execution of Judgments Delivered by the European Court of Human Rights: The Challenges Facing the Committee of Ministers", in: Theodora CHRISTOU and Juan Pablo RAYMOND (eds.), *European Court of Human Rights: Remedies and Execution of Judgments* (British Institute of International and Comparartive Law, 2005), p. 49 ff., pp. 81-97.

(51) この点については、さしあたり参照：小畑郁「国際責任論における規範主義と国家間処理モデル」国際法外交雑誌一〇一巻一号（二〇〇二年）一六頁以下、一八頁註(7)。

第二章　新旧両制度の組織と手続——静態的観察

はじめに

さきにみたように、ヨーロッパ人権裁判所が正式に発足したのは、一九五九年四月二〇日であり、同裁判所は半世紀を超える歴史をもっていることになる。しかし、この表現は、厳密に言えば正確ではない。なぜなら、一九九八年一〇月三一日まで存在した「人権裁判所」と翌日に正式発足した「人権裁判所」とは、組織としては別のものであるからである。この切り換えは、このときに効力を生じた第一一議定書によるヨーロッパ人権条約の大幅改正に伴うものである。実質的にも、人権裁判所(新)の発足時の裁判官三九名中、人権裁判所(旧)の裁判官であった者は一〇名にとどまり、大幅な入れ替わりがあった。他方で、新しい裁判所が旧組織と同一名称を与えられ、両組織の断絶がほとんど意識にものぼらないのは、前者が後者の判例法を引き継ぐものとされたからである。実際、判例法の継承は第一一議定書作成過程でも繰り返し強調され、新しい裁判所も旧組織のものも含めた「当裁判所の判例法」として頻繁に参照し、依拠してきた。(1)

このように、判例法という裁判所としての活動の核心部分において継承関係はあるものの、第一一議定書による改正が人権裁判所の組織と手続にもたらした変更は、決して小さなものとはいえない。また、この改正により人権裁判所のヨーロッパ人権条約実施システムにおける位置づけも変わった。そこで、ここでは、まず旧制度におけるる条約実施システムを概観し、つづいて、現行制度を分析したい。なお、旧制度・現行制度を通じて、ヨーロッパ人権条約の実施システム（締約国の義務履行を促す制度と手続）には、実施状況の締約国による説明をヨーロッパ評議会事務総長が求めるという政府報告書審査の系統に属する制度（現五七条）(2)があるが、システムの中心は、締約国が他の締約国による条約違反を主張する国家間申立（inter-state applications）と個人が申し立てる個人申立（individual applications）の処理手続であるので、以下では、これに限定して考察をすすめたい。

（1）もっとも、実質的に判例法が継承されているかどうか、疑問が提起されるケースもある。たとえば、ユーゴスラビアに対するＮＡＴＯの空爆が問題になった二〇〇一年のバンコビッチ事件決定（*Banković and Others* v. *Belgium and 16 Other NATO Countries* [GC], Decision of 12 December 2001, *Reports* 2001-XII）を、一九九六年のロイズィドウ事件本案判決（*Loizidou* v. *Turkey*（*Merits*）[GC], Judgment of 18 December 1996, *Reports* 1996-VI, なお、小畑郁〔判例批評〕松井芳郎（編集代表）『判例国際法〔第二版〕』（東信堂、二〇〇六年）三二六頁以下〔本書付録Ⅰ第二〕）などの人権裁判所(旧)の判例と比べてみると、少なくとも大幅なトーンの変化が見いだされる。

（2）この制度の運用状況については、さしあたり参照：Clare OVERY and Robin C.A.WHITE, *Jacobs & White, The European Convention on Human Rights*, 4th ed.（Oxford UP, 2006）, p. 14 f.

第一節　旧制度における申立処理手続

1　概観と各機関の構成

現行制度において申立処理の実質的部分にかかわるのは、人権裁判所という一つの機関だけであるが、旧制度においては、人権裁判所のほかに、ヨーロッパ人権委員会およびヨーロッパ評議会閣僚委員会（Committee of Ministers）という三つの機関が実施の実質に関与していた。人権委員会は、中立をふるい落とし、受理したものについて、事実の審査と調停を行う機関であり、ここで調停に失敗したものだけが、条約違反の有無についての決定のために、人権裁判所あるいは閣僚委員会に付託される（調停前置主義）。

人権委員会は締約国と同数の委員で、人権裁判所はヨーロッパ評議会加盟国と同数の裁判官で構成される。委員のなかに、また裁判官のなかに、同一国籍を有する者が二名以上いることはない。このように人権委員会と人権裁判所とは似通った構成をもつが、候補者の指名は、前者については議員会議（Parliamentary Assembly）(3)の役員会（Bureau）が、後者については加盟国政府が行うことになっており、このように指名された候補者からの選挙は、逆に、前者については閣僚委員会が、後者については議員会議が行うことになっている。委員・裁判官ともに、個人の資格で行動し、法律家であることは当然である。

これに対して、閣僚委員会は、ヨーロッパ評議会規程によって設置された、この国際機構を代表して活動する機関であり、加盟国（準加盟国を除く）の政府代表各一名で構成される（同規程五条(b)、一三条、一四条）。このように、実質的決定権限を、人権裁判所という司法機関と、閣僚委員会という政治機関とが分かち合っていることが、旧制度の特徴であった。

(3)　議員会議は、ヨーロッパ評議会の審議機関であり、閣僚委員会に勧告を行うことを主な任務とする（ヨーロッパ評議会規程二二条）。各加盟国議会のなかから選ばれた代表（二～一八人）で構成される（同二五、二六条）。議員会議の規程上の名称は、諮問会議（Consultative Assembly）であるが、一九七四年以来「議員会議」と自称しており、この名で通用するようになった。

2　人権委員会における手続

申立は、まず人権委員会に提出される。このうち個人の申立については[4]、その受理権限を認める旨の宣言を行っている締約国を相手取る申立のみが、受理される（旧二五条）。申立は、まず受理可能性（admissibility / recevabilité）を審査される。ここでいう受理可能性には、理論的にはむしろ管轄権の問題も含まれている。すなわち、人的（個人申立については、申立の相手方たる締約国について）、時間的および事項的に、人権委員会の権限に属しているかが審査される。また、申立は、すべての国内的救済手段が尽くされた後に（国内的救済原則）、かつ国内最終決定から六か月の間に、提出されなければならない（六か月ルール[5]、旧二六条）。個人申立の場合には、さらに、申立人が被害者であること（被害者要件、旧二五条）、匿名でないこと、ヨーロッパ人権条約の手続を含む国際的調査または解決手続に付託された事案と実質的に同一でないこと[6]、および、明白に根拠不十分なものでないことなどが求められる（旧二七条一・二項）[7]。

このような受理可能性審査の結果、受理された申立については、対審審理および必要であれば調査が行われ、同時に友好的解決を達成するために調停の努力が払われる（旧二八条一項）。条約に規定された「人権の尊重を基礎とする」友好的解決が達成された場合、事実・解決についての簡潔な報告書が人権委員会により作成され、この報告書は公表される（旧二八条二項）。友好的解決が達成されなかった場合にのみ、報告書において条約違反の有無についての人権委員会の意見が述べられる（三一条報告書、旧三一条一項）。実は、人権委員会の実行では、友好的解決の不達成を確認する前に、暫定採択された意見案が当事者に示されていた[8]。結局、ヨーロッパ人権条約に違反したという、いかなる公式の評価も、友好的解決を受け入れるならば免れることができたのである。なお、以上の手続は、すべて非公開である。

（4）英文テキストでは、請願 petitions という文言が用いられていたが、人権委員会の実行上「申立 applications」と一貫してよばれている。

（5）このルールによって、条約が効力を生ずる前に国内裁判所で結論が出されている事件のほとんどが、（発効後に継続的侵害があったとしても）申立処理手続にかけられないことになる。自由権規約選択議定書による個人通報手続との違いの一つである。自由権規約選択議定書のテキストは、999 *UNTS* 302.

（6）この要件によって、他の国際的調査または解決手続（たとえば自由権規約委員会（Human Rights Committee）における個人通報手続）の審査にひとたび付された事案は、ヨーロッパ人権条約の申立処理手続にかけられないことになる。しかし、自由権規約選択議定書の方は、他の手続が終了したのちに自由権規約委員会が取り扱うことを許している（五条二項（a）参照）。したがって、条約による処理を試みたのちに、自由権規約選択議定書を利用することができることになるが、多くのヨーロッパ諸国は、このような事態が生ずることを嫌って、条約の手続にひとたび係属したものを受理することを認めない旨の留保を自由権規約選択議定書に付している。この点およびかかる留保の取扱いについては、参照：薬師寺公夫「自由権規約選択議定書五条二項（a）に対する留保」研究紀要（世界人権問題研究センター）八号（二〇〇三年）一六九頁以下。

（7）受理要件については、さしあたり参照：Frédéric SUDRE, *La Convention européenne des droits de l'homme* 8e éd.（PUF 2010）, pp. 54-63（建石真公子訳『ヨーロッパ人権条約』〔有信堂、一九九七年〕〔一九九四年刊の原著三版の訳〕六三―七六頁）。

（8）さしあたり参照：大塚泰寿「ヨーロッパ人権条約における友好的解決に関する考察」六甲台論集（国際協力研究編）二号（二〇〇一年）一〇五頁以下、一〇八頁。

3　人権裁判所（旧）における手続

三一条報告書が閣僚委員会に送付されてから三か月の間に、関係する一定範囲の締約国または人権委員会は、事件を人権裁判所に付託することができる（旧四四条、旧四七条）。この付託には、関係締約国の同意、とりわけ旧四六条に規定する人権裁判所管轄権受諾宣言による同意が必要である（旧四八条）。

人権裁判所は、小法廷（Chambers / Chambres）で審理することを原則とする。小法廷は、当初七名の裁判官で構成するものとされていたが、一九九〇年一月一日に効力を生じた第八議定書により、九名で構成するよう改正された。小法廷の構成のため、裁判所長（または裁判所次長）および国籍裁判官（関係締約国の国民たる裁判官または関係締約国が選定する裁判官）[9]以外の裁判官は、くじで選定される（旧四三条および一九九四年規則A二一条）[10]。事件が条約解釈に影響を及ぼす重大問題を提起する場合には、小法廷は全員法廷に事件を回付すること（relinquishement of jurisdiction in favour of the plenary Court）ができる。一九九四年の規則改正により、小法廷と全員法廷の中間に一九名の裁判官で構成される大法廷（Grand Chamber / Grande Chambre）が設けられ、従来全員法廷に回付されていたような事件は、大法廷に回付されることとなった。この場合、大法廷は、「特別に重大な問題を提起する」か「現在の判例法の相当な変更を伴う」場合には、事件をさらに全員法廷に回付することができる（一九九四年規則A五一条）。

個人申立人は、人権裁判所への提訴権を有さず、当初は、提訴後も人権裁判所における手続の当事者とは考えられていなかった。このことは、人権裁判所における手続が対審的性格を有しないことを意味した。人権委員会は、個人申立人の主張に同意しているとは限らず、また、人権裁判所手続へのその参加は、当事者としてではなく同裁判所を援助するためのものとされていたからである[11]。このような問題を軽減するために、申立人（の代理人）を人権裁判所における人権委員会の代表のなかに加えるという便法も用いられていたが、人権裁判所は、一九八三年の規則改正で、申立人を「当事者」とし、人権委員会とは別の参加資格を与えた。これにより、書面提出や口頭弁論を行うことができるようになった（一九九四年規則A一条（h））。さらに、一九九四年発効の第九議定書は、個人申立人に人権裁判所への提訴権を与えた。もっとも、もっぱら個人申立人によって人権裁判所に付託された場合には、人権裁判所の三名の裁判官で構成される審査部会[12]により、同裁判所の審理をしない決定がなされうる（第九議定書により改正された旧四八条二項）[13]。第九議定書を批准した締約国は、二四か国であった。

（9）このように、被告または原告締約国の国籍をもつ裁判官が、必ず裁判体に加わるという「国籍裁判官制度」は、仲裁裁判に起源をもつ国際裁判の伝統を継承するものである。

（10）テキストは、*European Convention on Human Rights – Collected Texts*（Council of Europe, 1994）, p. 215 ff. なお、規則Aとは、第九議定書非締約国に関する訴訟に適用される規則であり、同締約国に関する訴訟については、規則Bがあった。

（11）この点についての古典的指摘として、参照：芹田健太郎「ヨーロッパ人権委員会の活動とその性格（下）」法学論叢七九巻二号（一九六六年）六二頁以下、七一頁。

（12）条文上は単に panel / comité とされているが、実行上 Screening Panel / comité de filtrage とよばれている。

（13）第九議定書については、参照：薬師寺公夫「［資料］人権裁判所に対する個人の訴権（ヨーロッパ人権条約第九議定書）」立命館法学二二七号（一九九一年）一一四頁以下。

4　閣僚委員会における手続

人権委員会で友好的解決が達成されなかったにもかかわらず、人権裁判所に付託されなかった申立（人権裁判所の審査部会で却下されたものを含む）は、閣僚委員会に係属する。閣僚委員会は、構成員の三分の二の多数で、条約違反の有無および違反に伴う措置を決定するという、規定上非常に広範な権限を有する（旧三二条）。しかし、実際には、人権委員会が条約違反なしの意見であった場合には、それに常に同調した。違反ありとの意見の場合には、その旨の決定とともに被告国のとった措置を是認する決議を採択するのが一般的であったが、違反の有無についていかなる決定も行わない「決定拒否 non-decision」に至る場合もあった[14]。

（14）参照：小畑郁「ヨーロッパ人権条約実施手続の司法的純化に関する一考察」国際法外交雑誌九八巻一＝二号（一九九九年）一二四頁以下、一四四―一五二頁〔本書第七章一九八―二〇七頁〕。

第二節　現行制度における唯一の実質的申立処理機関としての人権裁判所[15]

現行制度において、人権裁判所は、旧制度における人権委員会と人権裁判所の機能を引き継ぐものである。他方、閣僚委員会の事件の実質的処理機能は廃止されたので、事件の処理の実質は、人権裁判所が一手に担うことになる。

１　構　成

人権裁判所の裁判官は、締約国と同数であり、各締約国が指名する三名の候補者のなかからそれぞれについて一名、議員会議により選挙で選ばれる（二二条）。議員会議の委員会では候補者は聴聞に応じるよう求められている。合衆国連邦最高裁判所裁判官の任命についての上院の関与に類似しているが、締約国の裁判官への影響力はむしろ強化された面がある。すなわち、裁判官の任期が旧制度における九年からいったん六年に短縮された（第一四議定書による改正前）。人権裁判所の裁判官が常勤職となったこともあり、この短縮が裁判官の独立性に実際に影響していると指摘されていた[16]。

人権裁判所は、五つ（二〇〇六年三月末までは四つ）の部（Sections）に分かれており、各裁判官はいずれかの部に属している。裁判官の定員は現在四七名であるから、各部九〜一〇名の裁判官ということになる。[17] 裁判体として最も重要な役割を果たす七名構成の小法廷は、各部において、部長および訴訟当事国について選挙された裁判官に加え、輪番制で事件毎に指名される。指名されなかった当該部の裁判官も、当該事件において補充裁判官として臨席する（以上につき、裁判所規則二六条）。このように、小法廷などの裁判体の構成員の固定度は、原則くじ引きで決定していた旧制度と比較すると飛躍的に高められているが、これは、中東欧諸国が参加してきて間もない、第一一議定書が採択された一九九四年の時点での、判例法の継承についての危機意識を反映するものであろう。部の当初の構成が、一〇名中各部とも中東欧出身の裁判官を四名にするものであったことはこの関連で示唆的である。[18] なお、各部には、個人申立を却下する決定および単純な事件について本案判決を下す三名の裁判官で構成される委員会（commitees / comités）が、複数設けられており、この構成員も固定制とされている（二七条一項）。

小法廷から回付または上訴される事件を扱う大法廷は、一七名の裁判官で構成されるが、裁判所長、二名の裁判所次長および各部長（部長を兼ねる裁判所次長を除くと現在三名）を当然に含むものとされている（二七条三項）（以下、彼(女)らを便宜上「幹部裁判官」とよぶ）。訴訟当事国について選挙された裁判官も職務上当然の構成員である。このような職務上当然の構成員を除く大法廷の構成員について、当初は、固定度を高める仕組みがとられていた。すなわち、幹部裁判官を除くすべての裁判官を二つのグループ（それぞれ幹部裁判官を含め「第一大法廷」「第二大法廷」とよばれた）に分け、六か月毎の当番制とし、裁判体としての大法廷は、事件毎に当番グループから構成員を輪番制で満たしていたのである。しかし、二〇〇一年一一月からは、大法廷の構成員は事件毎にくじ引きで満たすこととされた。ただし、回付事件においては原小法廷の構成員を当然に含み、上訴事件においては原小法廷の構成員〔小法廷の裁判長および関係締約国について選挙された裁判官を除く〕は除外される〔規則二四条二項〕。なお、全員法廷は裁判体としての機能を失った。

五名の裁判官で構成され、上訴受理要請を審理する大法廷の審査部会〔panel / collège〕は、当初は、幹部裁判官〔原小法廷を構成した部の長を除く〕プラス一名の裁判官で構成されることになっていた。しかし、現行規則では、①裁判所長、②輪番制で部長二名、③部において六か月の任期で審査部会要員として選ばれた裁判官〔②により長を出している部の裁判官を除く〕のうちから輪番制で二名、で構成されることになっている。ただし、当該事件の審理に参加したことのある裁判官および訴訟当事国について選挙された裁判官は除かれる〔規則二六条五項〕。このように現在では、幹部裁判官以外の裁判官の、審査部会での経験を増やす仕組みがとられている。

(15)　以下、全般的に参照：小畑郁「ヨーロッパ新人権裁判所」国際人権一二号〔二〇〇一年〕一二頁以下〔本書第五章〕。

(16)　このようなこともあり、二〇〇四年に採択された第一四議定書による改正〔二〇一〇年発効〕では、裁判官の任期が九年に延長された〔二三条一項〕。

(17)　第一一議定書により改正されたテキストでは、部という用語が用いられていない。ここでは、一方では、小法廷が一定期間固定構成員で構成されるとし〔二六条(b)〕、他方で、七名構成の小法廷で裁判することとしている〔二七条一項〕。両者の要請を同時に満たすことは不可能であったので、裁判所規則等の人権裁判所の実行では、前者にいう「小法廷」を「部」ということにして、裁判体としての「小法廷」は、事件毎に構成することとしたのである。

(18)　さしあたり参照：小畑・前掲註(15)論文、一三頁〔本書一一七頁〕。

2 手　続

（1） 新手続の規定上の保守的性格

人権裁判所（新）は、先に述べたように、人権委員会と人権裁判所（旧）の機能を引き継ぐものである。第一一議定書により改正された条約でも、原則として本案審理の前に受理可能性審査を行い、受理されたものについても、友好的解決が試みられるものとされている。さらに、旧制度に存在せず手続にかかる時間を短縮するという改革目的に反する上訴（referal to the Grand Chamber / renvoi devant la Grande Chambre）手続が設けられた。これらの点においては、できる限り実質審理を避け、二度の勝訴のチャンスを確保したいという、国家の既得権侵害に対する抵抗が直接的に反映している。

なお、旧制度に存在した国籍裁判官制度は、裁判官候補者の指名時の国籍要件が撤廃されたことにより、訴訟当事国について選挙された裁判官が常に裁判するという形に変わったが、実質的に維持されている。個人申立人との関係では、武器平等とはいえない。

（2） 受理されるまでの手続[19]

受理可能性の基準は、旧制度から変更されなかった（第一四議定書による改正前三五条）[20]。提起された申立は、部の一つに割り当てられ、部長により報告裁判官が指名される（規則四八条・四九条）。個人申立の場合には、報告裁判官は、委員会に申立を付託することができる。委員会は、全員一致の決定で申立を却下することができ（二八条）、実際にはそこで約九割が却下されている[21]。ここで却下されず、あるいは報告裁判官により直接小法廷にかけるよう求められた申立については、小法廷が構成され、ここでは却下または受理することができる。関係締約国に通知され、対審手続がはじまるのは、小法廷が構成されたのちのことである。実際には、小法廷でも約半数が却下されている。[22] 結局提出された申立のうち、受理されるのは三～四%程度ということになる。[23]

条約上の明文の根拠はないが、人権裁判所は、当事者に暫定措置（interim measures）を指示することができる（規則三九条）。追放の事案などで頻繁に用いられている。暫定措置の法的拘束力については、人権裁判所は、自らそれを否定してきたが、国際司法裁判所の判例[24]をうけて、肯定する立場に立つようになった。[25]

条約のテキストでは、受理可能性についての決定は、原則として別になすものとされ（第一四議定書による改正前二九条三項）、人権裁判所（新）の当初の規則では、受理可能性と本案との併合審理を予定した規定はなかった。しかし、二〇〇二年の規則改正によって、かかる規定が導入され（規則五四条の二）、二〇〇六年の実績では受理決定の約八割は、受理可能性と本案の併合審理の結果として下された判決中でなされた。[26] この実行を受けて、第一四議定書による改正では、個人申立については原則と例外が逆転し、原則として併合審理することとされた（二九条一項）。

国家間申立については、ただちに被告締約国に通知され、一つの部に割り当てられ、そこで上記と同様に小法廷が構成される（規則五一条）。この場合には、受理可能性に関するいかなる決定も、小法廷において対審的手続ののちなされる。国家間申立については、第一四議定書による改正によっても、受理可能性決定は原則として本案手続とは別になされる（二九条二項）。

（19）二〇〇二年の規則改正までは、提出された個人の申立は、まず「暫定ファイル」に綴られ、人権裁判所書記局（旧制度の下では人権委員会事務局）によって追完が促されるとともに見込みのない申立については取り下げるよう説得するという非公式の過程が存在した。必要な追完がなされ、取下げに応じなかった場合にのみ、申立は「登録」され、固有番号が与えられて正式の手続の対象となっていた。このような制度は、書記局に事務作業の負担をかけ未処理の申立を増やす結果になっているとして廃止された。その後次のような手続が採用された。提出されると直ちに固有番号が与えられ、書記局は、交渉することなく、必要な情報が提供されなければ人権裁判所の審理がなされないことがある旨の規則四七条だけを申立人に示して、追完がなければ書記局限りの（裁判官が関与しない）「行政的な処理」を行いファイルを廃棄する。他方、受理要件を明白に満たさない申立について追完がなされた場合には、直ちに正式の手続において却下する。参照：Report of the Evaluation Group to the Committee of Ministers on the ECHR, 27 September 2001, in: *Reforming the European Convention on Human Rights: A Work in Progress* (Council of Europe, 2009), Appendix I: Reports, paras. 23, 30(a), 58. at pp. 576, 580, 594. 二〇一四年一月からは、人権裁判所のウェブサイトからダウンロードできる書式のすべての項目に記入し、定められた関連文書を添付していない申立は、原則そのまま却下され、この書類の提出日が提出のタイムリミットである六か月規則の基準日とする取扱いとなった。*Stricter conditions for applying to the European Court of Human Rights now in force*, Press Release issued by the Registory of the Court, ECHR 008 (2014), 9 January 2014.

(20)　第一四議定書による改正では、個人の申立について「申立人が相当な不利益を被っていない」という新たな不受理事由を設け（三五条三項（b））、受理可能性のハードルを高くするという、これまで禁じ手と考えられていた修正に手をつけた。

(21)　二〇〇六年に下された受理・不受理・総件名簿からの削除にかかる決定・判決二九、六八九件（決定単位の数字と申立単位の数字が混在しており、正確な数ではない）のうち、委員会による却下決定（不受理および総件名簿からの削除）が二六、五一〇件で、単純計算すれば八九・三％を占めている。European Court of Human Rights, *Survey of Activities 2006*, p. 37 f.

(22)　二〇〇六年に小法廷でなされた受理・不受理・総件名簿からの削除にかかる決定・判決三、一七九件のうち、受理決定を含むものは、一、六三四件である。*Ibid.*

(23)　二〇〇六年に受理された申立は、三、二一〇件で、提出された申立は、約五〇、五〇〇件であるが、受理決定は、この数字より少なかった過年度分の申立に対するものが多く含まれているので、本文のように推計した。裁判体に割り当てられた申立（二〇〇六年で二九、三五〇件）のうちということでいえば、八〜九％程度ということになろう。参照：*ibid.*, p. 38.

(24) *La Grand Case*, Judgment of 27 June 2001, *ICJ Reports 2001*, p. 466, para. 102. なおさしあたり参照：山形英郎「国際司法裁判所における仮保全措置の法的効力」法の科学二三号（一九九五年）一八二頁以下。

(25) *Mamatkulov and Asakarov* v. *Turkey* [GC], Judgment of 4 February 2005, *Reports* 2005-I.

(26) 二〇〇六年に受理された申立のうち、判決において受理を宣言されたものは、一、三六八件で、別の決定でなされたものは、二六六件である。*Survey of Activities 2006*, *supra* note 21, p. 38.

（３）　友好的解決手続

個人申立について、受理決定が別になされないという実行の発展は、友好的解決手続が旧制度におけるものとは異なるものになってきていることとパラレルのものである。報告裁判官はもはやこのために当事者と接触することはなく、暫定意見の当事者への提示も、裁判手続の本質と矛盾するとして実行上なされていない。[27] このような調停前置主義の放棄は、第一四議定書による改正により、人権裁判所が友好的解決のために自らを当事者の利用に委ねるかどうかは、任意的なものとされ、条約のテキストの上でも明文化された（三九条一項）。

もっとも、友好的解決は新しい手続においても統計上は頻繁になされていた。たとえば、二〇〇〇年の一年間の六九五件の判決中二三〇件が友好的解決を確認するものであった。[28] ところが、二〇〇六年の同じデータは、一、五六〇件中一八件にすぎない。[29] このことは、人権裁判所において友好的解決手続の重みが決定的に失われていることを示す。かつては、友好的解決の促進は、国家に人権侵害の認定を下すことを可能な限り避けるという実質的必要性に基づくものであったが、現在では、それは、膨大な申立件数の圧力のもとで、事件処理の効率化をはかる目的でのみ行われているのである。締約国が名目的な解決を与え、条約違反の判決を避けようとすることがむしろ警戒されているのである。[30] この場合、解決が条約上の「人権の尊重を基礎とする」ものかどうか（三八条一項(b)、三七条一項ただし書きも参照）、が基準であるが、その中身はなお不透明といわざるをえない。

(27) 参照：小畑・前掲註(15)論文、一四―一五頁〔本書一二四頁〕。
(28) European Court of Human Rights, *Survey of Activities 2000*, p. 69.
(29) *Survey of Activities 2006*, *supra* note 21, p. 36.
(30) 見よ：*Tahsin Acar v. Turkey* (*Preliminary Issue*) [GC], Judgment of 6 May 2003, *Reports* 2003-VI.

(4)　調査および審理手続

受理されると、当事者とともに対審審理が行われ、必要に応じて調査が行われる（三八条一項(a)）。かつて人権委員会によって担われていた後者の機能とりわけ現地調査機能については、人権裁判所への機能統合とともに発揮されなくなるのではないかとの懸念があったが、実際には、人権裁判所(新)も現地調査を行っている。[31] 膨大な係属事件数の重みに耐えながら、他方で国内抗争等が絡んでそもそも国内的救済手段が機能していない状況下では不可欠ともいえる調査機能を、人権裁判所はどれだけ発揮しつづけることができるだろうか。このような状況下での事件に、人権裁判所がしばしば直面しているのである。

個人の申立については、直ちに却下されない場合、受理可能性と本案について書面による審理が行われ、また口頭弁論が開かれるのが原則である（規則五四条三項・五九条）。口頭弁論のための法廷では、実際に弁論がなされるが、一件について二時間一回のみが通例であり、やはり書面審理が圧倒的比重を占めるのが実態である。国家間申立については、受理可能性について対審的な書面審理および口頭弁論がなされ、本案についても両者がなされるのが原則である（規則五一条・五八条）。

(31) さしあたり参照：Philip LEACH, *Taking a Case to the European Court of Human Rights*, 2nd ed. (Oxford UP, 2005), pp. 66–69.

（5）大法廷への回付と上訴

小法廷は、条約解釈に関する重大な問題が提起されるとき、または、判例変更の可能性がある場合、旧制度と同様に大法廷に事件を回付することができる。ただし、上訴を加えて二度のチャンスを確保するということから、回付は、いずれかの当事者の異議により阻止される（三〇条）。

小法廷の判決後三か月の期間内に、当事者は、上訴受理を要請することができる。この要請は、大法廷の審査部会により審査され、条約の解釈・適用に関する重大な問題または一般的重要性を有する重大な争点を提起するときには、審査部会は受理を決定する（四三条）。上訴審において扱われるのは、原小法廷で受理された範囲での事件であり、上訴審としての大法廷は、小法廷での部分的な不受理決定を覆すことはできない[32]。逆に、小法廷での受理決定は上訴審で覆すことができ、実際にその例がある[33]。

(32) 参照：小畑・前掲註(15)論文、一七頁註(25)〔本書一二六頁註(32)〕。

(33) *Azinas* v. *Cyprus* [GC], Judgment of 28 April 2004, *Reports* 2004-III.

（6）判決と衡平な満足を与える決定

判決文は、判決に至る手続、事実、理由および主文で構成される。主文は、問題となった条約規定について、おのおの違反の有無を認定する形式をとり、各項目について票決結果が示される。いずれの裁判官も意見を付すことができる。

いずれかの規定について違反が認定され、かつ関係締約国の国内法が部分的な救済しか与えない場合、人権裁判所は、衡平な満足（just satisfaction / satisfaction équitable）を与える決定をする（四一条）[34]。満足とは、一般国際法の用語では、通常、精神的損害に対して陳謝など外形的な行為により責任を解除する方式を指すが[35]、ここでの意味はそれとはかなり異なる。つまり、精神的損害のみならず物質的損害および条約機関での手続の費用について、金銭補償を与えるよう命じるのである。この衡平な満足を与える決定は、違反を認定する判決それ自体でなされる場合もあるが、そこでは留保され、後の別の判決で与えられることもある。この判決は、本案判決と区別され、四一条判決（旧制度では五〇条判決）などとよばれる。

（34）この問題については、参照：佐藤文夫「ヨーロッパ人権条約と個人――『公正な満足』付与の問題を中心に」成城法学七号（一九八〇年）一〇七頁以下。

（35）二〇〇一年に国際法委員会により採択された国家責任条文（国際違法行為についての国家責任に関する条文）三七条を参照。同条文のテキストは、Annex to: A / RES / 62 / 67.

第三節　判決の効力と確定判決の閣僚委員会による執行監視

現行制度のもとでは、小法廷の判決は、当事者が上訴受理要請をしない旨表明したとき、上訴期限が徒過したとき、または大法廷の審査部会が上訴受理要請を却下したとき、確定する[36]（四四条）。大法廷の判決はつねに確定判決である。自己が当事者である事件についての確定判決には、締約国は従わなければならない（四六条一項）。これはしかし、国際的な平面での法的拘束力であり、ヨーロッパ人権条約が国内的効力を有している国でも、判決が国内的効力やましてや執行力を有するとは限らない。「衡平な満足」付与の制度自体が、このような可能性を前提としている。

確定判決の執行は、関係締約国自らが行うものと考えられている。他方、この執行については、閣僚委員会が監視を行うものとされ（四六条二項）、その手続も整備されている。このように、いわば中立の形式的処理の局面では、政治的機関である閣僚委員会の役割が残されている。

「四六条二項適用のための規則」（二〇〇一年採択[37]）によれば、閣僚委員会に違反認定を含む確定判決が送付されると、事件は遅滞なく閣僚委員会の議題とされ、関係締約国は、当該判決を執行するためにとった措置を通報するよう求められる（同規則二条、三条（ａ））。閣僚委員会は、この通報を受けて、関係締約国が「衡平な満足」を支払い、かつ、違反を終了させできる限り被害者に原状を回復する「個別的措置」と、同様の違反を防止しあるいは継続的違反を終わらせるための「一般的措置」をとったかどうかを審査する（同三条（ａ））。各事件は、「衡平な満足」の支払いおよび個別的措置がとられるまで、年六回開催される閣僚委員会の人権特別会合の議題に繰り返し挙げられる（同四条（ａ））。他方、関係締約国が一般的措置を知らせる段階にないと通報した場合、六か月を超えない時期に開催される閣僚委員会の会合の議題とされ、この繰り延べは繰り返しなされうる（同四条（ｂ））。閣僚委員会が、関係締約国が求められるすべての措置を執ったことを確認すれば、「四六条二項に基づく自らの職務が遂行された」旨の決議を行う（最終決議。同八条）。この間、閣僚委員会は、執行状況の情報提供、執行に関する懸念の表明や勧告（suggestions）などのために中間決議を採択することがある（同七条[38]）。

このように、執行についてのイニシアチヴをあくまで関係締約国に留保しながら、最終的には、確定判決によって求められるすべての措置が執られたと、閣僚委員会という政治的機関がいわば「お墨付き」を与えるのである。この閣僚委員会の活動は、量的にも膨大で、二〇〇六年の一年間で八〇件の最終決議が採択されている。もっとも実際の執行監視状況には、第一章で述べたように、多くの懸念が表明されている。

以上のような閣僚委員会の機能は、いくつかの理論的問題を提起する。

第一に、同様の違反を防止する一般的措置がとられたかどうかについても閣僚委員会が審査するのであるが、この権限の根拠は十分に説明されていない。判決の個別的効力という一般原則からすれば、将来の違反を防止するための一般的措置を執る義務が被告国にあるとはいいがたい。今日ではむしろ、人権裁判所に係属する事件のなかに同種反復的事件（repetitive cases）がかなりあり（一説には受理された申立の圧倒的多数を占めるという）、これがただでさえ膨大な係属件数を増やしているという実際上の理由から、閣僚委員会のこの機能が重要視されている。

第二に、執行がなされたことを確認する閣僚委員会の権限と人権裁判所の権限とがどういう関係にたつかという問題がある。これまで、両者の間にはとりたてて優先関係はつけられていない。もっとも人権裁判所は、具体的な執行措置を指示することを控え、また判決執行義務を規定する四六条一項（旧五三条）の違反認定を避けてきた[39]。これに関連して第一四議定書は、閣僚委員会にいったん係属したのち人権裁判所においてこの規定の違反を確認するという不履行確認訴訟（infringement proceedings）という制度を導入した。また、第一四議定書が採択されたのち、人権裁判所が導入したパイロット判決という実行では、執られるべき一般的措置をある範囲で特定することも行われている[40]。

このようにみてくると、閣僚委員会の側にすら、自らの権限を活用しようというよりは、人権裁判所に頼ろうとする傾向があることが分かる。では、人権裁判所としては、どのような力に依拠することができるのであろうか。この問いこそが、人権裁判所のこれからの半世紀を規定するといわなければならない。

（36）　日本の国際法学では、国際司法裁判所規程の公定訳の影響で final / définitive を「終結」と訳すのが一般的であるが、これは「確定」にほかならないので、ここでは確定の語を用いる。

（37）　テキストは、たとえば Appendix I to: Elisabeth LAMBERT-ABDELGAWAD, *The Execution of Judgments of the European Court of Human Rights* (Council of Europe, 2002), p. 50 ff.

（38）　なお、閣僚委員会のヨーロッパ人権条約の実施にかかわる決議は、ResDH という記号で示される。

（39）　以上について、参照：Sibrand Karel MARTENS, "Individual Complaint under Article 53 of the European Convention on Human Rights", in: *The Dynamics of the Protection of Human Rights in Europe; Essays in Honour of Henry G. Schermers*, Vol. III (Martinus Nijhoff, 1994), p. 253 ff. esp., p. 255; p. 269.

（40）　*Broniowski* v. *Poland* [GC], Judgment of 22 June 2004, *Reports* 2004-V. 参照：小畑郁〔判例批評〕『人権裁判所の判例』一〇六頁以下〔本書、付録Ⅰ第二〕。

第二部　実施手続改革の国際的環境

第三章　中東欧諸国とヨーロッパ評議会および条約

はじめに

一九八九年の東欧諸国の一連の体制変更に始まり、一九九一年末のソ連邦解体で確定した「ソ連・東欧」圏の解体は、ヨーロッパの国際政治秩序の根本的な再編成をいやおうなく迫るものであった。

この「ソ連・東欧」圏の解体については、技術革新競争への立ち後れにみられる西側との経済的競争における敗北がまずその要因として挙げられようが、それとともに「人権」を中心とする西側イデオロギーへの敗北、つまり社会主義のアイデンティティのイデオロギー的解体が、無視できない影響を与えたように思われる[1]。だとすれば、この過程は、ヨーロッパ安全保障協力会議（Conference on Security and Co-operation in Europe、以下CSCE）の最終決定書（いわゆる「ヘルシンキ宣言」）の採択（一九七五年）により、決定的な一歩を踏み出したともいえよう。この文書において、東欧諸国は、「人間の固有の尊厳に由来し、人間の自由かつ完全な発展に不可欠な市民的、政治的、経済的、社会的、文化的その他の権利および自由の効果的な行使を促進し、奨励する」ことを約束し、「この分野において個人がその権利および義務を知り、これに基づいて行動する権利を確認」した[2]。チェコスロヴァキアに発し、他の東欧諸国にも影響を及ぼした「憲章七七」の運動が、国際人権規約とともに、一九七七年から開催されるＣＳＣＥの再検討会議（ベオグラード、〜一九七八年）をにらんでヘルシンキ宣言の履行を求めるものであったことは、よく知られている。(3)

このように「ソ連・東欧」圏の解体が西側主導の「人権」イデオロギーへの包摂過程としても捉えられるとすれば、「人権」が解体後の政治秩序のシンボルとなったのはむしろ必然である。社会主義政権崩壊後の政治指導者は、旧体制の全面的否定者たる新体制の正統性の証としても、ヨーロッパ共同体（European Communities, 以下ＥＣ）との協力・それへの加盟の前提としても、人権を保障する体制づくりを追求せざるを得ない状況があった。しかも、経済的周辺化や政治的「空白」への怖れから、中・東欧独自に人権を保障する国際的枠組を構築するのではなく、西側のそれに参加しようとしたのである。(4)東側との人為的障壁がほとんど失われた西側ヨーロッパとしても、東側の政治的不安定の波及をできるだけ防ぐために、このような動きを推進しなければならなかったのである。

本章は、このように冷戦後加速されつつ進行したヨーロッパ政治秩序の機構的再編成の動向を、ヨーロッパ評議会の、とくに人権保障活動を通じてみていこうとするものである。そのことにより、ヨーロッパ連合（European Union, 以下ＥＵ）・ＣＳＣＥに偏重した、あるいは経済的・軍事的観点に傾きがちな研究動向に幾分でも修正を加えることができるのではないか、と考える。(5)

（１）　参照：木戸蓊『「東欧圏（コミュニスト・ユーロップ）」――その形成と崩壊」ソ連研究一三号（一九九一年）五頁以下、二二頁。
（２）　テキストは、14 *International Legal Materials* (1975) 1293 ff.
（３）　さしあたり、参照：木戸蓊『激動の東欧史』（中央公論社、一九九〇年）九四―一〇〇頁。

（4）　参照：Krzysztof DRZEWICKI, "Institutional Arrangements for Pan-European Human Rights Protection", *Perspective of an All-European System of Human Rights Protection*（1991）（以下、1 *AEHRYB* と引用する）, 75 at 87 f.

（5）　ＥＵ中心思考に対する批判として、参照：最上敏樹「ヨーロッパ地域機構の重層性とヨーロッパ新秩序」ジュリスト九六一号（一九九〇年）二六頁以下。

第一節　ヨーロッパ評議会と中・東欧

1　ヨーロッパ評議会の性格と冷戦時の対東欧政策

ヨーロッパ評議会は、一九四九年、加盟国の共同の世襲財産たる理想および主義を実現しならびに加盟国の経済的社会的進歩を促進するために、加盟国間に一層緊密な一致（unity（英）／union（仏））を達成すること（ヨーロッパ評議会規程一条（a））を目的として、西欧一〇か国で設立された国際機構である。加盟国の世襲財産というのは、「個人の自由、政治的自由および法の支配」の根源にある精神とされている（同前文）。この機構は、西欧五か国のブリュッセル条約機構（西欧連合 Western European Union の前身）の枠内で、設立に向けた政府間の協議がすすめられたものであり、[6] 共同の世襲財産概念は、ブリュッセル条約（正式には、経済的、社会的および文化的協力ならびに集団的自衛のための条約）[7] の前文のそれをそのまま引き継いでいるものである。

つまり、東側に対抗する西側の機構としてヨーロッパ評議会は設立されたのであり、このような沿革からして、東欧諸国がその体制を維持したままそれに参加する可能性は排除されていた。ヨーロッパ評議会規程は、加盟の条件として、「法の支配という原則と、その管轄内にあるすべての者が人権……を享有するという原則を受諾」

すること（三条、四条も参照）を挙げているが、この規定は、まさに「東欧の共産主義国……を排除する」ためのものと半ば公式にも説明されていたのである。[8]

もっとも、他方で、ヨーロッパ評議会は、東欧諸国を敵視するばかりではなかった。デタントを背景に、一九六四年、閣僚委員会は、「ヨーロッパ評議会は、……その規程が課している限界の範囲内で世界に対して広く開かれている」と確認した。諮問会議は、さらに進んで、ヨーロッパ評議会にはデタントに貢献する責務があるとし、翌年には、「社会・経済・政治体制の相違にかかわらずヨーロッパ全体に広がる協力」の可能性を検討することを進めるよう、閣僚委員会に呼びかけた（勧告四二五）。しかし、閣僚委員会は、技術的活動について東欧諸国の要望を前提として協力をすすめる立場を維持し、一九六〇年代には、わずかに学術分野での会議に東欧諸国が参加する程度にとどまったのである。[9]

ヨーロッパ評議会自身の後援により出版されている *Annuaire européen / European Yearbook*（以下、*AE* と引用する）の各年版を通観しても、一九七〇年代以降も、ヨーロッパ評議会自体の東欧諸国に対する目立った働きかけはみられない。一九七一年以降、CSCEプロセスの開始とともに、東欧圏とのコンタクトはもっぱらこれを舞台とし、ヨーロッパ評議会の対東欧活動はそれに吸収されたようにもみえる。要するに、「民主主義国のクラブ」とも評される[10]ような、ヨーロッパ評議会のイデオロギー的性格は、東欧諸国への積極的な対応を阻んでいたといえよう。

（6）M. Margaret BALL, *NATO and the European Union Movement* (Stevens, 1959), pp. 17, 21 参照。

（7）テキスト（改正を含む）は、19 *UNTS* 51; 211 *UNTS* 342.

（8）Un groupe de Fonctionnaires du Secrétariat, *Manuel du Conseil de l'Europe* (Pedone 1970), p. 176. ヨーロッパ

評議会の諮問会議は、東欧諸国もその政府に必要な変更を加えれば、そして加えたときにのみ加盟できると主張してきた。BALL, *supra* note 6, p. 152, note 13.
(9) 参照：*Manuel du Conseil de l'Europe*, *supra* note 8, pp. 176–180.
(10) Jean-Louis BURBAN., *Le Conseil de l'Europe* (PUF, 1985), p. 13.

2 冷戦後ヨーロッパ政治におけるヨーロッパ評議会の対中・東欧政策

一九八九年一月に採択されたCSCEウィーン再検討会議の総括文書（Concluding Document）[11]は、一九八七年以降のゴルバチョフ政策における「脱イデオロギー化」[12]をうけて、従来西側が主張してきた人権概念を明らかに受け入れた。東欧諸国は、ルーマニアを除き、もはや「国内問題への不介入」を人権問題の討議に対する抗弁として主張しなかった。また、「市民的・政治的権利と経済的・社会的権利との不可分性」がこの文書では言及されず、後者の権利の実現を口実に前者の権利の侵害を正当化することは困難になった[13]。こうして、イデオロギー面の主張においては、東欧諸国が西欧秩序に参加する障害は除去されたといえよう。このような状況を前にして、ヨーロッパ評議会は、東欧諸国に対してまったく新しい対応を展開しはじめるのである[14]。

同年五月、閣僚委員会は、「ヨーロッパ建設におけるヨーロッパ評議会の将来の役割に関する宣言」[15]を採択し、CSCEウィーン会議における実質的進歩を歓迎し、とくにCSCEの人的側面において評議会が貢献する用意があることを表明した。さらに、中・東欧諸国と「ヨーロッパ評議会規程……に謳われた人権および多元的民主主義の原則の、国内・国際レヴェルにおける尊重と実施について、開かれたかつ実際的な対話に取り組む用意がある」（一三項）と宣明したのである。この宣言は、自らの拠って立ってきた基盤を維持しつつその枠内に、中・東欧諸国との関係を構築しようとの意欲の表明にほかならない、といえよう[16]。

他方、議員会議は、すでに三月、中・東欧における人権の尊重の進展がウィーン会議終結文書に示されたことを確認し、評議会の人権問題等における実績を利用してＣＳＣＥプロセスにおいて能動的役割を果たす可能性を探求するよう閣僚委員会に勧告していた（勧告一一〇三）。さらに、上述の閣僚委員会の宣言の直後、中・東欧諸国の立法府との協力関係を促進することを目的として、適当な場合、議員総会に参加させるため、これら諸国の立法府に特別客員資格（special guest status）を与えることを決定した（決議九一七）。六月には、ハンガリー・ポーランド・ソ連・ユーゴスラビアの立法府に特別客員資格が与えられた。

このようなヨーロッパ評議会の試みは、しかし、ヨーロッパ政界においても順調に受け容れられたわけではない。米ソ両首脳が「冷戦」終結を宣言したマルタ会談から年を越して翌年の一九九〇年には、ヨーロッパ評議会は、ＣＳＣＥからの側圧を顕著にうけた。ＣＳＣＥは、六月の「人的側面に関するコペンハーゲン会議」において、人権に関する苦情処理手続を精緻化し[17]、一一月のパリ首脳会議において機構化に踏み出した[18]。デンマークは、六月、ＣＳＣＥの枠内に人権侵害犠牲者個人の通報を審理し見解を採択する委員会を設けるよう、提案した[19]。このような動きは、ヨーロッパ評議会の独自の役割を否定しかねないものと受け取られたであろう。

これに対して、ヨーロッパ評議会は、ＣＳＣＥの枠内で、自らの役割を承認させるべく、さまざまな活動を展開した。とくに、同評議会事務総長が主催者となって、同年一〇月、東西ヨーロッパ諸国、合衆国およびカナダの人権専門家が参加する「全ヨーロッパ人権保護システムの展望——ヨーロッパ評議会、ＣＳＣＥおよびＥＣの役割——」と題する国際会議を開催した。この会議の参加者によりコンセンサスで採択され、ＣＳＣＥ参加国政府のすべてに送付された[20]声明は、全ヨーロッパに共通の実効的人権保護システムを発展させる必要性を確認する一方で、人権基準の設定についてのＣＳＣＥの活動は、国連・ヨーロッパ評議会を補完することに徹すること、および、ＣＳＣＥの枠内では、公式の制度的人権実施システムを設けないことを求めた。[21][22]

このような主張は、たしかにヨーロッパ評議会の機構としての生き残り策という一面を有していることは否定できない。しかし、ヨーロッパ評議会を中・東欧を取り込んだ政治秩序のなかで位置づけなければならない必要性は、次のような指摘をうければ西欧の政治家一般にとっても理解できるものであったであろう。すなわち、ヨーロッパ評議会事務総長は、「ＣＳＣＥの機構化によって、民主主義および人権についてほとんど意欲のない諸国に、人権、民主主義および法の支配に関する規則の要求を引き下げ切り縮めるための、巨大な抜け道が与えられるのではないか」と懸念したのである。[23]

したがって、ＣＳＣＥも、ヨーロッパ評議会の役割をある程度承認せざるを得なかったのである。パリ首脳会議で採択された「新ヨーロッパのためのパリ憲章[24]」は、ヨーロッパ評議会の人権・民主主義の促進に対する寄与を認め、参加国のいくつかがヨーロッパ評議会に加盟しヨーロッパ人権条約に参加しようとしていることを歓迎する、と宣言した。このようにして、ヨーロッパ評議会の対中・東欧への積極的働きかけは、西欧政治秩序の拡張策の一環として、ヨーロッパ諸国、合衆国およびソ連により、新ヨーロッパ秩序の展望のなかで一応の位置づけを与えられたといえよう。[25]

(11)　テキストは、10 *HRLJ* (1989) 270 ff.

(12)　ゴルバチョフの政策の概観として、参照：宮澤秀爾「ゴルバチョフの東欧政策における『新思考』」ロシア研究一六号（一九九三年）七二頁以下、一七三―一八七頁。

(13)　以上について、参照：Hannes Tretter., "Human Rights in the Concluding Document of the Vienna Follow-up Meeting of the Conference on Security and Co-operation in Europe of January 15. 1989 : An Introduction", 10 *HRLJ*

（1989）257, esp. 261 f.

（14）イデオロギー的・政治秩序的含意が抜け落ちてくるので、地理的により正確に表現するため、また、とくに評議会での用語法に従って、以下では、「中・東欧」という。

（15）テキストは、37 *AE*, 1989, C of E, 30.

（16）この宣言をみるかぎり、五月の時点でヨーロッパ評議会首脳は、東欧政治秩序の崩壊ないし弱体化を予想し、それに対して西欧政治秩序をなんらかの形で拡張することで対応しようとの方針を確立していたように思われる。

（17）参照：Thomas Buergenthal., "The Copenhagen CSCE Meeting : A New Public Order for Europe", 11 *HRLJ* （1990）217 at 229 f.

（18）さしあたり、参照：家正治ほか編『（新版）国際機構』（世界思想社、一九九二年）一八九―一九一頁（川岸繁雄執筆）。

（19）参照：Menno Kamminga., "The Role of the CSCE", 1 *AEHRYB* 149.

（20）Open Letter Addressed to All Governments Participating in [CSCE], as well as the Council of Europe the European Community and the United Nations, 1 *AEHRYB* 5.

（21）Statement Adopted by the Participants at the Conference on All-European Human Rights Protection, 1 *AEHRYB* 7.

（22）そのほか、パリ首脳会議の直前の一一月五日には、CSCE参加国すべての代表をローマに迎え、ヨーロッパ人権条約署名四〇周年の祝典を行ったことも注目される。参照：P・ロイプレヒト「拡大ヨーロッパにおける人権の展望」国際人権二号（一九九一年）三七頁以下、四〇頁。

（23）Catherine Lalumière., "Le Conseil de l'Europe et les pays de l'Europe de l'Est", I（2）*CC Acad Eur L*, 1990（1992）11 at 22.

（24）テキストは、11 *HRLJ*,（1990）379.

（25）もっとも、人的側面についてCSCEとの役割分担は精確には定められておらず、抵触を生ずる虞が全くなくなったわけではなかった。

第二節　条約体制への包摂メカニズム

1　条約体制への包摂政策の確立

ところで、一九九一年夏のワルシャワ条約機構・コメコン解散、同年末のソ連邦解体という形で決定的になったロシアの凝集力の低下、および、ユーゴスラビアの解体といった事態を前にして、ヨーロッパ評議会においても、ますます多くの中・東欧諸国のみならずソ連邦の旧構成国を、予想以上に急速に取り込んでいかなければならないことが自覚されはじめたようである。[26]

たとえば、議員会議の役員会（Bureau）は、一九九二年四月、ヨーロッパ評議会への加盟の条件たる「ヨーロッパの国」（規程四条、五条も参照）の地理的範囲について、旧ソ連のカフカース地方の諸共和国（アルメニア・アゼルバイジャン・グルジア）まで含むという解釈を打ち出し、他方、それから漏れる旧ソ連の五つのアジア共和国を含むような、新しい「準加盟国」制度の提案について好意的に留意した。ここで注意すべきことは、この文書が同時に、ヨーロッパ人権条約への参加を評議会加盟の条件とする議員会議の実行を確認し、準加盟国も同条約に参加できることを念頭においていることである。[27]

しかし、この文書に示されたような、〈すべてのヨーロッパ諸国プラス・アルファを包摂するヨーロッパ評議会＝ヨーロッパ人権条約締約国集団〉という将来像が展望できるとしても、それは一挙に実現できるものでも、また実現されるべきものでもない、と考えられていた。[28] 一九九三年三月、閣僚委員会は、「ヨーロッパ評議会未加盟国における人権尊重の監督」という決議（九三）六を採択し、未加盟国に対して、ヨーロッパ人権条約に参加させることなく同条約を基準とする人権監督システムを用意することとした（後述）。要するに、ある程度の過渡期を予定し、その間、西欧の従来の基準にしたがった人権の「ならし運転」により未加盟国を結合しようとしていることがみてとれよう。

こうして、すべての中・東欧諸国を徐々に、しかしある範囲においては予想外に急速に、ヨーロッパ人権条約体制下に組み込むという戦略が確立してきたのである。

（26）参照：Communication from the Secretary General on the Council of Europe's activity in a radically changing Europe, I October 1992, Parliamentary Assembly Doc. 6685, p. 2.

（27）The Geographical Enlargement of the Council of Europe（Conclusions of the Bureau as approved on 22 April 1992）, 13 *HRLJ*,（1992）230 f., 233. もっともこうした準加盟国制度は、その後取り上げられていない。

（28）テキストは、Andrew DRZEMCZEWSKI., "The Council of Europe's Co-operation and Assistance Programmes with Central and Eastern European Countries in the Human Rights Field : 1990 to September 1993", 14 *HRLJ*（1993）229, Appendix II at 247 f.

２　ヨーロッパ評議会への加盟と人権条約適合性

ヨーロッパ評議会への加盟は、規程上は、閣僚委員会の対象国への加盟招請をうけて当該国が規程の加入書を寄託する、という手続で完了することになっている（四条）[29]。しかし、一九四九年に西ドイツの準加盟が問題になったとき以降、閣僚委員会は、加盟招請に際して議員会議に諮問するという実行を確立している（閣僚委員会決議（五一）三〇Ａで確認）[30]。議員会議の意見は、法理論的には閣僚委員会を拘束しないが、加盟に従って必要となる規程改正には議員会議の同意が必要なので（規程四一条ｄ項）、実際には、議員会議の意見が無視されることはありそうにない[31]。しかし、加盟招請を議員会議に諮問するか否かは、閣僚委員会の発意に委ねられることには注意が必要である。いずれにしても、閣僚委員会と議員会議の双方が条件を充たし加盟が適当であると判断することが必要である。

本章のもととなる論文が執筆された一九九四年当時の実行では、次のようになっていた。すなわち諮問をうけた議員会議は、その「政治問題委員会」に報告を、「ヨーロッパの非加盟国との関係に関する委員会」および「法律問題・人権に関する委員会」に意見を求める。前者の報告に含まれた議員会議としての意見案、および、後二者の意見に含まれたそれに対する修正案をうけて、議員会議は、自らの意見を採択するのである。これら三委員会は、通常各々の報告者に対象国を訪問させるほか、対象国と個別の会合を開くこともある[32]。さらに、一九九一年、バルト三国に対する加盟招請の審議以降、次のような手続が採用され、慣行化していた[33]。すなわち、ヨーロッパ人権委員会とヨーロッパ人権裁判所の構成員から各一名、計二名の人権専門家が、うえに説明した三委員会での審議と並行して、議員会議によりヨーロッパ人権条約をはじめとする評議会の人権基準への適合性を審査するよう委託される、というものである[34]。

加盟招請のための実体的条件は、規程上は、法の支配、および、管轄内のすべての人の人権享有という原則を受諾することである（三条）。さらに、議会制民主主義国であることは、規程前文の解釈としても導かれるし、実行上課されてきた[35]。ところが、以上に加えて、冷戦終結後新たな条件が課されるようになっているのである。一九九三年一〇月のヨーロッパ評議会の三二（当時）加盟国の元首・政府首脳サミット会議で採択された「ウィーン宣言[36]」によれば、「表現とくにメディアの保障された自由、民族的少数者の保護、および、国際法の原則の遵守」のほか、「ヨーロッパ人権条約の署名、および、短期間のうちに、同条約の監視機構を完全に受諾すること」が挙げられている。ここで、「監視機構の完全な受諾」というのは、同条約の批准に加えて、個人の申立の受理（旧二五条）および人権裁判所の義務的管轄権（旧四六条）に関する選択条項を双方とも受諾することを指すと解される。実際、「ヨーロッパ評議会改訂規程の採択」と題する議員会議勧告一二二一（一九九三）では、加盟の条件として、同条約への参加とともに「同条約が設立する機関の管轄権に服することを約束する」ことが明記された。以上の新しい条件のうち、たとえば少数者の保護という条件も注目されるが、ここでは、ヨーロッパ人権条約への参加について、いくぶん詳しく検討する。

実は、ヨーロッパ人権条約の批准を条件とすることは、議員会議が古くから試みてきたことであった。それに対して、閣僚委員会は、西ドイツ（一九五〇年準加盟、一九五一年加盟）、キプロス（一九五一年加盟）およびマルタ（一九六五年）の加盟に際して、前文および三条に述べられた指導原則および目的に対する忠誠を加盟招請の受諾文書に書き込むことを求めただけであった。[37] それも当然であって、ヨーロッパ評議会の既存加盟国自身がヨーロッパ人権条約に参加していないことも少なくなかったのである。加盟国すべてが同条約を批准したのは、一時脱退していたギリシャが評議会に復帰した一九七四年がはじめてである。同じく加盟国すべてが、両選択条項を受諾したのは、すでにハンガリー（一九九〇年一一月、中・東欧諸国のトップを切って加盟）の加盟招請の審議に入っていた一九九〇年一月のことである（当時加盟後二年に満たなかったフィンランドを除く）。[38] これに対して、冷戦終結後、中・東欧諸国の加盟に際しては、一般に議員会議の意見において、対象国が同条約を批准し、両選択条項を受諾する旨言質を与えたことを確認している。[39] ポーランドは、この言質に反して一九九一年一月、選択条項受諾宣言を付さずに同条約を批准したが、わずか三か月半で翻意して両選択条項を受諾した。[40]

このように、ヨーロッパ人権条約への完全な参加を約束することは、規程改正こそ実現していないものの、評

図3-1：ヨーロッパ人権条約締約国集団の量的・質的変動

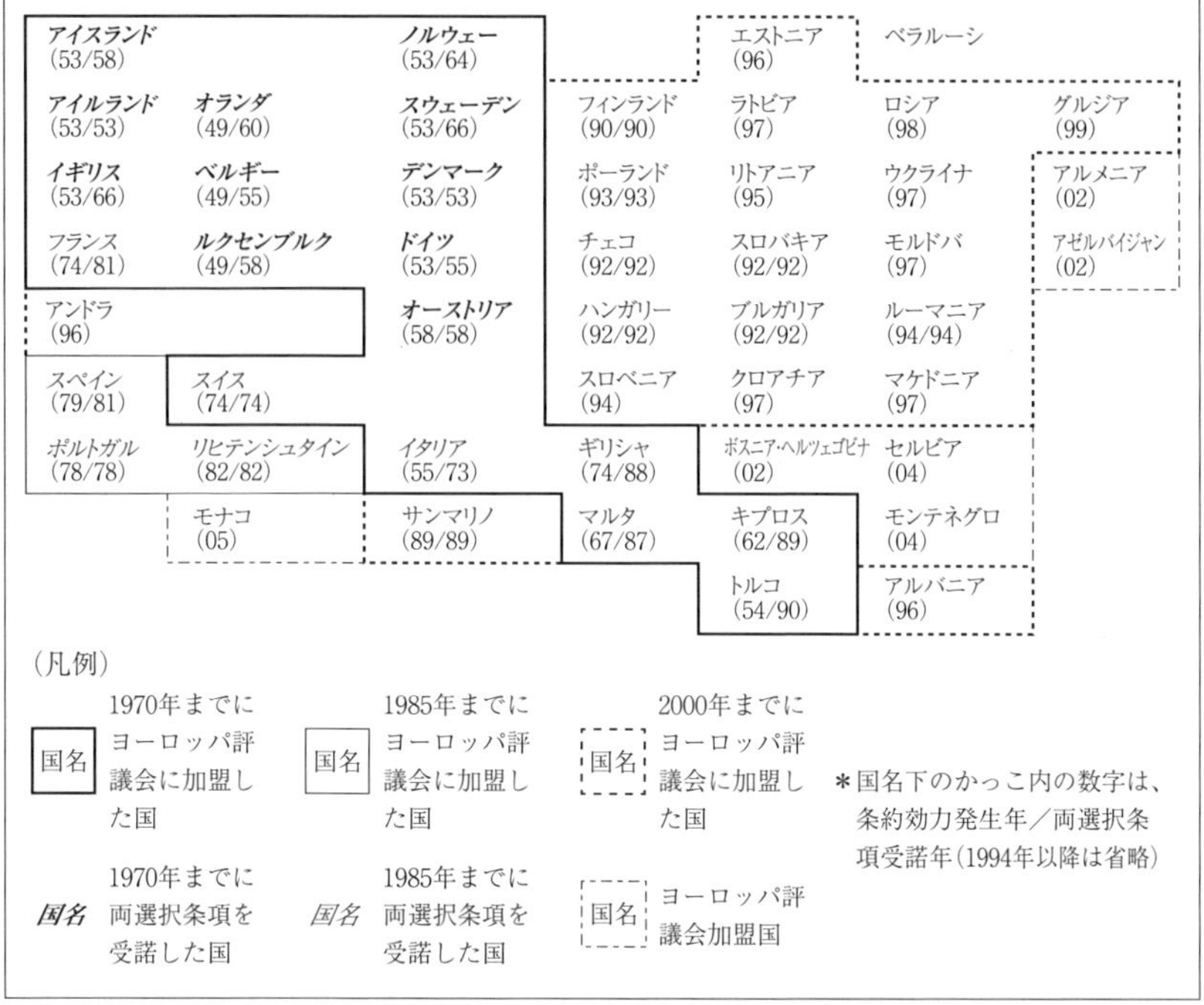

（出典：筆者作成）

議会への加盟の条件として急速に確立した、といえよう。

では、実際の加盟招請の審議において、対象国の人権状況がどのような影響を及ぼしているのであろうか。これについては、さしあたりラトヴィアのケースが注目される。一九九一年九月、バルト三国は、あいついで加盟を申請した。議員会議の委託により、各二名の人権専門家が対象国を訪問し、同年一二月から翌年一月にかけて、人権基準との適合性についてそれぞれ報告書を提出し[41]、続いて関係三委員会の各国についての報告者が、四月および六月に現地を訪問した[42]。ところがその後、リトアニアとエストニアについては、それぞれ同年秋の選挙の結果を見極めたのち、一九九三年三・四月には加盟招請に積極の議員総会としての意見案を含む政治問題委員会の報告が提出され、これが採択され（意見一六八・一七〇）、五月一四日に同時加盟が実現したのに対し、ラトヴィアについては手続が進行しなかった（一九九五年に加盟）。ラトヴィアの加盟が先送りされた理由は明確ではないが、一九九二年一月の人権専門家の報告書が、三国のうち唯一全体として消極的であり、とくにロシア系住民を排除する市民籍の規定と言語の使用問題の重大さを指摘していたことが注目される。この点が大きな分かれ目になったことは、想像に難くない。[43]

（29）なお、ここからわかるように、加盟招請するか否かの審議は、対象国による加盟の希望の表明をうけて行われるのが通常であるが、この加盟「申請」には、なんらの法的効力もないことに注意が必要である。

（30）テキストは、〈http://www.conventions.coe.int/Treaty/en/Treaties/Html/001.htm〉（最終確認日：二〇一二年九月八日）。

（31）参照：Drzemczewski, *supra* note 28 Appendix III, 248.

（32）以上につき、参照：*ibid.*

（33）議員会議役員会により「一見したところ、人権、法の支配および多元的民主主義に関する加盟の基礎的条件におそらく適合している」と判断されたスロヴェニア（一九九三年五月、エストニア・リトアニアと同日付けで加盟）については、この手続は適用されなかった。The Geographical Enlargement, *supra* note 27, p. 232. その後の加盟国には適用されている。ルーマニア（一九九三年一〇月加盟）について、参照：Drzemczewski, *supra* note 27, 241 f. 中・東欧諸国の加盟・ヨーロッパ人権条約への参加状況については、参照：*ibid.*, Appendix I, 247.

（34）さしあたり、参照：*ibid.*, Appendix III, 248.

（35）参照：*Manuel du Conseil de l'Europe*, *supra* note 9, p. 22 f.; The Geographical Enlargement, *supra* note 27, p. 230 参照。

（36） Vienna Declaration, 9 October 1993, *Minutes of the Council of Europe Summit* (*Vienna, 8-9 October 1993*), SUM (93) PV 1 & 2,〔14 *HRLJ* (1993) 373〕.
（37） 参照：BURBAN, *supra* note 10, p. 14 f.
（38） ヨーロッパ人権条約への参加状況については、33 *Yearbook*, 1991, 16–18.
（39） 議員会議意見一五四・一六一・一六八―一七〇・一七四―一七六参照。もっとも、チェコ・スロヴァキア連邦共和国については、このような確認がなされていないし（意見一五五）、ハンガリーについては、選択条項の受諾について言及がない（意見一五三）。
（40） ヨーロッパ評議会加盟国のヨーロッパ人権条約への参加状況・日については、『人権裁判所の判例』資料Ⅱ参照。
（41） 各報告書のテキストは、エストニアについて、13 *HRLJ*（1992）236 ff., ラトヴィアについて、*ibid.* 244 ff., リトアニアについて、*ibid.*, 249 ff.
（42） 参照：The Geographical Enlargement, *supra* note 27, p. 231 ; Report on the application of Republic of Lithuania for membership of the Council of Europe, Parliamentary Assembly Doc. 6787, p. 3.
（43） ヨーロッパ評議会事務局人権部の対中・東欧諸国関係の責任者は、後述の人権尊重監督暫定措置を受け入れているかもおそらく議員会議により考慮されるようになるだろう、と述べている。DRZEMCZEWSKI, *supra* note 28, Appendix III, p. 248.

3　非加盟国を含む中・東欧諸国へのその他の対応

その他、評議会は、次のような諸制度を通じて、人権の保障を媒介として、中・東欧諸国を統合しようとしてきた。

まず第一に、先に言及した閣僚委員会決議（九三）六で原則が定められた人権尊重監督暫定措置である。

これは、評議会に加盟を希望するヨーロッパの国において、当該国との取極によりその国内法制度として監督機関を設け、とくにヨーロッパ人権条約の実体規定を準拠法として（原則三条）、人権の監督にあたらせようとするものである。評議会と対象国との非対等性は、この監督機関の構成員の過半数が、閣僚委員会がヨーロッパ人権委員会およびヨーロッパ人権裁判所との協議ののち指名する者とされている（同二条）ことに顕著である。

第二に、これも右に言及したが、議員会議に設けられた特別客員資格である。

この資格は、議員会議の本会議および委員会に出席し、かつ本会議において議長の許可の下発言する権利を有する、というものである（議員会議手続規則五五条の二第六項）[44]。対象は、関心のあるヨーロッパの国の立法府であるが、当該国が、ヘルシンキ宣言その他のCSCE文書および国際人権規約を適用・実施していなければならない。という条件がはめられている（同一項）。また自動的に継続するものではなく、各会期始めの信任状審査の際、この条件に適合しているかどうかも含めて審査されることになった（同八項）。

第三に、古代ギリシャ・アテネの政治家にちなんで「デモステネス計画（Demosthenes Programme）」とよばれるものである。

これは、中・東欧諸国の、真の民主主義へ向かう改革の動きを強め、ヨーロッパの協力諸組織へのスムーズな統合を容易にすることを目的として、一九九〇年に設定された計画である。この計画においては、評議会およびその加盟国に蓄積された民主主義の組織・機能の仕方についての経験を、中・東欧諸国の利用に供することが目標とされており、具体的には会議、セミナー、研修プログラムの実施等が行われる。憲法、刑法等の制定作業への援助や裁判官等の研修も多く行われている。右の二つの制度と異なり、この計画の対象にはすでに加盟した国も含み、現に新たに加盟した中・東欧諸国は、すべてこの計画の対象となった。旧ソ連構成共和国を対象とする「第二デモステネス計画（Demosthenes-*bis* Programme）」も開始された。これらの計画に対し、一九九〇年には

一、三〇〇万フランス・フラン、一九九一年には一、六五〇万フラン、一九九二年には約三、五〇〇万フラン、一九九三年には約五、〇〇〇万フランの予算が充てられた。[45][46]

(44)　テキスト（改正を含む）は、決議九二〇、九四九、九六〇および九七六。

(45)　参照：DRZEMCZEWSKI, *supra* note 28, 230-245.

(46)　なお、ヨーロッパ評議会の中・東欧に対する活動の簡潔な紹介として、参照：庄司克宏「ＥＣにおける人権政策と対中欧・東欧政策における意義」（財）行政管理研究センター調査研究部編『ＥＣ統合と東欧政策』（一九九二年）一一一―一一四頁。

結びに代えて

以上みてきた評議会の戦略をまとめれば、次のようにいうことができよう。すなわち、西欧的人権の実施の「ならし運転」や、それへの国内法体制の適合性の審査を経て、中・東欧諸国を徐々に評議会に取り込む、その後は、ヨーロッパ人権条約の厳格な実施手続で監督する。以上を通して、人権の西欧的経験を「移植」するために継続的に「援助」を行う、というものである。

このような、重いコストも伴う戦略を採るのは、単に中・東欧諸国に恩恵をもたらそうとしたため、というだけでは説明できないであろう。すなわち、西欧諸国自身にとっても、どうしても貫徹しなければならないほど重要性が自覚されていたものと思われる。一つには、中・東欧諸国からの人の流入問題の影響があろう。この間、ドイツ・フランスの基本法・憲法改正に象徴されるように、西欧諸国は難民審査を厳格にし、移民流入に絞りをかけようとしている。これ自体、排外主義の暴発に象徴される西欧諸国における「新しい民族問題」への一つの対処であろうが、中・東欧諸国における人権保障体制の構築に向けた取り組みは、さしあたり、これらの諸国において「政治的迫害」が存在しなくなった、という主張に根拠を与え、それら諸国からの「難民」を否認することを可能にした。(47) さらに、人権保障体制が実質化すれば、西欧諸国にとってコントロールできない「人の流入」という事態の発生の可能性を実際に減ずることになろう。このようなことが、「冷戦」時のように中・東欧諸国の出国管理措置に期待できず、EC域内の人の移動が大幅に自由化されるというとき、西欧諸国にとってほとんど死活的に重要であったことは、疑いの余地がない。(48) もう一つには、中・東欧の変革という絶好のビジネス・チャンスをとらえて西欧諸国が市場拡大をはかるには、中・東欧諸国において「自由な社会」が出現し、責任の所在が明らかであるような安定した統治がなされる必要があることが指摘できよう。人権保障体制の構築へ向けた働きかけは、このような状況をもたらすための、決定的とはいえないまでも一つの手段でもあろう。

だが、右にみたヨーロッパ評議会の戦略は、ヨーロッパの階層的体制をもたらした。すなわち、①「ヨーロッパ評議会の一般加盟国」を頂点とし、②「デモステネス計画の対象となっている加盟国」、③「人権尊重暫定監督措置を受け入れる非加盟国」、④「単に特別客員資格だけを有する非加盟国」が続き、⑤「特別客員資格も有しない非加盟の『ヨーロッパの国』」が最底辺に位置するという体制である。①は、さらに階層をなしており、当時のEC諸国のような国から、議員会議による継続的な人権監視の対象となっているトルコ(49) のような②ないし③に近い国まで存在する。これが、人権保障のレヴェルに対応するピラミッドを形成するものと考えられているのである。しかも、ここにおける「人権」は、西欧のうちで培われてきたものであって、その経験を一方的に「下層」すなわち中・東欧諸国に及ぼすものであった。中・東欧諸国は、この四十数年間、市民的権利を否定してきたとはいえ、一般に高い水準の社会保障など独自の「権利意識」を育ててきた、といえよう。このような「権利意識」が反映される回路は、公式には用意されていないのである。

したがって、このような体制が、中・東欧諸国の、とくに「冷戦」後の新たな社会体制に順応できない階層に不満を蓄積させたことは、想像に難くない、経済の成功によりこのような「不満」を封じ込め、西側政治秩序からの離脱をめぐる国内闘争や混乱につながらないようにすることができるかどうかが、ヨーロッパ評議会の戦略の成功の鍵となったのである。

かくして中・東欧の人権条約体制への組み込みが進んだとしても、体制内部において次のようなある種の矛盾が生じていたと考えられる。すなわち、一方では、人権条約体制の実効性・保障のレヴェルを維持しなければならない。それは、西欧政治秩序の優位性を示すためにも、とくにＣＳＣＥに対してヨーロッパ評議会の機構としてのアイデンティティを確保する上でも、重要である。これについては、一九九四年五月に署名のために開放された第一一議定書によるヨーロッパ人権条約の改正により、ある程度対応しようとしたとみられる(50)。これは、条約の実施における司法的要素を強化するものであるが、他方において、中・東欧諸国の人権保障の実際のレヴェルからして、政治的で柔軟な対応で補完しなければ、これら諸国の人権条約体制からの離脱を招きかねない。

要するに、ヨーロッパ評議会の戦略は、どうしてもそれを採らざるを得なかったものであるにしろ、一つの「賭け」であった、といえよう。しかし、有力な代案がない以上、多くの人々は程度の差はあれそれに巻き込まれていったように思われる。ヨーロッパに住む人々の多様な願いを共存させるためには、いままでの「人権」概念の内容に固執するのではなく、現実に照らしてそれを反省し内容の再規定をすすめることが、さしあたりはこの「賭け」の枠内での処方箋にすぎないとしても、決定的に重要であるといえるかもしれない(51)。

（48）ヨーロッパ評議会が組織した「中・東欧諸国からの人の移動に関する閣僚会議」が一九九一年一月開催されたが、中・東欧諸国にとって建設的な措置についてはなんらの合意も達成できなかったようである。参照：Wolfgang Benedek, "Domestic Policy Function and New Challenges of an All-European System of Human Rights", 1 *AEHRYB* 31. このことは、問題の深刻さを物語ってはいないであろうか。この問題の背景の分析として、参照：梶田孝道『新しい民族問題』（中央公論社、一九九三年）、とくに第四章。

（49）議員会議決議九八五および命令四七八参照。

（50）とくに、各加盟国について一名ずつ選ばれた裁判官の全員で構成する全員法廷の裁判機能を、裁判官のうち一七名で構成する大法廷に移すことが注目される。この改正については、さしあたり、参照：拙訳「（資料）監督機構を再構成するヨーロッパ人権条約の改正議定書および説明報告書」金沢法学三七巻一号（一九九五年）一六五頁以下〔本書付録Ⅱ第二〕。

（51）このような意識を持つに至るうえで、次の文献に示唆を受けるところが大きかった。梶田孝道『統合と分裂のヨーロッパ』、および、上野千鶴子ほか『ドイツの見えない壁』（いずれも岩波書店、一九九三年）。

第三部　改革後の条約実施体制の構造

第四章　条約実施機関における個人の「裁判をうける権利」

はじめに

ヨーロッパ人権条約は、その作成・発効後四〇年を経て、また中東欧諸国がヨーロッパ評議会に大量加盟の動きを見せる中、その実施機構の大幅な改革にむけて決定的な一歩を踏み出した。すなわち、条約の実施手続に関する規定を全面改正する第一一議定書が、一九九四年五月一一日、署名に開放されたのである。同議定書は、すべての条約締約国の批准を得て、一九九八年一一月一日に効力を生じた。

この改革によって、従来のヨーロッパ人権委員会とヨーロッパ人権裁判所は廃止され、フルタイムの裁判官で構成される新たな「ヨーロッパ人権裁判所」に置き換えられる。加盟国の代表により構成されるヨーロッパ評議会閣僚委員会の、条約違反の有無を決定する権限（旧三二条）は、廃止される。個人の申立権および人権裁判所の管轄権が認められるために、当事国による受諾宣言を要する方式（旧二五・四六条）は改められ、それらはすべての条約締約国にとって義務的なものとされる（新旧両手続の流れについては、次頁の**図四―一**参照）。

この改革は、条約締約国数の増加と申立数の飛躍的増加を背景とするもので、ヨーロッパ評議会の加盟国元

図4－1：新旧条約実施手続の比較

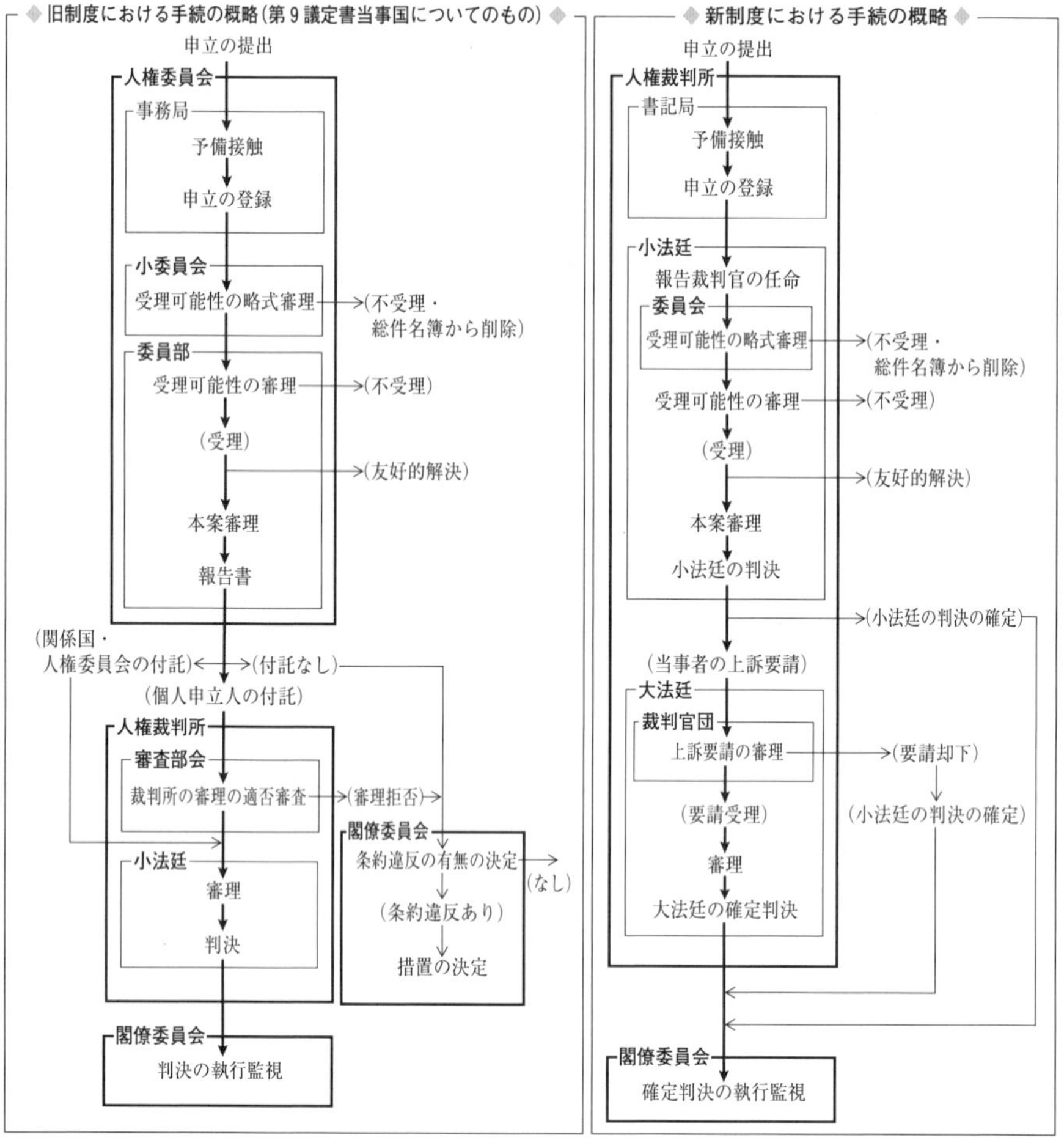

（出典：筆者作成）

首・政府首脳によれば、これに対応して、保護手段の能率を高め、手続を短縮し、かつ、現在の人権保護の高い質を維持することがその目的である（一九九三年一〇月の「ウィーン宣言」付属書I）[1]。

この章では、第一一議定書により導入された新制度における個人の地位を検討する。改革論者の多くは、国内において「公正な裁判を受ける権利」を保障する条約規定（六条）を援用して、国際的な実施機構の現状を批判してきた。[2] このような議論との関連で以下では、個人の「裁判をうける権利」の理念に照らして、新制度をいわば内在的に分析してみよう。ここでは、単に個人の「裁判所」への申立の可能性のみならず、その権利の実質的な実現の程度が問題とされなければならない。

（1） Reform of the Control Mechanism of the European Convention on Human Rights, Appendix I to Vienna Declaration, 9 October 1993, *Minutes of the Council of Europe Summit* (*Vienna, 8–9 October 1993*), SUM (93) PV1 & 2, p. a5〔14 *HRLJ* (1993) 375〕.

（2） たとえば見よ：Stefan Trechsel, "Towards the Merger of the Supervisory Organs: Seeking a Way out of the Deadlock", Merger of the European Commission an European Court of Human Rights, Second Seminar on International Law and European Law at the University of Neuchâtel, 14-15 March 1986, 8 *HRLJ* (1987) 11 at para. 8 (p. 13), para. 23 (p. 16).

第一節　個人の申立権の自働的承認

1　背景

さきに述べたように、第一一議定書による改正により、人権裁判所は、個人の申立を受理する権限を当然に有することになる。しかし、このような帰結は、改革論議において当然に認められていたわけではない。第一一議定書の説明報告書は、[3] ①すべての条約当事国が個人の申立権を受け入れていること、および、②条約の監視機構の完全な受諾がヨーロッパ評議会への加盟の事実上の条件となっていることが、かかる帰結をもたらしたと述べている（八五項）。①が実現したのは一九八九年のことであり、②は、一九九〇年にはじまる中・東欧諸国の加盟の際の実行を端緒として、前に挙げたウィーン宣言で最終的に確認されたものである(4)。

　したがって、個人の申立権の受諾が義務化された直接の契機は、中・東欧諸国に人権の高い保障水準を持ち込むことを迫られたことによる、といってよいであろう。その前提には、一九八〇年代後半に、ヨーロッパのいわば「周辺」国における人権侵害のコントロールを、個人の申立を通じても行う方向を、条約体制が選択したことがある。一九八七年一月二九日、人権委員会は、トルコについて、国家間申立から生じた友好的解決合意に基づく自らの監督の任務を終了させたが、それは、その前日にトルコが個人の申立権を受諾したことを見極めてのことだったのである(5)。

（3）*Explanatory Report, Protocol No. 11 to the Convention for the Protection of Human Rights and Fundamental Freedoms, available* at: 〈http://conventions.coe.int/Treaty/en/Reports/Html/155.htm〉（最終閲覧日：二〇一三年四月一八日）（小畑郁〔訳〕「（資料）監督機構を再構成するヨーロッパ人権条約の改正議定書および説明報告書」金沢法学三七巻一号（一九九五年）一六五頁以下〔本書付録Ⅱ第二〕）。

（4）Vienna Declaration, *supra* note 1, at p. a2〔14 *HRLJ*（1993）373 at 374〕.

（5）これについては、さしあたり参照：戸田五郎「ヨーロッパ人権条約とトルコの地位」国際法外交雑誌九一巻五号（一九九二年）三二頁以下、四八頁。なお他の西欧陣営内周辺国の状況については、さらに参照：小畑郁「ヨーロッパ人権条約実施システムの歩みと展望」『人権裁判所の判例』六頁〔本書第一章四五—四七頁〕。

2　第一一議定書における個人の申立権

こうして、第一一議定書により個人の申立権は選択条項の個別的受諾を要せず、その意味では確立したのであるが、全く例外がないわけではない。すなわち、新制度には、いわゆる植民地条項、すなわち、自国がその国際関係に責任をもつ領域について条約の適用を任意的に及ぼすことができるという規定（旧六三条・新五六条）は引き継がれるのであるが、かかる領域について個人の申立権を任意的に受諾できるとする条項（四項）も維持されたのである。

この例外の重大さは、トルコが事実上支配している北部キプロスと比較することにより際だつ。すなわち、トルコは北部キプロスについて個人の申立を阻止すべく受諾宣言に「留保」を付したが、この「留保」の効力は、人権裁判所によっても認められなかったのである。(6)

（6） *Loizidou v. Turkey (Preliminary Objections)* [GC], Judgment of 23 March 1995, *Series A*, no. 310. 小畑郁〔判例批評〕松井芳郎ほか編『判例国際法（第二版）』（東信堂、二〇〇六年）三二六頁以下〔本書付録Ⅰ第二〕。

第二節　「裁判をうける権利」の到達点

1　裁判所の審理をうける権利の確立

個人の人権裁判所に事件を付託する権利自体は、第一一議定書がはじめて認めたものではない。条約は、人権裁判所への付託権を国家と人権委員会に限っているが（旧四四条）、一九九〇年署名のために開放され、一九九四年発効した第九議定書は、個人にも人権裁判所への付託権を認めた。ただこの場合、三名の裁判官からなる審査部会（panel）が、個人の申立について人権裁判所による審理を行うかどうかを決定する（第九議定書により改正された旧四八条二項）。つまり、第九議定書は、「裁判所」に付託する権利と裁判所の審理をうける権利を区別し、前者のみを無条件に認めているにすぎないのである。[7] 第一一議定書の革新性は、後者も認めたことにある。ただ、多くの個人の申立にとっては、これは人権裁判所（新）の三名の裁判官で構成される委員会（Committees）による審理を意味するにすぎない。したがって第九議定書と実質的な相違があるか否かは、委員会の手続の内容に依存する。

人権委員会事務局が行っていた、登録前に見込みのない申立を取り下げるよう説得するという実行は、人権裁判所（新）の書記局により踏襲されると考えられていた。[8] 人権裁判所（新）の申立処理能力の限界からして、かかる実行の必要性自体は理解できよう。濫用の防止のため、裁判官に登録前の申立の状況を監視する任務を与えることが示唆された。[9]

（7） *Explanatory Report, Protocol No. 9 to the Convention for the Protection of Human Rights and Fundamental Freedoms, available* at: 〈http://conventions.coe.int/Treaty/en/Reports/Html/140.htm〉（最終閲覧日：二〇一三年四月一八日）（日本語訳：薬師寺公夫〔訳〕「人権裁判所に対する個人の訴権」立命館法学二一七号（一九九一年）四〇四頁以下）para. 21.

（8） *Explanatory Report, Protocol No. 11, supra* note 3, para. 39. この実行は、実際に人権裁判所（新）に踏襲されたが、現在では放棄されている。この点について詳しくは、見よ：小畑郁「ヨーロッパ人権裁判所の組織と手続」『人権裁判所の判例』一七頁註（17）〔本書第二章六八頁註（19）〕。

（9） *Explanatory Report, Protocol No. 11, supra* note 3, para. 76.

2　裁判所の独立性・公平性

登録された申立は、七名の裁判官で構成される小法廷（Chamber）により一名の報告裁判官（judge rapporteur）に割り当てられる。[10] 報告裁判官は、事件を準備し、通常委員会に加わり、おそらくは友好的解決に主導的役割を果たすとされている。[11] この制度は、人権委員会の手続を踏襲するものであるが、人権委員会のある委員は、人権委員会の経験から、報告者には被告国家の公用語を解することが求められる、という。[12] これを前提とすれば、その国出身の裁判官が報告裁判官となるケースが多くなるであろう。申立を受理不能とする場合、委員会の他の二名の裁判官の同意を得ることが必要であるが（新二八条）、人権委員会においては、大多数の申立について小委員会は報告者の判断に同意しているところからみて、[13] 報告裁判官の独立性は極めて重要である。[14]

新制度では、裁判官は、ある締約国について当該国が指名する三名の者から選挙される（新二二条、こうして選挙された者をここでは便宜上「関係裁判官」という）。申立が小法廷または一七名の裁判官で構成される大法廷（Grand Chamber）で審理される場合、関係裁判官ないし特任裁判官は常にその構成員となる（新二七条二項）。裁判官の任期が従来の九年から六年に短縮されたこと（新二三条一項）に対する批判は、議員会議からも寄せられた（意見一七八）。[15]

（10）*Explanatory Report, Protocol No. 11, supra* note 3. para. 40.
（11）*Ibid.*, para. 43.
（12）Henry G. SCHERMERS, "The European Court of Human Rights after the Merger", 18 *European Law Review* (1993) 493 at 499.
（13）*Ibid.*, at 497.

(14)　本章のもととなった一九九五年刊の論文で、筆者は本文のように書いたのであるが、報告裁判官の独立性は、その後ほとんど問題となっていない。その主な理由は、一九九八年発足の人権裁判所(新)の実務では、報告裁判官の役割は、第一一議定書採択時に想定されていたものよりも実際上縮小したこと、および、その前提でもあるが、書記局に組織されたある程度の数の法律家が予備的検討を行っていることが挙げられる。いずれにせよ、条約締約国各国の公用語に通じた法律家が居り、彼らがその国からの独立性を保つことが申立人が公平な審理をうけるために重要ということができる。こうした要請が、二〇一〇年に発効した第一四議定書による改正により、単独裁判官で裁判する場合に、書記局の一員である「報告者」に援助されるという規定（改正後二四条二項）が明文化される背景にあると考えられる。

(15)　こうした批判も踏まえ、二〇一〇年に発効した第一四議定書による改正では、裁判官の任期は再選なしの九年に延長された（改正後二三条一項）。

3　個人にとっての手続の実効性

(1)　受理可能性審査の手続

申立が委員会で不受理とされる場合、対審審査はなされない。小法廷への移送ののち、申立が被告国家に通報されるからである。小法廷では、原則として書面手続・口頭手続ののち、多数決で不受理または受理と決定する。[16]かかる手続の原則公開制（新四〇条）が、旧制度における人権委員会手続との違いである。

委員会あるいは小法廷の不受理の決定は、要約された形のこともあるが理由が付され（新四五条）[17]、関係国に送付される[18]ほか、原則として公衆が閲覧できる（新四〇条二項）。

受理可能性の実体的基準は変わらないが、手続的には厳しくなっている。現行規定では、人権委員会が受理可能といったん決定すれば、それを覆すには三分の二の多数が必要とされているが（旧二九条）、改正後はこのような規定は削除され、不受理の決定はいつでもできるとされるのである（新三五条四項）。委員会の不受理の決定は確定的（final）なものである（新二八条）。小法廷の不受理の決定も確定的であるというのが改正された条約の意図するところである。受理可能性の宣言は決定の形式で行われる（たとえば新二九条三項参照）のに対し、上訴のためには、小法廷の判決が前提であるからである。

(16) *Explanatory Report, Protocol No. 11, supra* note 3, para. 52.
(17) *Ibid.*, para. 105.
(18) *Ibid.*, para. 89.

（2）　本案審査の手続

受理可能とされた申立は、本案の対審審査に付され、友好的解決交渉のために便益が提供される（新三八条一項）。後者に関する手続は秘密であるが、本案審査手続の公開性は、（1）と同じである。小法廷の本案判決は、①当事者が大法廷に上訴の要請をしない場合、および、②上訴の要請が却下された場合に確定し、この場合には公表される（新四四条二・三項）。小法廷の判決が、人権裁判所(旧)が行ってきたように公開の法廷で言い渡される保障はない。[19] 当事者に迅速に送付され、公衆が閲覧できるのは当然である。[20]

(19)　実際、人権裁判所(新)自身が採択した規則では、公開の法廷での言渡しは「できる」という規定になっており（七七条）、筆者が知るかぎりほとんどの判決が法廷で言い渡されていない。人権裁判所(旧)で有効であった規則では、原則として言い渡さなければならないとされていた（一九九四年の規則A五五条二項・規則B五七条二項、テキストは、*European Convention on Human Rights; Collected Texts* (Council of Europe, 1994), pp. 215 ff.;

pp. 259 ff.)。

(20) 以上について、*Explanatory Report, Protocol No. 11, supra* note 3. paras. 103-104.

(3) 上訴手続

第一一議定書は、それまでの改革提案にもみられなかった「再審査 rehearing」という制度を導入した。これは実質的には上訴にあたる。すなわち、当事者は小法廷の判決日から三か月内に大法廷での審理を要請することができ、大法廷の五名の審査部会（panel）がこの要請を受け入れるときには事件は大法廷で審理され決定される（新四三条）。これは、かなりの加盟国が支持していた二審制改革案[21]との妥協をはかったものだと考えられる。実際の起草作業にあたった専門家委員会の書記であったジェムツェヴスキも、政治的妥協の核心はこの制度にある、と述べている[22]。小法廷が審理の途中で大法廷に事件を回付することは、一方当事者の異議により妨げられることになり、当事者には二度の勝訴の機会が確保される（新三〇条）[23]。

これは、手続を迅速化するという改革の目的の一つとして矛盾しかねない。そのために、上訴の例外性が条文に明記され、上訴理由も制限的に解釈されると確認されている[24]。

しかし、上訴理由は国家に有利なものと思われる。すなわち、①条約の解釈に影響する重大な問題、②条約の適用に影響する重大な問題、または、③一般的重要性を有する重大な論点、が提起されることであるが、①は、大法廷への回付の理由（新三〇条）と共通である。問題は、②・③、すなわち二回の審理をむしろ要するとされる理由である。説明報告書によれば、②は「判決により国内法または行政実務に実質的な変更が必要とされる」とき[25]であり、③には「実質的な政治的争点または政策上の重要な争点」を含む[26]。②からは、現状をかなり変更することを迫られた国家の上訴が認められることになる。③は、まさに政治的考慮を求めるものといえよう。

ジェムツェヴスキ自身、「再審理」概念の導入決定以前には、①または②を理由とする国家の上訴要請を拒むことが可能だろうかと、二審制案を批判していた。[27] 国家が③を主張した場合、審査部会が「政治的に重要ではない」と判断することには、一層の困難があろう。

審査部会の決定には、理由が付されない（新四五条）。[28] 表決方式も明らかでない。決定の期限が定まっておらず、小法廷の判決が確定しないまま長い間待たされることもないとはいえない。

大法廷の上訴審としての手続は、原則として書面手続のみで行われる。[29] 大法廷が自己の発意によって不受理と決定することは可能であろう（新三五条四項）。被告国家による不受理の抗弁が許されるかどうかは、人権裁判所（新）自体が（おそらくは規則において）決定すると考えられていた。[30]

(21)　これについては、さしあたり見よ：*Explanatory Report, Protocol No. 11, supra* note 3. paras. 15-17.
(22)　Andrew Drzemczewski, "Putting the European House in Order", 144 *New Law Journal* (1994) 644 at 645.
(23)　*Explanatory Report, Protocol No. 11, supra* note 3. para. 79.
(24)　*Ibid.*, para. 99.
(25)　*Ibid.*, para. 101.
(26)　*Ibid.*, para. 102.
(27)　Andrew Drzemczewski, "The Need for a radical Overhaul", 143 *New Law Journal* (1993) 126 at 134.
(28)　*Explanatory Report, Protocol No. 11, supra* note 3. para. 105.
(29)　*Ibid.*, para. 103.
(30)　*Ibid.*, para. 88.　実際の規則では、小法廷の手続に関する手続は、原則として大法廷にも準用されることとされたので（規則七一条一項）、こうした抗弁は当然に許されることになった。

結びに代えて

以上みてきたように、改革には、実施機関における個人の「裁判をうける権利」という観点からみると、それなりの限界がある。とくに報告裁判官や審査部会の機能によっては、個人の手続的権利にとってむしろ後退となる可能性もないわけではない。

しかしながら、法的拘束力ある判決をもたらしうる裁判所の審理に個人が自己の申立を付託する権利を認めたことは、なお画期的ないし抜きんでたものと評価できよう。これについてはやはり、ヨーロッパ統合運動の存在や陸続きの中・東欧諸国を「ヨーロッパ」として徐々に取り込みながら安定化させなければならないという事情を抜きにして考えることはできない。

要するに、個人の参加は、人権の国際基準の適用の面においては、手続的にはほとんど完全ともいえる程度に達成されたといえよう。ただ、裁判官の指名に国家の意思が強く反映されることは見逃せない。また、閣僚委員会が、条約・議定書作成に決定的役割を果たしていることにみられるように、人権の国際基準の作成の面においての個人の参加は、ごく端緒的な段階にとどまっている。これらの問題点は、人権の国際的保護の実体的正統性にかかわるだけに注意を要する。

第五章　人権裁判所(新)の組織と手続の確立——三年目の時点での小括

はじめに

一九九八年一一月一日に発効した第一一議定書により、ヨーロッパ人権条約の実施機構は抜本的に再編成された。

従来のヨーロッパ人権委員会とヨーロッパ人権裁判所は廃止され、新たな「ヨーロッパ人権裁判所」が、両者の機能を引き継いで、すべての国家間申立および個人申立について、条約上当然に管轄権を行使することとなった。ヨーロッパ評議会閣僚委員会が有する条約上の権限は、人権裁判所判決の履行監視に限定されることになり、中立の実質的処理権限は廃止された。

このように条約の実施機能をほとんど一身に担うことになった人権裁判所(新)については、第一一議定書発効に必要なすべての条約締約国の批准が完了した一九九七年一〇月一日より、その設立のための準備が開始できることになっており(第一一議定書四条)、規則の作成準備や裁判官の選挙、続いて役職者の選挙が行われた。一九九八年一一月三日、新裁判所は正式に発足した。旧裁判所は、同年一〇月三一日に消滅したが、人権委員会は、経過規定によりさらに一年間職務をつづけ(第一一議定書五条三項)、一九九九年一〇月三〇日、任務を全うして消滅した。このときから、人権裁判所(新)は、人権委員会に割かれていた財政・人員上の資源を吸収し、この改革が本来意図していた機能を全面的に発揮できるようになったのである。

本章のもととなった論文は、二〇〇一年七月に書かれた。この時点で、裁判官の選出、規則の採択など実際の活動の枠組みが設定されていたのはもちろん、フル稼働し始めた人権裁判所(新)の活動についての最初の統計的データ(二〇〇〇年分)が利用できるようになり、また、新制度の下での新たな手続の実行が出始めていた。この時点での人権裁判所の分析は、条約実施体制の改革の本来の意図と実際の機能を鮮明に描くために有効であると考えられる。改革後の構造を取り扱う第三部の中心に本章をおく意義はここにある。

第一節　新裁判所の構成

1　裁判官の選挙

新裁判所の裁判官は、旧裁判所時代とは異なりフルタイムの職であり、六年の任期で三年ごとに半数改選される(二一条三項、二三条一～四項)。(1) 裁判官の数は締約国と同数であり、選挙も締約国ごとに行われ、国が指名した三名の候補者のうちから、ヨーロッパ評議会議員会議において投票の多数で選ばれる(二〇条、二二条。なお、以下、このように一対一対応している裁判官と締約国を関係裁判官・関係締約国とよぶ)。

人権裁判所裁判官の選挙のために、議員会議は、新しい手続を導入した。すなわち、候補者は、あらかじめ定められた様式の履歴書を提出し、議員会議の委員会における聴聞に応じるよう求められるようになったのである(決議一〇八二(一九九六))。しかしより注目すべきは、締約国が候補者を提出する前に、閣僚委員会が非公式に

◆ 表5－1：ヨーロッパ人権裁判所裁判官の出身職業別構成の推移（[ ] は構成比%）◆

		大学教授	裁判官	法務官僚・検察官	弁護士	その他	計
旧裁判所	1959年（発足時）	11 [73.3]	3 [20.0]	0 [0]	1 [6.7]	0 [0]	15 [100.0]
	1973年	10 [58.8]	5 [29.4]	1 [5.9]	0 [0]	1 [5.9]	17 [100.0]
	1998年（解散時）	14 [40.0]	9 [25.6]	2 [5.7]	7 [20.0]	3 [8.6]	35 [100.0]
新裁判所	1998年（発足時）	19 [48.7]	10 [25.6]	3 [7.7]	5 [12.8]	2 [5.1]	39 [100.0]
	2012年	17 [36.2]	13 [27.7]	4 [8.5]	9 [19.1]	4 [8.5]	47 [100.0]

（出典：*Yearbook* 各年版および裁判所ホームページより筆者作成）

候補者をスクリーニングする手続が設けられていることである(2)。このように、裁判官を選ぶにあたっての締約国の自由度は縮小した。

このような手続を経て、一九九八年一月と四月に行われた選挙で、新裁判所の三九名の当初構成員が選出された。この当初構成の主な特徴は次の通りである(3)。

第一に、旧裁判所裁判官・人権委員会委員は、各一〇名選ばれた。旧裁判所では、裁判官の三分の一ずつ改選されるシステムであった（旧四〇条）のであるから、新裁判所の発足に伴う実施機関構成員の入れ替わりは、条約史上空前のものである。新たに導入された七〇歳定年制（二三条六項、第一四議定書による改正後二項）が直接に影響して、裁判官・委員経験者のうち、一九八〇年代以前から務めている者はわずかに四名であった。このことは、判例をはじめとする旧システムの経験の継承が、裁判官のなかからは必ずしも十分に調達できないことを意味する。

第二に、出身職業別でみると、国内裁判所の裁判官出身者が一〇名を数え、法務官僚・検察官の三名を加えると、伝統的に多数を占めている教授出身者（一九名）に迫る勢いをみせた。これは、新裁判所になってからの新たな動向というよりは、以前からの傾向に変化がないというべきである。予想されたことであるが、裁判件数の増加とその結果としてのフルタイム化は、アカデミックな雰囲気を後退させ、実務的な処理を追求する傾向を加速するということを、示すものであろう。(4)

（1）後者は、第一四議定書による改正（二〇一〇年六月発効）前の規定。改正により、再選のない九年の任期とされた。裁判所の構成における継続性を担保するということで設けられていた半数改選制も、実際には定年などにより各国の関係裁判官の任期終了時が異なるため不要とされ廃止された。

（2）CM/Del/Dec/Act (96) 547/1. 3, in: *593rd meeting of the Ministers' Deputies, 27-28 May 1993, Decisions*, CM/Del/ Dec (97) 593 (*available* at: 〈https://wcd.coe.int/ViewDoc.jsp?id=579887&Site=CM&BackColorInternet=C3C3C3&BackColorIntranet=EDB021&BackColorLogged=F5D383〉〔最終閲覧日：二〇一三年四月二三日〕).

（3）新裁判所の当初裁判官の経歴は、参照：41 *Yearbook* 754 ff. およびそこで参照を指示されている箇所。職業別出身は、経歴に占める相対的重みにより、筆者が判断した。

（4）その後、一九九九年六月にグルジア関係裁判官が、九月にロシア関係裁判官が選出され、締約国すべてについての裁判官が揃った。二〇〇一年四月・六月には、半数の裁判官の改選が行われ、四人の裁判官の交代があった。この結果、二〇〇一年一一月からの新裁判所の出身職業別構成は、教授一九名、裁判官一〇名、弁護士六名、法務官僚・検察官四名、その他二名であった。これについては、参照：42 *Yearbook* 17 ff.; PA Docs. 8927; 8990; 9130.

2　裁判所の構造

新裁判所は、一七名の裁判官からなる大法廷（Grand Chamber）、七名の裁判官からなる小法廷（Chambers）、三名の裁判官からなる委員会（Committees）で裁判する（二七条一項）が、これらの構成方法は、一九九八年一一月四日に採択された新裁判所規則で明らかになった。[5]

このうち、通常の裁判体として機能する小法廷については、技術的な問題として、七名で構成するという要請と、固定構成員制という要請（二六条ｂ）は、両立が難しかった。実際には、後者の要請を満たすものとして部（Sections, 三年間構成、規則二五条）という概念を導入し、裁判体としての小法廷は、事件ごとに部の中から輪番制で構成することとした（規則二六条）。一九九七年五月の時点での非公式の規則の準備作業においては、裁判官を、その関係締約国に向けられた申立の数が均等になるように各部に配分するという考え方が推奨された。[6] 被告国の関係裁判官が職務上当然に小法廷の構成員となる（二七条二項、第一四議定書による改正後二六条四項）ことから、申立の数を各部にできるだけ均等に割り振るのに好都合だとするものである。ところが、実際に当初構成された四つの部をみてみると、むしろ地理的均衡が重視されている（規則二五条二項も参照）。とりわけ注目されるのは、各部に割り振られた旧「東欧圏」出身裁判官の数が、それぞれ四名（各部の構成員は各一〇名、いずれもその時点では空席であったロシア関係裁判官を含めている）とされていることである。[7] ここに、主要裁判体がアド・ホック構成（ほとんどの構成員が無作為に選ばれる）から固定構成員制とされた今回の改革の意図が、明確に姿を現しているといえよう。

大法廷は、小法廷からの回付事件と「再審理 rehearing」とよばれる事実上の上訴事件を扱うが、この構成方法についても、規則は、三年間の固定構成員制を導入した。つまり、職務上当然に大法廷の構成員となる裁判所長（President）、二名の裁判所次長（Vice-Presidents, 部の長を兼ねる）および二名の部長（Presidents of Sections）（この五名を以下便宜上、幹部裁判官とよぶ）（二七条三項、第一四議定書による改正後二六条五項）を除き、全裁判官が二つの集団に分けられる。この集団は、幹部裁判官を含め実務上「第一大法廷」「第二大法廷」と呼ばれており、九か月毎の当番制となっている。裁判体としての大法廷は、事件毎に当番集団のなかから輪番制で構成される（二〇〇〇年改正前規則二四条一～五項。なお、被告国の関係裁判官は、大法廷の当然の構成員である。二七条二項、第一四議定書による改正後二六条四項）。現実の二つの集団には、旧「東欧圏」出身裁判官が八名ずつ含まれた。もっとも、人権裁判所は、二〇〇〇年一二月八日規則を改正し、大法廷をアド・ホック構成とすることに改めた（規則新二四条、二〇〇一年一月より適用されたものと思われる）。この改正は、幹部裁判官を除く一二名の大法廷構成員が三六名のなかから原則無作為に選ばれても、判例の一貫性は維持できるとの確信を、この二年間で人権裁判所が得たことを示している。

大法廷での上訴許可を与えるための審査部会（Panel）は、条約上、「大法廷の五名の裁判官で構成される審査部会」（四三条二項）とされているだけで、構成をなんら特定されていない。規則は、これを幹部裁判官（ただし、原小法廷の長は排除される）プラス一名の裁判官で構成することとした（規則二四条六項）[8]。ここで重要になるのは、実際の幹部裁判官の構成であるが、当初、スイス、スウェーデン、ギリシャ、イギリス、フィンランドの各関係（＝国籍）裁判官であり、各部の長に優先的に代わる部の次長（Vice-Presidents of Sections）は、アンドラ、ルクセンブルグ、フランス、ドイツの各関係（＝国籍）裁判官であった[9]。

（5）本章で言及する人権裁判所規則の規定は、断りのない限り一九九八年の新裁判所発足時のものである。その英語テキストは、たとえば、19 *HRLJ* (1998) 299 ff. 日本語訳は、小畑郁〔訳〕「ヨーロッパ新人権裁判所の規則」法政論集（名古屋大学）一七七号（一九九九年）四七九頁以下〔本書付録Ⅱ第四〕。

（6）見よ：*Model Rules of Procedure of the European Court of Human Rights*, 15 May 1997, CDDH (97) 22, p. 42.

(7) 二〇〇一年七月の時点で、旧「東欧圏」出身者は、一一名で構成されている第二部のみ五名となっている。
(8) 審査部会の構成方法のその後の変遷については、本書六六頁参照。
(9) 二〇〇〇年五月一日の交代で、二〇〇一年七月の時点で、幹部裁判官の関係締約国は、スイス、スウェーデン、ギリシャ、フランス、ドイツとなった。部の次長の関係締約国は、オランダ、ハンガリー、オーストリア、スペインである。二〇〇一年七月までの段階では、旧「東欧圏」出身裁判官の役職経験については、部の次長に就いた例が一つあったにすぎない。

3　挫折した裁判官付調査官構想と書記局

もともとの改革の構想においては、裁判官に最低一名のロー・クラークが付けられることが予定されていた。一九九三年一一月段階の草案においても、「裁判官は、自らが選任する調査官（referendar）によって援助されうる。」（傍点引用者）と規定されていた。[10] 改正後の条約では、「裁判所は、法務秘書（legal secretaries）によって援助される。」（二五条、傍点引用者）となっており、規則でも法務秘書が予定されている（規則一八条三項）が、実際には、この法務秘書は、裁判官に付されているものではなく、書記局内の法務事務局（Legal Secretariat）に組織されている法律家を指しているようである。[11] 裁判官には、秘書（secretaries）が三裁判官に一名程度の割合で付されているが、この秘書は法律家ではない。[12]

結局裁判官の職務を専門的に支える仕事は、書記局（Registry）により提供されることになる。ところが、裁判機関に最も近いところで支えるはずの部書記局には、部書記（Section Registrar）が各一名配置されているだけで、規則でも設置が予定されていた部書記補（Deputy Section Registrar）は結局配置されておらず、部書記に非法律家の補佐官が一名付けられているだけである。[13] 部書記は、判決・決定の質のチェックに重要な役割を果たし、このために部内で作成されるすべての決定の草案を読むという。[14] 部書記は、アイルランド・イギリス重国籍者、スウェーデン人、イギリス人、フランス人である。

部書記局を除く書記局本体は、書記（Registrar）を、二名の書記補（Deputy Registrars）が法務と管理をそれぞれ担当して補佐する。上述の法務事務局は、一名の書記補の統括の下、研究・判例法を担当する一つの研究ユニット（Research Unit）と事件を調査する一六の法務ユニット（Legal Units）に分けられ、各ユニットには、数人の法律家と秘書が配属されている。[16] 法務ユニットの長一六名の国籍別内訳（二〇〇〇年一月三日現在）は、ベルギー三名、イギリス三名（アイルランドとの重国籍者一名を含む）、フランス三名（スペインとの重国籍者一名を含む）、ドイツ二名、デンマーク、スイス、イタリア、ギリシャ、トルコ各一名である。

当初の書記は、イタリア人、書記補はイギリス人とオランダ人である。なお、旧裁判所の書記であったペッツォルト（Herbert PETZOLD）（ドイツ人）は、形式上は引退したが、裁判所長特別顧問（Special Adviser of the President）の肩書きで事実上書記局の総指揮にあたっていたとされる。[17]

（10） *Draft Protocol No. 11 to the Convention* [Nov. 1993, Appendix III to: DH-PR（93）19], reproduced in: PA Doc. 6974, p. 2 ff., Art. 25.

（11） 結局第一四議定書による改正では、以下に述べる現状から実質的意味はないとしてこの規定は削除されるに至っている。見よ：*Explanatory Report, Protocol No. 14 to the Convention for the Protection of Human Rights and Fundamental Freedoms, available* at: 〈http://conventions.coe.int/Treaty/EN/Reports/Html/194.htm〉（最終確認日：二〇一三年四月二八日）（日本語訳：小畑郁〔訳〕「第一四議定書によるヨーロッパ人権条約実施規定等の改正」〔本書付録Ⅱ第三〕）para. 58.

（12） 以下、二〇〇〇年一月三日現在の書記局を含む人権裁判所の構成員の全容については、Andrew DRZEMCZEWSKI,, "The European Human Rights Convention: Protocol No. 11 - Entry into Force and First Year of Application",

21 *HRLJ*（2000）1 at 13 f. による。
（13）Vincent BERGER（当時第四部書記）談（二〇〇〇年三月七日）。
（14）*Ibid.*
（15）*Ibid.*
（16）見よ：*Implementation of Protocol No.11 to the European Convention on Human Rights setting up a Single Court, Budget implication for 1998 and the following years and financing arrangements*, CM（97）173, Appendix 1.
（17）なお、二〇〇一年五月一四日、書記にマホーニー（Paul MAHONEY, イギリス人）が選出された。

第二節　新裁判所の作業方法

1　受理されるまでの手続

登録された申立は、裁判所長によって部の一つに割り当てられ、部の長により報告裁判官（judge-rapporteur）が指名される（規則五二条一項、同四九条一項）。報告裁判官は、申立を委員会に付託することができ（規則四九条二項ｂ）、委員会は全員一致の表決により申立を不受理と宣言または総件名簿から削除することができる（二八条）。報告裁判官が、申立を小法廷に付託する場合には、受理可能性に関する提案および必要に応じて本案の暫定的意見をも記載した報告書を作成する（規則四九条四項ｃ）。報告裁判官は、受理を宣言されたのちにも、種々の文書を作成することとなっている（規則四九条五項）。

このように、重要な役割を果たすことになっている報告裁判官であるが、申立の被告国の関係裁判官であることは妨げられていない[18]。他方、関係裁判官が登録前の申立についての予備作業を監視することは、第一一議定書の説明報告書[19]で予定されていたが（七六項）、規則では認められていない。

委員会は、条約上、固定構成員制とされ（二七条一項）、部のなかから輪番制で一二か月間構成されるとされている（規則二七条二項）。関係裁判官が委員会の構成員となることは妨げられていない。

人権裁判所に割り当てられている人員の配分状況からみても、受理可能性審査までの手続において事実上イニシアチヴを発揮しているのは、上述した書記局内法務事務局、なかんづく法務ユニットであろう。裁判官がイニシアチヴを発揮するシステムでは、関係裁判官が報告裁判官や委員会の構成員となったりならなかったりすることによって、申立間の不均衡な取扱いが当然生じうる。しかし、現実には、このことは全く問題にされていないのである。なお、ほとんどの場合に担当法務ユニットが事実上の決定権をもっているのだとすれば、委員会の固定構成員制というのは、必ずしも能率的なシステムではない。実際、規則の規定にもかかわらず、委員会の構成員はおろか数さえも、公表された資料には見あたらないのである。委員会が臨機応変に構成されるというのが、現実かもしれない[20]。

委員会の透明性の問題は、委員会の決定が、公表されていないことにも現れている。もちろん、公衆が閲覧可能とはなっている（規則五七条一項）。

統計[21]からみて、登録された申立の約七割は委員会で却下され、小法廷に付託された場合でも約半数は却下されている。この数字と、旧システムでの人権委員会におけるそれとは、特別の違いはないように思われる。

(18)　本章のもととなった二〇〇一年刊の論文で、筆者はここに「かつての人権委員会の実行では、むしろその方が通例であったようである。」と書いたが、これは資料の読み込みすぎであったようである。もっとも、人権委員会の委員は、言語能力の制約から、新裁判所では、被告の関係裁判官が報告裁判官となる例が増えると予想していた。Henry G. SCHERMERS, "The European Cout of Human Rigths after the Merger", 18 (6) *European Law Review* (1993), 493 at 499. 報告裁判官の関係締約国からの独立性という論点が、実際の実務では相対的に重要性を失っていることについては、参照：本書第四章一〇八頁註(14)。

(19) *Explanatory Report, Protocol No. 11 to the Convention for the Protection of Human Rights and Fundamental Freedoms, available* at: 〈http://conventions.coe.int/Treaty/en/Reports/Html/155.htm〉（最終確認日：二〇一三年四月一八日）（小畑郁〔訳〕「（資料）監督機構を再構成するヨーロッパ人権条約の改正議定書および説明報告書」金沢法学三七巻一号（一九九五年）一六五頁以下〔本書付録Ⅱ第二〕）.

(20) 〈登録された中立の割り当てというのは、極めて理論的なものであり、一旦一つの部に割り当てた後に、他の部に移すこともあり、報告裁判官も変更することがある〉、との証言（BERGER, *supra* note 13）も、本文に述べたことを裏打ちする。

(21) 本章で利用した統計は、*Yearbook* 各年版、および、*Survey of Activities 2000, Information document issued by the Registrar of the European Court of Human Rights* (Provisional ed.).

2　友好的解決手続の見直し[22]

中立が受理可能と宣言されると、審査と平行して友好的解決の可能性が追求される（三八条一項b）。この手続について、新裁判所は、人権委員会の実行を基礎とする説明報告書の記述を修正している。

すなわち、第一に、説明報告書では報告裁判官が友好的解決手続において措置をとるものとされていたが（四三、九四項）、規則では、報告裁判官のこの関係での権限は全く規定されず、部書記が小法廷およびその長の指示の下に友好的解決のために当事者と接触すると規定されている（規則六二条一項）。実行上も、報告裁判官が当事者と接触することはないようである。[23]

第二に、説明報告書は、友好的解決の促進のため小法廷は本案に関する暫定的意見を当事者に示しうる、としていたが（七八項）、新裁判所は、こうしたことを行っていない。[24]

従来の友好的解決手続では、国籍委員がイニシアチブを発揮し、被告が違反認定を免れるほぼ確実なチャンスが与えられていた。結局、新裁判所では、このような機能は後退し、裁判機能を粛々と遂行するということであろう。もっとも、特定の国家について類型化された事件（とくに裁判の遅延）が多いためか、統計上は、友好的解決の割合は、旧システムの時代より減っているということはない。

なお、友好的解決を確認する決定は、規則上、判決の形式で与えられることになった（規則四四条二項）。これは、閣僚委員会の執行監視（四六条二項）の対象に、かかる決定を含める趣旨である。[25]

（22）　以下、評価はやや異なるが、全般的に参照：大塚泰寿「ヨーロッパ人権条約における友好的解決に関する考察」六甲台論集（国際協力研究編）二号（二〇〇一年）一〇五頁以下。

（23）　BERGER, *supra* note 12.

（24）　*Ibid.* ベルジェは、第一一議定書および説明報告書の作成者たちは、公開の裁判という形式に十分習熟していなかった、と説明している。

（25）　判決の形式をとるデメリットとして、これが小法廷の場合、形式的には上訴手続の対象となることがある。これを防ぐ便法として、友好的解決を確認する判決では、上訴手続を利用しないとの両当事者の意思が主文で確認されている。たとえば、*Silvestri & Others v. Italy*, Judgment of 5 October 1999. こうした不都合を避けるため、第一四議定書による改正では、判決の執行監視とは別に、決定に記述された友好的解決の条件が閣僚委員会の執行監視の対象となるという規定が設けられた（三九条四項）。

3　大法廷への回付手続および上訴手続

小法廷は、当事者の異議がない限り、条約の解釈上の重大問題を含む事件および判例変更の可能性のある事件を、大法廷に回付することができる（三〇条）。二〇〇一年七月の時点での筆者の調査では、回付の事例は、一例確認できたが、異議が提起された例は確認できない[26]。異議の制度は、第一一議定書作成過程で、一部の国が勝訴のチャンスを二回もつことに固執した結果設けられたのであるが[27]、初期の実行から判断する限り、手続的な煩雑さをもたらすだけの結果となっている。

小法廷の判決は、自動的に確定するのではない。例外的な場合、当事者は、条約の解釈・適用上の重大問題または一般的重要性をもつ重大な論点を含む事件について、判決の日から三か月の間に大法廷での「再審査」を要請することができる（四三条一項）。上訴手続と言ってよいであろう。大法廷の審査部会がこの要請を受け入れるときには、事件は大法廷に付託される（四三条三項）。

当事者がどの程度の割合で上訴を要請するのかは、不明であるが、二〇〇〇年の統計で、部が下した四四二の本案に関する判決のうち、確定したものが七四とされている[28]。前者から、この統計が作られた時点で三か月が経過していなかった可能性があるものを除くと、二一四件になるので、少なくともほぼ三件に二件は当事者からの上訴要請により確定が妨げられているということになる。

大法廷の審査部会が要請を受け入れた事件は、二例確認できる[29]。うち一例（KおよびT対フィンランド事件）については、大法廷の判決が下された。この事例は、子の養育能力を疑われた申立人らが子に対する公的監護措置および面会制限を不服として申し立てたもので、二〇〇〇年四月二七日の第四部の判決では、全員一致により、八条について違反あり、一三条について違反なしと認定された[30]。これに対し、被告国が七月二四日上訴を要請し、一〇月四日審査部会がこの要請を受け入れたため[31]、大法廷に係属することになった。被告国が「再審査」を要請したのは、八条違反にかかわる論点のみについてであったため、大法廷は、まず「再審査」の範囲について判断を下し、「再審査」の対象は「事件」であるとして、一三条の違反の有無についても審理した[32]。結論的には、小法廷の判決と同様、八条違反あり、一三条違反なし、と認定した。もう一例は、小法廷の判決で違反なしと認定された事例である[33]。ここでは、上訴要請をしたのが申立人であることは明らかである[34]。

このように、頻繁に上訴要請がなされ、しかもごく稀とはいえそれが受け入れられる事例も出現しているのであるから、この要請を審査する審査部会の機能が、一つ一つの事件の結果に影響しうる重要性をもっていることは明白である。したがって、審査部会の決定はおろか、統計的データもほとんど公表されていないことは、透明な処理という点で大いに疑問がある。

(26) 小法廷が回付の意思を示した後に、事件を実質的に解決する可能性のある新たな展開が報告されたため、回付手続を中断した例として、*Abdouni* v. *France*, Judgment of 27 February 2001.

(27) 端的な指摘として、見よ：Alistair R. MOWBRAY, "A New European Court of Human Rights", *Public Law* 1994, 540 ff. at 547.

(28) *Survey of Activities 2000*, *supra* note 21, p. 69.

(29) *Ibid.*, p. 68による。筆者の調査でも、これ以外の例は発見できなかった。

(30) *K. & T.* v. *Finland*, Judgment of 27 April 2000.

(31) *K. & T.* v. *Finland* [GC], Judgment of 7 July 2001, *Reports* 2001-VII, para. 7.

(32) *Ibid.*, paras. 137-140, 197. 大法廷はまた、「事件」とは、受理されている限度においての申立であるとして、不受理の決定は「再審査」の対象とはならないことを明らかにした。*Ibid.*, para. 141. なお、大法廷においても口頭弁論が開かれたことも注目される。*Ibid.*, para. 10.

(33)　*Pisano v. Italy*, Judgment of 27 July 2000. この事件では、アリバイの証人を喚問しなかったことが、六条一項または三項(d)の違反となるかが問題とされたが、小法廷は、五対二の多数で、違反なしとした。

(34)　上訴要請期限ぎりぎりの二〇〇〇年一〇月二六日に申立人によりなされ、同年一二月一三日、審査部会が上訴を受理した。*Pisano v. Italy* [GC], Judgment of 24 October 2002. この事件では、実は国内で再審がなされ、申立人が求める証人の証言も受けて申立人は無罪となっていた。この手続の進行が小法廷には知らされておらず、そのまま小法廷判決が下されたわけであった。大法廷判決は、この再審による解決をうけて、事件を総件名簿から削除するものであった。おそらくは、上訴受理決定時に大法廷の審査部会は、この再審による解決を知り、本件小法廷判決を見直すのが適切と判断したものと思われる。そうだとすると、この事件における上訴受理は、特殊な事情においてなされたものと評価すべきであろう。

第三節　新裁判所の当面する主要問題

1　申立数の増加

新裁判所の設立を中核とする今回の改革は、増加する申立を処理することを一つの大きな眼目としていた。この点、新システムが処理件数の大幅増に成功したことは間違いない。旧システムの年間最大処理能力は約三、五〇〇件（一九九七年）であったのに対し、フル稼働した二〇〇〇年の新システムの実績は約七、五〇〇件である（ただし、この数字には、小法廷の判決のなかに未確定のものが含まれていることを無視しているという問題がある）。しかし、この処理能力の大幅向上も、増え続ける申立を処理するのに十分でないことは明らかである。登録された申立数は、二、〇三七（一九九三年）、四、七五〇（一九九七年）、五、九八一（一九九八年）、八、三九六（一九九九年）、一〇、四八六（二〇〇〇年）と伸びている。新裁判所に係属中の登録された申立は、一九九九年末で約一二、六三五件であったが(35)、二〇〇〇年末には一五、八五八件となっているのである(36)。

人権裁判所のさまざまな機会を捉えての要求に応じて、閣僚委員会は二〇〇一年二月、スタッフの雇用を中心とする予算の増額（当初配分の一〇％増という）を認めた(37)。これにより、四五名の新たな法律家の募集が可能になったとされる(38)。ただ、旧「東欧圏」諸国の申立数は、まだまだ増えるであろうこと、これら諸国からの申立が受理可能とされる割合も年を追う毎に増えるであろうことを考えると、単に予算・スタッフの拡大だけで、事が済むと考えるのは楽観的に過ぎるであろう。

ということもあって、すでに「更なる実施機関の再構成 second restructuring」ということが取り沙汰されているのは不思議ではない。しかしこれについては、二〇〇一年七月の時点では、「評価グループ」といわれるものが設置される以上の措置はとられていないようであり、ここで、条約の改正も含めた検討がなされるといわれている(39)。

（35）*Court making steady progress in the face of continuing rise in case-load*, Press release（50）, issued by the Registrar, dated 24 Jan. 2000.

（36）*Information Note on the Court's Statistics 2000*, dated 22 Jan. 2001.

（37）CM Resolution Res（2001）5 concerning the programme of expenditure for 2001 for the additional requirements of the European Court of Human Rights, Appendix 2 to: *740th meeting of the Ministers' Deputies, 7 February 2001, Decisions*, CM/Del/Dec（2001）740（*available* at: 〈https://wcd.coe.int/ViewDoc.jsp?id=185237&Site=CM&Back

ColorInternet=C3C3C3&BackColorIntranet=EDB021&BackColorLogged=F5D383〉（最終確認日：二〇一三年四月二九日）, p. 37.

(38) *Measures to secure future effectiveness of Human Rights Court welcomed*, Press release (40), issued by the Registrar, dated 22 Jan. 2001.

(39) *Ibid*.

単に申立が増えるということであれば、修正を加えたとしても、現在の司法的なシステム内部で処理可能であろう。しかし、新裁判所が当面しているより深刻な問題は、トルコやロシアなどで生じている人権の大規模重大侵害である。

2　大規模人権侵害への対応

長らく人権裁判所書記局に勤務し、二〇〇一年から二〇〇五年まで書記を務めたマホーニーは、一九九九年の論文[40]で次のように述べていた。条約は、二つのレヴェルで保護を提供するものである。一つには、権力の悪意の濫用に対するものであり、二つめには、善意の自由の制限であるがにもかかわらず「民主社会に必要な」限度を越えるものに対するものである。この第二の保護の機能こそ、条約システムが四〇年間にわたり西欧の締約国に提供してきたものである[41]。このように述べるとき、彼は、条約システムが等閑視してきた第一の機能を(も)果たさなければならなくなっていることに気がついているのである。その上で、トルコの事例を取り上げ、そこでは、事実自体が争われていること、とくに南東部トルコでは、現地の裁判所が機能していないため国内的救済手段を尽くす必要がないと判断されていることなどを指摘し、これらの特徴が、人権裁判所が、自ら事実調査を行い第一審裁判所として機能しなければならないことにつながっていると述べている[42]。付け加えれば、国内的救済手段がスキップされていることは、人権裁判所が取り扱う時点で法的争点が十分に特定されかつ絞り込まれていないことを意味する。

このようなマホーニーの議論は、人権裁判所内部にもたらされる困難についての極めて的確な指摘である。しかし、問題はそれに尽きるわけではない。違反を認定する判決が出されたのちにも、履行の意思あるいは能力が締約国に欠けているために、判決が事実の世界において効力をもっていないという現状がある。トルコ社会党の解散に関する事件や、トルコの保安部隊による人権侵害をめぐるいくつかの事件を含む多くの事件が、履行されていないことは、閣僚委員会や議員会議でも問題となっている[43]。結局のところ、このような事例において、実施機関の出す結論が法的拘束力のある判決であろうと法的拘束力のない報告書であろうと変わりがない、という結果になっている。

ということは、条約システムは、個別的事件を司法的に処理するだけでなく、大規模かつ重大な人権侵害を生み出す状態自体に働きかけていかなければならない、ということになるであろう。チェチェン紛争に関して、一九九九年一二月以降、評議会事務総長が条約五二条にもとづいて、ロシアに対して説明の提供を求めたことは[44]、そうした必要性に応じた措置であったと思われる。これは、特定国に対して説明を求めたという点で、条約五二条（旧五七条）の実行に新たな先例を切り開いたものである[45]。事務総長は、ロシアの回答が不十分であり、条約五二条の義務に違反しているとして、問題を閣僚委員会の加盟国の誓約履行手続にかけ、これにより、この問題でのロシアとの継続的対話が確保されるようになった[46]。

このことは、条約の司法的システムが、非司法的な国際的手続により、代替とまではいかなくとも補完されなければならないことを示している。

(40)　Paul MAHONEY, “Speculating on the Future of the Reformed European Court of Human Rights”, 20 *HRLJ* (1999) 1 ff.

(41)　*Ibid*., 2.

(42)　*Ibid*., 3 f.

(43)　見よ：20 *HRLJ* (1999) 134 ff.

(44)　参照：PA Docs. 8613; 8671 & Addendum; 8685; 8704.

(45)　この制度については、さしあたり参照：Robin WHITE & Clare OVEY, *Jacobs, White, & Ovey; European Convention on Human Rights*, 5th ed. (Oxford UP, 2010), pp. 14-16.

(46)　見よ：*Information provided by the Secretary General on the situation of democracy, human rights and the rule of law in the Chechen Republic*, 26 June 2001, SG/Inf (2001) 22 (*available* at: 〈http://reliefweb.int/report/russian-federation/coe-russian-fed-information-provided-secretary-general-situation-democracy〉〔最終確認日：二〇一三年四月二九日〕), paras. 1-3.

結　語

新裁判所は、個人の人権侵害の訴えを受け付け、拘束力ある法的判断を下す国際裁判所として画期的なものである。もっとも、この司法的純化は、裁判所内部において、どのような法律家がイニシアチヴを発揮しているのか、特定の法的訓練を受けたものがヘゲモニーを確保してはいないか、という問題を突きつけずにおかない。また、新裁判所の最初の二年半の活動をみるとき、司法的処理というものが、はたして現在のヨーロッパ全体の人権問題にどの程度有効であるか、その限界を見定める必要性が思い起こされる。

第六章　大規模かつ重大な人権侵害と条約制度——チェチェン紛争に対する対応を中心に

はじめに

ヨーロッパ人権条約といえば、個人の不服をヨーロッパ人権裁判所という司法裁判所で処理する、その意味で個人主義的な司法化モデル(1)を体現する人権条約というイメージを強くもたれるかもしれない。実際、一九九八年に発効した第一一議定書による改正以降、条約の実施は、後述する五二条という例外を除いて、すべて人権裁判所手続とそのフォローアップという形式をとる。人権裁判所の事件では、人権侵害の被害者からの申立（個人申立）由来のものが圧倒的多数を占め、他の締約国の違反を訴える国家申立事件は、ごくわずかしか提起されてこなかった。条約違反を認定する確定判決の後には、ヨーロッパ評議会の閣僚委員会における手続があるが、これは、あくまでも判決の執行を監視するという制度であって、その意味でこの機関に実質的な権限を与えるものではない。そうすると、上のイメージは、条約のフォーマルな姿を捉えるものとして、むしろ正確ということができる。

本章の目的は、このように捉えられる条約の制度が、大規模かつ重大な人権侵害事態について、どのように・どれほど機能するかを、チェチェン紛争に対する対応を主な素材として、検討しようというものである。この点で留意すべきことは、上に見た、一連の自動的なプロセスにおいて、法的責任の確定までを人権裁判所が担い、その判決の実施は締約国と閣僚委員会が担うという、一種の二元的構造から、さらに人権裁判所の機能を拡張する方向での見直し、つまり一層の司法化の方向への動きがみられることである[2]。

まず、人権裁判所は、「パイロット判決」という新たな実行を開発してきている[3]。二〇〇四年のブロニオヴスキ判決[4]を嚆矢とするこの実行では、同種の多くの事件のなかから一つを選び、違反認定の基礎となっている構造的問題を指摘し、それを解消する方法を示唆している。人権裁判所はそれまでは、違反の確認のみ行い、是正措置のあり方については被告締約国や閣僚委員会の権限に委ねる態度をとり続けていたのである。

さらに、司法化は、二〇一〇年六月に発効した第一四議定書による改正[5]によって進展した。同議定書は、これまで人権裁判所判決の拘束力およびその執行の監視についてのみ規定していた四六条に、新たに次のような制度を規定する三つの項を追加した。一つは、判決の解釈問題が判決執行監視の任務の障害となっている場合に、閣僚委員会が人権裁判所にその解釈を求めることができる制度（三項）であり、もう一つは、締約国が判決に従っていないことを確認する不履行確認訴訟（infringement procedure）といわれるものを、閣僚委員会が人権裁判所に提起できるという制度である（四・五項）。これらは、判決執行監視の過程への人権裁判所の関与を定めたものといえる。

本章では、大規模かつ重大な人権侵害事態の実際の処理に照らして、条約制度の機能状況を検証する。それを通じて、上のような司法化の限界を指摘することができるであろう。

（1）　ここで司法化（judicialization）とは、ある制度の機能において、法律家の職能的な作業の役割に、政治家の政治的判断よりもますます重い比重を置こうとする構想を指していう。より一般的には、見よ：小畑郁「司法の世界化・世界の司法化のなかの日本の司法改革」法律時報七三巻七号（二〇〇一年）二〇頁以下。

（2）こうした司法化の進展については、参照：前田直子「欧州人権条約における判決履行監視措置の司法的強化」国際協力論集（神戸大学）一八巻二号（二〇一〇年）四一頁以下。

（3）参照：徳川信治「欧州人権裁判所によるいわゆるパイロット判決手続き」立命館法学二〇〇八年五＝六号一六九〇頁以下。なお、また参照：小畑郁〔判例批評・ブロニオヴスキ判決〕『人権裁判所の判例』一六〇頁以下〔本書付録Ⅰ第三〕。

（4）*Broniowski v. Poland* [GC], Judgment of 22 June 2004, *Reports, 2004-V.*

（5）参照：小畑郁（訳）「第一四議定書によるヨーロッパ人権条約実施規定等の改正」法政論集（名古屋大学）二〇五号（二〇〇四年）二四九頁以下〔本書付録Ⅱ第三〕。

第一節　法的責任が確定したこれまでの大規模かつ重大な人権侵害事例

条約にとって、重大・組織的人権侵害事態は古い問題であるともいえる。そもそも条約は、ファシズム・ナチズムや共産主義革命といった事態への対応を念頭に生み出されたからである。[6]当初の条約では、個人の申立権および人権裁判所の管轄権はいずれも選択条項を通じて締約国が改めて受諾する方式がとられていた（旧二五条、旧四六条）。条約に参加することによって自動的に受け入れなければならない実施制度は、国家の申立によってヨーロッパ人権委員会の調停を受け、調停不調の場合に閣僚委員会の決定に服するというものであった。この場合でも、閣僚委員会は、人権委員会の意見を前提に、条約違反の有無について決定する（旧三二条）から、法的責任が確定することはありうる。

　ここでは、第一一議定書による改正以前に提起された大規模かつ重大な人権侵害事件[7]のうち、司法化の意義を考察する上で重要と考えられる、法的に責任があることが確定した三件をとりあげて検討することにする。

（6）条約起草時の状況については、参照：薬師寺公夫「ヨーロッパ人権条約準備作業の検討（上）」神戸商船大学紀要・第一類・文科論集三二号（一九八三年）三五頁以下、三六―四三頁。

（7）ここでは、武力の行使を伴う締約国内の一事態と密接に関連する条約二条ないし三条の違反が主張されたもので、被害者が多数のものを指していうこととする。このように限定した場合、以下で個別に取り上げるもののほか、①第一キプロス事件（一九五六―一九五九年）、②キプロス対トルコ事件（第一次申立一九七四―一九七九年、第二次申立一九七七―一九九二年）、③フランスほか対トルコ事件（一九八二―一九八五〔―一九八七〕年）がある。

1　ギリシャ事件（一九六七―一九七〇年）

　条約制度が本来意図した機能は、本件においてはじめて問われた。この事件では、一九六七年四月に発生した軍事クーデター後の人権侵害について、評議会諮問会議（Consultative Assembly, のち議員会議 Parliamentary Assembly と自称）決議三四六（一九六七）に促された中小の締約国が九月にギリシャを相手取って訴えた[8]。人権委員会は、一九六九年の報告書において、ギリシャの権利停止は「国民の生存を脅かす公の緊急状態」という前提要件を欠き一五条に反するとし、またとくに三条に反する多くの非人道的待遇や拷問を認定した。

　この報告書が閣僚委員会に同年一一月一八日に送付された後すぐ、一二月一二日にギリシャは条約の廃棄および評議会からの脱退を通告した。条約の効力は翌年六月一二日まで（旧六五条〔現行五八条と同文〕参照）、評議会加盟国たる地位は翌年末まで（評議会規程七条参照）存続することになっていたにもかかわらず、閣僚委員会は、一九七〇年四月一五日に採択した決議（旧三二条）において、人権委員会に同意して条約違反を認定し、報告書の公表を決定しつつ、ギリシャの廃棄通告および会合不参加の意思の表明を理由として、旧三二条二項に基づくこれ以上の措置をとる基礎は存在しないとした[(9)]。

この事件において、人権委員会は、期待された機能を果たし条約違反を認定した。その前提があっても、この事態の是正に条約制度が機能しえなかったのは、もちろんまずは当事国たるギリシャの態度によるが、それと同時に、他の評議会加盟国が断固たる態度も、逆に状況の改善のための懐柔策もとることができなかったことにも注意すべきであろう。

（8）*The Greek Case*, Report of the Commission, 5 November 1969, 12（The Greek Case）*Yearbook* 1.

（9）*The Greek Case*（*Denmark, Norway, Sweden & Netherlands* v. *Greece*）, Resolution DH（70）1, 15 April 1970, 12（The Greek Case）*Yearbook* 511.

2　アイルランド対イギリス事件（一九七一―一九七八年）

北アイルランドを中心とするテロに対処するため、イギリス当局は、一九七一年から令状なし逮捕・拘禁や裁判なしの予防拘禁を含む緊急措置をとった。これに対して、アイルランドが同年、イギリスを相手取って国家間申立を提起した。人権委員会は、一九七六年に採択した報告書において、不自然な姿勢で長期間壁に立たせる、黒い袋で頭を覆う、継続的に騒音にさらす、睡眠させせない、食糧や水を与えないという「五つの尋問手段」の併用は、条約三条の禁ずる非人道的待遇であり、拷問にあたる、と判断したほか、特定施設での三条違反を認定した[(10)]。これを受けてアイルランドは、直ちに事件を人権裁判所に付託した。人権裁判所は、一九七八年の判決で、特別の非難のために留保されるべき「拷問」にはあたらないとしたものの、三条違反の認定を維持した[11]。閣僚委員会は、同年六月二七日に採択された決議（旧五四条、現四六条二項と同旨）で、賠償や調査、「五つの尋問手段」の放棄といった、これまでとられてきた措置に加えていかなる措置もとる必要はないとのイギリスの見解に留意し、自らの執行監視任務は果たされたとした[12]。

人権裁判所手続においてイギリスは、訴訟目的消滅の法理を援用した[13]。実のところ、人権委員会の報告書が出た段階では決着がついていて[14]、イギリスとしては自らの非を認めるしかなかったのである。ここで援用された是正措置のうち事件の人権裁判所への提起後になされたのは、一九七七年の法務長官による「五つの尋問手段」の無条件かつ永久の放棄の誓約であるが、これは一九七二年の首相の言明を強化したものである[15]。アイルランドの側は、こうした誓約の遵守を確保するために、人権委員会の違反認定を再確認するよう求めて人権裁判所に提訴した[16]。違反認定を法的に確定することには成功したが、閣僚委員会での結論も併せて考えると、人権裁判所手続以前に獲得されていた以上のものは、ほとんど得られていないといわなければならない。

（10）　*Ireland* v. *UK*, Report of the Commission, 25 January 1976, *Series B*, no. 23-I, p. 8 ff.
（11）　*Ireland* v. UK [PC], Judgment of 18 January 1978, *Series A*, no. 28.
（12）　*Ireland* v. *UK*, Resolution DH (78) 35, 27 June 1978, 21 *Yearbook* 648.
（13）　*Ireland* v. *UK* Judgment, *supra* note 11, para. 152.
（14）　なおまた見よ：Edward Bates, *The Evolution of the European Convention on Human Rights* (Oxford UP, 2010), p. 274 f.
（15）　見よ：*Ireland* v. *UK* Judgment, *supra* note 11, paras. 99–102.
（16）　*Ibid.*, para. 2.

3　キプロス対トルコ事件（第三次申立、一九九四年―）[17]

一九六〇年に独立したキプロス共和国は、結局ギリシャ系住民とトルコ系住民との対立が生じて、一九七四年、トルコの軍事介入を招き、トルコ系住民は北部を占領したトルコ軍を後ろ盾に分断の固定化を推進した。ギリシャ系住民のみによって政府が構成されるようになったキプロスは、トルコを相手取って軍事侵攻とその後の占領に伴う人権侵害について数次にわたって申立を提起している。第一次申立（一九七四―一九七九年）でも、第二次申立（一九七七―一九九二年）でも、人権委員会は、多くの事案で二条（生命権）、三条（虐待の禁止）、五条（恣意的拘禁の禁止）、八条（私生活・家族生活の尊重）といった条文の違反を認定したが[18]、閣僚委員会は、いずれも決定拒否（non-decision）に陥り、法的責任についても、是正措置についても、なんらの決定もなしえなかった[19]。

第三次申立についても、人権委員会は一九九九年に採択した報告書において、同様に多くの条約違反を認定した[20]。先の二次の申立時とは異なり、トルコは一九九〇年来人権裁判所の管轄権を受諾していたから、キプロス政府は、一九九九年、本件を人権裁判所に付託した。人権裁判所も、二〇〇一年の判決で多くの条約違反を認定した[21]。

それ以降、この問題は、判決執行監視という形式で閣僚委員会の審議対象となっている。閣僚委員会は、二〇〇五年と二〇〇七年に中間決議を採択し[22]、後者の決議において、北キプロスにおけるギリシャ系住民の教育に関する問題、ギリシャ系住民の信教の自由の侵害の問題については、進展が認められたとして審理を打ち切った[23]。残されたのは、行方不明者の捜索の問題と北キプロスに残されたギリシャ系住民の住居へのアクセスの問題であるが、とくに前者の問題で具体的進展がみられていない[24]。

本件では、人権裁判所は、条約違反認定を法的に確定し判決の形で公にすることにより、大規模かつ重大な人権侵害事態の是正に一定程度貢献しているとはいえるが、これまでの三次にわたる人権委員会の貢献に比してこれがとくに重要とはいえない。人権裁判所の手続に、トルコが一貫して参加してこなかったことも留意されるべきである。[25] こうして、この事態の是正の努力は、もっぱら閣僚委員会の手によってなされているのであり、[26] 重大な論点についての進展は緩慢とはいえ、放棄はされていないことは評価されるべきであろう。

（17）小畑郁〔判例批評〕『人権裁判所の判例』七三頁以下〔本書付録Ⅰ第二〕。

（18）*Cyprus* v. *Turkey*, 6780/74, 6950/75, Report of the Commission, 10 July 1976, 4 *EHHR* (1982) 582; *Cyprus* v. *Turkey*, 8007/77, Report of the Commission, 4 October 1983.

（19）*Cyprus* v. *Turkey*, 6780/74, 6950/75, Resolution DH (79) 1, 20 January 1979, 22 *Yearbook* 440; *Cyprus* v. *Turkey*, 8007/77, Resolution DH (92) 12, 2 April 1992, 35 *Yearbook* 229.

（20）*Cyprus* v. *Turkey*, 25781/94, Report of the Commission, 4 June 1999.

（21）*Cyprus* v. *Turkey*, 25781/94 [GC], Judgment of 10 May 2001, *Reports 2001-IV*.

（22）*Cyprus* v. *Turkey*, 25781/94, Interim Resolution ResDH (2005) 44, 7 June 2005.

（23）*Cyprus* v. *Turkey*, 25781/94, Interim Resolution CM/ResDH (2007) 25, 4 April 2007.

（24）たとえば見よ：Committe of Ministers, *Supervision of the Execution of Judgments and Decisions of ECtHR; Annual Report 2011*〔以下、*Annual Execution Report 2011* と引用する〕, p. 97.

（25）見よ：*Cyprus* v. *Turkey*, 25781/94, Judgment, *supra* note 21, paras. 10–12.

（26）閣僚委員会においてもトルコの参加の拒否が一時問題とされたが（見よ：*Annual Execution Report 2011*, p. 97）、最近でも情報が送られていることは確認できる。見よ：DH-DD (2012) 523E, 23 May 2012. なお事件ごとの閣僚委員会による判決執行監視状況については、次のウェブページから検索でき、関連文書も入手できる。〈http://www.coe.int/t/dghl/monitoring/execution/Reports/pendingCases_en.asp〉（最終確認日：二〇一三年九月一七日）.

4　まとめ

以上の観察から、たしかに、権威ある法律家で構成される機関が法的責任について評価を下すこと、そしてそれが公表されることには一定程度の意義が認められる。そして、第一一議定書の改革は、それを保障するものである。しかし、同じくその改革が保障した法的責任の確定が、人権侵害事態の是正に重要な機能をもつとは到底いえない。

いずれにしても、閣僚委員会という政府間機関がどのように機能するか、そこで政治的意思をどれほど動員することができるかが、大規模かつ重大な人権侵害の是正にとって、はるかに決定的であった。そしてこの点こそ、改革が軽視した論点であったといえよう。それについてのある程度の反省も、キプロス対トルコ事件の最近の状況から観察できる。

第二節　チェチェン紛争と条約制度

1　経緯と関連事実の概要

ここでチェチェン紛争[27]というのは、もっぱら一九九九年以降のいわゆる第二次紛争を指している。条約がロシアについて効力を生じたのは、一九九八年五月五日であるからである。第一次紛争（一九九四―一九九六年）により傷ついた状態からの厳しい立て直しの過程で急進化した独立派に対し、ロシアは、テロ事件をきっかけに一九九九年九月、大規模な軍事攻撃を開始し、圧倒的な軍事力で制圧したため、独立派はゲリラ戦やテロ戦術で抵抗することとなった。その過程で多くの文民に甚大な被害が生じた。ロシアが「軍事的段階」の終了を宣言したのは二〇〇二年であるが、「対テロ態勢」は、二〇〇九年二月にようやく解除された。この過程で、条約一五条に基づく権利停止の宣言はなされていない[28]。

第二次紛争勃発にいち早く反応したのは、評議会事務総長であった。事務総長は、一九九九年一二月、条約五二条に基づいて、「チェチェンにおいて条約が現在実施されている態様およびそれから生じうる違反の危険」について説明を提供するようロシアに求めた[29]。それまで半世紀近い条約の歴史のなかで、同条（旧五七条）が適用されたのは、わずかに五回を数えるのみであり、また特定の締約国に対してのみ説明を求めたのははじめてであった[30]。これに対するロシアの回答が一般的に軍事介入の理由を説明するにとどまったため、事務総長とのやりとりはさらに翌二〇〇〇年三月まで続いた。結局事務総長は、回答は五二条に照らして不十分だと判断し、問題は、ロシアの評議会加盟国としての誓約履行のための閣僚委員会による政治的モニタリングの対象とされた。この手続の下では、事務総長による閣僚委員会への定期的報告がなされた。

この時期に条約外でもっとも目立った活動をしたのは、ヨーロッパ拷問等防止委員会[31]であった。評議会で採択されたヨーロッパ拷問等防止条約によって設置されたこの委員会は、二〇〇〇年二月から四月にかけて二度にわたり代表団をチェチェンに派遣している。こうした現地調査等を踏まえて、同委員会は、二〇〇一年七月、多くの虐待があったとの推定を前提に非協力的であったとして、同条約一〇条二項に基づく公式声明を発表した[32]。

議員会議もまた即時に行動した。一九九九年一一月に決議を採択して文民に対する攻撃を控えるよう求めた（決議一二〇一（一九九九））ほか、翌年から継続的にモニターする体制を整えた（勧告一四四四（二〇〇〇））。二〇〇〇年九月に採択された決議では、条約上の国家間申立を用いる可能性について示唆された（決議一二二七（二〇〇〇）一六項）[33]。

こうした示唆にもかかわらず、現在に至るまでチェチェン紛争を主題とする国家間申立は提起されていない。結局条約との適合性は、個人申立を通じて審査されることとなった。実際多くの申立がなされ、二〇〇五年以降判決も出されている。これらは、独立派武装組織に対する砲撃作戦に付随する文民への直接攻撃や、村落での独立派兵士の「捜査」に伴う文民の殺害や拘禁であり、拘禁された多くのケースで行方不明になりその後遺体で発見されるといった人権侵害を対象とするものである。(34)

違反認定判決に対してロシアは、被害者に対する補償の支払いについては応じているが、行方不明者の捜索といった個別的措置や再発防止のための体制整備といった一般的措置については、目立った進捗は見られないのが現状である。(35)

(27) 背景も含め、さしあたり参照：富樫耕介『コーカサス』（東洋書店、二〇一二年）二二―三四頁。
(28) たとえば見よ：*Khashiyev & Akayeva* v. *Russia*, Judgment of 24 February 2005, para. 97.
(29) 以下については、参照：SG/Inf (2000) 21, 10 May 2000; SG/Inf (2001) 22, 26 June 2001.
(30) さしあたり参照：Robin WHITE & Clare OVEY, *Jacobs, White, & Ovey; European Convention on Human Rights*, 5th ed. (Oxford UP, 2010), pp. 14-16.
(31) 参照：里見佳香「ヨーロッパ拷問等防止委員会の活動」法律時報八三巻三号（二〇一一年）五三頁以下。
(32) Public Statement concerning the Chechen Republic of the Russian Feberation, CPT/Inf (2001) 15, 10 July 2001, *available* at: 〈http://www.cpt.coe.int/documents/rus/2001-15-inf-eng.pdf〉（最終確認日：二〇一二年九月一七日）.
(33) 同様の示唆は二〇〇三年四月にもなされたが（決議一三三三（二〇〇三））、その後は見あたらない。
(34) さしあたり見よ：Philip LEACH, "The Chechen Conflict", [2008] *European Human Rights Law Review* 733 at 735 f.

（35）　さしあたり参照：Julia LAPITSKAYA, "ECHR, Russia, and Chechnya", 43 *New York University Journal of International Law and Politics*（2011）479 at 527 f.

2　人権裁判所判決の動向

二〇一二年の時点でチェチェン紛争に関する判決は、二〇〇件近くを数える（多数の申立人に関する事件も多い）と考えられるが、ごく例外的な事件を除き違反の認定がなされている。(36)多くの事件で、恣意的殺害についてまた死亡事件についての調査が不十分なことについて二条の違反、拷問や虐待について三条違反、これらの事案について実効的救済手段が提供されていないことについて一三条の違反が認定されている。(37)

こうした違反は、構造的問題を背景にしていることは明らかである。にもかかわらず、人権裁判所は、パイロット判決手続を適用していない。(38)それに一番近づいた判決は、アブエヴァほか事件についてのものであり、ここではじめて判決の拘束力と履行義務についての条約四六条の適用の問題が独立に考察された。(39)この事件では、第一に、事案がすでに判決が下されているものと同一(40)（二〇〇〇年二月に発生したカチャーユルト Katyr-Yurt 村への砲撃に伴う文民の殺傷）であり、ここで判決の履行を怠っていること、第二に、すでに事件についてデータが集められており、個別の被害についての救済は容易とも考えられるにもかかわらず、実効的な調査がなされていないことが留意され、「新たな独立の調査がなされるというのが不可欠である」と述べられた。(41)

この判決では、求められる救済措置の内容については閣僚委員会の権限であると明示的に断っており、主文で調査を要求することはなされていない。最も立ち入った判決がこれであるのであるから、一般にチェチェン紛争について人権裁判所が求められる救済措置に言及することには、極めて慎重な姿勢がとられているといってよいであろう。

(36)　二〇一一年に発表されたラピツカヤ論文によれば、調査時点で約一二〇件の違反認定判決に対し、違反認定を含まない判決は三件にすぎないという。見よ：LAPITSKYA. *supra* note 35, at 522.

(37)　さしあたり見よ：*ibid.*, at 523-524; LEACH, *supra* note 34, at 735-739. 典型的には、*Khashiyev & Akayeva* Judgment *supra* note 28; *Isayeva, Yusupova & Bazayeva* v. *Russia*, Judgment of 24 February 2005.

(38)　以下については、参照：Philip LEACH, "Redress and Implemetation in the Chechen Cases", 15 *EHRAC Bulletin*, (2011), 1.

(39)　*Abuyeva & Others* v. *Russia*, Judgment of 2 December 2010, paras. 235-243.

(40)　*Isayeva* v. *Russia*, Judgment of 24 February 2005.

(41)　*Abuyeva & Others*, Judgment, *supra* note 39, para. 243.

3　閣僚委員会における動向

こうした状況においては、焦点はやはり閣僚委員会における判決の執行監視ということになる[42]。実際、閣僚委員会は、二〇一一年、チェチェンにおける連邦保安部隊による人権侵害に関する一五四件の判決について執行監視の中間決議を採択している[43]。この決議では、人権侵害についての独立の調査、行方不明者の捜索、調査や救済の過程への被害者の参加の確保、時効の適用の制限等を求めた。

ここでは、長期にわたって人権裁判所の判決の不履行があることが認められている。だとすれば、第一四議定書で導入された不履行確認訴訟の提起も考えられてもおかしくないはずである。しかし、実際には次に見るように閣僚委員会は、不履行確認訴訟を実際上封印したと考えられるのである。

先に述べたように、第一四議定書は、ロシアの批准の遅延により長らく発効しなかった。これには、チェチェン紛争に関する人権裁判所の判決も影を落としていたと考えられる[44]。不履行確認訴訟が提起されるとすれば、まず自らに対してではないかとロシアが考えたとしても不思議ではない。批准に抵抗してきたロシア下院は、二〇一〇年一月一五日になって承認を与えることになるが、その一か月前の閣僚委員会で不履行確認訴訟について重要な決定がなされていた。つまり、二〇〇九年一二月七日になされた新四六条三・四項についてのロシア代表の疎明要求ののち、一二月一四日、つぎのように決定した。

「確立した実行に従って、閣僚委員会は、人権裁判所の判決の完全な執行を確保するほか、関係国との対話に従事する。第一四議定書の文言も起草過程も、こうした実行が新四六条三・四項の適用の問題については異なることや、これらの規定が人権裁判所に判決を実施する特定の方式を指示する新たな権限を付与することを目指すことを、なんら示唆するものではない」[45]。

この決定は、第一四議定書の発効をうけて改正された「判決および友好的解決条件の執行監視のための閣僚委員会規則」一一条に次のように反映された。つまり、不履行確認訴訟を提起するには、その例外性を考慮して、閣僚委員会の同じく三分の二の多数で決定される予告が、遅くとも六か月前までに、まずなされなければならないとされたのである[46]。

このように、人権侵害状況の是正のために、判決の執行段階で司法制度を用いることは控える方向性が打ち出されているが、それは同時に、法違反に対する責任の追及というアプローチで対処することを慎むことをも意味している。実際、二〇〇八年三月、ノルウェーの拠出により、「条約を実施するための加盟国の努力を支援するため」（設立協定一・二項）[47]、ヨーロッパ評議会開発銀行内に「人権信託基金 Human Rights Trust Fund」が設立された[48]。この基金には、ドイツ、オランダ、フィンランド、スイス、イギリスも参加し、二〇一一年末現在の拠出金の総額は、約六一〇万ユーロとなっている。そしてそのプロジェクトの一つとして、チェチェンにおける連邦保安部隊による人権侵害に関する判決の執行への寄与が挙げられ（三六八、〇〇〇ユーロ）、評議会事務局判決執行部がその調整にあたっているのである。いわば責任追及アプローチの適用を控え、支援アプローチを前面に出して、継続的働きかけがなされている、と考えられる。

（42）この手続の最近の動向については、参照：徳川信治「欧州評議会閣僚委員会による判決執行監視手続き」松井芳郎先生古稀記念『現代国際法の思想と構造Ⅰ』（東信堂、二〇一二年）三〇七頁以下。

（43）*Khashiyev & Akayeva Group* v. *Russia*, Interim Resolution CM/ResDH（2011）292, 2 December 2011.

（44）たとえば見よ：Jennifer W. Reiss, "Protocol No. 14 ECHR and Russian Non-ratification", 22 *Harvard Human Rights Journal*（2009）, 293 at 308.

（45）DGHL-Exec/Inf（2010）4, last update: December 2010, p. 13 note 15.

（46）*Ibid.*, p. 19.

（47）Agreement establishing the Human Rights Trust Fund between Ministru of Foreign Affairs of Norway, as Founding Contributor, CE and the CE Development Bank, signed on 14 March 2008, *avaiable* at: 〈http://www.coe.int/t/dghl/humanrightstrustfund/AgreementHRTF_original.pdf〉（最終確認日：二〇一三年九月一七日）.

（48）人権信託基金については、参照：〈http://www.coe.int/t/dghl/humanrightstrustfund/default_en.asp〉（最終確認日：二〇一三年九月一七日）およびそこからリンクしているウェブページ。

結　語

チェチェン紛争の処理を考察して改めて感じるのは、人権侵害がエスカレートしている段階における、条約制度の無力さである。適正手続を保障したうえで法的責任を確定しようとする裁判所制度（そしてそれのみで条約を実施しようとする制度）には、こうした局面において決定的な限界がある。つまり、大規模かつ重大な人権侵害事態の進行を止めて抑制するためには、他の制度を用いる必要がある。

事後的救済や人権侵害体制からの脱却のためにも、こうした大規模かつ重大な人権侵害の場合には、実のところ人権裁判所の果たしうる役割は限定的で、最近では人権裁判所自身がそのことを自覚しているようにもみえる。そして人権裁判所の判決を受けた閣僚委員会でも、法的に確定した責任を追及するという本来意図された制度をそのまま機能させるというよりは、救済や体制是正のために関係国を支援するというアプローチが採られている。そうすると結局、条約上の人権の実現するための作業を誠実に続けるよう、閣僚委員会にどれほど圧力を多方面からかけつづけることができるか、ということに多くは依存すると言えそうである。

要するに、本章の対象からは、司法化というプロジェクトは、実質的には成功しているとはいえないことが観察される。つまり司法化は、むしろ形式的に、あるいはシンボリックに求められているのである。もっとも、チェチェン紛争への対応については、排除不能の非主流の大国ないし旧帝国としてのロシア、という問題も重要な要因として絡んでいるという事情を、割り引いて考えねばならないであろう。

第四部　条約実施機構改革の構造的基礎——旧制度の分析を通じて

第七章　旧制度における人権裁判所の管轄権

第一節　問題の所在

一九九三年一一月、ウィーンに集まったヨーロッパ評議会加盟三二か国の元首・政府首脳は、後に第一一議定書に結実するヨーロッパ人権条約の実施機構の改革について意思統一した(1)。その際、条約による人権保障システムの特徴と実績について次のように述べた。

その主たる際だった特徴は、締約国が、条約にうたわれた人権を実効的に保護する義務、および、これに関して国際的監視を受け入れる義務を引き受けていることである。この義務は、これまで、ヨーロッパ人権委員会とヨーロッパ人権裁判所により実施されてきた(2)。

このような観念はかなり一般的であるといえよう。最近の条約についての概説書では、「個人に自らの権利の司法的コントロールという便益を提供している」という点で、それは人権の国際的保障の「最も完璧なモデル」であると評価されている(3)。

しかし、当時の条約の規定をみれば、ここで条約のシステムの核心とされる実施メカニズムの作動は、人権委員会の個人申立受理権限について（旧二五条）と、人権裁判所の管轄権について（旧四六条）の二つの選択条項の、当事国による受諾にかからしめられていたのである。もっとも、右にみた評価は、むしろその後の選択条項の受諾の一般化を踏まえたものである。(4)

ところで、条約の実体的義務については、いわゆる「客観的」性格、すなわち通常の条約がそうであるように締約国の間に相互的義務のネットワークを造りだすのではなく、いわばヨーロッパ公序として締約国が負う義務であるとの観念が、かなり早くから一応確立しているといえよう。(5) そして選択条項の受諾の一般化をうけて、かかる実体的義務は、人権委員会・人権裁判所の先例を通じて精密化・発展するという考えが強くなっている。(6) さらには、人権裁判所の判決は、国際司法裁判所のそれとは違って、「単に集積されるというのではなく、明確に判例法を形成する」(7) ともいわれている。しかし、こうした考えには、一つの論理的前提が必要なように思われる。つまり、これらの機関は、選択条項が一旦受諾されれば、条約だけを根拠に判断を下し、各当事国の個別的意思に左右されない、という前提である。はたして各当事国は、さしあたり選択条項受諾宣言を通じて、人権裁判所を個別的にコントロールしようとはしなかったのであろうか。そしてそのような試みは、実施機関に影響を及ぼさなかったのであろうか。そのようなことが否定されるとき、締約国が負う実体的義務と司法的コントロールにより創り出される秩序とが完全に一体のものとなり、その規定内容とあわせて本書で言う第一の意味における「憲法秩序」としてのヨーロッパ人権条約について語ることができるようになると思われるのである。

選択条項受諾宣言の文言によって直接実施機関に影響を及ぼそうとした例としては、一九八七年のトルコによる旧二五条に基づく宣言（30 *Yearbook* 8）がよく知られている。この宣言は、とりわけ、人権委員会の権限をトルコ領域内に生じた事実に限定すると同時に、権限行使に際して、指定されたように解釈された規則を適用することを求めたのである。トルコは、一九九〇年の条約四六条に基づく宣言（33 *Yearbook* 11）でも、とりわけ、人権委員会が前者の宣言の条件通り権限を行使したことのほかに、「条約で負っている義務の相互性を含む」相互条件を付した[8]。しかし、このような試みが、それ以前に皆無だったわけではない。本章では、そのような締約国の態度と実施機関の対応を少し遡って分析する。

なお、条約の実施規定は、一九九四年五月に署名に開放され、一九九八年に発効した第一一議定書により、全面改正され、両選択条項は廃止されて、個人の申立権・人権裁判所の管轄権はいずれも自動的なものとなった。本章の目的は、さしあたり、かかる改正の背景的要素の一つを検討することである。さらにいえば、通常の条約とそれにかかわる紛争解決制度との比較において、人権条約およびその実施メカニズムの特殊性として論理的には捉えうる一つの傾向が、どのように制限をうけてきたか、をヨーロッパを素材として探ることを意図している。こうした観点からは、歴史的な検討が求められる。とくに、ヨーロッパの政治状況を大きく変えた冷戦構造の崩壊、という時点が基準として重要であろう。そこで以下の第二節および第三節では、冷戦構造の崩壊までの状況を分析し、第四節でその後の状況を素描することにする。

ところで、選択条項受諾宣言のうち、二五条に基づくものについては、(註(8))に引用した戸田五郎の研究もあり、ここでは、旧四六条に基づくものに限定したい。両選択条項については、別個の扱いが十分に可能であるばかりでなく、ある程度その必要性があると思われる。旧四六条は、次のように規定している。

1　いずれの締約国も、この条約の解釈および適用に関するすべての事項についての裁判所の管轄を当然にかつ特別の合意なしに義務的であると認めることを、いつでも宣言することができる。

2　右の宣言は、無条件で、一定数のもしくは特定の他の締約国との相互条件で、または、特定の期間を付して、行うことができる。

３〔省略〕

この規定が、国際司法裁判所規程三六条をモデルとしていることは、文言上明らかである。とくに二項は、修文上の違いを除き規程三六条三項と同一といってよい。この規定を導入しほとんど完成させた高級公務員会議の報告書は、「この条文は、人権裁判所の選択的管轄権の問題を、国際司法裁判所規程三六条に規定するのと類似の方法で規律する」(9)と述べているのである。

ここでモデルとされている国際司法裁判所規程についての実行を基礎にすれば、国家は条約四六条に基づく宣言においても、裁判の対象に時間的または事項的限定を加えることが可能であったということになろう(10)。さらに、国際司法裁判所についての管轄権受諾宣言において作用する相互性の規則が妥当するとすれば、国家間事件で援用できるのは、両当事国の義務が一致する限度においてであった、ということになるであろう。では、このような国際司法裁判所モデルは、締約国の宣言とその取り扱いにおいて、どの程度打破されていたのであろうか。

（１）これについてはさしあたり参照：小畑郁「ヨーロッパ人権条約における実施機構の改革と個人」法と民主主義三〇四号（一九九五年）一三頁以下〔本書第四章〕。

（２）Reform of the Control Mechanism of the European Convention on Human Rights, Appendix I to Vienna Declaration, 9 October 1993, *Minutes of the Council of Europe Summit* (*Vienna, 8–9 October 1993*), SUM (93) PV1 & 2, p. a5 [14 *HRLJ* (1993) 373 at 375].

（３）Frédéric SUDRE, *La Convention européenne des droits de l'homme*, 8e éd (PUF, 2010), p. 3（建石真公子訳『ヨーロッパ人権条約』〔有信堂、一九九七年〕〔一九九四年刊の原著三版の翻訳〕、一頁）.

（４）評議会への加盟と両選択条項の受諾状況については、さしあたり見よ：本書第三章九一頁図三―１。

（５）*Austria v. Italy*, Decision of the Commission, 11 January 1961, 4 *Yearbook* 116 at 139 f.; *Ireland v UK* [PC],

Judgment of 18 January 1978, *Series A* no. 25, para. 239.

（6） Sudre, *supra* note 3, p. 10（建石訳・九頁）.

（7） 芹田健太郎「国際紛争処理論覚書」神戸法学雑誌三五巻三号（一九八五年）六二五頁以下（六五四頁）。

（8） さしあたり参照：戸田五郎「ヨーロッパ人権裁判所とトルコの地位」国際法外交雑誌九一巻五号（一九九二年）三三頁以下、五一―五三、五五頁註(5)。

（9） Texte du rapport au Comité des Ministres présenté par la Conférence de haut fonctionnaires (Doc. CM/WP 4 (50) 19; CM/WP 4 (50) 16 rév.; A 1431) [17 juin 1950], IV *Travaux Préparatoires* 243, at 267.

（10） 参照：田岡良一『国際法Ⅲ（新版）』（有斐閣、一九七三年）五三―五六、九九―一〇七頁。

第二節　締約国による管轄権受諾宣言

1　受諾宣言の期間と受諾状況

大多数の受諾宣言[11]には、期間が付されている。一九八九年末の時点で有効であった二一か国の宣言を分類すると次のようになる。

無期限のもの――一か国
五年のもの――一一か国
三年のもの――六か国
二年のもの――一か国（ただし、二年毎に黙示に更新するものとされている）
廃棄のときまで有効とするもの――二か国

このようにみてくると、比較的安定的な効力が与えられているといえよう。しかし、以前は二年や三年の期間の例も多く、それは必ずしも各国についての「ならし運転」期間に限られなかった（表七―一参照）。また、大多数の国は、数年おきに受諾を明示に意思表示する方式をとっていることにも注意が必要である。

一旦受諾宣言を行った国は、ほとんどの場合、その後中断なく受諾宣言を続けてきた。ただ、例外がないわけではない。ギリシャは、一九八八年、管轄権を約四か月間受諾していなかった。同じく、フランスには、一九七七年と八〇年に二か月余、八三年に三か月余の受諾の中断期間がある。なお、「国際関係に責任を有する領域」については、受諾が更新されなかった例も若干ある。

受諾の一時停止とでもいうべき現象もある。これは、前の宣言の効力が終了してしばらく後に、この終了日の翌日まで遡及する宣言を行うものである。後述するベルギーの例をはじめ、多くの国についてみられるが、とくに著しいのは、イギリスの「国際関係に責任を有する領域」についての受諾である。一九七六年から翌年にかけて、約一年八か月間、受諾の一時停止があった領域がある。

これらの中断や停止は、条約の場合、人権委員会の報告書送付ののち三か月以内に提訴しなければならないことになっていた（「三か月規則」、旧四七条）ために、とくに三か月を超える場合、なんらかの事件の裁判の可能性を奪う結果をもたらしえた。

(11)　本章では、宣言の内容は、原則として *Yearbook* に掲載されているテキストないしその要旨によって確認した。一九九四・九五年については、*Information Sheet*, Nos. 34-37 によった。なお、宣言に関する情報として、有効期間しか記されていない場合もある。その場合、期間が連続するものと同一の条件と推定した。なお、*Yearbook* では、テキストも要旨も掲載されていないが、その存在を確認できる宣言として、ギリシャの一九八八年六月二四日

表７−１：条約旧46条に基づく宣言一覧表

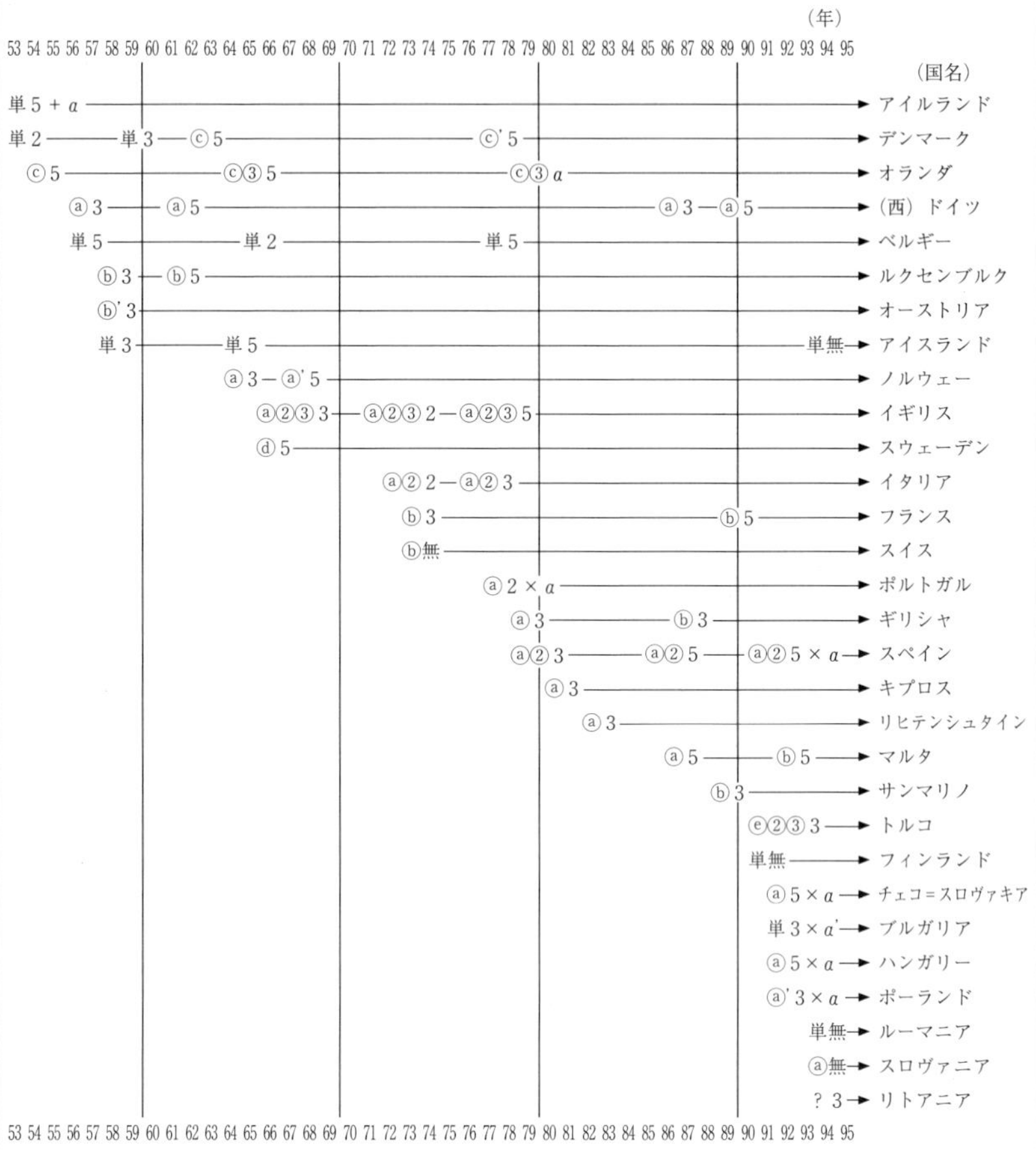

凡例）ⓐ〜ⓔ：相互条件、②：時間的限定、③：領域的限定（以上の内容については本文参照）、単：無条件
２、３、５といった数字は期間（年）、無は無期限、αは廃棄権留保付き無期限、×αは黙示更新、
×α'は６か月前までに予告のない限り黙示更新

（出典：筆者作成）

付けの宣言（有効期間三年）がある。見よ：〈http://www.conventions.coe.int/Treaty/Commun/ListeDeclarations.asp?NT=005&CV=0&NA=&PO=GRE&CN=999&VL=1&CM=9&CL=ENG〉（最終確認日：二〇一三年八月二三日）。ここでは、一九九一年の同国の宣言（34 *Yearbook* 14）が、同年六月二四日からさらに三年間の更新をする旨述べていることから、一九九一年の宣言と同一条件と推定した。

2　受諾に対する諸条件

受諾宣言に付されている管轄権に対する条件に応じて、**1**でみた宣言を分類してみる。

① 相互性、あるいは、同一の義務を負う他の締約国に対して、といった条件を付すもの——一八か国

これはさらに細分化される。

ⓐ 単に「相互条件で」と規定するもの——八か国

ⓐ' 他のいずれの締約国に対しても相互条件で、と規定するもの——一か国

ⓑ 同一の義務を受諾する他の締約国に対して、と規定するもの——五か国

ⓑ' 「同様に条約四六条に従った宣言をしている他の条約締約国との関係において」と規定するもの——一か国

ⓒ ⓐとⓑとを組み合わせて、同一の義務を受諾する他の締約国に対して、すなわち、相互条件で、と規定するもの——一か国

ⓒ' 後述するデンマークのもの——一か国

ⓓ 「他のいずれの条約締約国に対しても、すなわち、相互条件で」と規定するもの——一か国

② 時間を基準として管轄権の範囲を制限するもの——三か国：いずれも宣言の効力発効日より前に生じた事項を管轄権から除外すると規定する。

③ 領域を基準として管轄権の範囲を制限するもの——二か国：いずれも旧六三条にいう「その国際関係に責任を有す

る領域」に関連する制限であり、特定の領域についての事件を管轄から排除すると規定する。

④　無条件のもの──三か国

このようにみてくると、国際司法裁判所の管轄権受諾宣言に付された制限[12]と比較して、種類・数ともに少なく、人権裁判所の活動に実質的影響を与えそうなものは少なかった、といえよう。しかし、条約規定に直接の根拠があったかどうかをはじめ、問題がないわけではない。

元来、旧四六条二項に規定する「一定数のまたは特定の他の締約国との相互条件」とは、「『特定の国が受諾することを条件として』または『一定数の国が受諾することを条件として』なされる受諾をいう[13]」のである。他方、実際に締約国が行っていた①のタイプの宣言は、国家間事件については、相手国が同一の義務を負っていることを要件とする、という意思が共通に看てとれる。両者は全く異なる。つまり、①は、条約規定には直接の根拠をもたない留保なのである。

このような条件の下で、合致が要求される義務の範囲は明確ではない。文言上は手続的義務に限定されているⓑ'を除いて、とくに実体的義務の合致をも要求するものか否かも定かではない。

実は、起草過程では、相互条件付きの宣言が、人権委員会の付託する事件の管轄の受諾を意味するものかどうかについては、疑問視されていた[14]。実際の宣言のⓐおよびⓐ'のタイプにおいてはなお不明であるが、ⓑⓑ'ⓒⓓのタイプには、受諾する意思が認められない。

②の条件は、四六条二項にいう「特定の期間」で本来意図されているものと混同されてはならない。後者が宣言自体についてのものであるのに対して、前者は、管轄の対象についてのものだからである[15]。ただ、正文の for a specific period / pour une durée determinée という文言からは、②の条件をも認める解釈も不可能ではない[16]。

中立は、締約国国内における最終的な決定ののち、六か月の期間内に人権委員会に行わなければならないとされている（「六か月規則」、二六条）ので、イギリスやイタリアのように、二回目以降の宣言においても最初の宣言の発効日を基準とする限りは、このような時間的制限は、いずれは意味を失う。しかし、二回目以降も当該宣言の発効日を基準とする時間的制限を付した場合、宣言の有効期間中に生じた事項は、その期間中に所定の手続を経て人権委員会の報告書が送付されない限り、人権裁判所に係属する可能性を失う。短い有効期間と組み合わせれば、実質上、いかなる事件の管轄も排除することができる。実際、一九七九年に最初の宣言をしたスペインは、一九八二年に三年間有効の二回目の宣言（25 *Yearbook* EUR. CONV. DECL. 46 4）をした際、この二回目の宣言の発効日以後に生じた事項に管轄権を限定したのである。もっとも、三回目以降の宣言では、二回目の宣言の発効日が基準とされている。

③の条約上の根拠の問題については、すでに起草過程で議論されていた。というのは、旧六三条四項において、人権委員会が個人の請願を受理する権限については別個の宣言が規定されている一方で、人権裁判所の管轄権受諾については、別個の宣言が規定上予定されていなかったからである。[17] ここではイギリス・オランダ両国の制限の経緯・内容について少し説明しておく。

オランダは、一九五五年以来、条約をスリナムおよびオランダ領アンティル諸島に適用してきた。[18] 一九五四年の最初の宣言にも、二回目の宣言にも領域的制限は見あたらないが、一九六四年の三回目の宣言（5 *Yearbook* 21）において、「ヨーロッパ内の王国およびスリナムについて」という限定が付された。もっとも、一九七四年の五回目の宣言からは、オランダ領アンティル諸島もこのリストに掲げられ、管轄権に服するようになっている。

イギリスは、非本土領域については、本土領域についてのそれとは別の宣言を行ってきている。非本土領域についての宣言（10 *Yearbook* 22）には、それについての管轄権を受諾する領域が挙げられる。条約自体は適用されているが、管轄権が認められていない領域もいくつかある。(19) より注目されるのは、これに対応してなされている、本土領域についての宣言（19 *Yearbook* 14）における制限である。「この宣言は、連合王国政府がそれについてヨーロッパ人権裁判所の管轄権を認めていないところの……領域に関して、もしくはそこで生じた事項に関して、連合王国内でなされもしくは生じたいかなるものについての事件にも、適用がない」。つまり、厳密には場所的な制限ではない。連合王国内で生じたとしても、管轄権を認めていない領域に関する事件は、除外されているのである。(20)

(12)　参照：田岡・前掲註(10)、九九―一〇七頁。
(13)　同、五四―五五頁。国際司法裁判所規程四六条三項の対応箇所についての記述である。
(14)　多数は受諾を意味しないと主張した。見よ：Note of Mr. Robertson dated 14th November 1950 [on the Meeting of the Committee of Legal Experts held at Rome 2nd and 3rd November 1950], VII *Travaux Préparatoires* 12, at 14.
(15)　参照：Vincenzo Starace, "Italian Acceptance of the Optional Clauses of the European Convention on Human Rights", 1 *Italian Yearbook of International Law*, 1975, 42 at 45 f.
(16)　旧二五条の同一の文言について、このような解釈を展開したものとして、見よ：Iain Cameron, "Turkey and Article 25 of the European Convention on Human Rights", 37 *ICLQ*（1988）887 at 899.
(17)　起草過程において、イギリスとフランスは当然に可能だと主張した。これについては、見よ：Note of Mr. Robertson, *supra* note 14, at 20 f.
(18)　さしあたり見よ：*European Convention on Human Rights: Collected Texts*（Council of Europe, 1994）, p. 98 f.
(19)　さしあたり見よ：32 *Yearbook* 12.
(20)　後述するように、第一一議定書による改正（発効は一九九八年）以降もイギリスの領域的制限はむしろ明示的に認められている（新五三条三項）。イギリスは、しばらくはこうした領域別の人権裁判所の管轄権受諾を定期的に更新してきたが、二〇〇六年および二〇一〇年の宣言で、恒久的な受諾に切り替える措置をとってきている。参照：〈http://conventions.coe.int/Treaty/Commun/ListeDeclarations.asp?NT=005&CM=8&DF=23/〉（最終確認日：二〇一三年八月二三日）.

第三節　実施機関と締約国の実行――いくつかの事例研究

1　ベルギー言語事件とベルギーによる事項的制限の試み

国内にオランダ語・フランス語のいずれかの専用地区を設ける言語制度が問題となったベルギー言語事件[21]は、ベルギーの管轄権受諾についての態度の再検討を迫るものであった。

人権委員会は、一九六五年六月二四日、報告書を採択した[22]。ベルギーによる管轄権受諾宣言の五年の期間が切れるのが二八日であったから、その四日前であった。人権委員会は、異例のスピードで翌二五日、報告書を閣僚委員会に送付し、同日人権裁判所に事件を付託した[23]。ベルギーが、六月二九日から二年間の期間で受諾宣言をしたのは、一二月一日付であった（8 *Yearbook* 11）。ところが、一二月八日にこれが評議会事務総長に寄託されたとき、同時に次のような別の宣言が通知されたのである。

〔前略〕（条約）の署名諸国は、……国家の政治的・行政的構造にかかわるもの、とくに一国内に共存する諸共同体間の関係を、この条約の適用範囲の外におこうとしたのである。本政府は、ベルギーの言語諸法は、直接に国家の構造に影響を及ぼ〔す〕ものであると考える。〔後略〕[24]

この宣言の内容が事項的「留保」であることは明白であろう。ただし、ベルギー外相は、議会での答弁において、これは、法的留保ではなく、「政治的留保」あるいは受諾宣言の「解釈」であると繰り返し説明した(25)。評議会側での取り扱いは、当時人権裁判所書記であったゴルソング（Herbert Golsong）によると、次の通りであった(26)。すなわち、この宣言は、選択条項受諾宣言を更新する文書とは別個の、外相署名の評議会事務総長宛書簡の形式をとっており、法的に確認してほしいとの依頼が付けられていた。事務総長は、この書簡を登録しないようにする一方、情報用として条約締約国に、また、人権委員会と人権裁判所にその適用を確保するように、その書簡を通知した。

しかし、水面下での動きはこれにとどまらなかったようである。評議会法務部に長らく籍をおいたアンベール（Pierre-Henri Imbert）は、一九六五年にベルギーは、事項的留保を付して受諾宣言をしようと望んだと述べている(27)。また、その際、ベルギーと事務総長との間で通信のやりとりがあったことも、明らかとなっている(28)。以上を勘案すれば、ベルギーは、まずさきに引用した宣言と同趣旨の留保を付して受諾宣言をしようとしたが、事務総長側の説得もあってそれを断念し、かわりに「政治的留保」ないし「解釈」の宣言を付した、というのが実状だと考えられるのである(29)。

だとすれば、次のような人権委員会の反応も決して過剰なものではない。ベルギーは人権裁判所の権限自体を争う先決的抗弁を提出したが、その際、「言語立法は、国家の一般政策の結果であって、その構造自体にかかわるものであ〔る〕(30)」と述べた。これに反論して、人権委員会は、次のように述べたのである。

四六条は、実際、その宣言は、無条件で、相互条件で、または、一定の期間を付して行うことができると規定している(31)。〔中略〕（自らの排他的権限に属する事項に関する留保）は、……なされたとしても効力をもたないであろう。

結局人権裁判所は、一九六七年二月九日、留保の問題になんら立ち入ることなく、先決的抗弁を斥ける判決を下した[32]。

ところで、先決的抗弁についての判決の後、一九六七年六月二八日でさきの受諾宣言の効力が終了することを考慮し、ベルギーでは、関連問題を検討する閣内委員会が設けられた[33]が、結局六月二七日付けで二年の期間付きで以前と同じ内容の管轄権受諾宣言（10 *Yearbook* 19）がなされた。留保の可能性については、ベルギー外相は下院において、「[条約] 四六条は、人権裁判所の権限の承認に政府が留保を付すことを、その最初の決定の際にしか認めておらず、更新の際には認めていない[34]」と述べた。

（21）この事件については、参照：野村敬造『基本的人権の地域的・集団的保障』（有信堂、一九七五年）四六〇―四八四頁、高野雄一『国際社会における人権』（岩波書店、一九七七年）二〇九―二一四頁、および、小畑郁「ヨーロッパ人権条約における教育権と差別禁止原則の一断面」院生論集一五号（一九八六年）四二―四六頁。

（22）*Belgian Linguistic Case*, Report of the Commission, 24 June 1965, *Series B*, no. 3-1, p. 9 ff.

（23）*Belgian Linguistic Case*, Demande introductive d'instance déposée par la Commission..., 25 juin 1965, *Series B*, no. 3-1, p. 7.

（24）以上につき、参照：ベルギー下院における外相の答弁（Paul-Henri SPAAK, 18 novembre 1965, 8 *Yearbook* 481 ff.）。直接引用は、8 *Yearbook* 482 note 1.

（25）8 *Yearbook* 482, 489, 491.

（26）Heribert GOLSONG, "Les réserves aux instruments internationaux pour la protection des droits de l'homme", in: *Les clauses échappatoires en matière d'instruments internationaux relatifs aux droits de l'homme; Quatrième colloque du Département des droits de l'homme* [7 décembre 1978] (Bruylant, 1982), p. 23 ff. at p. 38 f. なお、ここで彼は、この出来事を一九六七年のことだと述べているが、言及されているベルギー外相の名前から、一九六五

年の誤りであると考えられる。

（27）Pierre-Henri IMBERT, "Reservation and Human Rights Convention", in: Ireine MAIER（ed.）, *Protection of Human Rights in Europe; Limits and Effects; Proceedings of the Fifth International Colloquy about the European Convention on Human Rights*［Frankfurt, 9-12 April 1980］（C. F. Müller Juristischer Verlag, 1982）, p. 87 ff. at p. 104 note 52.

（28）見よ：CAMERON, *supra* note 16, p. 897.

（29）当時人権裁判所の裁判官（本件では問題となった立法への関与を理由に回避した）で、上院議員でもあったロラン（Henri Rolin）の議会での発言（一九六五年一一月一八日）も見よ：8 *Yearbook* 475.

（30）*Belgian Linguistic Case*（*Preliminary Objections*）, Première mémoire du Gouvernement belge, 22 avril 1966, *Series B*, no. 3-1, p. 404 ff. at p.412.

（31）*Belgian Linguistic Case*（*Preliminary Objections*）, Deuxième mémoire de la Commission, 14 juillet 1966, *Series B*, no. 3-1, p. 424 ff. at p. 432.

（32）*Belgian Linguistic Case*（*Preliminary Objections*）［PC］, Judgment of 9 February 1967, *Series A*, no. 5.

（33）参照：下院における外相答弁（Pierre HARMEL, 15 juin 1967, 10 *Yearbook* 725）および 10 *Yearbook* 723.

（34）Piere HARMEL, 29 juin 1967, 10 *Yearbook* 727.

2　キェルドセンほか事件とデンマークによる人権委員会提訴事件の除外

相互条件付きの受諾宣言が、人権委員会により付託された事件の管轄を否定する効果を有するかどうか、という問題は、比較的初期の実施過程でほぼ解決されたかのようにも思われた。人権裁判所は、一九六八年から七六年にかけて、ⓐⓑⓓのタイプの受諾宣言を根拠とする人権委員会付託の事件を扱ったが、抗弁に遭遇することも自ら疑いを示すこともなく本案審理を行ったのである。(35)

しかし、一九七五年に人権委員会が付託したキェルドセンほか事件[36]において、被告デンマークは、自らのⓒタイプの受諾宣言（15 *Yearbook* 6 f.）によって人権委員会が付託した事件は管轄から排除される、と主張したのである[37]。同政府は、もっぱら自らの宣言の文言に依拠して管轄権を争った[38]。国際司法裁判所規程と異なり、条約が四六条で明示に認めている以外の留保を排除している、という証拠は存在しない、と主張したのである[39]。

ところが、同政府は、一か月半後、この先決的抗弁を取り下げ、事件についての管轄をアド・ホックに認めることを通告した[40]。これに対して人権委員会は、人権裁判所の管轄を国家間事件に限定する可能性があるとすれば、条約による人権保護に大きな影響を与えるとして、この問題についてあえて申述書を提出した[41]。

人権委員会は、一般的に宣言に付すことのできる条件について、次のように述べた。

条約の下では、国家は、その宣言に、四六条で認められた諸条件を加えるか、あるいは、四八条に含まれている国家間提訴についての相互性の原理を繰り返すことしかできない。違う結論を出すとすれば、それは、条約に含まれた諸権利の集団的実施のシステム全体に明白に反することになろう。〔中略〕実際には、人権裁判所には国家間事件は持ち込まれておらず、一国に関する事件のほとんどにおいて、人権委員会のみが事件を人権裁判所に付託している[42]。

人権委員会がこのような議論を展開したにもかかわらず、人権裁判所は、一九七六年の判決において、アド・ホックな管轄受諾の通知によるのであれ、一般的宣言によるのであれ、自らの管轄権が確立した、と記して、この問題について立ち入ることを避けた[43]。

この顛末には後日談がある。デンマークは、一九七七年に、この事件後最初の受諾宣言の更新期を迎えた。その際、さきの宣言の文言に「ヨーロッパ人権委員会に対して」という語を加えて、すなわち、あえて人権委員会が付託した事件についての管轄を認めることを明示して宣言（20 *Yearbook* 12 f.）を行ったのである。これに対して、評議会事務総長は、人権委員会がキェルドセンほか事件の申述書で述べたように、「人権裁判所へ事件を付託する人権委員会の能力は、条約四六条に基づいてなされたいずれの宣言によっても自動的に含まれるので」、この語の挿入は不必要である、という書簡を送った（20 *Yearbook* 14）。デンマークは、さきの先決的抗弁については人権裁判所によって決定されていないことを記し、「将来の訴訟における……いかなる疑問をも避けるため」だと、この語の挿入の理由を説明した（20 *Yearbook* 14 f.）。結局事務総長とデンマークの見解は、相互にすれ違ったままになっているといえるであろう。

（35）*Wemhoff* v. *FRG*, Judgment of 27 June 1968, *Series A*, no. 6; *Ringeisen* v. *Austria*, 16 July 1971, *Series A*, no. 13; *Swedish Engine Drivers' Union Case*, Judgment of 9 February 1976, *Series A*, no. 20.

（36）この事件の概要については、参照：野村敬造「欧州人権裁判所の判例（三）」金沢法学二六巻二号（一九八四年）一〇一頁以下、一一五―一三一頁。

（37）*Kjeldsen, Busk Madsen and Pedersen* v. *Denmark*, Memorial of the Danish Government (Preliminary Objection), *Series B*, no. 21, p. 109 ff.

（38）*Ibid.*, para. 10 at p. 112 f.

（39）*Ibid.*, para. 8 at p. 111 f.

（40）見よ：*Kjeldsen, Busk Madsen and Pedersen* v. *Denmark*, Judgment of 7 December 1976, *Series A*, no. 23, para. 6.

（41）*Kjeldsen, Busk Madsen and Pedersen* v. *Denmark*, Memorial of the Commission, *Series B*, no. 21, p. 115 ff. at p. 115.

（42）*Ibid.*, at p. 119. なお、この申述書の提出後、人権裁判所での最初の国家間事件として、アイルランド対イギリス事件が提起された。

（43）*Kjeldsen* Judgment, *supra* note 40, para. 7. 以上の経緯の簡潔な紹介として、参照：戸田・前出註（8）論文、六五頁。

3　タイラー事件──領域的制限と受諾宣言の不更新

「国際関係に責任を有する領域」について、人権裁判所の管轄権を除外することが可能かどうかに関しては、マン島での鞭打ち刑が争われたタイラー事件[44]において、実施機関が判断を下すチャンスがあった。一九七六年一月一三日で期限が切れたマン島を含む非本土領域についてのイギリスの管轄権受諾宣言は、五月雨式に遡って五年間更新されたが、マン島ほか若干の領域については更新されなかった。なお、アンベールによると、一九七六年にイギリスは、マン島について留保を付けて宣言することを試みて失敗したという[45]。

人権委員会は、一九七六年一二月一四日に報告書を採択し、翌年三月一一日に人権裁判所に事件を付託した[46]。人権委員会は、付託要請において、マン島を含む非本土領域についての最初の宣言とその後の更新、とくに、申立が人権委員会に提起されたときに有効であった、一九七二年の更新に言及した[47]。

書面手続は省略され、一九七八年一月に口頭審理が開かれた。イギリス政府は、この段階ではじめて公式に管轄権について言及した。すなわち、「〔人権委員会の付託要請〕の理由付けにわれわれが同意したと推論すべきではない」としつつ、条約四八条に基づき人権裁判所が管轄権を有することに同意するので、管轄権の問題を審理する必要はない[48]、と述べたのである。

人権裁判所は、以上のような経過を記し、「この状況において自らの管轄権は確立している、と認定」した[49]。人権委員会には、領域的制限自体を問題とする意思がなかったことは確かである。しかし他方で、特定の事件についての裁判を回避することを目的として宣言の更新をしない、という態度は容認できなかった。だから個人による中立の提起の時点での受諾宣言を援用したのであろう。他方、イギリス政府は、管轄権の問題についての実質審理を避けようとした。それは一つには、特定の事件の審理を意図的に回避したとみられることを嫌ったからであろう。しかし、この理由は、受諾宣言を更新しなかったのはタイラー事件の結果であること[50]からすれば、決定的なものではなかろう。人権裁判所あるいは関連する法的論議において、領域的制限の許容性の問題が議論の対象となることを嫌ったことが、大きな理由であったとも考えられる。

（44）この事件の概要については、参照：薬師寺公夫「タイラー事件」田畑茂二郎＝太寿堂鼎編『ケースブック国際法〔新版〕』（有信堂、一九八七年）二七七頁以下。

（45）IMBERT, *supra* note 27, p. 104 note 52.

（46）さしあたり見よ：*Tyrer v. UK*, Judgment of 25 April 1978, *Series A*, no. 26, paras. 2, 22.

（47）*Ibid.*, para. 22.

（48）*Tyrer* v. *UK*, Verbatim report of the public hearing held on 17 January 1978, *Series B*, no. 24, p. 52 ff. at p. 59 f.（L. J. Blom-Cooper）.

（49）*Tyrer* Judgment, *supra* note 46, para. 23.

（50）このことは、イギリス外務省法律顧問も認めている。見よ：Michael WOOD, "Article 63", in: Louis-Edmond PETITI, *et al.*（dirs.）, *La Convention européenne des droits de l'homme; Commentaire article par article*, 2e éd.（Economica, 1999）, p. 915 ff. at p. 920.

4　管轄の時間的制限とバルベーラほか事件

旧二五条に基づく宣言に付された、最初の宣言以後の事項に自らの権限を限定する留保については、人権委員会はその効力を一貫して認めてきた。[51] この議論が、人権裁判所の管轄権についてどの程度あてはまるものか、という問題については、バルベーラほか事件において、とくに問題のあるスペインの宣言をめぐって実施機関が判断を下すチャンスが訪れた。

この事件は、テロ行為の容疑者として裁判にかけられた者による申立を端緒とするものである。申立人らを被告人とする事件は、全国裁判所（Audiencia Nacional）に係属し、一九八二年一月一二日、口頭の審理が開かれ、一五日、有罪判決が下された[52]。申立人らは、とりわけ、独立で公平な裁判所による審理がうけられなかったことを不服とした[53]。

人権委員会は、一九八六年一〇月一六日、報告書を採択した[54]。当時有効であったスペインの一九八五年の宣言（28 *Yearbook* 13）は、さきの一九八二年の「宣言に規定されているものと同じ条件で」、すなわち、「一九八二年一〇月一四日より後に生ずることのある……事項について」管轄権を認めるとしていたのである。この条件の下では、本件が人権裁判所で審理されるのはほとんど不可能である。

しかし、人権委員会は、一九八六年一二月一二日、スペインの管轄権受諾宣言を根拠に挙げて、事件を人権裁判所に付託した。それから一月半後、翌年一月二九日に、スペイン政府が事件を人権裁判所に付託した[55]。後者の提訴があるので、人権裁判所では受諾宣言の時間的制限は問題にならなかった。

人権委員会は、明らかにスペインの管轄権受諾宣言に付された時間的制限について、それを争うことも辞さない構えであった。しかし、スペインは、それが争点となることを避けようとしたように思われる。こうして、冷戦中は、時間的制限の留保が許されるかどうかについては、人権裁判所の判断が下されることはなかったのである。

（51）　とりわけ参照：*X* v. *Italy*（Application No. 6323/73), Decision of the Commission, 4 March 1976, 3 *DR* 81.

（52）　見よ：*Barberà, Messegué and Jabardo* v. *Spain*, Judgment of 6 December 1988, *Series A*, no. 146, paras. 22-29.

（53）　見よ：*ibid.*, para. 47.

（54）　見よ：*ibid.*, para. 48.

（55）　以上につき、見よ：*ibid.*, para. 1.

5　まとめ

事例研究からうかがえる、締約国および実施機関のそれぞれの態度についてまとめておこう。

締約国には、自らが付した条件について、実施機関が判断することを回避しようとする傾向が一般にみられた。また、国際司法裁判所規程と同様に自由に条件を付す権利を主張した国（デンマーク）もあり、あるいは、少なくとも、その権利が制限されていることを認めるような態度をとった例はなかった。ベルギーは、事項的除外の留保についても、最初の宣言において付していたならば、可能である、というような態度をとった。

人権裁判所は、はっきりした態度をとっていない。問題を回避するためならば、アド・ホックな管轄権受諾をすすんで受け入れる態度をとった。それは、締約国の態度に自らあえて異議をとなえることに、宣言の不更新の危険をみたからだ、とはいえないだろうか。

これに対して、人権委員会は、積極的であった。事項的留保や人権委員会により付託される事件を除外する制限を付すことは許されない、とした。しかし、条約規定で明示的に認められている条件以外のものを付すことができないという立場は、たしかにそれに近い主張がなされているが、とられていないと考えられる。少なくともイギリスが付している「領域的」制限については、それを争う姿勢をみせていないし、時間的制限についても、みずからの権限に付されたそれに対する立場もあわせて考えると、少なくともある形態のものについては、それを認める立場であると思われる。では、人権委員会が認められる制限と認められないそれとを識別する基準としているものは、何であろうか。それは、キェルドセン事件における主張が示唆しているように、条件の実施システムの実効性にどれほど影響するか、ということであろう。そして、個人のイニシアチヴにより正規に提起された事件が最終的には人権裁判所にかかる、というのが、条約の実施システムの中核的概念であるとする考えが、たしかにすでに現れている。タイラー事件では、その事件の管轄を除外する受諾宣言の不更新を黙認しなかったし、バルベーラほか事件では、あえて二度目の時間的制限に挑戦する姿勢をみせた。

なお、評議会事務総長は、条約および宣言の被寄託者として、陰に陽に締約国の管轄権に対する留保を制限してきた。さしあたりの実害がなくとも、はっきりと釘をさす態度を示したこともあった。その際、旧四六条に基づく宣言であるならば自働的に一定の効果が生ずるという見解をとり、締約国の自由を原則ではなく例外として扱ったことが注目される。

このようにみてくると、とくに一九七〇年代後半以降、人権委員会や事務総長の見解に対して締約国が自らの主張を少なくとも貫徹しえなくなっている点で、たしかに、右にみた人権委員会の考えに基づく「ヨーロッパ人権条約体制」が、徐々に確立に向ってきたともいえよう。しかし、それが全面的に現れ出るには、冷戦の終結をまたなければならなかったのである。

第四節　冷戦終結後の動向

冷戦終結後の動向の中から、本書でいう第一の意味における「憲法秩序」の確立の状況を確認しておこう。まず、実施機関の動向としては、トルコの宣言に関するロイズィドゥ事件（先決的抗弁）についての一九九五年の人権裁判所の大法廷判決(56)を挙げなければならないであろう。もっとも、この判決は、それ自体独自の分析の対象とすべきものであろうから、ここでは、関連する限りで結論だけ紹介しておく。第一に、トルコの宣言に含まれる領域的制限は、「国際関係に責任を負う領域」に関する制限とは区別され、無効とされた(57)。第二に、一般論として、旧二五・四六条に基づく宣言に領域的・実体的条件を付すことはできないとされた(58)。第三に、にもかかわらず、時間的制限を付すことは許されると判示された(59)。以前の人権委員会の見解の域を出てないとはいえ、積極的に判断したことが注目される。もっとも、この背景には、次に述べる締約国の動向があることは見逃してならない。

まず、受諾宣言においては、期間の安定化の傾向がみられる。これは、冷戦終了後の新締約国（本章のもととなる論文執筆のための調査時点で資料の入手できた八か国）について著しい。三か国が無期限の、二か国が五年間毎に黙示に更新する宣言をしているほか、期間を三年としながら、各期間満了の六か月前に反対の意思表示がなければ、次の三年間有効という、きわめて安定的な宣言を行っている国も二か国ある。旧来の締約国についても、こうした傾向がみられないわけではない（スペイン、アイスランド。なお、フランスとドイツの一九八九年の更新も参照）。

新締約国も多くの場合、相互条件を付けている。他方、無条件のものも、三か国ある。時間的制限もみられない[60]。旧来の締約国のなかでも、従来の慣例から離れて条件を付さない例が現れた。すなわち、イギリスは、九三年、一七年ぶりにマン島について五年間の期間の管轄権受諾宣言（36 *Yearbook* 6）を行ったが、なんらの条件も付さなかったのである。こうしてみると、第一節で言及したトルコの宣言は、完全に例外的なものとなっている[61]。

このような動向は、評議会加盟国の集団的意思として、一九九四年五月、両選択条項を廃止する第一一議定書が署名されたことと軌を一にする。そこで、ここでは、第一一議定書の関連規定を分析してみよう。

第一に、改正規定は、条約と諸議定書との一体性を強化する。人権裁判所の管轄は、「条約およびその諸議定書の解釈および適用」に及ぶ（新三二条）、と規定される。また、他国の「条約およびその諸議定書の規定のいかなる違反」についても、国家は人権裁判所に訴えることができる（新三三条）。第四・第七議定書の、条約の選択条項受諾宣言と別個の宣言を要求する制度は廃止される（第一一議定書二条五項（c）・七項（c））。このような改正は、たとえば、国家は、自らは批准していない議定書の違反について他の締約国を訴えることができる、という解釈を有力なものとするであろう。そうすれば、相互性の機能する余地はほとんどなくなる、といってよいであろう。

第二に、条約の適用が及ぶ「国際関係に責任を負う」領域について、人権裁判所へ個人が訴えを提起することを別個の宣言で認める、という制度は維持される（新五六条四項、第一一議定書二条三項参照）。しかし、この規定によりカバーされるのは、個人の訴えのみであるから、条約の適用が及ぶ領域について、他の国家の提訴を阻むことはできないであろう。

第三に、旧二五条および旧四六条に基づく宣言において、宣言の効力発生日より前の事項を権限から除外する制限を付している場合、かかる制限は人権裁判所（新）についても効力を維持する（第一一議定書六条）。これは、このような制限が許されているとの解釈を、締約国集団として確認するものにほかならない。

このようにしてみてくると、冷戦終結後、締約国は、個別に、また第一一議定書の作成を通じて集団的に、非本土領域についての制限と時間的制限をむしろ例外として法認しつつ、人権裁判所の権限を個別的にコントロールすることを放棄する態度を、打ち出したといえよう。このような考えのもとで、人権裁判所は自己の権限を条約のみに基づかせることができる。かくして人権裁判所は条約をそのまま完全に適用する機関となる。このことは、逆に判例法が条約の規定と一体化することを一層促すであろう。

それは、条約体制を純粋に司法的なものとして構成することであり、各締約国の政治的意思のときどきの介入を阻むことである。これは一方では、条約の公平さや客観性を高めることになる。他方において、いまや人権裁判所の権限の正統性は、諸国民のある程度定期的に更新される意思によって担保されえないのである。このような裁判所が、いわば「空中楼閣」となってしまわぬために、その権威をどこから調達し、その判断や判例法を実現する上でどのような力に依拠できるのかが、大きな問題として浮かび上がってこよう。

（56）　この事件については、参照：小畑郁「ロイジドウ事件」松井芳郎ほか編『判例国際法〔第二版〕』（東信堂、二〇〇六年）三二六頁以下〔本書付録Ⅰ第一〕。

（57）　*Loizidou v. Turkey* (*Preliminary Objections*) [GC], Judgment of 23 March 1995, *Series A*, no. 310, paras. 86–89.

（58）　*Ibid.*, paras. 75–78.

（59）　*Ibid.*, paras. 102-105.

（60）　正確にはブルガリアの宣言には、宣言の効力発生日より前の事項を管轄から除外する時間的制限が付されているが、ブルガリアについては、条約自体の発効日と宣言の発効日が一致しているので、無条件と分類してよい。なお、中・東欧諸国の宣言には、条約発効日より前の事項あるいはその一部を管轄から除外する旨明示するものが目立つ。

（61）　トルコは、一九九二年、旧二五条に基づく宣言を「修正」した。そこでは、人権委員会の権限に対する条件は、時間的制限とトルコ領域内で生じたトルコ当局の行為への限定だけが残されている（35 *Yearbook* 13）。これに伴って人権裁判所の管轄権に対する条件も大幅に引き下げられた。

第八章　旧制度における閣僚委員会の事件の実質的処理権限

はじめに

一九九八年一一月一日、第一一議定書による改正の発効により、ヨーロッパ人権条約の実施機構は全面的に再構成された。従来のヨーロッパ人権委員会とヨーロッパ人権裁判所の機能を引き継ぐ新しい「ヨーロッパ人権裁判所」は、すべての締約国について、個人の訴えおよび国家間事件に対して義務的管轄を有することになった(1)。

この改革の最もドラスティックな側面は、閣僚委員会が有していた事件の実質的処理権限の廃止にあるということができる。第一一議定書により削除された条約旧三二条二項および旧三二条は次のように規定していた。

第三一条　2　〔調停失敗の場合の人権委員会の〕報告書は、閣僚委員会に送付される。〔第二文省略〕

第三二条　1　閣僚委員会への〔人権委員会の〕報告書の送付後三か月の期間内に事件が本条約の第四八条の規定に従って人権裁判所に付託されない場合には、閣僚委員会は、同委員会に参加する権利を有する代表の三分の二の多数(2)によって、条約違反があったかどうかを決定する。

2　条約違反があったと認める場合、閣僚委員会は、関係締約国が閣僚委員会の決定により求められる措置をとらなければならない期間を定める。

３　関係締約国が定められた期間内に十分な措置を取らなかった場合、閣僚委員会は、本条一項に規定する多数によって、原決定にいかなる効果を与えるかを決定し、かつ、報告書を公表する。

４　締約国は、閣僚委員会が前三項の規定を適用してとることのあるいかなる決定をも、自国に拘束的なものとみなすことを約束する。

閣僚委員会は、ヨーロッパ評議会加盟国（準加盟国を除く）の政府代表により構成される機関であるから（評議会規程一四条参照）、この機関の実質的権限の廃止と人権裁判所への条約実施機能の集中(3)は、条約システムの司法的純化といい表すことができる。ただし、注意すべきは、ここで、「司法的」というのは、〈個別事件についての法的決定〉という意味ではなく、もっぱら決定を下す機関と手続の性格についていっていることである。「司法的純化」とは、より正確に規定すれば、〈国家から独立した法律専門家集団による職能的な作業への、条約実施機能の集中〉である。

それにしても、かかる司法的純化が、条約への中・東欧諸国の大量の参加(4)と時を同じくして達成されたということは、われわれの注目を引かずにはおかない。というのは、このような事情は、西欧起源の人権基準を導入し確保するために、これら諸国に対してむしろ政治的働きかけ(5)の強化をも必要としているように思われるからである。

たしかに、個人の訴えの司法的処理を認めることこそ、条約が国際的人権保障の「最も完璧なモデル」であるとヨーロッパの人々が自負する点であり(6)、それゆえにこそ、閣僚委員会の実質的権限の廃止は、ほとんどすべての人々によって歓迎されている(7)。閣僚委員会の議事が原則非公開である（評議会規程二一条（ａ））がゆえに、なおさらそうである。しかし、政治的要素の強化は司法的要素の強化と直ちに矛盾するものではない。端的にいえば、むしろ条約違反が確認されなくとも国内立法・実務を改めるよう働きかけるべき場合も多いのである。ところが今回の改革においては、閣僚委員会の役割を再定義するという、司法的性格の強化を前提とした場合にも論理的には十分ありえた選択肢は、ほとんど追求されなかったのである。

このことをみるならば、今回の改革に対する〈法の支配の拡大〉という評価に、満足してとどまるわけにはいかないことがわかるであろう。われわれとしては、否定された閣僚委員会の権限とその運用が抱えていた問題を、起草過程と実施過程のなかから具体的に洗い出す必要があろう。このような作業を通じて、条約の司法的純化を評価する重要な手がかりが与えられる。それはまた、現在進行している人権条約実施一般における司法化傾向[8]を理解する上で、示唆をも与えるであろう。

（１）　この改革について、参照：薬師寺公夫「人権条約の解釈・適用紛争と国際裁判」小田滋先生古稀祝賀『紛争解決の国際法』（三省堂、一九九七年）二一五頁以下。

（２）　要するに、準加盟国を除く加盟国代表の三分の二ということである。評議会規程五条（b）・一四条参照。

（３）　ただし、事務総長への締約国の説明制度（旧五七条＝五二条）は残っており、人権裁判所の判決の執行監視の任務（本章で取り扱う実質的処理権限に対して、形式的処理権限ということができる）は引き続き閣僚委員会に与えられている（旧五四条＝四六条二項）。

（４）　さしあたり参照：小畑郁「欧州審議会の人権保障活動と中・東欧」外国学研究（神戸市外国語大学）三二号（一九九四年）一〇七頁以下〔本書第三章〕、および、庄司克宏「欧州審議会の拡大とその意義」国際法外交雑誌九五巻四号（一九九六年）一頁以下。

（５）　ここで政治的とは、国内においては国家が最終的な権力の担い手であり、国際関係においては、国家間システムが権力の行使の場である、という従来の権力構造の理解を一応の前提としつつも、その以外の形態の影響力行使や運動にも開かれた意味で用いている。

（6）Frédéric SUDRE, *La Convention européenne des droits de l'homme* 8ᵉ éd.（PUF, 2010）, p. 3（建石真公子訳『ヨーロッパ人権条約』〔有信堂、一九九七年〕〔一九九四年刊の原著三版の翻訳〕一頁）.

（7）批判的な見解をとる例外的文献として、見よ：Louis-Edmond PETTITI, "Le Protocol no. 11", 3 *Bulletin des Droits de l'Homme*（1994）20 at 22.

（8）さしあたり参照：薬師寺・前掲註（1）論文、二一七―二一八頁。アフリカ人権憲章（人および人民の権利に関するアフリカ憲章）でも、一九九八年、裁判所を設置する議定書が採択された（二〇〇四年発効）。同議定書のテキストは、〈http://au.int/en/sites/default/files/PROTOCOL_AFRICAN_CHARTER_HUMAN_PEOPLES_RIGHTS_ESTABLISHMENT_AFRICAN_COURT_HUMAN_PEOPLES_RIGHTS_1.pdf〉（最終確認日：二〇一三年八月二五日）. なおこれについては、参照：Nico KIRSCH, "The Establishment of an African Court of Human and Peoples' Rights", 58 *Zeitschrift für ausländisches öffentliches Recht und Völkerrecht*（1989）713.

第一節　準備作業[9]における閣僚委員会の機能の転換[10]

1　閣僚委員会の政治的役割――専門家委員会および高級公務員会議

義務的な司法裁判による一元的処理を目指した初期の提案においても、受理要件を満たした被害者の訴権は保障されておらず、裁判の提起は、とくに人権委員会の裁量に委ねられていた[11]。司法的解決から漏れる事件に対してなんらの公式の解決も与えない、という選択もまた、なされていたわけである。もっとも、諮問会議の草案では、人権委員会の事実報告書は、義務的に公表されることになっていたから[12]、むしろ、世論というフォーラムに委ねるという構想であった、という方が正確である。

条約作成のための政府間交渉において、個人の請願権の承認および裁判所の設置をめぐって大きく二つの陣営に分かれたことは、よく知られている。専門家委員会（一九五〇年二・三月）では一つの草案にまとめることができず、高級公務員会議（一九五〇年六月）において、これらについて選択条項を導入して妥協に至ったのである。

裁判所の設置に合意できないという可能性を明確に意識した最初のテキストは、専門家委員会におけるノルウェー・ルクセンブルグ共同提案である。この提案は、人権委員会の報告書が閣僚委員会に送付されることをはじめて定め、「(閣僚委員会)は、人権の尊重を確保するために必要な措置をとる」と規定した。(13) これは、裁判所不設置案に受け継がれ、そこではより詳しく規定された。すなわち、調停失敗の場合、人権委員会は条約違反の有無について「勧告的意見」を作成し、送付する。これをうけて、閣僚委員会が、この勧告的意見をどう公表するかを決定し、報告書に照らして人権を保護するために必要と認める措置をとる、(14) というのである。

ところが、裁判所設置案でも、閣僚委員会の調停機能が、義務的管轄を有する裁判所が設置された場合にさえ――さらに正確にいえば結局裁判所に付託される場合にすら――認められていたのである。すなわち、同案では、人権委員会の報告書は、諮問会議の提案とは異なって、閣僚委員会への送付後、義務的に公表されると規定されていたが、(15) その理由として、「閣僚委員会が必要な場合調停の最後の努力を試みることを可能にするため(16)」と説明されているのである。

高級公務員会議では、閣僚委員会の機能については、その裁量を制限するか、広く認めるか、ということが問題となった。そして、その対立は、必ずしも、裁判所の設置あるいはその義務的管轄に賛成するか否かの対立と対応するものではなかったのである。すなわち、ルクセンブルグは、人権委員会の意見が閣僚委員会で採択されれば、それに拘束力を与えるという提案をしたが(17)、わずかにベルギーの賛成を得ただけで、同案は否決された。多数は、閣僚委員会により広い行動の余地を与えるべきだとした(18)。ルクセンブルグ提案に対置されたのが、閣僚委員会が人権委員会の報告書にいかなる結果を与えるかを決定することとし、この決定の拘束力を認めようというフランス提案であり(19)、これは、多数の賛成を得て、実質上その後の討議の基礎となり(20)、最終的に次の高級公務員会議案三〇条の規定になった。この規定は、全文引用するに値する。

1　閣僚委員会は、同委員会に出席する権利を有する代表の三分の二の多数で、人権委員会の報告書にいかなる結果を与えるかを決定し、当該報告書を公表する。

2　前項の規定は、人権委員会による閣僚委員会への報告書送付の日から三か月の期間内に、事件が四八条に従って人権裁判所に付託された場合には、適用しない。

3　締約国は、閣僚委員会が本条一項の規定に従ってとることのあるあらゆる決定を、自国に拘束的なものとみなすことを約束する(21)。

この規定は、義務的管轄を有する裁判所の設置を支持していたフランスおよびイタリアによっても(22)、推進された。フランス代表は、裁判所が設置されても自らの提案は存在理由を失わないとして、「政治的事件」の場合に言及した(23)。人権裁判所に係属する事件とは、実体的な性格において異なる場合がありうることが意識されていたのである。だとすれば、人権裁判所の管轄権の範囲について、むしろ裁判所設置派の提案により、高級公務員会議以降「条約の解釈および適用に関する問題（事件）」という定式（条約旧四五・四六条、新三二条も同様）が採用されるようになったことにも注意が必要であろう(24)。つまり人権裁判所に係属するのは法律的紛争である、という

ことが明示されたのである。(25)

結局高級公務員会議の構想は、もちろん、手続的障害によって事件・事態が閣僚委員会の処理に委ねられるということを認めるものではあるが、その前提には、法律的紛争は人権裁判所で処理できるとしても、政治的紛争については閣僚委員会による処理がむしろ望ましいという考えがおかれていたのである。

（9）準備作業の概括として、参照：薬師寺公夫「ヨーロッパ人権条約準備作業の検討(上)」神戸商船大学紀要・第一類・文科論集三二号（一九八三年）三五頁以下、四三―五六頁。

（10）旧三二条の成立経緯についての従来の理解は、おどろくほど一致している。すなわち、選択条項の導入により司法的解決が保障されなくなる一方で、人権裁判所の管轄が認められない場合にもなんらかの決定を与えなければならないと考えられたので、閣僚委員会に決定権限を認めるこの規定が導入された、というのである。典型的には、見よ：Peter LEUPRECHT, "The Protection of Human Rights by Political Bodies", in: *Fortschritt im Bewußtsein der Grund- und Menschenrechte : Festschrift für Felix Ermacora* (N. P. Engel, 1988), p. 95 ff. at. p. 99. なお見よ：薬師寺・前掲註(1)論文、二二〇頁。本節における理解は、これとは異なっている。

（11）見よ：Article 12 (c), Eurpean Movement, Draft submitted to CM on 12 July 1949, in: I *Travaux Préparatoires* 296 at 300; Articles 18 and 19, Consultative Assembly, Recommendation No. 38, 8 September 1949, in: II *Travaux Préparatoires* 274 at 280.

（12）見よ：Article 16, *ibid.*, at 280. これは、諮問会議ではむしろ少数派に属したロラン（Henri Rolin）らの修正案（I *Travaux Préparatoires* 241 f.）に由来する。

（13）III *Travaux Préparatoires* 204. 提案理由として、参照：III *Travaux Préparatoires* 215.

（14）Articles 22 (26), para. 1 and 22 *bis* (26 *bis*), Alternative A / 2 and B / 2, Commiitee of Experts〔以下、CE と引用する〕, Draft Convention, 16 March 1950, in: IV *Travaux Préparatoires* 50 at 68 f.

(15) Article 22 (26), para. 1, Alternative A and B, *ibid.*

(16) CE, Report to CM, 16 March 1950, in: IV *Travaux Préparatoires* 2 at 40.

(17) IV *Travaux Préparatoires* 151 (11 June 1950). つまり閣僚委員会には、人権委員会の意見（この場合には違反の有無についてのもの）を受け入れるかどうかの選択肢しか認めない、という趣旨である。参照：Conference of Senior Officials〔以下、CSOと引用する〕, Minutes of the morning sitting, 11 June 1950, in: IV *Travaux Préparatoires* 151 at 157（ルクセンブルグの発言）.

(18) CSO, Minutes of the morning sitting, 12 June 1950, in: IV *Travaux Préparatoires* 165 at 165.

(19) IV *Travaux Préparatoires* 151 (11 June 1950).

(20) 参照：CSO, Minutes of the morning sitting, 12 June 1950, *supra* note 18, at 165 ff.

(21) Article 30, CSO, Draft Convention, in: IV *Travaux Préparatoires* 275 at 287 f.

(22) さしあたり参照：CE, Report, *supra* note 16, at 14.

(23) CSO, Menutes of the morning sitting, 11 June 1950, *supra* note 17, at 157.

(24) Articles 45 and 46 para.1, CSO, Draft Convention, *supra* note 21. 同会議のイタリア提案（15 June 1950, IV *Travaux Préparatoires* 199）を端緒とするものである。Cf. Article 35 (39) Alternative A and B, CE, Draft Convention, *supra* note 14, at 72.

(25) 法律的紛争の最も典型的な例示が〈条約の解釈・適用に関する問題〉であることについては、参照：祖川武夫『国際法Ⅳ』（法政大学通信教育部、一九五〇年）二二一―二二三頁。

2　閣僚委員会の機能への法律的要素の導入——閣僚委員会第五会期

高級公務員会議案に示された考えからは、閣僚委員会が条約違反の有無について決定するというような構想はでてこない。政治的紛争にとっては、法に違反しているかどうかはそもそも問題外だからである。[26] ところが、閣僚委員会第五会期（一九五〇年八月）中に開催された人権小委員会において、高級公務員会議案三〇条三項（前引）に対する次のような修正案が、スウェーデンによって提出された。

締約国は、閣僚委員会が本条一項に従ってとることのある、国家が条約に違反したか否かという問題についての決定を、自国に拘束的なものとみなすことを約束する。(27)

スウェーデンは、拘束力ある決定の範囲を限定することによって、「特定の立法もしくは行政的措置をとるよう、または、被害者への賠償を支払うよう命令」されることを避けようとしたのであった。(28) 人権小委員会は、最終的に確定される旧三二条の規定と同一のテキストを採択した。(29) それ以上の記録は、刊行された準備作業には残されていない。

このようにして、たしかに、閣僚委員会がいきなり立法行政措置や賠償支払を命令することはできなくなった。ただし、違反認定ののち一旦関係締約国に主導性は認められるとしても、結局閣僚委員会の満足する措置がとられなかった場合には制裁の対象となるのである。また、それ以上に注意すべきことは、依然として人権委員会報告書の送付先が閣僚委員会であり、人権裁判所への非係属の確定以前にさえ、閣僚委員会またはその構成国がさまざまな措置を示唆することを妨げる規定は何もないことである。

こうして、閣僚委員会の権限は膨れあがる結果となった。まず、その介入が認められ、ついでこの介入は拘束力ある決定を伴うという重大な効果を伴うものとされ、さらに事実上の調停権を否定しない一方で、条約違反の有無についての決定権限も認められた。

このような閣僚委員会の役割が、他のフォーラムに対して排他的なものとされたことも重要である。みぎの人権小委員会において、人権委員会の報告書の公表が最終的な制裁としてのみなされるという旧三二条の定式が採用された[30]。この問題については、人権委員会自身による義務的公表→閣僚委員会への送付後の義務的公表→閣僚委員会による義務的公表→制裁かつ最後の手段としての公表、という経緯を辿ったわけである。閣僚委員会は、人権委員会の報告書を秘密裡に独占的に利用でき（旧三一条二項二文も参照）、さらに原則として公衆による事後的点検すらうけない地位を享受することになった。閣僚委員会の処理に対して他の紛争解決手続に訴える可能性も、他の手段への一方的付託を禁ずる規定（旧六二条＝五五条）の導入により、事実上失われた[31]。

このように、旧三二条では、閣僚委員会の権限はほとんど無制約でありかつ排他的である。ただ、条約違反の有無の決定権限が認められているのは、異なる観念の接ぎ木であり、この規定を条約の文脈のなかで統一的に理解することを困難にしている。人権裁判所と同等な権限が閣僚委員会に認められたことは、前者に係属した場合とは異なった結論が後者によって出されることが期待されていた、と考えるほかは説明できない。もし当初の期待通り機能するとすれば、両者は同種の事件について別個の判断を下していくことになる。これはその権威を相互に傷つけあうことになり、どこまでいっても権威的な解釈がうち立てられないことになる。

さらに、違反認定の義務的性格を示す定式（'shall decide'）が採用されたことは[32]、重大である。というのは、裁量の広い政治的処理権限は法的決定義務と矛盾しうるからである。一方で、政治的判断としては介入したいあるいはすべき場合に条約違反はなかったと決定しなければならなくなる場合もあろう。この場合、閣僚委員会の政治的行動は条約によってはなんら妨げられないが、なによりもまず違反の有無を決定しなければならないとすると、その余地は実際上狭められうる。他方、もちろん逆の場合もある。

このように、人権裁判所手続との関係で対外的にも、また内部においても矛盾を含んだ閣僚委員会の権限は、どのように運用されてきたのであろうか。節を改めて検討しよう。

(26) 政治的紛争概念の最も徹底的な究明として、参照：祖川・前掲註(25)、二二五―二三二頁。また参照：山形英郎「国際法における伝統的な政治的紛争理論の再検討」岡山商科大学法経学部創設記念論集『現代法学の諸相』(法律文化社、一九九二年) 二〇二頁以下、二一七―二二七頁。
(27) V *Travaux Préparatoires* 56 f.（4 August 1950）at 58.
(28) *Ibid.*, at 56. Cf. 評議会規程二〇条（a）。
(29) Article 32, Sub-Commitee on Human Rights, Draft Convention, 7 August 1950, V *Travaux Préparatoires* 76 at 88 f. ただし、英語テキストにわずかな異同がある。
(30) *Ibid.* 閣僚委員会自身が公表するかどうかを決定するというオランダ提案（4 August 1950, V *Travaux Préparatoires* 64）が影響を及ぼしたものと考えられる。
(31) これは、人権小委員会で、スウェーデン、イギリスおよびイタリアがそれぞれ主張した考え（さしあたり参照：4 August 1950, V *Travaux Préparatoires* 72）をとりいれたものである。
(32) 見よ：Article 32, *supra* note 29. これについては、刊行された準備作業の記録には何の説明も残されていない。

第二節　実質的処理権限の閣僚委員会による運用

一九九四年一一月七日より以前の閣僚委員会の文書は、三〇年を経過しなければ公衆が閲覧できない。(33) したがって、本章のもととなる論文の執筆された時点（一九九九年）では、一九六九年以降の閣僚委員会の活動は、規則、決議その他のごく限定された公開資料でしか知ることができなかった。本節では、一九六八年までの資料から判明する実行のうち、最も重要と思われる「規則」の成立の状況を、ついでそれ以降のものも含め決議の文面を検討することにする。

（33）　さしあたり参照：Guy De Vel, *The Committee of Ministers of the Council of Europe*, 2nd ed. (Council of Europe, 1995), pp. 63, 141–143.

1　閣僚委員会手続の自己認識——一九六九年規則の成立まで

（1）　初期の動向とオーストリア対イタリア事件

一九九八年の第一一議定書による改正まで有効であった閣僚委員会の「条約三二条の適用に関する規則」[34]は、一九六九年に承認されたテキストに細かい改正（ほとんどは追加）を数次にわたって加えたものである。したがって、閣僚委員会の実質的処理権限についての自己認識は、一九六九年の時点である程度固まったといえる。それ以前には、個別決定そのものを並べたテキストとして、一九六一年に整理された手続規則（以下六一年規則、4 *Yearbook* 14）というものが存在した。事務総局の人権局（Directorate of Human Rights）は、「裁判所モデル」ともいうべき構想[35]から、一九六〇年、「規則予備草案」（Doc. CM (60) 67）なるものを作成したが、この包括的規則案は受け入れられなかった。そのような状況のなか、オーストリア対イタリア事件（一九六三年）[36]が閣僚委員会にもちこまれた。

人権委員会は、報告書において、条約違反なしの結論を下すとともに[37]、公表時に削除された友好的解決の試みに関する部分で、人道的な理由から温情ある措置をとられるべきだ、と述べていた[38]。

一九六三年九月の閣僚代理会合[39]では、代理たちの要請で作成された事務総局による決議予備草案が提出されていた。この予備草案では、条約違反なしの認定の部分と人道的救済に言及した部分があったようである。これに対し、オーストリアが、前半部分の理由に異議を唱えつつ、この草案を全体として受け入れる旨表明したが、イタリアは、旧三二条によれば閣僚委員会の権限は条約違反の有無の認定に限定されるとして、まず前半部分の分割投票を求め、結局採択に至らなかった(40)。

この時点で、オーストリアの立場の微妙な変化が観察される。一〇月、人権委員会報告書の結論に反論する文書（Doc. CM（63）184）を閣僚委員会議長宛に提出したのである。もっとも、議論が再開された同月の閣僚代理会合では、この文書の取り扱いについては、なにも記録されていない。結局この会合で、アド・ホックな手続であるとの了解のうえで、まず、条約違反の有無という法的な問題に厳密に限定した文言の決議を採択し、つぎに、この決議を事務総長名の送付状を付して両当事国に送付することが定められ、両文書の文言が採択された(41)。送付状では、人権委員会が人道上の理由から温情ある措置がとられることが望ましいと認めた事実を、閣僚委員会が留意（take note）したことが述べられた(42)。

（34）テキストはさしあたり、*European Convention on Human Rights; Collected texts*（Council of Europe, 1994), p. 315 ff.

（35）参照：Doc. CM(58)115（人権局作成覚書）. この覚書作成時の人権局長による次の文献も参照：Polis Modinos, "Les pouvoirs de décision conférés au Comité des Ministres du Conseil de l'Europe par l'articel 32 de la Convention européenne des Droits de l'Homme", in: *Mélanges offerts à Henri Rolin: Problème de droit de gens* (Pedone, 1964), p. 196 ff.

（36）この事件については、参照：芹田健太郎「ヨーロッパ人権委員会の活動とその性格(上)」法学論叢七九巻一号八〇頁以下、九七―一〇一頁、および、「同(下)」同誌七九巻二号六二頁以下、六五―六九頁（一九六六年）。以下、事件名に付された年は閣僚委員会決議の採択年である。

（37）*Austria v. Italy*, Report of the Commission, 30 March 1963, paras. 208–209 at p. 232 [Extract, 6 *Yearbook* 742 ff].

（38）*Ibid*., para. 216 at p. 235. ここで引用した HUDOC からダウンロードできる報告書のテキストでは、削除されていた部分も閲覧できる（最終確認日：二〇一三年八月二六日）。なお見よ：6 *Yearbook* 500 and note 1.

（39）一九五二年から、本来の外相レヴェルの会合に代わって行動する閣僚代理レヴェルの会合で日常的職務が処理されている。代理会合は、閣僚委員会の会合の一形態にすぎず、その決定はすべて閣僚委員会の決定であるとされる。参照：DE VEL, *supra* note 33, pp. 18-23.

（40）Conclusions of 123rd meeting of the Ministers' Deputies, *Documents of the Committee of Ministers*, 1963, p. 126 f.〔以下、Deputies, 123rd, 1963, p. 126 f. の要領で引用する〕

（41）参照：Deputies, 124th, 1963, p. 159 f. *Austria* v. *Italy*, Resolution (63) DH 3, 23 October 1963, *Collection of Resolutions*, p. 30 ff.

（42）見よ：8 *Yearbook* 800. なお、*Yearbook* では、送付状が決議の Appendix とされているのであるが、この取扱いは閣僚委員会によって認められたものではないようである。Cf. Consultative Assembly, Doc. 1726, pp. 65-68（閣僚委員会の諮問会議への定期報告書）.

（2）二つの争点軸の提起と規則成立の経緯

同じ閣僚代理会合において、事件の審理を終えるに当たって、イタリアは、人権委員会は違反なしと認定した場合にも希望や勧告を表明できるのか、という点をとくに指摘して、閣僚委員会の規則の明確化を示唆した。(43) 他方オーストリアは、選択条項を受諾している国とそうでない国との間に適正な均衡をもたらすべきだとして、条約の改正または閣僚委員会手続の明確化を求めた。これらの発言をうけて、事務総局作成の覚書に照らして手続問題を再検討することが決定されたのである。(44)

イタリアの狙いは、違反なしという結論の報告書が提出された場合、単にそれに同意する決議の採択で手続を終了させたい、ということであったであろう。そのために「規則の明確化」を求めたとすると、それは違反の有無の早急な認定に何よりも取り組むことを明確化するという意味であった。他方、オーストリアにとっての「手続の明確化」というのは、人権裁判所におけると同様に事件の実質について再審査してほしい、という要求であった。

これらの議論に鑑みて、実質的な争点軸は、二つに整理することができる。第一に、閣僚委員会の、条約違反の有無の認定に限定されない紛争処理機能の範囲と手続、第二に、閣僚委員会手続における、裁判所類似の手続の導入の可否、である。

さて、右の再検討開始から、ほぼまる四年間、閣僚代理のレヴェルで八会合を費やした議論(45)の後、一九六七年一〇月の閣僚代理会合は、人権専門家委員会の同年の報告(46)に含まれた勧告をほとんど受け入れるとともに、事務総局にこの会合の決定を考慮に入れて規則を再公表するように指示した。(47)人権局は、翌年七月、「規則の再陳述」という文書（Doc. CM (68) 111）を提出した。翌一九六九年版の『年報』に、同年六月の閣僚代理会合で採択されたものとして掲載された「規則」（12 *Yearbook* 12, 以下、六九年規則）は、この「規則の再陳述」とごく微細な点を除き同一のものである。この間、一九六四年から六六年まで、人権局は毎年、計三通の覚書を提出し、人権専門家委員会は、一九六五年にも報告を作成していた。

この過程で、さきに指摘した二つの争点軸については、どのように取り扱われたのであろうか。それぞれに分けて考察してみる。

(43)　オーストリアは管轄権受諾宣言をしていたが、イタリアはしていなかった。各国の受諾宣言の時期については、さしあたり参照：本書第七章一五七頁表七―一。

（44）以上については、参照：Deputies, 124th, 1963, p. 161.
（45）この問題の進展過程については、参照：Deputies, 132nd, 1964, p. 133; 140th, 1965, p. 62 f. 148th, 1966, p. 26; 153rd, 1966, p. 253 f.
（46）一九六〇年に設置された政府専門家委員会である。見よ：3 *Yearbook* 156.
（47）参照：Deputies, 164th, 1967, p. 233 f.

（３）紛争処理機能の自己制限

閣僚委員会の紛争処理機能の範囲と手続については、まず、人権委員会が、条約違反なしと結論した場合にも提案ないし希望を表明することができるか、ということが前提問題になった。これについて人権局は当初積極的であった。一九六四年の覚書では、人権委員会の提案に関する規定（旧三一条三項）が違反の有無についての意見に関する規定（同一項）と分離されて規定されるに至った準備作業が紹介され、人権委員会には「『適当と認める提案をなす』別個の権能」が与えられた、と結論していた[48]。これに対して、一九六五年の報告における人権専門家委員会の多数派は、人権委員会には違反なしの結論に達した場合に「希望ないし勧告」を表明する権限はない、という立場をとった（九対六）[49]。この見解が、一九六五年四月の閣僚代理会合で、多数決により了承された[50]。人権局の一九六六年の覚書では、この見解が多数決で了承されたことが「すでになされた決定」として扱われたのであるが[51]、「規則の再陳述」および六九年規則では、多数決には言及なく「閣僚委員会は、人権委員会には、自ら条約違反がなかったと認めた場合、条約三一条三項に基づき提案をなす権限がない、と考える」（六条）と規定された。

ところで、人権委員会は条約上独立の機関であり、閣僚委員会はその権限について判断を下す最終的な権能をもたないから、この規則は、条約違反なしの結論に達した報告書を審理するにあたって、閣僚委員会は、人権委員会の提案はあったとしてもこれを考慮に入れない、という意味である。そして、ここでいう「提案」には単なる希望の表明も含むというのが、多数派の解釈であろう。こうして、オーストリア対イタリア事件の先例があるにもかかわらず、違反がないと人権委員会が結論した場合には、人権委員会の希望を伝達するという選択肢を用いることとさえ、閣僚委員会は自ら封印したと考えられる。

では、閣僚委員会自身がとる紛争解決のための措置についてはどう考えられたのであろうか。一九六五年報告における人権専門家委員会の多数派は、人権委員会の勧告権を制限する理由の一つとして、旧三二条の規定上、閣僚委員会自身にも違反なしの認定の場合には提案をする権能はない、としていた。[52] イギリスは、この点をさらに別の文書で敷衍して「（違反なしと決定した）場合、締約国の行政に介入する権能を閣僚委員会に与えるというのは、条約の目的ではない」[53]と述べた。その三項か二項かの違いはあったにせよ、人権局も人権専門家委員会も、勧告権の根拠は旧三二条にあるというのであるから、[54]「違反があったと認める場合」に限られるのである。しかも勧告できる事項は、違反の救正措置に限られる。一九六五年四月の閣僚代理会合では、一五対一の多数で、「閣僚委員会は、違反と緊密に関係していることを条件として、……勧告を関係国に与えることができる」という人権専門家委員会の結論を了承[55]した。[56] この定式は、「規則の再陳述」ついで六九年規則に取り入れられた（五条）。

（48）　参照：Doc. CM (64) 54, pp. 5-8. 直接の引用は、p. 8.
（49）　参照：Doc. CM (65) 27, pp. 5-8.
（50）　Deputies, 140th, 1965, p. 62.

（51）参照：Doc. CM（66）30, p. 3.
（52）参照：Doc. CM（65）27, p. 6.
（53）Doc. CM（65）49, p. 2.
（54）参照：Doc. CM（64）54, pp. 15–17; Doc. CM（65）27, p. 11. 人権専門家委員会および閣僚委員会は二項を根拠とした。もっとも、若干の専門家は、条約には勧告権を認める規定はなく、勧告するとすれば評議会規程［つまり全会一致］によらなければならない、と主張した。*Ibid.* いずれにしても、旧三二条二項（前引）を根拠とする見解はなかった。
（55）人権専門家委員会自身は、多数の専門家の見解としている。参照：Doc. CM（65）27, p. 2.
（56）Deputies, 140th, 1965, p. 63.

（４）「裁判所」的手続の実質上の排除

このようにして、閣僚委員会が条約違反の有無の認定を越えて紛争処理機能を果たす可能性は、早くも自己限定された。人権局やオーストリアも、こうした可能性を追求する努力を、ごく初期の段階で放棄していたといえよう。力点はむしろ閣僚委員会手続への裁判所類似の手続の導入の方向におかれた。

人権局は、一九六四年の覚書において、閣僚委員会は事件の実質審査を再開できるか、という問題を立て、その検討から当事者の手続的権利を導き出した。すなわち、「閣僚委員会は、条約違反の存在について法的に理由づけられた決定をなすことにおいて、人権裁判所と同じぐらい重大な、かつ、それと同様の権限を行使する」のであるから、「それが決定をなす前に紛争当事者を聴取することを拒むことができるというのは、司法（justice）の最も初歩的な原則に反し、認められない」[57]というのである。つづいて、翌年の覚書においてこの点を敷衍した。すなわち、まず、実質審査ができるからには、国家間申立において、「一方の紛争当事国が閣僚委員会に（書面手続であれ口頭手続であれ）聴取される権利をもち、他方の当事国が同様の答弁する権利を有することになるであろう」[58]とし、対審審理が求められるとした。また、人権委員会の見解を聴取することが有益であろうとし、その代表の援助をうける可能性に言及した[59]。さらに、個人申立人への人権委員会の報告書の送付[60]とそれに対する申立人の所見の受領を可能にする手続が設けられるべきか検討すべきだ、とした[61]。人権局は、一九六六年の覚書においても、疑義の残る点として、これらの問題を繰り返した[62]。

オーストリアも、一九六五年一二月の代表部所見において、同様の主張を展開した。すなわち、「〔条約違反の有無について判断を下すという〕責務は、……閣僚委員会に裁判機関としての性格を与える」。「実質的観点からみて閣僚委員会と人権裁判所は同じ機能を有するのである……。……閣僚委員会の手続規則は、人権裁判所のそれと概して一致していなければならないであろう」として、閣僚委員会の人権委員会との関係および当事国の権利について規定すべきである、としたのである[63]。

しかし、このような主張は、他の評議会加盟国の受け入れるところではなかった。一九六五年九月の閣僚代理会合では、西ドイツが、詳細な規則の作成に反対し、「これは、……さまざまな機関に託された役割をごちゃまぜにするという結果をもたらすかもしれない」[64]と述べた。翌年九月の閣僚代理会合における人権専門家委員会への付託決定の際には、「閣僚委員会は、政治的機関であり、その手続はできるかぎり柔軟なものであるべきこと、したがって自らの行動の自由を制限するかもしれない厳格な手続規則によって拘束されることを望んでいないこと、を念頭におく」よう指示されたのである[65]。

かくして、人権専門家委員会の一九六七年報告がとった立場は、自ずから明らかであった。まず、国家間申立における対審審理については、「閣僚委員会では、各代表は、陳述をなし文書を提出する内在的権利を有している」という前提から出発した。したがって、口頭の陳述については、自明ゆえに規則において規定する必要はない、とした。また、書面による陳述については、申述書（Memorials）・答弁書（Counter-Memorials）と通常の文書とを区別する必要はないとして、六一年規則にあった前二者への言及を削除するよう勧告した。[66] 個人申立人の権利についても規則で規定する必要はないとされた。[67] 人権委員会代表の援助については、人権委員会自身が消極的であった。閣僚委員会手続への参加には条約規定上の根拠がないこと、および、「閣僚委員会は、人権裁判所とは基本的に異なる性格の機関である」ことを理由に、参加が否定された。[68] このような立場がとられた実質的理由は定かではないが、いずれにせよ、人権専門家委員会にとっては、これを前提にして、人権委員会の参加についての規定は無駄であるというだけでよかった。[69]

一九六七年一〇月の閣僚代理会合では、右の人権専門家委員会の勧告が合意された。[70] 結局「規則の再陳述」および六九年規則には、当事者の地位にかかわるものは、「閣僚委員会の各代表は、陳述をなし文書を提出する内在的権利を有する。」（三条）という規定と、「閣僚委員会議長は、とられるべき手続に関して紛争当事国の代表の意見を収集し、閣僚委員会は、必要な場合、書面による陳述その他の文書が提出される順序および期限を定める」（八条、六一年規則四条の一部修正）、という規定しかない。八条の脚註には、同条は個人申立にも適用される、と述べられているが、もちろん、意見を述べ、文書を提出する権利を有するのは、関係締約国だけである。[71]

＊　　＊　　＊

こうして、閣僚委員会は、ごく早い段階ですでに、条約違反の有無にとらわれない紛争解決機能を自ら制限していた。ここでは、閣僚委員会の違反の有無についての決定機能が援用された。しかし、この機能を徹底すれば当然採用すべき裁判所類似の手続については、閣僚委員会は、今度は自らが政治的機関であることを理由に採用しなかったのである。

(57) Doc. CM (64) 54, p. 2 (f); p. 11.
(58) Doc. CM (65) 85, p. 4.
(59) 参照：*ibid.*, p. 4 f. 人権委員会の地位を確立することには、個人申立において、中立人の見解を審理に反映させるという意味もあったであろう。同じ時期に、人権裁判所において、人権委員会を通じる形で中立人の権利が認められつつあった。参照：佐藤文夫「ヨーロッパ人権条約と個人」成城法学七号（一九八〇年）一〇七頁以下、一〇八―一〇九頁。
(60) ニールセン事件（一九六一年）で先例があった。これについては、さしあたり、参照：芹田・前掲註(36)論文（下）、六三―六四頁。
(61) 参照：Doc. CM (65) 85, p. 6.
(62) 参照：Doc. CM (66) 30, p. 6.
(63) Doc. CM (65) 189, p. 1.
(64) Deputies, 144th, 1965, p. 226. アイルランドは、「包括的規則」の有用性に疑問を提起する代表団覚書（Doc. CM (65) 98）を、一九六五年六月、提出していた。
(65) Deputies, 153rd, 1966, p. 253. 原案では「政治的機関」という文言の前に「本質上」という語があったが、これについては、かかる性格を弱めるという反対があり削除された。オーストリアを除き、大多数が引用した付託事項にみられる考えを支持した。参照：Deputies, 144th, 1965, pp. 226-228; 148th, 1966, p. 25 f.; 150th, 1966, p. 95 f.; 152nd, 1966, p. 140 f.
(66) もっとも、六一年規則にあった文書の提出自体を閣僚委員会が定めるとの規定は、削除が勧告された。以上について、参照：Doc. CM (67) 141, p. 3 f. 直接の引用は、p. 3.

(67) *Ibid*., p. 8 f.
(68) Appendix III to : *ibid*., p. 18 f.
(69) 参照：*ibid*., p. 7.
(70) 参照：Deputies, 164th, 1967, p. 233.
(71) 参照：Doc. CM (67) 141, p. 5. なお、規則付属書三項（ｃ）（一九七二年の決定）も参照。

2　法的・政治的コミットメントの回避傾向――閣僚委員会決議研究

一九六九年以降の閣僚委員会の実行については、その決議が、公表されているほとんど唯一の資料である。したがって、六八年以前のものも含めて決議の文面を分析することが、全期間にわたる閣僚委員会の実行の展開を捉えるために、必須である。ただ、ここでの分析は、司法的純化の意義を考察する前提として行われるのであるから、その対象を、第一一議定書が署名に開放された一九九四年五月一一日までに採択された決議に限定した。[72]

(72) なお、第一一議定書五条四・六項により、閣僚委員会は、同議定書の発効以前から扱っている事件のみならず、その後に人権委員会の報告書が採択され旧規定により人権裁判所に付託されなかった事件についても、実質的処理権限を維持する。したがって二〇〇四年まで、この手続が適用されつづけ、決議が採択された。

(1)　決議の全般的傾向

この時点までに、旧三二条にしたがって採択された決議は、人権局のまとめによると全部で一九三であり、[73] 対象となった事件は、一七七件[74]である。うち、違反認定を含まない人権委員会の報告書をうけた決議は、ほぼ画一的であり違反なしの認定を再確認するものである（六一件）。違反なしの結論に達した報告書をうけながら、その認定を再確認しなかった唯一の例は、第一キプロス事件（一九五九年）である。[75] また、人権委員会自身がムートネスを認めた五つの事件では、それが再確認されている。[76] ところが、違反認定を含む報告書をうけた場合（一一〇件）については、決議の文面に若干のヴァリエーションがある。ほとんどの場合にはそれを再確認する（九六件）が、五件については閣僚委員会に係属後の友好的解決を認め審理をうち切っている（一九八七年追加の規則六条の二を適用）。[77] 違反の有無についてなんらの判断も下さなかった「決定拒否 non-decision」は、部分的なものを含め九件を数える。[78] この決定拒否は、七〇年代までは、非常に多く、違反の結論を含む報告書をうけた一〇件中五件もあった。ところが、八〇年代に入ると、その割合が格段に低下し（三九件中三件）、九〇年代には一件になる。

以下、条約解釈・適用機能と紛争解決機能の視点から、検討を加えてみよう。

（73）参照：Appendix I to: *Collection of Resolutions, Suppl. 1994*, p. 161 ff.

（74）事件の数は、閣僚委員会の扱いに従った。つまり、いくつかの報告書がまとめて一本の決議の対象となっている場合も一件と数えた。

（75）*First Cyprus Case*, Resolution (59) 12, 20 April 1959, *Collection of Resolutions*, p. 21; Report of the Commission, 26 September 1958, para. 419. ただし、報告書は二つの点で条約規定からの技術的逸脱を指摘している。見よ：*ibid.*, paras. 158, 297.

（76）*Second Cyprus Case*, Resolution (59) 32, 14 December 1959, *Collection of Resolutions*, p. 22; *Glaser* et al. v. *Austria*, Resolution (64) DH 1. 5 June 1964, *ibid.*, p. 32 ff.; *Plischke* v. *Austria*, Resolution (65) DH 1, 9 April 1965, *ibid.*, p. 36; *Preikhzas* v. *FRG*, Resolution DH (79) 8, 19 October 1979, *ibid.*, p. 84; *Pannetier* v. *Switzerland*, Resolution DH (86) 3, 30 May 1986, *ibid.*, p. 116.

(77) *P. v. Austria*, Resolution DH (91) 33, 13 December 1991, *ibid., Suppl. 1990-1991*, p. 40; *Garzarolli* v. *Austria*, Resolution DH (91) 34, 13 December 1991, *ibid.*, p. 41; *Sargin and Yagci* v. *Turkey*, Resolution DH (93) 59, 14 December 1993, *ibid., Suppl. 1993*, p. 52 ff.; *Silva* v. *Portugal*, Resolution DH (94) 6, 3 February 1994, *ibid., Suppl. 1994*, p. 14; *Gritschemeder* v. *Germany*, Resolution DH (94) 9, 3 February 1994, *ibid.*, p. 19.

(78) *Inhabitants of Les Fourons* v. *Belgium*, Resolution DH (74) 1, 30 April 1974, *Collection of Resolutions*, p. 57 f.; *Huber* v. *Austria*, Resolution DH (75) 2, 15 April 1975, *ibid.*, p. 61 f.; *East African Asians* v. *UK*, Resolution DH (77) 2, 21 October 1977, *ibid.*, p. 67 f.; *Cyprus* v. *Turkey* (*Application Nos. 6780/74 and 6950/75*), Resolution DH (79) 1, 20 January 1979, *ibid.*, p. 75; *Eggs* v. *Switzerland*, Resolution DH (79) 7, 19 October 1979, *ibid.*, p. 82; *Dores and Silveira* v. *Portugal*, Resolution DH (85) 7, 11 April 1985, *ibid.*, p. 114; *Dobbertin* v. *France*, Resolution DH (88) 12, 29 September 1988, *ibid.*, p. 141; *Warwick* v. *UK*, Resolution DH (89) 5, 2 March 1989, *ibid.*, p. 144 f.; *Cyprus* v. *Turkey* (*Application No. 8007/77*), Resolution DH (92) 12, 2 April 1992, *ibid., Suppl. 1992*, p. 19.

（2）条約解釈・適用機関としての閣僚委員会

条約解釈については、閣僚委員会は、人権裁判所の判断が優先することを認めざるを得なかった。そのことは、一九六七年のグランドラート事件[79]で早くも明らかとなった。人権委員会は、条約九条（信教の自由）について違反なしとしつつ、九条または四条（苦役の禁止）と結びついた一四条（条約上の権利についての差別の禁止）違反の有無についての検討に進み、いずれも違反なしという結論に達していた[80]。すなわち、権利を定めた規定の違反がなくとも、その規定と結びついた一四条違反の可能性は排除されないという、「自律的適用」[81]を認める立場が示されていた。この解釈問題は、人権裁判所に先に付託され審理中であった「ベルギー言語事件」[82]で議論の的となっており、もし決議において「人権委員会の理由付けに同意」することを述べる従来の実行[83]を踏襲すれば、結論を先取りしてしまうことになる。そこで、ベルギーが、外相の訓令に基づいてベルギー言語事件の判決まで待つことを強く求めた。しかし、グラントラート事件の被申立国で違反なしの判断の早期の確定に当然関心を有する西ドイツが、これに反対した。(84)結局、理由付けについては一切言及せず、「いずれにせよ――一四条の正確な範囲について定めることはしなくとも――事件の検討から条約一四条ないし他の条の違反は判明しないことを考慮して」違反なしと決定する決議が採択された。(85)

次の決議から「人権委員会の意見に同意」する、という定式が採用され、(86)これは、ムートネス、決定拒否および審理打ち切りの事例を除き、その後一貫して踏襲されることになる。おそらくはこの定式を根拠として、閣僚委員会は決定の理由を与えている、と評されることもある。(87)たしかに、人権委員会の報告書中の「意見」では、違反の有無の結論だけでなく、その理由も与えられている。しかし、この定式が採用されるようになったのは、グランドラート事件を契機としてであることはまず間違いない。決議の文面においては、人権委員会の違反の有無についての結論だけが、「……という意見を表明した」という形で紹介されるのが常であるから、同意の対象となった「意見」とは、そこに紹介された限りでの意見であるともいえる。人権委員会の「意見」中の理由付けが閣僚委員会の拘束力ある決定により採用されているとはいえないであろう。

適用の前提としての事実認定機能については、どうであろうか。マクヴェイほか事件（一九八二年）では、拘禁中の申立人がその妻と接触できなかったのは、条約八条（私生活・家族生活の尊重）違反であると人権委員会は認定していた。イギリスは、閣僚委員会において、伝言の要求の記録装置に「記録がなんらないことは、実際には申立人によってそうした要求がなされていなかったことを示すものである」と述べた。しかし、このように事実について重大な疑義が提起されたにもかかわらず、決議において違反認定は妨げられていない。(88)この事例は、閣僚委員会には事実審理をする意思がほとんどないことを示している。

要するに、閣僚委員会は条約の解釈・適用機関としても自らを十分に確立することができなかった。人権委員会の条約違反の有無についての結論に、拘束力をほぼ機械的に与えてきたにすぎないのである。例外である決定拒否の場合にも、解釈は一切示されていない。

では、個別当事国は、閣僚委員会手続においてとくに報告書に対抗して条約解釈を展開してきたのであろうか。さきにみたように、オーストリア対イタリア事件では、オーストリアは文書を提出して報告書に反論した。一九六八年までの事件（一〇件）のうち、関係締約国の法律論が記録されているのはこの一件だけである。ただし、このことの記述は公表された決議には全く現れていない。

一九七九年までに決定拒否に至った事件においては、関係締約国から覚書が提出されたことが決議に明示されているものがある（四件）[89]。そのうち、東部アフリカのアジア系住民事件（一九七七年）では、イギリスが覚書において「条約違反はないと述べた」[90]とだけ記されている。ともかくも関係締約国の法律論の内容が記されているのは、このなかではフーバー事件（一九七五年）だけであり、ここでは覚書においてノイマイスター事件についての人権裁判所判決[91]に言及され、さらにおそらくは口頭で「手続の複雑さ、外国への嘱託尋問要請から生じた困難、および申立人の妨害的行動によって、条約六条一項の違反はない」と述べられたことが記されている[92]。要するに人権裁判所の判例は認めたうえで、その適用について争ったということであろう。

違反認定に至ったもののうち、キス事件（一九七八年）およびヒルトン事件（一九七九年）では、イギリスが「本件において〔人権裁判所〕がゴルダー事件[93]で示した解釈によるところの条約六条一項の違反があったことを受け入れる」と述べたことが記録されている[94]。これらでは、結局判例が容認されたと考えられるであろう。

ところが、一九八〇年以降の決議においては、このように法律論が展開されたことを窺わせる記述は全くない。要するに、表立って議論を記すことは差し控えられている。このように、閣僚委員会の場での、条約の解釈・適用への個別国家のコミットメントの回避傾向は、早くから明らかであったといえよう。

（79）この事件については、さしあたり参照：野村敬造『基本的人権の地域的・集団的保障』（有信堂、一九七五年）四三六—四四五頁。
（80）*Grandrath* v. *FRG*, Report of the Commission, 12 December 1966, 10 *Yearbook* 630.
（81）さしあたり参照：Sudre, *supra* note 6, pp. 37-39〔建石訳・四六—四八頁〕.
（82）この事件については、さしあたり参照：野村・前掲註(79)、四六〇—四八四頁、高野雄一『国際社会における人権』（岩波書店、一九七七年）二〇九—二一四頁、および、小畑郁「ヨーロッパ人権条約における教育権と差別禁止原則の一断面」院生論集一五号（一九八六年）四二—四六頁。結局人権裁判所は、この事件で自律的適用を認める解釈を採用することになる。見よ：*Belgian Linguistic Case* (*Merits*), Judgment of 23 July 1968, *Series A*, no. 6, p. 33 f.
（83）*Ofner and Hopfinger* v. *Austria*, Resolution DH（63）1, 5 April 1963, *Collection of Resolutions*, p. 25 ff. at p. 27; *Pataki and Dunshirn* v. *Austria*, Resolution（63）DH 2, 16 September 1963, *ibid.*, p. 28 f. at p. 29; *Austria* v. *Italy*, Resolution（63）DH 3, 23 October 1963, *ibid.*, p. 30 f. at p. 31.
（84）参照：Deputies, 161st, 1967, p. 89.
（85）*Grandrath* v. *FRG*, Resolution DH（67）1, 29 June 1967, *Collection of Resolutions*, p. 38 f. at p. 39. なお、この過程で人権局長は、結局理由付けは決議になくてもよいと述べ、以前の見解を事実上撤回した。参照：Deputies, 161st, 1967, p. 90.
（86）*Zeidler-Kornmann* v. *FRG*, Resolution DH（68）1, 28 June 1968, *Collection of Resolutions*, p. 40 f. at p. 41.

（87）　たとえば見よ：Andrew DRZEMCZEWSKI, "Decision on the Merites: By the Committee of Ministers", in: Ronald St. J. MACDONALD et al.（eds.）, *The European System of Human Rights*（Nijhoff, 1993）, p. 733 ff. at p. 744.

（88）　以上について、*McVeigh, O'Neil and Evans* v. *UK*, Resolution DH（82）1, 24 March 1982, *Collection of Resolutions*, p. 94 f. 直接の引用は、p. 95.

（89）　あとで引用する二件のほか、見よ：*Inhabitants of Les Fouron*, Resolution DH（74）1, *supra* note 78, at p. 58; *Cyprus* v. *Turkey*（*Application Nos. 6780/74 and 6950/75*）, Resolution DH（79）1, *supra* note 78, at p. 75（トルコについてのみ）. これらについては、覚書の内容は全く記されていない。

（90）　*East African Asians*, Resolution DH（77）2, *supra* note 78, at p. 67.

（91）　*Neumeister* v. *Austria*, Judgment of 27 June 1968, *Series A*, no. 8. この事件については、さしあたり参照：野村・前掲註(79)、三六七―三七五頁。

（92）　*Huber*, Resolution DH（75）2, *supra* note 78, at p. 61 f.

（93）　*Golder* v. *UK* [PC], Judgment of 21 February 1975, *Series A*, no. 18.

（94）　*Kiss* v. *UK*, Resolution DH（78）3, 19 April 1978, *Collection of Resolutions*, p. 72 f. at p. 73; *Hilton* v. *UK*, Resolution DH（79）3, 24 April 1979, *ibid.*, p. 76 f. at p. 77.

（3）　紛争解決機関としての閣僚委員会

さきに述べたように、違反ありと認定されなかった場合に閣僚委員会自身が勧告権を有するかについては、否定的見解が支配的であった。ところが、これと矛盾するのであるが、決定拒否の場合には、関係締約国がとった一般的措置に言及がなされたり、あるいは勧奨がなされることもあった。レフーロン住民事件（一九七四年）、東部アフリカのアジア系住民事件およびエッグズ事件（一九七九年）では、関係締約国の一般的是正措置に（満足して）留意すると述べられている。[95] キプロス対トルコ事件（第一・第二申立、一九七九年）では、「当事者に対し……共同体間対話を再開するよう強く促す」ことが決定された。[96] ところが、一九八八年のドッベルタン事件では、なんらの措置への言及も勧奨もなく、「これ以上いかなる行動もとるよう求められないので、本件の審査を議事から除く」ことが決定された。[97] キプロス対トルコ事件（第三申立、一九九二年）では、約八年間の審査ののち、報告書を公表することだけが決定され、「この決定により本件の審議は終了したとみなす」、とされた。[98] 決定拒否に陥った場合にも紛争解決に向けて努力するという集団的意思表示は、八〇年代の終わり頃からは見られなくなったのである。

違反認定を確認する決議では、閣僚委員会は一般に、関係締約国がとった措置に留意し、「これ以上いかなる行動もとるよう求められない」と決定するかあるいは「条約三二条に基づくその職務を果たした」（一九九二年以降）と宣言する。違反があったという決定は、このような措置の留意および審査終了宣言と一緒にまとめて一本の決議として公表される。このようなアプローチはたしかに、不十分な措置の是認と引き替えに違反認定が許容されうるという危険を孕んでいる。実際の投票行動においては、関係締約国がとる態度が決定的に重要であるといわれていることからも、[99] なおさらそうである。ただ、おそらくは一九八七年以来、[100] 違反の有無についての表決は、決議採択よりもある程度前の段階でなされるようになっており、[101] 措置の是認と違反認定とがリンクしにくくなっている。なお、違反認定されたすべての事件について、一般的是正措置に留意がなされるか、あるいはとくに訴訟遅延に関するものについては、一九八七年以降、少なくとも金銭賠償を与えるための措置がとられており、[102] 違反認定にたどり着けば、解決は一般には促進されることが認められるであろう。

ただ、この表決と措置への言及を含む決議の採択とが時間的に分離されたことは、反面において、紛争解決機能にとって重大な結果をもたらしうる。というのは、表決の結果違反の有無あるいは決定拒否が確定した段階においては、関係締約国あるいは閣僚委員会にとって、解決のための措置をとる政治的動機付けの度合が格段に低下するからである。違反認定がされた場合は、当事国に一応の遵法意識がある限りは問題がないであろうが、違反がないことが早い段階で確定した場合、オーストリア対イタリア事件のような措置がとられることは全く期待できない。決定拒否が確定した場合[103]も同様で、みぎにみたドッベルタン事件の顛末はこのことを示していると思われる。

おそらくこのことと関係があると思われるのであるが、一九八〇年代を通じて、ほぼ確立していたかに思われた人権委員会の報告書ないし意見の関係締約国による受諾を記録する実行[104]が、一九八九年はじめの事例[105]を最後として、全く見られなくなった。かかる受諾は、とられた一般的措置の情報と一体となって、関係締約国の政治的意思による法的効果を伴うコミットメントを構成していたと捉えることができる。つまり、かかる措置が条約違反の状態を是正するためにとられたものであって、もし元の状態に戻るならば、条約違反状態が復活するということを、関係締約国自らが認めたと考えられるのである。

こうしたコミットメントの消失は、閣僚委員会の紛争解決（あるいは予防）機能ないし人権促進機能の喪失を意味するであろう。

(95) *Inhabitants of Les Fouron*, Resolution DH (74) 1, *supra* note 78, at p. 58; *East African Asians*, Resolution DH (77) 2, *supra* note 78, at p. 67 f.; *Eggs*, Resolution DH (79) 7, *supra* note 78, at p. 83.

(96) *Cyprus* v. *Turkey* (*Application Nos. 6780 / 74 and 6950 / 75*), Resolution DH (79) 1, *supra* note 78, at p. 75. もちろん、この勧奨が極めて不十分であることはいうまでもない。

(97) *Dobbertin*, Resolution DH (88) 12, *supra* note 78, at p. 141.

(98) *Cyprus* v. *Turkey* (*Application No. 8007/77*), Resolution DH (92) 12, *supra* note 78, at p. 19.

(99) LEUPRECHT, *supra* note 10, p. 101.

(100) 次の決議以降、違反の有無についての表決を完了形で記述するようになった。*Houart* v. *Belgium*, Resolution DH (87) 10, 25 September 1987, *Collection of Resolutions*, p. 135 f. at p. 135. なお、規則九条二項（一九八七年追加）も参照。

(101) 決議自体は、投じられた票の三分の二以上でかつ加盟国（準加盟国を除く）の過半数の賛成で採択される。これは、一九九〇年に追加された規則一一条で明文化されたが、それ以前からの慣行とされる。以上については、参照：DRZEMCZEWSKI, *supra* note 87, p. 744 f. なお、一九九二年から、条約旧三二条一項に基づく違反の有無についての決定の日付が決議に明示されるようになった。

(102) 金銭賠償の勧告から端的に金銭賠償義務ありと判断する実行（一九九二年以降）への展開については、さしあたり参照：Pieter VAN DIJK and Godefridus Josephus Henricus VAN HOOF, *Theory and Practice of the European Convention on Human Rights*, 3rd ed. (Kluwer, 1998), p. 272 f. かかる救済措置が、「衡平な満足」付与に限定されており、立法措置等については関係締約国の主導性に委ねられていたことにも注意せよ。

(103) 一九九〇年追加の規則九条の二により、規定の多数が得られなかった場合、つづく三会合の間に再度のかつ最後の表決が行われることになった。それ以前は、一度で確定していたようである。以上については、参照：DRZEMCZEWSKI, *supra* note 87, p. 741.

(104) 次の決議以降、違反認定がなされた引き続く二五の決議のうち、一八がそうした受諾を記録している。*Draper v. UK*, Resolution DH (81) 4, 2 April 1981, *Collection of Resolutions*, p. 88. また次の一件では、閣僚委員会決定の受諾が記録されている。*Marijnissem* v. *The Netherlands*. Resolution DH (85) 4, 25 February 1985, *ibid.*, p. 113.

(105) *Warwick*, Resolution DH (89) 5, *supra* note 78, at p. 145.

結びに代えて

以上にみてきたように、閣僚委員会の広範な権限のなかには当初から矛盾が含まれており、それが運用過程で深刻な影響を及ぼした。条約解釈・適用機能と紛争解決機能とが、互いに制約しあってきたのである。ただ、「侵略」についても決定する国連安全保障理事会にみられるように、矛盾は矛盾として含みながら両機能がともに展開する可能性は論理的にはあった。そうならなかった背景には、人権裁判所の活動が顕著に発展し、その側圧をうけたことが疑いなく存在する。しかし、より直接的には、閣僚委員会にこの広範な権限を生かして使おうという意思が欠けており、政府（集団）としても法的・政治的コミットメントを回避する傾向がますます強まったことを、その理由として挙げなければならない。

そしてこのことこそ、司法的純化の背景として重要だと思われる。実際、いずれの事件についても、専門家の意見を政治的意思によって受けとめる必要ないし意図がなく、紛争解決それ自体へのイニシアチヴを発揮しようと望まないのなら、この専門家の意見が、法的に拘束力ある判決であったとしてもそう変わるものではない。そしてたしかに、数的には圧倒的多数を占め、実際的解決のために政治的意思の動員が必要とされない個別的人権侵害の場合には、拘束力ある裁判所の判決を前提にした方が、対個人の関係で迅速かつ円滑な解決が可能となるのであろう。ただ、数はごくわずかとはいえ無視できない重大性をもつ大規模人権侵害の場合には、果たしてどうなのであろうか。そのことが改革の過程で十分検討されたのであろうか[106]。

実は、第一一議定書に結実する諸改革提案において、政治的性格が強いと一般に考えられた国家間申立について、閣僚委員会手続を維持するという選択肢は、最終段階に至るまで開かれていた(107)。一九九〇年に、条約手続の改善に関する専門家委員会が提出した文書でも、同年に相次いで出されたオランダとスウェーデンの各提案でも、そうした手続の維持が予定されていた(108)。国家間申立について人権裁判所の管轄権へのオプト・イン方式は、一九九三年九月の草案においても選択肢として残されていた(109)。もし有力ないくつかの政府がこれを取り上げれば、国家間申立についての閣僚委員会の実質的処理権限は、比較的簡単に維持されたであろう。しかし、この段階でどの政府もこの問題を提起した形跡はない。個人申立が数的に圧倒的多数であるという事情は、無媒介にはこのような態度にはつながらないはずである(110)。こうしてみると、さきの問いには否定的に答えざるをえないであろう。

以上のような諸政府の態度は、むしろ政治的無責任とはいえないだろうか。人権の大規模・重大侵害についていえば、たとえそれについて拘束力ある判決が下されたとしても、困難はその時点から始まる。判決の履行確保のために努力を結集しなければならないからである。かくしていずれにしても、人権の実現のための政治的フォーラムの役割について真剣な再検討が必要だったはずである。しかし、かかる再検討はなされなかった。

誤解をおそれずに述べるならば、司法的純化によってもたらされた人権裁判所の唯一の管轄権は、このように諸政府が本音のところでは人権を国際的に擁護する責任をもはや引き受けたがらなくなっている状況の下で、それを隠蔽するシンボルとしても機能しているのではないだろうか(111)。だとすれば、条約上の権利を全ヨーロッパにおいて実現していくための政治的基盤は、国家あるいは政府中心の従来の政治システムに寄りかかる限りにおいては、すでに危ういといわなければならない。ただ、それに代わる、端的には人権裁判所がその判例法を実現するうえで依拠できるような政治的諸力は、みるところではまだ十分にその姿を現してはいない。

(106) 既存締約国においてさえ、このようなタイプの人権侵害が生じている。さしあたり、参照：Leo ZWAAK, "Turkey and the European Convention on Human Rights", *The Role of the Nation-State in the 21st Century; Essays in Honour of Peter Baehr*（Kluwer, 1998), p. 209 ff.

(107) 第一一議定書の成立過程については、参照：*Explanatory Report on the Protocol No. 11*, paras. 1-18.（小畑郁訳「（資料）監督機構を再構成するヨーロッパ人権裁判所の改正議定書および説明報告書」金沢法学三七巻一号（一九九五年）一六六―一七〇頁〔本書付録Ⅱ第二 四一九―四二三頁〕）。

(108) 見よ：Detailed structure of a possible single Court system, 30 April 1990, DH-PR（90）6, para. 29; An Overview of the proposals made by the Dutch and Swedish authorities, DH-PR's Report to CDDH.〔March 1992〕., para. 47, reproduced in: 14 *HRLJ*（1993）31 at 40, 44.

(109) Andrew DRZEMCZEWSKI, "A Major Overhaul of the European Human Rights Convention Control Mechanism : Protocol No. 11", VI（2）*CC Acad Eur L*, 1995（1997）121 ff. at 167 & note 60 による。なお、*ibid.*, 151, 162 も参照。

(110) もっとも、これに財政的・人的資源の節約という別の要素を付け加えると、一応の説明をつけることができる。なぜなら、閣僚委員会手続がそれに先立つ専門家（集団）の報告書なしには機能しないことは明らかだからである。ところが、そのためにも求められていたアボカ・ジェネラルの設置は、交渉が進展するにしたがって支持を失っていった。その理由はおそらく、機能統合案の二審制案にはないメリット、すなわち、実施機構の構成員数の削減というメリットが生きない、ということにあったと思われる。以上について、cf.: *ibid.*, 149, 155, 157, 165, 167.

(111) 第一一議定書締結に向けた最終的意思統一の場となった評議会加盟国首脳会議（一九九三年一〇月）で採択された「ウィーン宣言」には、司法的要素の強化の意義に触れる言及は一切ない。見よ：Vienna Declaration, 9 October 1993, *Minutes of the Council of Europe Summit*（*Vienna, 8-9 October 1993*), SUM（93）PV 1 & 2, p. a 1 ff.〔14 *HRLJ* 373〕. 参照。説明報告書においても「司法的要素の強化」に与えられている位置づけは、ごく控えめである。*Explanatory Report*, *supra* note 107, paras. 23-25 訳・一七二頁〔本書四二五頁〕。一九八八・九年頃にみられた、司法的要素と政治的要素の利害についてともかく議論しようという雰囲気――参照：The possibility of merging

the European Commission and European Court of Human Rights, DH-PR's Report to CDDH, 2 May 1989, paras. 12, 24 f., 45, reproduced in: 14 *HRLJ* (1993) 31 at 33-36 ――は失われている。

第五部　条約による国内の基本権救済手続の統制
――「実効的な国内救済手段を得る権利」の可能性

第九章　「実効的な国内救済手段を得る権利」の性格と適用範囲

はじめに

序章で述べたように、ヨーロッパ人権条約を「憲法秩序」と位置づける場合には、それが締約国の国内法に対して上位に立つ法秩序として、それぞれの国内法秩序そのものに直接介入する形でそれを統制している、あるいは統制すべきであるという観念を伴っている（憲法秩序の第二の観念）。そしてそれは、本書においてこれまでその確立をその基礎と背景の分析とともに確認してきた、憲法秩序の（第一の）観念、すなわち、条約が形成する法秩序を各締約国の個別的意思によってコントロールできないという観念と、無関係ではない。そうすると、この第一の観念が確立するにつれて、第二の観念がどの程度確立してきているのかを分析する必要があるといえよう。

実際、冷戦後の動向のなかで、ヨーロッパ人権条約を実施する国内システムの役割を強調する議論が目立っている。早くも一九九一年一〇月、ヨーロッパ評議会事務総長の後援により、「東欧および西欧におけるヨーロッパ人権条約の国内的実施」というセミナーが開かれたのは象徴的である。[1]また、この条約の基準を国内法システムにおいて実施するようにすることについては、国際政治システムを通じても追求されている。これがまさに、冷戦後の中・東欧諸国に対するヨーロッパ評議会の活動の焦点であった(2)。西欧諸国においても、条約基準を国内法にさまざまな形で取り込むことが行われてきた(3)。これについては、日本においても近年、憲法学の立場からの研究もみられるようになってきた(4)。

しかし、こうした動向自体は、右にみた憲法秩序の第二の観念にとって好ましい政治的環境の成立ではあっても、その観念の確立に向けた動きそのものではないであろう。その観念は、条約という国内法を淵源とする基準に各国法秩序の内的編成を服従させることを、単に事実上の効果として要求するものではなく、法的義務として課そうとするものであると考えられるからである。このような規範的内容の変化を探るうえで、この部では、「実効的な国内救済手段を得る権利」を保障する条約一三条についての動向に対象を限定して考察を進めたい。同条は、次のように規定する。

この条約に定める権利および自由を侵害されたすべての者は、公的資格で行動する者によりその侵害が行なわれた場合でも、国内審級において実効的な救済手段を得る権利を有する。

条約基準を国内法システムにおいて実施することを要求すると解釈できる規定としては、締約国の一般的義務を定める一条のほか、二条から一二条までの（および諸議定書における）個別的な権利を定める規定（この部では、〈個別的権利規定〉という）も挙げられるであろう。しかし、現在では、個別の権利の内容に則した国内法状態というよりは、一般的にあるいはシステマティックに条約基準に則した国内法状態を求める主張が、より重要と考えられること、また、このような主張は、近年では、一条よりも一三条に根拠を求めているとみられることに鑑み、一三条に焦点を合わせることにしたい(5)。

本章ではまず、このような機能を期待される一三条の性格と適用範囲について一般的な考察を加えておくことにする。

(1) その記録は、*Domestic Implementation of the European Convention on Human Rights in Eastern and Western Europe*, ── 2 *AEHRYB* ── (1992) として刊行されている。

(2) さしあたり、参照：小畑郁「欧州審議会の人権保障活動と中・東欧」外国学研究(神戸市外国語大学)三二号(一九九五年)一〇七頁以下〔本書第三章〕。

(3) その概観として、見よ：Jörg Polakiewicz, "The Implementation of the European Convention on Human Rights in Western Europe", 2 *AEHRYB*, p. 11 ff.

(4) 先駆的なものとして、見よ：齊藤正彰『国法体系における憲法と条約』(信山社、二〇〇二年)第二部・第三部。なお、日本の国際法学者による研究として、井上知子「ヨーロッパ人権条約の国内的実施について」神戸法学雑誌四一巻三号(一九九一年)八六三頁以下、がある。

(5) なお、同条については参照：佐藤文夫「ヨーロッパ人権条約における効果的な救済措置を受ける権利に関する若干の考察(一)・(二)」成城法学五六号(一九九八年)一頁以下・同六六号(二〇〇一年)八一頁以下。これに対して、自由権規約について同じような主張が問題になる場合には、条約一三条に対応する二条三項と並んで、立法措置その他の措置をとることを求める二条二項の解釈が問題となろう。自由権規約のテキストは、999 *UNTS* 171.

第一節 条約一三条の権利性(6)

条約一三条がそれ自体個人の権利を保障した規定なのかどうか、ということについては、今日では、肯定することでほぼ決着がついているようにもみえる。条約の準備作業においては、専門家委員会の草案へのコメンタリーが、「ここでは、固有の人権が問題となっているのではなく、人権の保護の方式が問題になっているのである」と記しているのであるが[7]、人権委員会も人権裁判所もつねに一三条を権利を保障するものと解釈してきた、といわれる[8]。

しかし、たとえば人権裁判所によりなんらかの形で条約一三条の違反が認定された事件は、一九九五年まででそれが問題となった六九ケースのうち四件と極端に少ない[9]。このことは、一三条が規定する規範の、個人の個別的権利としての性格が、決して自明のものではないことを示唆しているのではないだろうか[10]。

ところで、条約は、「実効的な」国内救済手段が尽くされない限り個人の申立を受理しないという、国内的救済原則を規定している（二六条[11]）。この原則からすれば、「実効的救済手段」を得ることができないことは、個人にとっては、それ自体としては、直ちに国際機関の介入を求めうるという意味しか有していない、ということになる。だとすれば、一三条によって確保しようとする実効的救済手段と国内的救済原則によって用意しておくことが促される「実効的救済手段」とは、機能あるいは内容において、相対的に区別されるべきものではなかろうか。実際実施機関の判断のうちには、一三条違反が問題にならないとしつつ国内的救済原則の観点からは尽くすべき手段と考えなかった事例が存在している。たとえば、ヤングほか事件[12]では、人権委員会は、「一三条からは、条約に合致していないと考える立法それ自体に対して異議を申し立てる救済手段がなければならない、ということは導き出せない[13]。」という意見を述べ、一三条違反を認めなかった。しかし他方、ここで問題となった労使関係審判所（Industrial Tribunal）の手続については、申立人のうちの二人が尽くしていなかったものであったにもかかわらず、国内的救済手段が完了していないとして不受理（inadmissible）とはされていなかったのである[14]。

では、国内的救済原則の適用の文脈での「実効的救済手段」と一三条における実効的救済手段は、どのように区別されるのであろうか。一三条について条約実施機関が独立の項目として違反を認定する実益は、実効的救済手段が得られない構造的要因を摘出し特別に非難するということであろう。この関係で想起されるのは、大規模人権侵害状況についての国家間申立については、一三条違反が認定されるケースが比較的多いことである。(15)もちろん、個人の個別的事件においてたまたま「実効的救済手段」が得られなかったことや、その救済手段の欠缺が重大でないと考えられる場合についても、一三条違反を認定するという解釈は可能である。しかし、そのようなことは、国際機関が直ちに介入できるという効果を与えるだけでも十分に対処できるものである、という考え方が条約全体の解釈として理にかなっていると思われるのである。実施機関が一三条の適用に際して、右にみたヤングほか事件における人権委員会の意見のような、さまざまな制約を課そうとするのは、このようなことから説明できるであろう。こうしてみると、一三条は、少なくとも是正をはかろうとする対象の側面からみれば、個人の利益の救済というよりは、締約国における救済システムの一般的欠陥の治癒という目的をもつものともいえるのである。したがって、通常、一三条の違反認定によって、当事国は、自国の救済手続の一般的な改善を迫られることになる。

そもそも実効性の程度は相対的なものであるうえに、実効性の構造的な欠如だけが一三条の観点から問題になるとするならば、そこで基準となるのは、締約国集団にある程度一般的な制度が用意されているかどうか、ということになろう。要するに、基準がはじめから規定に内在しているわけではないのである。ヤングほか事件における人権委員会の見解は、このように考えてはじめて理解できる。(16)こうしてみると、一三条は、少なくとも潜在的には、ヨーロッパ諸国において、ある程度一般的にみられる救済システムを普遍化する機能を有していると見られるのである。

(6)　一三条の解釈・適用上の問題一般については参照：Andrew DRZEMCZEWSKI and Christos GIAKOUMOPOULOS, "Article 13", in : Louis Edmond PETTITI *et al.* (dirs.), *La Convention européenne des droits de l'homme; Commentaire article par article* 2e éd., (Economica, 1999), p. 455 ff. なお、一三条の解釈問題一般をも考察している貴重な論稿として参照：中井伊都子「シェンゲン条約――欧州人権条約第一三条との整合性をめぐって」研究紀要（世界人権問題研究センター）二号（一九九七年）、一二三頁以下、とくに一三九―一四一頁。

(7)　Committee of Experts, Report to CM, 16 March 1950. IV *Travaux Préparatoires* 2 at 23 (f.). もっとも、この記述は、結局採用されなかった列挙主義草案についてのものであり、また、専門家委員会での検討以後次のような経緯をたどったために、起草者の意思を最終的に表している記述とはいえない。定義主義草案の方では、専門家委員会の段階では、国家の一般的義務と併せて冒頭に規定されていたが、高級公務員会議では、「実際、条約で保護されるあらゆる権利の侵害に対して国内審級において救済を得る権利が問題になっている」(Confererce of Senior Officials. Report to CM, 17 June 1950, IV *Travaux Préparatoires* 243 at 261) という理由で、一般的義務規定と切り離されて個別的権利規定のあとに移され（見よ：*ibid.*, at 283）、さらに閣僚委員会第五会期において、国家の義務を規定する定式から個人の権利を規定する定式に改められたのである（Article 13, CM, Draft Convention, V *Travaux Préparatoires* 147 at 153 f.)。この経過が、個人の申立権が選択的なものとされることが確定していく流れとパラレルであることを想起すれば、全体として、個人の権利という性格を強化することによって、一三条の適用可能性を減じようとした、とも考えられる。条約起草過程全般については、参照：薬師寺公夫「ヨーロッパ人権条約準備作業の検討（上）（中）（下）」神戸商船大学紀要　第一類・文科論集三二―三四号（一九八三―八五年）、各三五頁、一五頁、一頁以下。

(8)　DRZEMCZEWSKI & GIAKOUMOPOULOS, *supra* note 6, p. 457 参照。すでに一九八〇年に発表された人権委員会事務次長による研究が、人権委員会・人権裁判所は、個人の権利を保障するものであることに疑いの念を表したことは決してない、としている。Jean RAYMOND, "A Contribution to the Interpretation of Article 13 of the European Convention on Human Rights", 5 (3) *Human Rights Review*, (1980) 161 at 162.

（9）　人権裁判所の判例の検索には、Dona GOMIEN, *Judgments of the European Court of Human Rights 1959-95; Refernce Charts*（Council of Europe 1996）, esp. pp. 326-328 を利用した。この状況は現在（とくに一九九〇年代半ば以降）大きく変容しており、一三条違反を認定する判決は非常に多い。これについては、さしあたり見よ：小畑郁「ヨーロッパ人権条約における国内的実施の進展と補完性原理」法律時報八〇巻五号（二〇〇八年）四八頁以下、五一頁〔本書終章三二九頁〕。

（10）　フォーセットは、一三条は個人の権利を規定したものというより条約の実施の集団的保障の一部であるという見解を示している。James Edmond Sandford FAWCETT, *The Application of the European Convention on Human Rights*, 2nd ed.（Clarendon, 1987）, pp. 289-291 参照。

（11）　条約における国内的救済原則については、参照：芹田健太郎「ヨーロッパ人権条約と国内的救済原則」神戸商船大学紀要第一類・文科論集一五号（一九六七年）三七頁以下。

（12）　この事件のあらましは、参照：小畑郁「ヨーロッパ人権条約における国家の義務の性質変化（二・完）」法学論叢一二一巻三号（一九八七年）七五頁以下、八三―八六頁。

（13）　*Young, James and Webster* v. *UK*, Report of the Commission, 14 December. 1979, *Series B*, no. 39, p. 12 ff. para. 177 at p. 49. 立法それ自体に異議を唱えることができる救済手段を用意するところまでは義務づけていないという判断は、以後踏襲されて人権委員会においては先例として一貫して踏襲されているようである。人権裁判所は、一九八六年のジェームズほか事件において、この見解に同意したが―― *James and Others* v. *UK* [PC], Judgment of 21 February 1986 *Series A*, no. 98 para. 85 ――、一八人の裁判官のうち、一名がこの命題に真っ向から反対し、二名が理由が不十分との意見を付した。参照：Concurring Pinheiro Farinha; Concurring Opinion of Judges Pettiti and Russo, *ibid.*, p. 53. また、四名の裁判官がこの命題に同意しつつ理由を補足したが、その際、現在でも、個人のために、法律の合憲性あるいは条約適合性審査手続が規定されている締約国は少数であるという事情に重きを置いたのである。Concurring Opinion of Judges Bindschedler-Robert, Golcuklu, Matscher and Spielmann, *ibid.*, p. 51 f. こうしてみると、将来の判例変更の余地は十分に残されているといえよう。

(14) もっとも、イギリス政府もその事情を援用しなかった。参照：*Young and James* v. *UK*, Decision of the Commission, 11 July 1977, 20 *Yearbook* 520.；*Webster* v. *UK*, Decision of the Commission, 3 March 1978, 12 *DR* 168, at 169.

(15) 本章のもととなる論文が執筆された一九九七年の段階で、人権委員会または人権裁判所により違反の有無について認定がなされた国家間申立による大規模人権侵害事件は五件を数えたが、そのうち少なくとも二件において一三条違反が認定されている。見よ：*The Greek Case*, Report of the Commission, 5 November 1969, 12 (The Greek Case) *Yearbook* 1, at para. 402 (p. 174)；*Cyprus v. Turkey* (*Applications Nos. 6780/74 and 6950/75*), Report of the Commission, 10 July 1976, paras. 499-501. 例外のアイルランド対イギリス事件については、アイルランドがそもそも一三条違反を申し立てていなかった。見よ：*Ireland* v. *UK* [PC], Judgment of 18 Januaruy 1978, *Series A*, no. 25, paras. 144, 148. キプロス対トルコ事件（第三申立）においては、二六条との関係でトルコが援用した救済手段について、関連性がなく不十分で尽くす必要がないとした受理可能性決定が確認され、この認定に付け加える必要はないとして、一三条についての判断が回避されている。見よ：*Cyprus* v. *Turkey* (*Application No. 8007/77*), Report of the Commission, 4 October 1983, 72 *DR* 5, at para. 158 (p. 48). なお、一九九八年段階では人権委員会の報告書は未公表であったが、第一キプロス事件でも、一三条違反の認定はされていない。*The First Cyprus Case*, Report of the Commission, 26 September 1958.

(16) 前掲註(13)およびそれを付した本文を見よ。

第二節　条約一三条の自律性

ここでいう自律性とは、一三条の違反は、個別的権利規定の違反を前提としないでも認められうるか、という問題である。テキストからすれば、条約上の権利の侵害、すなわち個別的権利規定の違反が前提であるとも考えられる。実際、人権委員会においては、一貫してはいないものの、このような解釈がかなり有力であったようである。[17] しかし、人権裁判所は、西ドイツにおける秘密裡の盗聴が問題となったクラスほか事件についての一九七八年九月の判決で、次のように判示して、自律性を明白に肯定した。

当裁判所の見解では、一三条は、個人が、条約に違反すると主張する措置によって害されたと自ら考える場合に、彼は、自らの主張について判断してもらい、適当な場合には救済（redress）を受けるために、「国内審級」における救済手段を利用できなければならないことを要求する。したがって、一三条は、自らの条約上の権利および自由が侵害されたと主張する（*allègue / claims*）者には誰でも、「国内審級における実効的な救済手段」を保障するものと解釈されなければならない[18]（強調は原文）。

この判断の適用については、人権裁判所は、一九八〇年代に入って、一三条が適用されるために前提となる個人の主張の範囲を限定してきていることに注意が必要である。一九八三年のシルバーほか事件において、クラスほか事件判決の定式は、「個人が、条約に規定された権利の侵害の犠牲となっているという弁論しうる主張（an arguable claim）を有している場合には」（傍点引用者）と微妙に修正された。[19] そしてこの「弁論しうる主張（仏：un grief défendable）」の基準を適用して、実際に、一九八八年のボイル・ライス事件では、いくつかの主張が「弁論しうる」ものではないとして一三条違反の問題を生じないとされた。[20]

このように一三条の適用の前提となる個人の主張の範囲は限定されるものの、一三条の自律性自体は、クラスほか判決を先例として定着しているとみられる。一般に、こうした解釈は、条約規定に有用な効果を与えるという解釈規則に合致するとして支持されている。[21] しかし、個別的権利規定の違反がないときに、一三条違反の可能性が果たしてどの程度存在するのか、ということは、それ自体問題としておくべきであろう。実際には、個別的権利規定の違反を認めることなく、一三条違反を認定した判決は一九九六年に至るまで皆無だったのである[22]。もちろんこれについては、実際上の理由が大きいであろう。しかし、さしあたり明確にしておきたいのは、論理的な可能性の程度である。

まず想起されるのは、条約の個別的権利規定は、多くの場合、個別の権利を無条件・絶対に保障することを求めているのではなく、一般に、ある条件の下では制約することを認めていることである。典型条項と考えられる条約八条は、次のように規定する。

１　すべての者は、その私的および家族生活、住居ならびに通信の尊重をうける権利を有する。

２　この権利の行使については、法律に基づき、かつ、国の安全保障、公共の安全もしくは国の経済的福利のため、無秩序もしくは犯罪の防止のため、健康もしくは道徳の保護のため、または他の者の権利および自由の保護のため、民主的社会において必要なもの以外の、公の機関によるいかなる介入もあってはならない。

このように、権利の制約は、一般に次のような三つの条件を満たす場合は許される。①法律に基づくこと、②認められた目的をもつこと、③民主的社会において必要な制限であること、である。③に関連して、条約実施機関は、具体的な制約措置とその目的との比例性を審査している[23]。この条件の下で、いま、ある制約制度によって、特別の手続が導入され（あるいは一般手続に特別の制約が課され）、それが一三条の要求する基準に達していないという場合には、目的との比例性を欠くとして個別的権利規定の違反が認定される確率はかなり高いといえないだろうか。クラスほか判決を例にとって説明しよう。ここでは、破壊活動を防止することを目的とする通信の監視（盗聴など）の対象者の一部に対して、事後的にもその事実が知らされないことが問題となった。このことが、申立人によって救済の機会を奪うものとして一三条違反にあたると主張され、通知がないにもかかわらず実効的な救済手段が用意されているかが検討されたのであるが[24]、人権裁判所は、それより先に八条二項について、「濫用を防止する十分で実効的な保証が存在する」かどうかを検討し、この観点から、措置の導入後の手続を検討していたのである[25]。つまり個別的権利規定の違反の有無を確定する際に、すでに救済手段について審査する場合があるのである。こうした場合に、救済手段が個別的権利規定とは合致するとされながら、一三条の要求する実効的救済手段がなかったと判断される余地は、一三条の基準の緩やかさ（裁判手続でなくてもよい）からいっても、あまり大きなものとはいえないであろう。ただし、あとで述べる一三条の〈条約上の権利〉についての救済手段という性格を徹底すれば別であるが。

ともあれ、逆にいえば、個別的権利規定の違反がなくても一三条の違反が認定されやすいのは、次の二つのケースであろう。第一に、ある権利を無条件・絶対に保障する個別的権利規定が問題となる場合である。この場合は、個別的権利規定の違反の有無の判断の際に救済手段の状況は問題とならないからである。第二に、権利を制約する特定の制度が実体法の分野に限定され、手続法の領域には影響を及ぼさず、しかも、一般的な手続が一三条の要求する基準に達していない場合である。もっとも、第二の場合は、かなり特殊な状況といえるし、このような判断に踏み込むことは、当事国の手続がある程度一般的に欠陥があると断ずることを意味するので、実施機関としては大いに躊躇するであろう。

（17）　参照：RAYMOND, *supra* note 8, pp. 162–164.

（18）　*Klass and Others* v. *FRG* [PC], Judgment of 6 September 1978, *Series A*, No. 28, para. 64.

（19）　参照：*Silver and Others* v. *UK*, Judgment of 25 March 1983, *Series A*, No. 61, para. 113.

（20）　参照：*Boyle and Rice* v. *UK* [PC], Judgment of 27 April 1988, *Series A*, No. 131, paras. 56–62. 74. 84–86.　なお、

この基準についてはなおまた参照：Françoise J. Hampson, "The Concept of an 'Arguable Claim' under Article 13 of the European Convention on Human Rights", 39 *ICLQ*（1990）891 ff.

（21）さしあたり、Drzemczewski & Giakoumopoulos, *supra* note 6, p. 458 参照。

（22）その最初の例は、ヴァルサミス事件であり、ここでは、エボバの証人である父母と自身の意思により、開戦記念日を祝賀する学校行事に参加しなかった子どもが一日の登校禁止の制裁を受けたのであるが、人権裁判所は、第一議定書二条（教育権）および条約九条（信教の自由）の違反はないとしながらも、ギリシャ法上の実効的救済手段がないとして、一三条違反を認定した。*Valsamis* v. *Greece*, Judgment of 18 December 1996, *Reports 1996-VI*.

（23）以上についてさしあたり参照：Frédéric Sudre, *La Convention européenne des droits de l'homme*, 8e éd（PUF, 2010）, p. 26 f. 40（建石真公子訳『ヨーロッパ人権条約』〔有信堂、一九九七年〕〔原著三版（一九九四年）の翻訳〕、三四—三五頁、四九頁）.

（24）参照：*Klass and Others* Judgment, *supra* note 18, para. 65 at p. 29

（25）参照：*ibid.*, paras. 50, 53-57.

第三節　〈条約上の権利〉についての救済手段？

ところで、人権裁判所は、救済手段の主題となっている請求が、裁判を保障する条約六条にいう「民事上の権利」である場合、必ずしも裁判の形式の救済手段を求めるものではない一三条の適用の余地はない、という判断を示しつづけてきた。一九七九年のアイレー事件[26]では、次のように判示された。

アイレー夫人は、裁判による別居を求める手続を提起するアイルランド法上の自らの権利を行使することを望んでいる。人権裁判所は、かかる手続は六条一項の意味において「民事上の権利」にかかわるとすでに判示した……。一三条と六条一項は、この特定の事件においては重複しているので、当裁判所は、前者の条文の諸要件が遵守されなかったかどうかについては決定する必要がないと考える。すなわち、これらの諸要件は、後者の条文の諸要件よりもより厳格でなく、ここでは完全にそれらによって吸収されるのである。[27]

同じ規則は、自由を奪われた者に拘禁が合法であるかどうかについての裁判を保障する五条四項についても定着しており、一三条は、条約が規定するもののうち、手続的権利の最低限を定める一般法だと考えられている。[28]そして、皮肉なことに、六条一項の適用範囲の拡大が判例上認められるにしたがって、一三条の有用性は限定されてしまっている、と指摘されている。[29]この規則からすれば、六条一項ないし五条四項が適用されながら違反が認定されなかった場合、一三条違反の余地はない、と考えられるが、しかし、本当にそのような命題に問題はないのであろうか。さしあたり六条一項との関係を手がかりにもう少し厳密に考えてみよう。

六条一項の保障する裁判手続の手続の対象となるものは、規定上は、「民事上の権利（および義務）」とされている。ところが、国内裁判所に訴訟を提起する際、原告がある特定の民事上の権利の侵害を認定する宣言判決だけを求めるのは、むしろ例外である。原告は一般に、具体的請求をなし、それをさまざまな実定的と主張する権利により根拠づける。国内裁判所は、一般に、請求を原告の主張する権利により根拠づけてもよいし、別の根拠で認めてもよい。つまり一般に、ある「権利」に基づく主張が取り上げられたか否かは、二次的な重要性しかないのである。そして、条約六条も、特定の「権利」についての主張に対して判断を下すことそれ自体を保障しているものではないと解される。

他方、一三条は、もちろん形式的に「本条約に規定する権利および自由」の侵害の主張をもつ者に救済手段があればよいとも解釈できるが、その主張自体についての救済手段を要求すると解釈することもできる。つまり、

〈条約上の権利〉の侵害の有無について判断がなされることが求められているとも解されるのである。逆にいえば、六条一項では問題とならない救済手段における準則をコントロールしうるのである。したがって、公正な裁判がなされ、それについて六条一項の違反がなかったとしても、〈条約上の権利〉の侵害の有無について判断がなされなかったとして一三条違反となることは、論理的にはありうるといわなければならない[30]。

そして、このような一三条の少なくとも潜在的な可能性については、人権裁判所によって、初期の事件から意識されていたのである。

団体協約締結に際して協議を受けなかった少数派組合の申立を端緒とする、一九七六年のスウェーデン機関士組合事件[31]において、一三条との関係で問題になったのは、労働裁判所（tribunal du travail）における手続である。労働裁判所は、スウェーデン法を明確化するために条約を含む国際文書を用いていた[32]、という認識に基づき、人権裁判所は、次のように判示して、いずれにしても一三条の違反はないとした。

……労働裁判所は、効力ある立法に照らして、かつ、スウェーデンの国際約束を考慮しないということもなく、係属した不服を慎重に審理した。他方、一三条も一般に条約も、締約国に対して、この文書のいずれの規定も実効的に適用されることを国内法において確保するための特定の方法を指示していない[33]。

さらに、クラスほか事件においても、西ドイツ連邦憲法裁判所における手続について、次のように判示されて、一三条違反はないとされた。

たしかに、この裁判所は、申立人らの不服を、条約に照らしてではなくもっぱら基本法に照らして審理した。しかしながら、憲法裁判所において申立人らが援用した権利は、条約実施機関でその違反を主張した権利と実質的に同じであることが留意されなければならない……。一九七〇年一二月一五日の判決を読めば、憲法裁判所は、とりわけ基本法に

具現している基本原理および民主的価値に照らして、自らに提起された不服を慎重に審理したことがわかる。(34)

このように、一三条から、条約上の権利ないしその同等物が考慮された上で判断を下す手続が求められている、ということは早くから認められていたともいえる。しかし、この段階の判決例においては、この要件は、きわめて緩やかであったと考えられる。まず、〈条約上の権利〉の国内手続での「適用」は、スウェーデン機関士組合事件判決にみられるように、〈考慮しなかったわけではない〉という程度でもよいとされていた。また、条約上の権利との実質的な同一性についても、クラスほか事件では、きわめてルースに認定されている。たしかに基本法一〇条は、条約八条と同じく通信の秘密を保障するが、一九六八年の改正により、一〇条二項の例外において「その制限が制限を受ける者に通知されない旨」を定めることが明示的に許容されていた。この改正が改正の限界を超えるものであるかどうかも憲法裁判所によって審理されたが、そこでは、基本法一条一項に規定する人間の尊厳の原理に照らして判断された。(35)したがって、事実を検討すれば、憲法裁判所での準則と条約上の権利とはかなりズレていたといわざるをえないのである。

ともかくも、しかし、一三条が〈条約上の権利〉についての救済手段を求めるものであるという前提に立つならば、少なくとも個人申立人の立場からは、次の二つの方向での、一三条のより有効な活用が要求されるのは当然である。一つには、〈条約上の権利〉の国内手続でのより直接的な適用を求めるものであり、もう一つには国内手続における準則と条約基準とのより厳格な同一性を求めるものである。それらには、いずれも困難があるが、後者については、条約実施の過程で次のような立場がとられるようになるにしたがって、ますます困難が増幅することに注意が必要である。

つまり、実施機関とくに人権裁判所における発展的解釈の採用と、このように実施機関により発展的に解釈された規則が、判例法として条約自体と一体化するという立場である。発展的解釈については、一九七八年のタイラー事件において「条約は生きた文書であって、……現在の諸条件に照らして解釈されなければならない[36]」と判示されて公認の解釈方法として確立するに至っていた。判例法概念の確立の時点は特定できないが、人権裁判所の一九九四年の規則が、個々の判決で具体的な規則を指して「判例」や「判例法」と認めるレヴェルを超えて、一般的に「判例法 case law」という概念を用いたこと（規則A五一条五項＝規則B五三条五項）が注目される[37]。このような立場からは、〈条約上の権利〉とは、実施機関により発展させられた判例法により内容が決定されるべきものとなる。条約は、国内法がそれと抵触する場合にのみ留保を許容する六四条に窺えるように、締結時に条約基準と合致する国内法の状態をもっていることを前提としているが、発展的解釈に基づく判例法形成という立場からは、国内法の状態と条約基準は必然的に絶えずズレるわけである。したがって、国内手続における準則が条約基準と実質的に一致することは、条約が〈判例法により補足発展させられた条約〉としてそのまま国内的効力をもつという体制をとらない限り、ほとんど不可能といわなければならないのである。

こうして、一三条の適用は、一つの隘路に立たされる。一三条を実質的に意味あるように運用しようとすれば、条約基準とできるかぎり一致した準則をできるかぎり直接的に適用する方向を追求しなければならないが、他方でその場合の条約基準は判例法により絶えず発展するものでなければならないのである。次章で見る一九八三年のシルヴァー事件以降の人権裁判所の苦心は、このような条件に規定されているのである。

（26）　この事件のあらましは、参照：小畑・前掲註（12）論文、七六―七八頁。
（27）　*Airey v. Irland*, Judgment of 9 October 1979, *Series A*, No. 32, para. 35.

（28）　さしあたり参照：Drzemczewski & Giakoumopoulos, *supra* note 6, p. 459 f.
（29）　見よ：Jean-François Flauss, "Le droit à un recours effectif–L'article 13 de la Convention europénne des droits de l'homme", 3 *Revue universelle des droits de l'homme*（1991）324 at 324 f.
（30）　なお、ここでいう〈条約上の権利〉とは、国内においてそのものとして効力をもつ条約に規定された権利ばかりでなく、国内法規則によって認められたそれに対応する権利をも含む。〈　〉を付したのはそういう意味である。
（31）　この事件のあらましについては参照：野村敬造「欧州人権裁判所の判例（四）」金沢法学二八巻一号（一九八五年）一〇一頁以下、一四八―一五二、一五八―一六〇頁。
（32）　*Swedish Engine Drivers' Union Case*, Judgment of 6 February 1976, *Series A*, No. 20, para. 28.
（33）　*Ibid.*, para. 50.
（34）　*Klass and Others* Judgment, *supra* note 18, para. 66.
（35）　以上については参照：西浦公「通信の秘密とその制限――盗聴判決」ドイツ憲法判例研究会（編）『ドイツの憲法判例〔第二版〕』（信山社、二〇〇三年）二六一頁以下。
（36）　*Tyrer v UK*, Judgment of 25 April 1978, *Series A*, No. 26, para. 31.
（37）　新たに設けられた大法廷による全員法廷への回付事由として判例法の重大な変更という概念が導入された。一九九四年規則のテキストは、*European Convention on Human Rights-Collected Texts*, p. 215 ff.

結　び

先に述べたように、実際には、人権裁判所の判例において、一三条違反を認定するものは、一九八三年に至るまで存在せず、一九九五年までごくわずかの判例（四件）でしか違反を認定されていなかった。この統計は、一三条の権利性や自律性というような観念は、実際には具体的事件で頻繁に適用可能なほどには確立していなかったこと、せいぜいのところ「切り札」的にしか使う余地がなかったことを示している。それは結局、一三条違反の認定に踏み込むならば、特定の締約国国内手続それ自体が、条約実施システムとして失格であるという烙印を押すことになり、各事件の事実における条約違反を超えた欠陥を指摘することになる、という考慮からであったと考えられる。

しかし、観念的な一三条の解釈法理にだけ注目すれば、条約一三条が、〈条約上の権利〉についての救済手段を国内で求める効果をもたらすようになる基礎は与えられていた。まず、その大前提としてこの規定が権利を保障したものであるのかどうか、という問題があったが、この問題は、実際には、自律性が認められるか、つまり他の個別的権利規定の違反がなくとも一三条の違反はありうるか、という問題の中に解消され、後者の問題については、一九七八年のクラスほか判決で、自律性を認める立場が打ち出された。さらに一九八〇年頃には、一三条は〈条約上の権利〉についての救済手段を求めるものであるという理解が、すでに観念的には確立していたように見える。

次の問題は、こうして認められるようになってきた抽象的な観念を、より具体的文脈の中で発動することのできる状況がどれほど、どのように生じてきたのか、ということであろう。

第一〇章　条約上の権利の国内手続での援用可能性

はじめに

前章で見たように、遅くとも一九七八年のクラスほか事件判決の段階では、条約上の権利侵害についての実効的救済手段を要求するヨーロッパ人権条約一三条は、個別的権利規定から自律してそれ自体として一つの権利を保障したものと考えられるようになっており、またかかる救済手段においては条約基準が準則として適用できるようになっていなくてはならない、と考えられるようになっていた。しかし、これはごく抽象的なレヴェルで認められた解釈であって、こうした解釈を具体的に適用した事例は一九七〇年代には皆無であった。いずれにしても一三条の違反を認定したのは、一九八三年のシルヴァー事件判決が最初の例だったのである。

一般に、この判決およびそれにつづくアブドゥルアジスほか事件の判決によって、とくに国内手続での準則と条約基準の一致が求められるようになったと評される。しかし、われわれの観察では、それは早計というべきで、そうした解釈の確立には、さらにもう一段の判例の展開が必要とされたのである。本章では、この過程を検討し、こうした解釈の確立の文脈を明確にすることによって、条約を憲法秩序の第二の観念で捉える見方、すなわち、条約を国内法秩序よりも上位の法的権威を有すると捉える考え方の意義と限界を明らかにしたい。

第一節　一九八〇年代半ばにおける過渡的判例

1　事件と人権裁判所の判断

（1）シルヴァーほか事件

この事件は、条約六条一項や一〇条にも関係するが、ここでは、最も重要と考えられる八条と、それと結びつけられた一三条に関係する部分のみ検討する。

事案は、イギリスの監獄に収監中の六名の者、および、別の収監者と文通していた一市民の手紙が、一九七二年から一九七六年までの間、数十回にわたって監獄当局により差し止められたことである。(1) イングランド・ウェールズでは、監獄法によって授権された内務大臣の制定する監獄規則により、収監者の手紙はすべて検閲のうえ、内容が不適当または異例に長文の場合は所長（governor）が差し止めることができるとされている。(2) 具体的には、通信の相手方についての規制として、規則によって、収監者と外部の者あるいは法律その他の業務に従事する者との通信は、内務大臣の許可なしには禁止されているが、規則とそれを補完する内務大臣令（Standing Orders）によって、近親者との通信は内務大臣の許可を求めることは不要とされる。さらに通常、親戚または友人との通信も、許可なしに認められている。また、法律相談をするための通信は、内務大臣令によって、許可されるが、内容上の規制、および、監獄での待遇および看守に対する苦情は通常の内部不服申立手続が完了するまで差し止められるとする「事前苦情処理規則 prior ventilation rules」を条件とする。(3) 加えて、多くの内容上の規制が、主として内務大臣令や通達（Circular Instructions）を根拠に課されている。(4) 監獄規則は、議会に提出され

るが、内務大臣令や通達は、公衆に公開されていなかった。(5)

人権裁判所は、八条の観点から個々の事例を検討し、結論的に、次のような事例について違反があると判示した。第一に、予見可能な制限でなく、「法律に基づ」くものでないため八条違反とされた事例がある。人権裁判所の区分基準は定かではないが、監獄規則の広い裁量の下で公表されていない法務大臣令により具体的に定められている制限は、「法律に基づ」くものと考えなかった人権委員会の意見(6)におおむね従っている。(7)第二に、「民主社会において必要」でないとして、多くの事例が八条違反とされた。(8)これらの違反認定において注目されるのは、これらすべてについて、被告イギリス政府が人権委員会による八条違反の認定に異議を唱えていなかったことであり、人権裁判所がこの事実を記してほとんど理由を述べなかったことである。

ところで、収監者の通信の差し止めや検閲についての不服は、内務大臣のほか、監察委員会（Board of Visitors）、行政問題議会弁務官（Parliamentary Commissioner for Administration、いわゆるオンブズマン）に申し立てることができ、さらにはイングランドの裁判所に司法審査の許可を求めることができる。(9)

本件において人権裁判所は、まず一般論として、一三条の解釈原則について判例からいくつかの基準を導き出した。ここで、前に引用したように「弁論しうる主張」の基準を示し、また、スウェーデン機関士組合判決の〈国内実施の方法に関する義務の不存在〉を述べた前章で引用した箇所（註(33)を付した本文〔本書二二八頁〕）を、「たとえば、条約を国内法に受容する(10)といった」という文言を加えて、直接引用した。しかし、それに続けて次のように述べたのである。

最後に述べた原則から、ある特定の事件における一三条の適用は、関係締約国が、第一節に定める権利および自由をその管轄内にいるすべての者に直接に保障する、一条に基づく義務を履行するために選んでいる方法に依存するという

ことになる。(11)

ここでは、イギリスが条約を受容していなかったことを考慮することが暗に示唆されている。

そのうえで、人権裁判所は、八条と結びついた一三条に照らして、個々の救済手段について判断する。監査委員会とオンブズマンは、実効的でないとされた。前者は、勧告的権限しか有さず、収監者以外の市民の不服を受理する権限がない。後者は、救済（redress）を与える拘束力ある決定を下す権限がないからである。(12) イングランドの裁判所については、その管轄は、内務大臣および監獄当局がその権限を「恣意的に、悪意で、不当な目的で、あるいは権限を踰越して」行使したかどうかに限定されており、被告政府も、問題となった措置について、裁判所がこのように判断しえたであろうとは主張していない。(13) ところが、内務大臣については、次のように述べる。

……もし通信管理措置の実施の根拠となっている内務大臣令および通達の有効性について彼に不服が申し立てられたならば、彼は、一三条の要件を満たすほどに十分な独立の立場を有するとは考えられないであろう……。問題の規定（directives）［ここでは、内務大臣令および通達を指す］の制定者として、その場合には、彼は、実際自らの訴訟において裁判官となっているであろうからである。しかしながら、もし不服の申立人が、管理措置がこれらの規定のうちの一つの誤った適用から生じたと主張したならば、別である。当裁判所は、かかる場合には、もし不服が十分に根拠のあるものならば、内務大臣への請願は規定の遵守を確保するために一般に実効的であったと認める。(14)

不服の（可能な）申立の構成という観点からの整理に基づくこのような認定を跳躍台として、人権裁判所は、今度は次のように、適用される規則自体が条約に違反したかどうかという観点から整理した結論を述べた。

……規則、内務大臣令、通達のいずれに含まれているのであれ、適用可能な規範が条約と抵触しているかぎりにおいて、一三条が要求するような実効的救済手段はありえず、したがって同条の違反があった。

しかしながら、これらの規範が八条と両立するかぎりにおいては、利用可能な救済手段の総体は、少なくとも内務大臣に請願を提出することができる場合には、一三条の要件を満たしていた。内務大臣への請願は、彼が発した規定の遵守を確保するために利用可能であり、監獄規則の遵守については、イングランドの裁判所が……監督する管轄権を有していたからである。(15)

こうして、七名の裁判官の全員一致で、ここに引用した限度において一三条の違反が認定された。(16)

（1）参照：*Silver and Others* v. *UK*, Judgment of 25 March 1983, *Series A*, no. 28, paras. 9–24. この事件のあらましは、参照：北村泰三『国際人権と刑事拘禁』（日本評論社、一九九六年）二四一―二四五頁。

（2）参照：*Silver and Others* Judgment, *supra* note 1, paras. 25, 28.

（3）参照：*ibid.*, paras. 29–32, 35, 47.

（4）参照：*ibid.*, paras. 42–45 at p. 18 f.

（5）参照：*ibid.*, paras. 25–26 at p. 12 f.

（6）参照：*Silver and Others* v. *UK*, Report of the Commission, 11 October. 1980, *Series B*, no. 51, p.16 ff. para. 284 at p. 284.

（7）参照：*Silver and Others* Judgment, *supra* note 1, para. 91 at p. 34 f. ; para. 95 at p. 36 f. また、*ibid.*, para. 93 も参照。ただし、事前苦情処理規則については、これを説明する通知が収監者になされているとして、予見可能で「法律に基づく」とした。参照：*ibid.*, para. 94 at p. 36.

（8）参照：*ibid.*, para. 99. *Ibid.*, paras. 100–104 もみよ。

（9）参照：*ibid.*, para. 51–55 at pp. 21–23.

（10）ここでは incorporation という言葉が使われているが、個別的受容（変型、transformation）も含む意味で用いられていると考えられるので、「受容」と訳した。

（11）*Ibid.*, para, 113. ここでは、アイルランド対イギリス事件についての判決の次のような箇所の参照が指示されている。「第一条において、'undertake to secure' という文言を 'shall secure' という文言に書き換えることによって、条約起草者たちは、第一節に定める権利および自由が、締約国の管轄に属するいずれの者に対しても直接に保障されることを明らかにすることをも意図したのである。この意図は、条約が国内法に受容されている場合にはとくに忠実に反映されているといえる。」*Ireland* v. *UK* [PC], Judgment of 18 January 1978, *Series A*, no. 25, para. 239.

（12）参照：*Silver and Others* Judgment, *supra* note 1, para. 115.

（13）参照：*ibid.*, paras. 117–118.

（14）*Ibid.*, para. 116.

（15）*Ibid.*, para. 118. ここで、「少なくとも内務大臣に請願を提出することができる場合には」という留保がつけられているのは、一九八一年までは、内務大臣に請願を提出できるのは、前の請願についての回答を得たあとに限定されていたからである。参照：*ibid.*, para. 53.

（16）参照：*ibid.*, p. 44 f. なんらの意見も付されていない。

（2）アブドゥルアジスほか事件

シルヴァー事件における一三条についての判断は、同様に収監者の法律的助言へのアクセスの制限や通信の制限が問題となった一九八四年のキャンベル・フェル事件[17]でも、受け継がれた[18]。ただ、これらは、七名の裁判官からなる小法廷（Chamber）の判決であり、イギリスの監獄に関する同一の救済システムに完するものであった。これに対して、一九八五年のアブドゥルアジスほか判決は、全員法廷によって、また、この文脈を離れて、シルヴァーほか事件と同様の判断が、下されたものである。

この事件は、イギリスに合法的に永住している女性による申立に端を発するものであり、申立人の夫は、それぞれ一九八〇年、イギリスへの入国や在留期間の更新を求めたが拒否された。申立人らは、その夫に定住が認められる「連合王国および植民地市民であって、自らかまたは両親のうち少なくとも一方が連合王国で生まれた者」ではなかったからである。[19]

人権裁判所は、条約八条が要求する〈家族生活の尊重〉の欠如があったとは認められない、として同条違反は認めなかった。[20] しかし、永住者の妻の場合に比べて永住者の夫の定住が認められにくいという、内務大臣の制定した入国管理規則（Immigration Rules）による区別は、国内労働市場を保護するという目的のための手段として釣り合ったものではないとして、性による差別として八条と結びついた一四条の違反を認定した。[21]

ところで、入国管理に関する救済制度としては、内務大臣の特別の許可のほかに、入国管理不服申立制度（immigration appeal system）として審判官（adjudicators）――入国管理不服申立審判所（Immigration Appeal Tribunal）という一連の申立機関における手続と、高等法院への司法審査請求の申立手続がある。しかし、高等法院の司法審査は、法律上の瑕疵または非合理性を理由とするものであり、入国管理不服申立手続では、入国管理規則の範囲内でしか決定できない。[22] このような認定に基づいて、人権裁判所は、一三条について、次のように判示した。

当裁判所は、〔申立人ら〕が犠牲となった性による差別は、この点において条約と両立しない規範の適用の結果であったと認識した。この点に関して、イギリスは、条約を国内法に受容していないので、一三条により求められる「実効的救済手段」はありえない。不服の利用できる処理手続（入国管理不服申立制度、内務大臣への申立、司法審査を求める申立）は、不服の申立人がこの差別が一九八〇年の入国管理規則の誤った適用から生じたと主張した場合にのみ実効的でありえたであろう。かかる主張はなされなかったし、この差別がなんらか別の点で国内法に違反していたことは示唆されなかった。[23]

こうして、全員一致で「性に基づく差別の不服に関して一三条の違反があった」と判示された。[24]

（17）　この事件のあらましは、参照：北村・前掲註（1）、二四〇―二四一頁。

(18) 判決の関連部分は次の通りである。「当裁判所は、フェル神父の法律的助言へのアクセスおよび個人的通信に対する制限は、条約と抵触する規範の適用の結果であると認定した。かかる状況においては、当裁判所が先に言及したシルヴァーほか判決で判示したように、一三条が求めるような『実効的救済手段』はありえないであろう。とりわけ、内務大臣に対する請願は、通信管理措置が関連規定のうちの一つの誤った適用から生じていると、不服の申立人が主張する場合にのみ、実効的でありえたであろう。そして、本件において、フェル神父はそうした主張を行っていないし、諸状況から彼がそうする立場にあったともいえない。」*Campbell and Fell v. UK*, Judgment of 28 June 1984, *Series A*, no. 80, para. 127. このフォーミュレーションは、ほぼそのままアブドゥルアジスほか判決に踏襲される。

(19) 参照：*Abdulaziz, Cabales and Balkandali* v. *UK* [PC], Judgment of 28 May 1985, *Series A*, no. 94, paras. 39-54.

(20) 参照：*ibid.*, paras. 68-69.

(21) 参照：*ibid.*, paras. 72, 74-83.

(22) 参照：*ibid.*, para. 19 at p. 14; paras. 34-37.

(23) *Ibid.*, para. 93.

(24) *Ibid.*, p. 45.

2　両判決における論理

右に引用したアブドゥルアジスほか判決の箇所をみるかぎり、この判決への同意意見において、ベルンハルト裁判官が行った次のような整理は、間違っていないようにもみえる。

本判決によれば、一三条は、次のような条件がそろったときには、常にかつ自動的に違反があることになる。①条約がある国家の国内法の一部を形成していないとき。②当該国家の国内法が——人権裁判所の認定によれば——条約の保障する他の権利（本件では一四条と結びついた八条）を侵害しているとき。[25]

このような整理に基づき彼は、同判決の理由づけを次のように批判する。すなわち、第一に、条約の受容の有無によって、締約国間に不当な不平等を持ち込んでいる。条約が直接適用できなくても、包括的な人権カタログを規定する国内法をもち、精巧な法的保護システムを備えていることはありうる、と。第二に、一三条は、個別的権利規定の違反が実際にあったかどうかとは独立の意味を有しているはずだが、そうなっていない、と。[26]

この批判については、おいおい検討していくことにして、判決の整理としては、このような理解でよいのであろうか。この整理は、結局、判決の論理は、国内手続における準則と条約基準とが一致していることを求めるものである、という考えのようにみえる。実際、ベルンハルトの整理はかなり広範に受け入れられ、それを前提にして、アブドゥルアジスほか判決により、締約国は、条約を国内法に受容するか、対応する権利のリストを国内法秩序に規定しておくことが求められるようになった、とする見解が主張されている。[27]しかし、われわれは、ベルンハルトの整理はやや短絡的であると考える。

まず、条約の受容の有無については、たしかに、シルヴァーほか判決では間接的に、アブドゥルアジスほか判決では直接に、十分な根拠を示すことなく考慮されている。しかし、その考慮には理由が全く見あたらないわけではない。違反があるとされた規範の拘束から離れうる機関（内務大臣や、アブドゥルアジスほか事件においては裁判所も排除されていない）における手続は、もし条約が国内法に受容されておれば、それを適用することにより実効的となりえたとも考えられるからである。

つぎに、国内規範による個別的権利規定違反の認定の有無に依存させたという点については、両判決は、無条件にそうしたわけではない。国内規範自体の有効性の有無を判断することについて、救済機関がそうした権限を有していない、あるいは、それを独立に判断する性格を有していない、という事情を踏まえて、そうしたのである。いいかえれば、救済機関が、条約違反があるとされた規範の有効性を判断する権限と適格性を有していたならば、一三条違反は直ちに認定されなかったはずである。

だとすれば、もう少し丁寧に両判決の論理を明確化する必要性がありそうである。ここでは、比較的詳しく議論を展開しているシルヴァーほか事件を手がかりに考えてみよう。シルヴァーほか事件において人権委員会は、一三条の意義を次のように定式化した。

一三条によって、締約国は、条約上の権利または自由を侵害されたという主張を、少なくとも実質上、審査し、根拠があるときには救済（redress）を与える、国内的救済手段を提供することがもとめられる。(28)

ここで注目されるのは、救済手段の対象となる主張が、条約上の権利の侵害の主張とされ、この主張が他面でもっている個々の具体的不服の側面がさしあたり捨象されていることである。ところが、人権裁判所は、一三条の意義について次のように説いた。

……個人が、条約に規定された権利の侵害の犠牲となっているという弁論しうる主張を有している場合には、彼らには、自らの主張について決定してもらい、適当な場合には救済（redress）を受けるために、国内審級において救済手段がなければならない……。(29)

この箇所を直前に引用した人権委員会による定式化と比較すれば、〈条約上の権利〉の侵害についての主張は、国内救済機関で審理の対象となる「彼の主張」とは、わざと切り離されていることがわかる。つまり、個人の主張のうち、〈条約上の権利〉の侵害の主張の部分について、直接に判断されているかどうかが問題ではない、という立場が示唆されているのである。要するに、個人の主張は、具体的な不服の側面に重点をおいて捉えられ、それに救済手段が対応しているかどうかが問われているのである。実際、シルヴァーほか判決では、まず、個人の不服が、国内規範の適用問題として構成されるかどうかが問題とされ、そのように構成されない場合には、基準を満たす救済手段がないと判断されている。しかも判決では、構成可能性が少しでもあれば、国内規範の適用で救済が与えられると考えられている。判決がやや唐突に最終的に区別基準とした、規範が条約基準と両立するか否かという問題は、条約基準を要求の限度とする不服が、規範適用の問題からどうしてもはみ出さざるをえないかどうかということとは、たしかに関連する。

シルヴァー判決の論理は、つまるところこのようなものと考えられる。アブドゥルアジスほか判決も同旨と考えてよいであろう。

このようにみてくると、両判決には、それなりの論理があり、しかもそれは、条約基準が国内手続における準則となっていなければならないという命題をなんら前提としなくとも成り立つものなのである。したがって、これらの判決を、そのような命題を認めたものと解するのは行きすぎであろう。

それにしても判決の論理は、かなりの無理を冒しているように思われる。それは、一つには、たとえ「弁論しうる」という限界を設けたとしても、個人の主張は、通常、人権裁判所が結果的に条約違反と認定した部分を限度とするものではないし、規範の適用問題として構成する可能性があるとしても、そうでない構成を現実にとり、その方が効果的であることは十分ありうるからである。つまり、無定型でさまざまな方向性をもつ個人の主張を、無理にごく狭い一定の型にはめて、その範囲で実効的救済手段があるかどうかをみているにすぎないのである。また、それに関連して、〈条約上の権利〉の侵害の主張の側面は、実効的救済手段が直接に対応すべきものとしては捨象されているのである。

(25) Concurring Opinion of Judge Bernhardt, *Abdulaziz and Others* Judgment, *supra* note 19, p. 47.
(26) 参照：*ibid.*, p. 47 f.
(27) さしあたり、参照：Andrew Drzemczewski and Christos Giakoumopoulos, "Article 13", in: Louis Edmond Pettiti *et al.* (dirs.), *La Convention européenne des droits de l'homme : Commentaire article par article*, 2e éd (Economica, 1999), p. 455 at p. 473. なお、Pablo Antonio Fernandez-Sanchez, "Toward a European Constitutional Court", 75 (2) *Revue de droit international de science diplomatique et politique*, 1995, 79 ff. at 81 f. もみよ。
(28) *Silver and Others* Report, *supra* note 6, para. 442 at p. 102.
(29) *Silver and Others* Judgment, *supra* note 1, para. 113.

３　批判的考察――両判決の背景

このような無理を冒す必要は、どこにあったのであろうか。その答えは、判決の背景にあるといえるだろう。ここでもシルヴァーほか事件の展開をみてみよう。さしあたり注目すべきことは、人権裁判所が、一三条違反の問題を、一般的にではなく個々の具体的不服に分けて考えるという立場を採用したことである。

先に引用した一三条の意義についての人権委員会の定式からは、同じ権利を根拠にしているかぎり、個々の不服毎に分けて一三条違反の有無を検討するという方法は当然とりえないことになる。実際、人権委員会は、各救済機関について一般的に評価して、「申立人らの八条に基づく主張についての実効的救済手段がなかったことは、条約一三条に違反する」と判示している(30)。ここでは、具体的な不服の対象たる措置に応じて、実効性の程度が変わりうるとは考えられていない。

ところが、人権裁判所の手続では、イギリス政府は、以前の主張(31)を改めて、個々の措置が監獄規則や内務大臣令に従っているとはいえない場合には、実効的でありうるとの立場を示した。たとえば、オンブズマンについて、次のように主張された。

制度が監獄規則と内務大臣令に従って在監者に課されている場合には実効的救済手段を提供しえない……。しかしながら、在監者の通信に対して内務大臣令の規定に従うことなく制限が課された場合には、〔オンブズマン〕が誤った適用があったと認定することは可能であろう。(32)

このように後者の場合に、一三条違反がまず排除される一方で、前者の場合には、内務大臣令が具体的に条約と両立するかどうかということと結びつけられ、イギリス政府によれば、内務大臣令が条約と両立するがゆえに実効性があるとされる。たとえば、同じくオンブズマンについて、次のように主張された。

当政府は、改正された内務大臣令は、あらゆる点で条約八条の要件に従っていると主張する。内務大臣令の規定を遵守していないならば、それは誤った適用となりうる。したがって、〔オンブズマン〕に対する不服申立は、一三条の文言における実効的救済手段であるといえる。(33)

こうしてみると、人権裁判所は、条約八条違反を認定したから一三条違反も認定したけれども、その論理自体は、イギリス政府の主張を下敷きにしたものであることがわかる。ではなぜ、イギリスはこのような主張をとったのであろうか。イギリスは、人権委員会の報告書採択（一九八〇年一〇月）ののち、関係制度を改正した（一九八一年一二月発効）。まず、内務大臣令が公表された。改正された内務大臣令によって、通信の相手にかかわる規制は一定の例外を除き撤廃され、事前苦情処理制度は同時苦情処理制度に改められ、多くの内容上の規制も撤廃された。(34)イギリス政府は、最終陳述において、人権裁判所に対して八条に関し「判決において、改正された法務大臣令による変化が、人権委員会において認定された違反を救正しているものであることを明示に留意すること」を要求した。(35)こうした関係制度の改正にもかかわらず、救済システム自体には手がつけられなかったのである。

ここに、個々の措置が個別的権利規定に違反するか否かによって、一三条違反の有無が決定されるという立場の実益がある。すなわち、この立場によって、イギリス政府のとった実体的規則の改正によって、一三条違反の問題の自働的な解消が担保されているのである。人権委員会のような認定のされ方では、個々の措置について修正を加えるだけでなく、救済システム一般に手を加えないかぎり、一三条違反は解消しない。このことを阻止するという譲れない一線があって、一三条の解釈と適用の主張が組み立てられたといえよう。人権裁判所は、このイギリスの既定方針を是認し、お墨付きを与えたのである。八条についての最終陳述での要請に直接には従わなかったが、イギリス政府が異議を唱えなかった範囲で八条違反を認定することにより、間接的にその要求に応じたし、一三条の解釈・適用に関する主張も、内務大臣への請願に限定しながらもその実質を認めたからである。他方で、人権裁判所の思考の根底には、イギリスがぎりぎり譲りうる線まで違反を認定しようという発想があったのではないか。それが、結果としては必要であったかどうか疑わしい一三条違反の認定という形に現れたのであろう。

アブドゥルアジスほか事件においても事情はほぼ同じであった。一九八三年二月、イギリス入国管理規則は改正され、暫定的適用という条件つきながら、夫および男性婚約者の地位が妻および女性婚約者のそれと同等となっていたのである[36]。両判決の執行を監視した閣僚委員会がほどなく、判決の執行を確認し「これ以上いかなる行動をとることも求められない」と決議したのは[37]、当然のなりゆきだったのである。

なお、もう一点、両判決において条約の国内法への受容の有無が考慮されていることについては、説明がいるであろう。ベルンハルトが批判したように、救済機関が国内規範の適用問題を超える主張に対応できるかどうかということは、受容の有無と必ずしも連動しない。受容されていても救済手段機関がそもそも管轄を有していない場合や、機関が準則としうる規範の範囲が限定されている場合（クラスほか事件における連邦憲法裁判所のように）があるし、逆に形式的に受容されていなくても、実質上、条約と同一の基準が適用されることはありうるからである。要するに、両判決における論理からすれば、個々の救済機関の状況を具体的に精査しなければ、一三条違反は確定できないということになるはずである。では、なぜ、個々の救済機関について評価する前に、受容の有無が考慮されているのであろうか。以下は推測にすぎないが、一応次のように考えられるのではないか。もし、個々の一応利用可能な救済機関の状況に立ち入って精査し、そこでの準則の適用問題として個々の不服が対応できるかどうかを、結果的にその準則が条約基準と両立するかどうかを決め手として判断するならば、それは、多くの締約国について同様の一三条違反を認定するということになると考えられる。それにあらかじめ歯止めを設けるために、受容されていないということを前提とした上で、具体的評価に入ったのではなかろうか。

だが、この受容の有無の考慮については、ベルハルトがしたような不平等という批判[38]もあって、それ自体もう少し根拠づけなければならないと考えられたようである。一九八六年のジェームズほか事件の判決において、人権裁判所は、結論的にはシルヴァーほか判決の基準に従いながら、次のように述べた。

> ……条約一条によって、規定された権利および自由は、締約国の管轄下にあるすべての者に、国内法秩序によってどのような形であれ保障されていなければならない（アイルランド対イギリス判決〔二三七頁註(11)引用部分〕をみよ）。以下のパラグラフで説明する限定を条件として、一三条は、国内法秩序において、どのような形であれ保障されている条約上の権利および自由を実施する、実効的救済手段が利用可能であることを確保するものである[39]（傍点引用者）。

一九八八年のボイル・ライス判決は、傍点部分を省略してこの判示の後半部分を繰り返した[40]。ここまでくれば、条約基準が国内手続における準則となっていなければならないという命題まであと一歩である。こうして、この一三条の意義についての新しい定式をテコとして、新たな判例が展開することになる。

(30)　参照：*Silver and Others* Report, *supra* note 6, paras. 445-451 at pp. 102-104. 直接の引用は、*ibid.*, para. 452 at p. 104.

(31)　*Ibid.*, paras. 250-256 at p. 68 f. をみよ。

(32)　Memorial of the Government of the United Kingdom, *Series B*, no. 51, p. 155 ff., para. 4.9 at p. 193 f.

(33)　参照：*ibid.*, para. 4.11 at p. 194 監察委員会について、*ibid.*, para. 4.13 at p. 194、内務大臣について、*ibid.*, para. 4.16 at p. 196 も結局のところ同旨と考えられる。

(34)　参照：*Silver and Others* Judgment, *supra* note 1, paras. 26, 37, 48-49 なお、参照：北村・前掲註（1）、二四四—二四五頁。

(35)　*Silver and Others* Judgment, *supra* note 1, para 75.

(36)　参照：*Abdulaziz and Others* Judgment, *supra* note 19, paras. 30-31.

(37)　参照：Resolution DH (85) 15, 28 June 1985, 28 *Yearbook*, 213 ; Resolution DH (86) 2, 11 April 1986, 29 *Yearbook*, 211. アブドゥルアジスほか事件に関連して一九八二年の入国管理規則のうち暫定的に適用されていた平等化規定は、一九八五年の恒久的規則に盛り込まれた。

(38)　Jean-François Flauss, "L'inégalité de traitement des Etats parties à la Convention européenne des Droits de l'Homme", 108 (1) *Gazette du palais*, recueil bimestriel (1988), Doctrine, p. 52 f. もみよ。

(39)　*James and Others* v. *UK* [PC], Judgment of 21 February 1986, Series A, no. 98, para. 34. 同年のリスゴーほか判決は、このパラグラフを全文直接引用した。*Lithgow and Others* v. *UK*, Judgment of 8 July 1986, *Series A*, no. 102, para. 205 をみよ。

(40) *Boyle and Rice v. UK* [PC], Judgment of 27 April 1988, *Series A*, no. 131, para. 52 をみよ。

第二節 〈条約上の権利〉の援用可能性要件の確立
――ゼーリング判決

1 ゼーリング判決に至るまでの人権委員会の判断

一九八三年三月のシルヴァーほか判決を端緒として、人権裁判所は、かなり一貫した判例を踏襲し続けていたが、人権委員会は、それに従う様子はみせなかった。アブドゥルアジスほか事件についての、一九八三年五月の人権委員会の意見も、個々の不服あるいは個別的権利規定の違反の有無に応じて違反の有無を判断するという立場をとらなかった。[41] とりわけ注目に値する、一九八六年のウォリック対イギリス事件についての意見を取り上げよう。

この事件の発端は、一六歳の少女（第二申立人）が試験をうけるために通っていた学校の校長に、校外での喫煙を見とがめられ、左手を鞭で打たれたことである。これについて、彼女が条約三条（品位を傷つける取扱い等の禁止）違反を、妹が同じ待遇を受けないようにとのその母親（第一申立人）の要請が当局により拒絶されたことについて第一申立人が第一議定書二条（教育権）違反を、それぞれ主張して申立を提出した。[42]

人権委員会は、三条、第一議定書二条の違反を認定し、申立人らが主張した一三条違反について検討した。結論的に、三条と結びついた一三条の違反も第一議定書二条と結びついた一三条の違反も認めたが、[43] 前者についての判断が注目される。イギリス政府は民事訴訟が実効的な救済手段と主張するが、申立人らは実際に民事訴訟を提起し、その体罰が「不適当、不適切または均衡を失するもの」ではないとの理由で斥けられている[44]、とした上で、次のように述べたのである。

郡裁判所の適用した基準は、ヨーロッパ人権裁判所がタイラー事件で適用したものと同一であるとの政府の主張を、当委員会は受け入れない。（中略）したがって、第二申立人の、品位を傷つける待遇または刑罰の犠牲となったという不服について、彼女には国内審級において実効的な救済手段がなかった、というのが、当委員会の意見である[45]。

ここでは、国内手続において、条約基準――しかも人権裁判所の判例によって確立されているもの――が適用されているかどうかが問題とされているのである。しかも、人権委員会の態度との関係ではあろうが、イギリス政府がみずから、この問題に沿った弁論を展開せざるを得なくなっていることが注目される[46]。前節の最後でみた、人権裁判所の判例自体の展開とともに、人権委員会のこのような立場が、ゼーリング判決の前提となったことは疑いない。

（41）参照：*X., Cabales and Balkandali* v. *UK*, Report of the Commission, 12 May 1983, *Series B*, no. 77, p. 16 ff., paras. 123–138 at pp. 41–44.

（42）参照：*Warwick* v. *UK*, Report of the Commission, 18 July 1986, 60 *DR* 5, paras. 2–11 at p. 6 f.; paras. 34–42 at pp. 11–13.

（43）以上について、さしあたり、参照：*ibid.*, para. 103 at p. 19.

（44）参照：*ibid.*, paras. 96–97 at p. 18.

（45）*Ibid.*, para. 98 at p. 18 f.

（46）もっとも、イギリス政府の抵抗により、閣僚委員会では、三条違反と三条と結びついた一三条違反については、規定の多数を得られず決定されなかった。*Warwick* v. *UK*, Resolution DH(89)5, 2 March 1989, 32 *Yearbook* 214 f. 参照。これは、部分的な決定拒否（non-decision）の例である。決定拒否の概念については、参照：小畑郁「ヨーロッパ人権条約実施手続の司法的純化についての一考察」国際法外交雑誌九八巻一＝二号（一九九九年）一二四頁以下、一四五頁〔本書第八章一九九頁〕。

2　ゼーリング事件と人権裁判所判決

死刑存置国への引渡しが条約三条に違反するかが争点となった、ゼーリング事件と人権裁判所判決(47)については、すでに多くの紹介があるので全体像を詳しく述べる必要はないであろう。ここでは、一三条についての部分に関連するかぎりでこの事件をみていくことにする(48)。

引渡命令までにとらわれた手続は概略次の通りであった。内務大臣は、治安判事裁判所にゼーリングの引渡しまでの拘禁令状を求め、同裁判所は、これに応じた。この命令に対して、ゼーリングは人身保護令状および司法審査（judicial review）申立許可の請求を高等法院合議法廷に提起したが、いずれも斥けられ、この決定に対する上訴許可の請求も貴族院により斥けられた。これをうけて、内務大臣は、ゼーリングの請願を斥けて引渡命令に署名したのである(49)。これらの手続における基準は次のようなものである。治安判事は、イングランドで犯罪が行われたとしたら裁判のために拘禁を命じたかどうかを審査して決定する。人身保護令状請求においては、治安判事の管轄権の有無、犯罪の証拠が十分か、政治犯罪ではないかなどが点検される(50)。司法審査は、大臣の裁量の行使が、不法性、非合理性または手続的不適切性の瑕疵があるかどうかを審査するものである。ここにいう「非合理性 irrationality」は、合理性（reasonableness）についての「ウェンズベリ原則 Wednesbury principles」とよばれるものに基づいて判断される。引渡手続においては、このテストは、いかなる合理的な大臣も、その状況において引渡を命じ得ないであろうかどうか、ということである(51)。

人権委員会は、一九八九年一月に採択した報告書において、三条違反を認めない一方で、一三条違反を認定する見解を述べた[52]。とくに、人身保護令状の請求手続においては、合衆国でうけるであろう待遇についての中立人の主張を審査することができないし、司法審査においても、非人道的もしくは品位を傷つける待遇または刑罰をうけるという申立人のおそれについては、審査しないことを、自らの見解の理由として挙げた[53]。

人権裁判所（全員法廷）は、一九八九年七月、人権委員会とは逆に、ゼーリングの引渡しは執行されれば三条違反となるとしながら、一三条違反はないという判決を下した[54]。イギリス政府は、不服が英米間の引渡条約に対するものであること、および、申し立てられた個別的権利規定の違反がまだ発生していないものであることを理由に、一三条の適用の余地はないと主張した。これに対して、人権裁判所は、「いずれにせよ一三条の要件に対する違反はないという結論に達したので、適用可能性についてのこれらの二つの異議に対して決定を下す必要がない[55]」とし、一三条の解釈・適用についての判断に入る。まず、一三条の意義については、前に引用したジェームズほか判決の定式（二四七頁）を受け継いだボイル・ライス判決のそれを繰り返し、さらに次のように付け加えた。

かくして一三条の効果は、権限のある「国内審級」が、関連する条約上の不服（the relevant Convention complaint）の実質を取扱うこと、および、適当な救済（relief）を与えることの双方をなすことができるような、国内救済手段が用意されていることを要求することにある[56]。

さきにみたようにシルヴァーほか判決においては、〈条約上の権利〉の侵害の主張は、国内機関での審理の直接の対象とはされていなかった。それに対し、ここでは明確に、「条約上の不服」が国内機関で取り扱われるべき対象とされている。そのうえで、次のように、司法審査における「ウェンズベリ原則」について人権委員会とは正反対の結論を下したのである。

イギリス政府によれば、事件のすべての状況において当該決定はいかなる合理的な大臣もとりえないであろうという理由によって、裁判所は、非人道的または品位を傷つける待遇の重大な危険があることが示される国に対して、逃亡犯罪人を引き渡すという決定を取り消す管轄権をもつであろう、とされる。……当裁判所は、イングランドの裁判所は、ゼーリング氏が三条の文脈で条約機関において依拠したような要素に照らして、引渡決定の「合理性」を審査しうることを確信する。[57]

このような理由に基づき、一三条の違反はないとされたのである。

（47）*Soering* v. *UK* [PC], Judgment of 7 July 1989, *Series A*, no. 161.
（48）一三条に関連してこの判決の意義に触れたものとして、参照：薬師寺公夫「犯罪人引渡と人権——自由権規約を中心に」田畑茂二郎編『二一世紀世界の人権』（明石書店、一九九七年）三〇〇頁以下、三二一—三二三頁。
（49）参照：*Soering* Judgment, *supra* note 47, paras. 21–24.
（50）参照：*ibid.*, paras. 32–33.
（51）参照：*ibid.*, para. 35.
（52）さしあたり、参照：*Soering* v. *UK*, Report of the Commission, 19 January 1989, *Series A*, no. 161, Annex, para. 170 at p. 71 f.
（53）参照：*ibid.*, paras. 164, 166.
（54）さしあたり、参照：*Soering* Judgment, *supra* note 47, p. 50.
（55）*Ibid.*, para. 117.
（56）参照：*ibid.*, para. 120.
（57）*Ibid.*, para. 121.

3　ゼーリング判決の意義と限界

以上から、一三条についてのゼーリング判決の画期的意義は明らかであろう。同判決は、人権裁判所の判断としてはじめて、国内機関が〈条約上の権利〉の侵害の主張を審査できなければならないことを認めた。そして、個別的権利の侵害について条約機関で援用したような諸要素を検討できるような準則があることを確認して、一三条の違反がないという結論に達したのである。一三条に関するゼーリング事件におけるこの判断は、一九九一年のヴィルワラヤーほか事件の判決でも踏襲されており(58)、人権委員会のゼーリング判決に至る一貫した立場と符合することからしても、判例として定着することが予想される。

要するに、〈条約上の権利〉が国内手続において援用できることを一三条が要求することを認めた判決、と評してよいであろう。その際、この条約上の権利が、判例を通じて明確化されるものであるという前提は揺るがされていない。条約三条が、引渡請求国でそれによって禁じられているものと同種の待遇をうけるであろう場合に引渡しを禁ずるものであるという観念は、どんなに遡っても一九八〇年代以降のものであり(59)、人権裁判所の判決としては、このゼーリング事件ではじめて確認されたものであったからである。ただし、ゼーリング判決の趣旨は、〈条約上の権利〉が直接に国内手続における準則となっていなければならないということまで認めたものとはいえないであろう。せいぜい国内手続で〈条約上の権利〉が十分に考慮されることを求めたものといえる。「援用可能性」と定式化したのは、これを個人の側から要求できることとして言い換えたものである。一歩踏み込んで、「調和的解釈」がなされることを求めるものと解することも可能かもしれない(60)。

しかしながら、国内手続の準則が条約上の不服を取り扱いうることを認めるうえで、人権裁判所が極めてルースであったことは否定できない。合理性のテストによりイングランド裁判所が非人道的待遇がまつ国への引渡決定を取り消しうる、ということは、当のイギリス政府が主張していることである。その根拠として引用されている庇護拒否決定についての貴族院の判例は、次のように述べている。

すべての人権のうち最も基本的なものは個人の生命に対する権利であり、異議を唱えられている行政決定が中立人の生命を危険に陥れうるといわれるときは、この決定の基礎については、たしかに最も注意深く精査することが求められる。(61)

このテキストが述べていることは、生命の危険があるというのは通常よりも慎重な精査に付す前提であって、相変わらず行政による決定の過程を審査するということである。逆にいえば、生命の危険があるということが直接の判断基準でも、行政の決定の結果を直接審査するのでもないことが示唆されている。(62)さらに、別の判例により、大臣がヨーロッパ人権条約の違反があるかどうかを検討しなかったという事実のみを理由として、大臣の決定を裁判所は審査しないことになっていると、人権裁判所も認定している。(63)こうしてみると、裁判所が「非人道的または品位を傷つける待遇の重大な危険があることが示される国に対して、逃亡犯罪人を引き渡すという決定を取り消す管轄権をもつ」かどうか、「三条の文脈で条約機関において依拠したような要素に照らして、引渡決定の『合理性』を審査しうる」かどうかは、少なくともゼーリング判決の時点ではイングランド法上未確定であったというべきではなかろうか。

実は、イギリス政府は、人権委員会における手続では、〈イングランドの裁判所が、中立人の、非人道的待遇にさらされるかもしれないという怖れについて審査しない〉ことについて争っていなかったようなのである。(64)人権裁判所手続でのイギリス政府の、〈裁判所は、非人道的または品位を傷つける待遇の重大な危険があることが示される国に対して、逃亡犯罪人を引き渡すという決定を取り消す管轄権をもつ〉との言明は、いわば一三条違反認定を阻止するための切り札であったといえよう。人権裁判所の一三条違反認定の実際的効果を考えると、イギリス政府がそれをどうしても阻止したかった理由は推察することができる。もし、そうした認定がされれば、引渡決定およびそれに対する救済手続自体に手を入れる必要があるからである。

しかしながら、結論的には違反認定はなかったものの、さきに紹介したような人権裁判所による判示は、大きなイムパクトを与えるであろう。なぜなら、ゼーリング判決以降同種の事件で司法審査が求められたとき、原告が請求国において非人道的待遇をうけると主張したにもかかわらず、合理性のテストを通じてそのような主張について審査しなかったならば、そのケースについては、一三条違反の認定が避けられないからである。こうしてみると、人権裁判所の判決は、イングランドの裁判所で適用される基準について、その形式的な変更を求めることなく、今後その内容を実質的に調整していくことを求めたものといえるであろう。

（58）　参照：*Vilvarajah* v. *UK*, Judgment of 30 October 1991, *Series A*, no. 215, esp., paras. 122-127.

（59）　参照：古谷修一「犯罪人引渡と請求国の人権状況に対する評価（一）」香川法学一五巻四号（一九九六年）三三頁以下、五五―八〇頁。

（60）　この意味で、一九七九年のヤングほか事件についての人権委員会の意見に付した二人の委員の反対意見の趣旨が、ようやく認められたと解することもできよう。彼らによれば、「［国内］審級が、［条約の下で保障されている］権利を修正のためのもの（correctives）として適用し、必要なときにはいつでもそれらに照らして国内法を解釈する、すなわち、条約と一致するように解釈する権限を有しているだけで十分である」という。Dissenting Opinion by MM. Opsahl and Treschel on the Issue under Article 13, *Young, James and Webster* v. *UK*, Report of the Commission, 14 December 1979, *Series B*, no. 39, p. 12 ff. at p. 58.

（61）　*R.* v. *Home Secretary, ex parte Bugdaycay, per* Lord Bridge［1987］1 *All England Law Reports* 940 at 952,

quoted in : *Soering* Judgment, *supra* note 47, para. 35. 引用に誤りはない。
(62)「私の意見では、瑕疵ある決定の結果が生命または自由を危険にさらしうる場合は、決定作成過程を審査する特別の責任が裁判所にはある。」*R. v. Home Secretary, ex parte Bugdaycay, per* Lord Templeman, [1987] 1 *All England Law Reports* 940 at 956, quoted in : *ibid.* 引用に誤りはない。
(63) 参照 : *ibid.*, para. 35.
(64) 参照 : *Soering* Report, *supra* note 52, para. 166 at p. 71 (referring to para. 40).

結びに代えて

ゼーリング判決に示される人権裁判所による条約一三条の解釈の現況は、くりかえして整理する必要はないであろう。ここでは、本書でいう憲法秩序の第二の観念、すなわち、国内法秩序に対して上位の法的権威を条約が有するようになった、という観念の観点から、かかる解釈の位置づけを試み、それを前提としてこの構想の到達点と限界について二、三付言しておきたい。

ゼーリング判決における一三条解釈によって、条約上の義務として、判例によって発展する条約基準を国内手続で十分に考慮することが求められるようになった。これは、条約署名後約四〇年を経て認められたこととしては、あまりに微温的な義務ともいえよう。条約基準自体が国内手続で法律に優先して適用されることまでには、到達していないからである。しかも、一三条の適用自体が、前章でいくつかみたようなさまざまな制限をなお加えられている。

しかしながら、国内法の状態を条約基準に適合するように調整する、より一般的で法規範的なメカニズムが、一三条によって提供されたこと自体の意味は大きい。国内における法適用過程をそこにおける準則も含めて直接コントロールする手段を、条約システムが手に入れたことを意味するからである。その意味では、憲法秩序の第二の観念は、その実現へ向けた一つの地歩を築いたという評価も可能である。

もっとも、逆に、一三条の解釈の発展が、ヨーロッパ統合の理念に強く影響されたこのような観念自体に促されたものであったかどうかは、それほど単純に肯定することはできない。条約基準を国内法にいわば埋め込むことは、少なくとも一つの実際的要請に促されてもいるからである。それは次のような事情から生じている。

人権委員会・人権裁判所に持ち込まれる事件は、一九八〇年代以来、条約の国際的実施システムにとっても危機的な量に達し、それは一九八九年以降の中・東欧地域の激変によって一層深刻化している。一九八〇年代に、登録された申立数は約三～四倍化した(65)。ゼーリング判決が下された一九八九年七月といえば、そのうえに、中・東欧諸国のヨーロッパ評議会・条約への取り込みが模索されはじめていた頃である(66)。実際その後、多くの中・東欧諸国の参加が実現し、条約の締約国は、一九八九年末に二二か国であったものが、本章のもととなる論文が書かれた一九九七年一一月末には、三九か国を数え、大国ロシアも署名していた（ロシアは、一九九八年五月締約国となった）。第一一議定書による条約の国際的実施手続の全面改正は、一つにはこのような申立の急激な増加に対処しようとするものであったが、実は、フルタイムの裁判官で構成される新しい人権裁判所でさえ、すでにこの改正の発効前から申立を処理しきれるか疑問がもたれていた。というのは、一九九五年中に登録された申立数は、一九九〇年の二倍強の約三、五〇〇件に達した。当事国増がまだそれほど影響を与えていない段階でこの状態であるから、一九九八年一一月に活動を開始する人権裁判所（新）は、ますます急激な申立増に耐えなければならないことは確実であった。このようななかで、〈条約上の権利〉を国内手続で援用できるようにすることは、国内的救済原則のより厳格な適用を根拠づけ、さらには国際手続に上がってきた申立の多くを「明白に根拠不十分」として受理しないことを正当化するであろう[67]。一三条によるその義務化は、これを条約規範自体によって促進しようとするものともいえよう。したがって、たとえ第二の意味における憲法秩序観念に賛成しない者であっても、国際的手続の実効性を維持しようとするならば、一三条のこのような解釈を支持することは大いにありうるのである。

このことは、逆に、条約基準の国内法システムにおける実施も、さしあたり国際的手続の実効性を確保する限度でしか進展しないであろうことを示唆している。もちろん、条約システムの基底には、イデオロギー的一体化の下にヨーロッパ地域と諸国の安定をはかることがあり、そのことや資本の自由な展開のためにも、ある程度均一な統治体制をつくることは常に目指されているといえよう[68]。しかしそのことは、必ずしも、通常の国内憲法が国内法において位置しているような各国国内法の上に立つような条約や、多くの国の憲法裁判所がもつような権限をヨーロッパ規模でもつ人権裁判所を、直ちにつくりだすことを求めるものではない。実際、先行判決を下したり、実体規定についての勧告的意見を述べる権限ですら、今回の改革でも認められていない[69]。判決の履行は、依然として各国の権限に属し、せいぜい閣僚委員会の監視の対象になるにすぎない。人権裁判所がそれに立ち入ることは慎重に控えられてきた[70]。第二の意味における憲法秩序を体現するという観念は、みぎに述べた条約システムの実効性を確保するための諸手段を導入していくうえで、シンボル的役割を果たすことはあっても、比喩以上に実体化していく可能性を示すさしたる事情は、今のところ見あたらないのである[71]。

もっとも、本章でみた一三条の解釈の展開は、国内手続で条約基準が援用できなければそれ自体で国際義務違反となるという意味で、国内手続の結果のみを問題にする多くの国際義務とは異なる、国内手続の過程そのものを一般的に規制する義務の領域に条約が立ち入っていることを示している。このことは、国際法と国内法の二元性そのものを解消しはしないものの、条約が、国内法の内容を直接的に規制するシステムとなってきたことをたしかに意味するであろう。本書でいう憲法秩序の形態的側面の最小限の要素、すなわち構成部分の意思から自立して持続的に存立する一貫したシステムを備えているという特徴とあわせて、この意味でも、条約システムは、国際法のさまざまなシステムのうちでも相対的特殊性をもつと考えてよいと思われる。

（65）申立数の全体の数、相手国別の数などの統計は、38 *Yearbook*, 46.

（66）参照：小畑郁「欧州審議会の人権保障活動と中・東欧」外国学研究（神戸市外国語大学）三二号（一九九五年）一〇七頁以下、一一〇―一一一頁〔本書第三章八三―八四頁〕。

（67）Cf.: Michel MELCHIOR, "Effects on the European Convention on Human Rights of the enlargement of the number of Contracting Parties", in : *8th International Colloquy on the European Convention on Human Rights; Proceeding, 1995* (Council of Europe, 1996), p. 120 ff.) paras. 3-7 at pp. 121-123; paras. 19-29 at pp. 130-134.

（68）参照：小畑・前掲註(66)論文、一一〇頁〔本書九六頁〕。

（69）二〇一三年七月一〇日に採択された第一六議定書（選択議定書）は、先行判決に類する勧告的意見の制度を導入した。

（70）この問題を扱うものとして、Sibrand Karel MARTENS, "Individual Complaints under Article 53 of the European Convention on Human Rights", in : *The Dynamics of the Protection of Human Rights in Europe; Essays in Honour of Henry G. Schermers* vol. III (Martinus Nidhoff, 1994), p. 253 ff.

（71）もっとも、ＥＵと人権裁判所との直接的連携が進展すると事情は変わってくるかもしれない。

第一一章　入国管理措置に対する国内不服審査制度の条約による統制

はじめに

外国人に対する入国管理措置については、行政府に広範な裁量が認められ、また、かかる措置に対する不服申立や司法審査は、措置の対象となる外国人にとっては、きわめて不十分な手続となっている、というのは、現代において一般的に認められる現象である。たとえば日本においては、在留許可や在留期間の更新、再入国許可、在留特別許可などについて、法務大臣の広範な裁量が及ぶとされており(1)、積極的な司法審査がなされることがない。退去強制手続における入国審査官および特別審理官の判断は、出入国管理及び難民認定法所定の退去強制事由にあたるかどうかについてのものであり、他の理由により日本国での滞在を認めるべきとの主張は、法務大臣の在留特別許可を求める枠組においてのみ取り上げられうる。これらの手続は、弁護士等代理人の立会いが認められる範囲が限定されており、糾問的で非公開であるということから、「十分な救済手段といいうるか疑問である」との指摘(2)がある。

このような現象は、人権条約にもその投影を見いだすことができる。一般的人権条約を概観しても、外国人の追放について直接規定するのは、法定主義および自らの主張を提出し審査してもらう手続の保障(自由権規約(3)

一三条、ヨーロッパ人権条約第七議定書一条）、集団的追放の禁止（ヨーロッパ人権条約第四議定書四条、米州人権条約二二条九項、アフリカ人権憲章一二条五項）のみである。他方、ヨーロッパ人権裁判所をはじめとする人権条約実施機関が、判例法理により、非人道的待遇の待つ国への送還の禁止や、家族生活・私生活の尊重を確保するための追放制限を導き出してきたことは注目される。しかし、かりに、このような権利が認められたとしても、これらの権利の侵害の有無についてどのように取り扱われるかは、追放等にかかる国内手続についての各国の法制に大きく依存している。このような状況は、たとえば権利侵害の有無についての国内手続が完了しないまま外国人が追放されるような場合を想定すれば明らかなように、これらの権利の実効的な確保にとって重大な問題を提起する。

このような国内手続についての制約は、人権条約上、自由権規約一三条のような微温的規定によってしか提供されていないようにもみえる。しかし、他方、人権条約は、一般に、条約上の権利の（主張される）侵害に対して実効的救済手段を提供するよう締約国に義務づけており（自由権規約二条三項など）、近年では、かかる規定の重要性が増していると考えられる。では、かかる規定による入国管理措置にかかる国内手続の統制の可能性はどこまで進展したのであろうか。本章は、この問題を、ヨーロッパ人権条約における自由権規約二条三項に対応する規定である一三条をめぐる判例の展開を追うことによって明らかにしようとするものである。

この部において筆者は、この規定に注目し、同条が国内手続において〈条約上の権利〉を援用しうるようにすることをどれほど義務づけているかという問題を検討してきた。本章では、前章までで取り扱った時期以降の判例の展開を素材として、対象を一方で入国管理措置に絞り、他方国内手続で適用される実体基準の問題に限定せず、広く手続の「実効性」をめぐる問題を取り扱って論ずることにしたい。

（1）　次を参照：在留特別許可について、最判一九五九年一一月一〇日民集一三巻一二号一四九三頁、在留期間の更新について、マクリーン事件、最判一九七八年一〇月四日民集三二巻七号一二二三頁、再入国許可について、崔善愛事件、最判一九九八年四月一〇日民集五二巻三号七七六頁。
（2）　入管実務研究会『入管実務マニュアル〔改訂第二版〕』（現代人文社、二〇〇七年）一五五頁。
（3）　テキストは、999 *UNTS* 171.
（4）　テキストは、1144 *UNTS* 123.
（5）　正式には、「人および人民の権利に関するアフリカ憲章」という。テキストは、1520 *UNTS* 217.
（6）　これらについては、さしあたり参照：薬師寺公夫ほか『国際人権法（法科大学院ケースブック）』（日本評論社、二〇〇六年）一九〇―二二〇頁（村上正直執筆）。
（7）　自由権規約一三条については、参照：西井正弘「外国人の追放に対する手続的保障―自由権規約第一三条に関する個人通報事例の分析」研究紀要（世界人権問題研究センター）六号（二〇〇一年）一二一頁以下。
（8）　参照：佐藤文夫「自由権規約における効果的な救済措置を受ける権利に関する若干の考察（一）」成城法学七七号（二〇〇八年）二六〇頁以下。
（9）　同条については、参照：佐藤文夫「ヨーロッパ人権条約における効果的な救済措置を受ける権利に関する若干の考察（一）・（二）」成城法学五六号（一九九八年）一頁以下・同六六号（二〇〇一年）八一頁以下。
（10）　入国管理措置と条約一三条との両立性の一側面を扱った論稿として、参照：中井伊都子「シェンゲン条約―欧州人権条約第一三条との整合性をめぐって」研究紀要（世界人権問題研究センター）二号（一九九七年）一三三頁以下。
（11）　本章と共通する問題意識で書かれたものとして、Pieter Boeles, *Fair Immigration Proceedings in Europe* (Nijhoff, 1997) がある。

第一節　不服審査制度において適用される実体基準の統制

１　虐待(ill-treatment)の禁止(条約三条)をめぐって

前章で述べたように、人権裁判所の一九八九年のゼーリング（Soering）事件判決（全員法廷）[12]は、「条約上の不服」が国内機関で扱われ、条約上の権利が十分に考慮されることを求めたものとして、画期的なものであった。しかし、他方で、この判決が、イングランド裁判所における行政裁量に対する司法審査の際適用されるウェンズベリ（Wednesbury）原則[13]の枠内で、条約三条の適用のときに考慮される要素に照らして判断がなされることを認め、一三条違反なしとしたことは、被告国家の側に極めて甘いといわざるをえないものであった[14]。

ゼーリング事件のかかる判示は、引渡しではなく追放の結果さらされうる虐待に関わる一九九一年のヴィルワラヤーほか事件判決[15]にも踏襲され、さらに、一九九七年のＤ対イギリス事件判決[16]、二〇〇一年のヒラル事件判決[17]と受け継がれている。Ｄ対イギリス事件判決では、かなり一般的に次のようにまとめられている。

ヴィルワラヤーほか判決およびゼーリング判決において、当裁判所は、［イングランドにおける］司法審査手続は、退去強制および引渡しの文脈において、三条に基づき提起される不服との関連で、実効的な救済手段であると考えた[18]。

このように三条にかかわる事件で、国内手続で適用される実体法に対する統制が緩やかとなったのは、この規定が、極めて基本的な権利についてのものであることが影響していると考えられる。ゼーリング事件においてイギリス政府は、非人道的または品位を傷つける取扱いをうける重大な危険があることが示される国に引き渡す決定に対しては、イングランド裁判所は、それを取り消すことができると主張したが、それは、「すべての状況において、その決定は、いかなる合理的な大臣もなすことができないであろうという理由に基づ」くものであったのである[19]。すなわち、非人道的または品位を傷つける取扱いを受けないというごく基本的な権利が関わるがゆえに、ウェンズベリ原則の不合理性の概念の中で取り扱うことができ、したがって人権裁判所は、根拠薄弱ながらも、次のように述べることができたのであった。

> イングランドの裁判所が、セーリング氏が三条の文脈で条約機関において依拠した種類の要素に照らして、引渡決定の「合理性」を審査することができることを、当裁判所は確信する[20]。

ところが、一九九六年のチャハル事件判決（大法廷）では、庇護拒否決定および退去強制決定に対する同じくイングランド裁判所における司法審査手続を取扱いながら、三条と結びついた一三条違反が認定された（この点については、全員一致[21]）。この事件では、シク教分離主義の活動家であるチャハルについて、イギリス政府が安全（security）上の理由で退去強制を決定した[22]。人権裁判所は、追放対象者の安全に対する危険性が、三条違反の問題を考慮する際には無関係であることを想起したうえで[23]、次のように述べた。

> 虐待の危険が現実化したときに生ずるであろうかもしれない損害の回復不可能な性質、および、三条に当裁判所が与える重要性に鑑みて、一三条のもとでの実効的救済手段の観念は、三条に反する取扱いの現実の危険を怖れる実質的根拠があるとの主張を独立に精査すること（independent scrutiny）を要求する。この精査は、当該人が追放を正当化するどのようなことをなしたのかについて、あるいは、追放する国家の安全に対して感じられる脅威について、考慮することなくなされなければならない[24]。

これに対して、イングランド裁判所は、「インドにチャハル氏を退去させるという内務大臣の決定を、国の安全上の考慮を脇において、ただ〔インドでの〕危険の問題のみを考慮して、審査することができなかった。イングランド裁判所のアプローチは、内務大臣が、チャハル氏に対する危険を国の安全に対する脅威との均衡において考慮した、ということに満足するものであった。」そのような手続は、一三条にいう実効的救済手段ということはできない(25)。

右のような人権裁判所の判断には、二つの要素が混在しているように思われる。第一に、司法審査手続において、国の安全に対する被追放者の危険性が考慮の外におかれなかったということであり、第二に、この手続で、大臣の決定から独立した精査がなされなかったということである。この点で、人権委員会は、①安全上の理由から退去させなければならないとの主張を扱う際に、イングランド裁判所には、関連ある事実が機密保持を理由として提出されないこと、②内務大臣が均衡をはかったという証拠で満足し各々のリスクの独自の評価を行う権限をイングランド裁判所は持たないこと、を理由として一三条違反を認定しており(26)、右の第一の要素を考慮していなかった。それと比較すれば、人権裁判所は、第一の要素に軸足をおいているようにみえる。そうだとすれば、それは、もとの権利が安全を理由とする例外を認めていないということから、一三条を媒介として、これは国内手続における考慮禁止事項であるという規範を導き出したことになる。人権裁判所の立場には、不明確さが残っているが、このように解することは十分可能であろう。

要するに、虐待の禁止（三条）のように、ごく基本的でいかなる例外にも服さないと考えられている規範と結びついた場合には、一方で、「合理性」のような微温的な実体基準が適用されていてもよいとされる傾向も見いだせるが(27)、他方で、とりわけ認められないはずの例外理由を考慮する実体基準の場合は、違反が認定されうる、という傾向も見いだすことができるのである。

（12）*Soering* v. *UK* [PC], Judgment of 7 July 1989, *Series A*, no. 161.

（13）この原則の適用をめぐる最近の動向については、参照：榊原秀訓「行政訴訟に関する外国法制調査―イギリス（下）」ジュリスト一二四五号（二〇〇三年）一六八頁以下、一七六―一七九頁。なお、この原則とヨーロッパ人権条約の関係については、参照：江島晶子『人権保障の新局面―ヨーロッパ人権条約とイギリス憲法の共生』（日本評論社、二〇〇二年）一五八―一六八頁。

（14）参照：小畑郁「ヨーロッパ人権条約における『実効的な国内救済手段を得る権利』と条約上の権利の国内手続における援用可能性」研究紀要（世界人権問題研究センター）三号（一九九八年）六五頁以下、九四―九五頁〔本書第一〇章二五四―二五六頁〕。

（15）*Vilvarajah and Others* v. *UK*, Judgment of 30 October 1991 *Series A*, no. 215, esp., paras. 122-127.

（16）*D.* v. *UK*, Judgment of 2 May 1997, *Reports 1997-III*, para. 71.

（17）*Hilal* v. *UK*, Judgment of 6 March 2001, *Reports 2001-II*, para. 78 f.

（18）*D.* v. *UK* Judgment, *supra* note 16, para. 70.

（19）*Soering* Judgment, *supra* note 12, para. 121.

（20）*Ibid.* 同旨：*Vilvarajah* Judgment, *supra* note 15, para. 123; *D.* v. *UK* Judgment, *supra* note 16, para. 70.

（21）*Chahal* v. *UK* [GC], Judgment of 15 November 1996, *Reports 1996-V*.

（22）見よ：*ibid.*, paras. 25-43.

（23）*Ibid.*, para. 149. 人権裁判所は、これを三条の虐待禁止規範の性質から導き出している。参照：*ibid.*, para. 80. もっとも、追放先や引渡請求国でうけるであろう待遇が虐待にあたる真の危険があるとの理由で追放・送還を禁止する規範は、実質的には、人権裁判所が、ゼーリング事件以来の判例により造り出してきたものであり、被告国家が直接に責任を負う虐待を禁止する規範の性格とは一応別問題であろう。追放・送還の文脈に拡大する一方で一定の例外を認めるという論理的可能性は十分にあったといわざるをえない。しかし、三条から導き出されるいくつかの規範に共通の性格を与える方が、構成上明快であり、複雑な説明を回避することができる。人権裁判所は、それに惹かれたということができよう。

（24）*Ibid.*, para. 151.

（25）以上、*ibid.*, para. 153.

（26）*Chahal v. UK*, Report of the Commission, 27 June 1995, *Reports 1996-V*, paras. 150-151.

（27）もっとも、三条と結びついた一三条の違反も認定されたジャバリ事件についての二〇〇〇年の人権裁判所判決では、トルコにおける行政裁量に対する司法審査では、執行停止がなされないことと、決定の実体（merits）については審査されないことが、実効的救済手段としての性格に欠ける理由とされた。ここでは、三条のような実体的基準が不服審査手続で適用されなかったことが、一三条違反の一つの理由になったといえる。参照：*Jabari v. Turkey*, Judgment of 11 July 2000, *Reports* 2000-VIII, paras. 49-50. もっとも、執行停止がないことの方が重視されているように思われる。この点も含め、この事件については、後述二七六、二七九頁も参照。

2　その他の権利をめぐって

その他の権利については、どうであろうか。実は、入国管理措置に関して、条約三条の文脈を超えて国内手続実体基準についての判例は、極めて未成熟というほかはない。もっとも、それが全く問題になっていないわけではない。

ユーセフ事件では、イギリス市民と婚姻してイギリスで生活し子どもをもうけたクウェート市民が、婚姻破綻後も子どもとの面会権を保障されていたにもかかわらず、一九八七年、スペインへの短期滞在後イギリスへの入国を拒否された(28)。人権委員会は、家族生活の尊重に対する権利を規定する条約八条およびこれと結びついた一三条違反の問題について申立を受理した(29)。

一九九二年に採択した報告書において、人権委員会は、一三条の問題に関して、当時有効であった一九七一年入国管理法（Immigration Act）および入国管理規則（Immigration Rules）をまず検討し、これらには、「連合王国に住む権利を有する子に実効的に面会することを望む離婚後の外国人に入国を認める規定がないことに留意した。[30]」そのうえで、入国管理審判官（Adjudicator）には、入国管理規則の枠外では内務大臣に対し勧告権しか有さず、また司法審査においては、内務大臣が入国管理規則の枠外で申立人のために裁量を行使しなかったことを争うことになり、このように制定法によるのではなく大権（prerogative）に基づく裁量の不行使を争うことについて、いかなる先例も示されなかったとして、一三条違反を認定した。[31]

人権裁判所に事件が付託されなかったので、条約旧三二条に基づき、違反について決定権限を行使した閣僚委員会は、一九九五年、一三条違反があったと決定し、人権委員会報告書の公表を許可する一方で、イギリスのとった措置に鑑みそれ以上閣僚委員会としての措置をとることなく、旧三二条に基づく任務の完了を宣言する決議を採択した。[32]この決議に添付されたイギリスの情報とは、一九九四年に入国管理規則を改正して、イギリスに居住する子に面会するために入国許可を求める者についての基準を設けたというものであった。[33]このように、国内法規範に条約上の権利に対応する規定が設けられることに、一三条は実際的な役割を果たした。もっとも、本件のように入国管理規則の改正で、「家族生活の尊重をうける権利」の実質が、司法審査制度を中心とする入国拒否についての不服審査制度において適用可能となったかは、極めて怪しいといわなければならないであろう。

無国籍パレスチナ人のブルガリアによる追放に関して、同じく家族生活の尊重に対する権利（八条）と結びついた一三条違反が問題となったアルナシーフ事件では、人権裁判所は、二〇〇二年の判決で次のように述べた。

〔不服審査機関では〕…異議を申し立てられた措置が、個人の家族生活の尊重に対する権利に対する介入となっているかどうか、もしそうならば関連する公益と個人の権利との間に公正な均衡（a fair balance）がはかられているかどうかという問題が、審査されなければならない[34]。

これは、実質的には、八条の下で人権裁判所が行う審査の際の実体基準と近似する基準が適用されて審査されることを求めているものと読むこともできる。もっとも、この判決では、実体基準の適用可能性についての事実に即しての検討はほとんどなされておらず、後述するように、不服審査機関の手続上の問題点に重点がおかれていることは否定できない。その意味で、この判決が、八条について条約上の権利侵害の有無が不服審査手続で審査されていなければ一三条違反となることを確立したものといえるかどうかは、もう少し判例の推移を見守る必要があろう。

このように、入国管理措置についての不服審査制度で適用される実体基準を一三条が統制していると認められる例は、三条にかかわるものを除くと、あまり存在しないのである。それは、一つには、九章で示したように、例外が付されている権利については、これらの規定そのものの違反が認定されない場合には一三条違反も認定される余地がほとんどなく、その意味で一三条が独自の機能を発揮する余地が小さい[35]ことが影響していることが考えられる。もっとも、三条の文脈でも、実体基準については実際には微温的な統制しか行使せず、はっきりと述べないということをみれば、それ以上に、実体基準をとらえて一三条違反をいうよりも、不服審査制度の手続をとらえて違反をいうことができれば、それで満足してしまうことが挙げられる。やはり、国内手続で適用される実体基準そのものを統制する方が、国内法体系の自律性への踏み込みの程度が大きいということから、人権裁判所としても躊躇があるとみてよいであろう。

(28)　参照：*Yousef* v. *UK*, Report of the Commission, 30 June 1992, paras. 14-25.
(29)　参照：*ibid.*, para. 28.
(30)　*Ibid.*, para. 49.
(31)　*Ibid.*, paras. 49-50.
(32)　*Yousef* v. *UK*, Resolution DH (95) 246, 19 October 1995, 38 *Yearbook* 638.
(33)　参照：Appendix to: *ibid.*, p. 639.
(34)　*Al-Nashif* v. *Bulgaria*, Judgment of 20 June 2002, para. 137.
(35)　参照：小畑・前掲註(14)論文、七五頁〔本書第九章二二四―二二五頁〕。

第二節　不服審査制度の手続的統制

1　不服審査機関の独立性および対審的手続の要求

一三条は、条約上の権利についての救済機関を「国内審級（national authority / instance nationale）」と表現しており、条約六条にいう「裁判所」とは区別している。そしてそれが実効的救済手段であれば、一三条違反は生じない。他方、条約第七議定書一条は、次のように規定している（自由権規約一三条もほぼ同旨）[36]。

1　国家の領域に合法的に居住する外国人は、……次のことを認められる。
（a）自らの追放に反対する理由を提示すること
（b）自らの事案が審査されること、かつ
（c）これらの目的のために、権限ある機関においてまたはその機関により指名された者に対して代理人が出頭すること。

２　外国人は、その追放が公の秩序のために必要な場合または国の安全保障を理由とする場合には、前項(ａ)、(ｂ)および(ｃ)に基づく権利を行使する以前にも追放することができる。

一三条の枠組みにおいて、条約の個別的権利規定の違反が問題となる場合、このような手続が求められるのであろうか。

一三条についての判例は、一九七八年のクラスほか事件以来一貫して「一三条にいう『審級』とは、必ずしも厳格な意味での司法機関でなくともよい」とする一方、「審級がもつ権限と手続的保障は、そこでの救済が実効的であるかを決定するうえで、関連性ある要素である」と述べてきた[37]。一九八五年のシルヴァーほか事件判決以降は、権限と手続的保障という考慮要素は司法機関以外の場合にのみ適用されるものとされているが[38]、結局、具体的に救済機関が満たすべき基準については、人権裁判所は長らく全く立ち入ることはなかった。その意味で、チャハル判決が、ある不服審査機関をこの要件を満たさないとしたのは、画期的であった。すなわち、この事件においては、イギリス政府により、司法審査とともに諮問委員会（advisory panel）での手続が援用された[39]。チャハルの退去強制には国の安全上の理由が挙げられたので、通常適用される入国管理審判官―入国管理不服申立審判所（Immigration Appeal Tribunal）という不服申立手続が適用できなかったのである[40]。この諮問委員会について、人権裁判所は、次のように述べた。

当裁判所は、諮問委員会における手続においては、申立人は、とりわけ、法律家によって代理される権利を認められず、また彼には、退去強制する意図の通知の理由の概略が伝えられただけであり、委員会には決定権がなく、また内務大臣への委員会の勧告は、拘束力がなく公表されないことに留意する。かかる状況においては、諮問委員会は、一三条

の適用上十分な手続的保障を提供するものとは考えられ得ないであろう。(41)

こうして、法律家による代理の保障がなく、追放等の決定の理由が概略しか示されないこと、その決定が拘束力がなく非公開であるといった要素をもつ救済機関は、少なくともこれらが重なったときには、一三条の適用上実効的な救済を提供する「審級」とはみなされない、とされたのである。追放等の決定の理由が詳しく開示されなければならないというのは、中立人側に反駁の機会を与えるためということができ、これは実質的には、対審性の保障の要求につながるものということができる。実際、アルナシーフ事件についての人権裁判所の二〇〇二年の判決は、次のように述べた。

……［外国人の］追放が当該外国人の家族生活の尊重に対する権利を侵害したという弁論しうる主張(42)がある場合、条約八条と結びついた同一三条は、次のことを要求する。すなわち、国家は、当該個人に対し、退去命令または居住不許可命令に対して異議を申し出ること、および、十分な独立性と公平性の保障のある適当な国内フォーラムにおいて、十分な手続的保障のもと、かつ十分に徹底的に、関連性ある問題を審査してもらえることを、実効的に可能なものとしなければならない。(43)

［中略］

たとえ国の安全に対する脅威の主張がなされた場合でも、実効的救済手段の保障により、最低限、権限ある独立の不服申立機関が退去強制決定の根拠となっている理由を知らされなければならない。たとえかかる理由が公衆にはしらされえないものであってもである。当該機関は、それが恣意的であるかまたは非合理的なものであると認定した場合には、行政府の国の安全に対する脅威の主張を斥ける権限を有していなければならない。必要ならば安全上の点検をうけた特別代理人を通じてのものであっても、ある種の形態の対審的手続がなければならない。(44)

そして実際に、ブルガリアの内務大臣や司法審査においては、国の安全が援用された決定についての不服については、本案に入ることなく却下されることを前提にして、「かかる実効性の保証を提供する救済手段が中立人には利用可能でなかったので」[46]一三条違反が認定された（四対三）。この結論に反対した三人の裁判官も、一三条から導かれる手続的保障についての法廷意見そのものに反対したわけではない[47]。

以上から、不服審査制度は、独立の機関によってなされ（もっとも「独立性」の観念についてはほとんど明らかではない）、対審的手続を備えるものでなければならないことが確立しつつあるといえよう。その意味では、条約の個別的権利規定の違反についての「弁論しうる主張」がなされた場合には、条約第七議定書一条が効力を有してなくても[48]、そこに規定される手続的保障が、（国の安全が援用された場合でも）一三条を介して実質的に適用されるといってもよい。

(36)　ただし、自由権規約においては、「国の安全のためのやむをえない理由がある場合」には、手続には一切制約がかからないのに対し、条約第七議定書では、国の安全が理由とされる場合でも、手続的保障の制約はあり、ただ執行を停止する必要はないにとどまる。
(37)　*Klass and Others* v. *FRG* [PC], Judgment of 6 September 1978, *Series A*, no. 28, para. 67.
(38)　*Silver and Others* v. *UK*, Judgment of 25 March 1985, *Series A*, no. 61, para. 113.
(39)　見よ：*Chahal* Judgemnt, *supra* note 21, para. 142.
(40)　参照：*ibid.*, paras. 29, 58–59.
(41)　*Ibid.*, para. 154.
(42)　一三条が適用可能となるためには、個別的権利規定の違反が単に主張されているだけでは不十分であり、その主張が「弁論しうる」ものでなければならないことが判例上確立している。これについては、参照：小畑・前掲註(14)論文、七四頁〔本書二二三頁〕、および、佐藤・前掲註(9)論文（二）、九五―一三〇頁。

（43）*Al-Nashif* Judgment, *supra* note 32, para. 133.
（44）*Ibid.*, para. 137. この特別代理人を通じた対審的手続というのは、チャハル事件でアムネスティ・インターナショナル等が紹介したカナダにおける制度を念頭においているものと考えられる。連邦裁判所の裁判官が非公開の口頭弁論で証拠調べを行うもので、国の安全に関わるものについては、原告およびその代理人は出席できないが安全上の点検を受けた裁判所選任の弁護士が証人尋問等を行うというものである。見よ：*Chahal* Judgment, *supra* note 19, para. 144.
（45）参照：*Al-Nashif* Judgment, *supra* note 32, para. 135.
（46）*Ibid.*, para. 138.
（47）反対した裁判官は、八条違反の認定にも反対しており、八条違反の主張が「弁論しうる」ものではないことを理由に、一三条違反の認定にも反対した。参照：Joint Partly Dissenting Opinion of Judge Makarczyk, Butkeych and Botoucharova, *ibid.*
（48）二〇一三年九月一日現在、四七の条約締約国のうち、第七議定書の締約国は四三である。非締約国は、ドイツ、オランダ、トルコ、イギリス（未署名）である。ブルガリアは、アルナシーフ事件の事実関係が発生した一九九九年当時は非締約国であったが、二〇〇一年以降締約国となっている。以上については、参照：〈http://conventions.coe.int/Treaty/Commun/ChercheSig.asp?NT=117&CM=8&DF=01/09/2013&CL=ENG〉（最終確認日：二〇一三年九月一日）.

2　追放等の決定の執行停止の要求

追放や送還の決定を一定の手続で争うことができても、その間追放等が執行されないという保障は一般にない。このように執行停止されないということが、一三条により要求される救済手段の実効性に影響を及ぼすと考えられるのであろうか。

この問題は、実はゼーリング事件から意識されている。この事件の判決では、イングランド裁判所が国王に対して暫定的差止命令を出すことはできないのは、実務上不服申立および上訴が尽くされる以前に引渡が行われているということが示されなかったので、救済手段の実効性を減ずるものとはいえない、とされた[49]。ここでは、執行が実務上停止されていないのであれば、実効性に影響を及ぼしうることが示唆されていた。

具体的な展開がみられたのは、トルコからのイラン国民の追放が虐待の禁止に触れるとされたジャバリ事件[50]についての二〇〇〇年の人権裁判所判決であった。ここでは、トルコにおける司法審査が事件の実体（merits）を審査できないものであること[51]とともに、この司法審査手続に訴えても追放命令の執行停止を要求できないものであることがまず確認されたうえで[52]、チャハル判決の二六五頁に引用した判示部分をなぞりながら、とりわけ傍線の部分を付け加えて、次のように述べられた。

……主張される虐待または拷問の危険が現実化したときに生ずるであろうかもしれない損害の回復不可能な性質、および、三条に当裁判所が与える重要性に鑑みて、一三条のもとでの実効的救済手段の観念は、三条に反する取扱いの現実の危険を怖れる実質的根拠があるとの主張を独立かつ厳格に精査すること、および、異議を申し立てられた措置の実施を停止する可能性を要求する〔傍線引用者〕[53]。

そして実際、この一般論の適用として、トルコが依拠した司法審査制度は、一三条の要件を満足しないとされたのである[54]。

ここでは、三条違反の「弁論できる主張」がかかわる場合には、不服審査制度において執行停止の可能性が確保されていなければ、一三条違反となると考えられた。さらに、チョンカ事件についての二〇〇二年の判決では、「外国人の集団的追放は禁止する」と端的に規定する第四議定書四条との関係でも、このことが問題となった。

この事件では、スロヴァキア国民であるチョンカ一家のほか、スロヴァキア出身のロマが一度に大量にベルギーから追放され[55]、これについては、人権裁判所は、第四議定書四条違反を認定した（四対三）。この規定と結びついた一三条違反の有無の問題について、申立人は、コンセイユ・デタにおける手続は当然には執行停止の効果を伴わないから実効的ではないと主張したので、人権裁判所は、これを検討の対象とした。その際、執行停止の関連性について、次のようにジャバリ判決の法理を一般化した。

当裁判所は、一三条により要求される救済手段の実効性は、この救済手段により条約に反しその結果が潜在的に回復不能であるような措置の執行が妨げられることを前提とすると考える（〔ここで、「必要な修正を加えて」との留保を付しつつジャバリ判決の前頁引用部分を参照させている〕）。したがって、一三条は、かかる措置が、その条約との両立性についての国内機関による検討の結果よりも前に、執行されることを妨げるものである[56]。

そのうえで、コンセイユ・デタにおける取消訴訟（recours en annulation）に伴う通常執行停止（suspension ordinaire）の申立と緊急執行停止（suspension d'extrême urgence）の申立という二つの制度を取り上げ、前者については、コンセイユ・デタは四五日以内に決定するものとされているが関係決定が五日以内の出国を求めるものであったことを確認し[57]、後者については、追放等の執行前にこの申立について判断するような実務が展開していることに留意しながら[58]、さらに次のように述べた。

まず第一に、執行停止が申立に基づき与えられる制度においては、とりわけ、本案について判断を下す審級が追放決定を条約不遵守を理由に……取り消さなければならないことが後に明らかになるときでさえ時折執行停止が誤って拒否されうることを、排除することができないであろう。このような場合には、当事者が行使した救済手段は、一三条が求めるような実効性を示すものではないことになるであろう[59]。

そのうえで、緊急執行停止の申立の審理中にさえ行政府は執行を妨げられないこと、コンセイユ・デタには、行政府の意図を確かめるよう義務づけられていないこと、結局、コンセイユ・デタが追放までに決定したり審理するという保障や行政府が合理的な最低限の期間執行しないという保障はないと述べて(60)、結局一三条違反を認定した（四対三）(61)。

結局チョンカ判決は、個別的権利規定の違反が申し立てられている回復不能な措置については、その主張が弁論しうるものであるならば、違反の有無について決定があるまでは執行停止が保障されていなければならないということを求めたものということができよう。ゼーリング判決における実務上の執行停止でよいという部分は、修正されている。条約第七議定書一条は、「合法的に居住する外国人」に、二項の反対解釈として、原則として手続完了までの執行停止の保障をしていると解しうるが、チョンカ判決は、一三条が適用可能な場合、居住の合法性如何にかかわらず（チョンカ一家は、不法残留状態であった）執行停止を求めるものということができよう。

ジャバリ判決・チョンカ判決の関連部分は、いずれも小法廷できわどい多数決により判示されたものであり、とりわけ後者が判例として確立するかどうかは、なお慎重であるべきであろう。チョンカ事件において、ベルギー政府は、執行が停止されていた旧制度のもとで引き延ばしのための濫訴が横行したので制度を改正しなければならなくなった、現在でもコンセイユ・デタに係属する訴訟の半数以上が外国人法関係のものとなっている、などと述べた(62)。このような主張に対して、人権裁判所は、要件を満たすよう司法制度を組織するのは締約国の義務であると反駁したが(63)、執行停止を保障するならば処理能力の劣る紛争処理制度しか持たない国に滞在許可申請が殺到することは避けられない現状の下、これらの判決の法理に対する国家の側の抵抗も十分に予想される。

しかし、チョンカ事件でも裁判官たちの立場を分けたのは、執行されない保証がどの程度確実にあるかということであったのであり、実際、〈条約上の権利の侵害の主張が（ある程度の根拠をもって）なされているとき、かかる侵害による損害を回復不能とする措置の執行がなされるならば、実効的な救済手段はありえない〉というのは、単純であるが否認しがたい明快な論理に基づくものである。したがって、今後も、かかる命題そのものを否定する判例が現れることは予想しがたい。その意味では、締約国は、違反認定を確実に避けるために、執行の自働的停止制度を導入する方向に導かれるといってよいであろう。

(49) *Soering* Judgment, *supra* note 12, para. 123. より簡潔ではあるが同旨の判示として、*Vilvarajah* Judgment, *supra* note 15, para. 125 がある。
(50) 事実関係について、参照：*Jabari* Judgment, *supra* note 27, paras. 3, 9–21.
(51) トルコの行政訴訟制度については、筆者はなおその基礎すら理解したとはいえないのであるが、管見の限りでこのような制限について論及しているものとして、参照：Esin Örücü, "Conseil d'Etat: The French Layer of Turkish Administrative Law", 49 *ICLQ* 679 at 696 f.
(52) *Jabari* Judgment, *supra* note 27, para. 49.
(53) *Ibid.*, para. 50.
(54) *Ibid.*
(55) *Čonka* v. *Belgium*, Judgment of 5 February 2002, *Reports 2002-I*, paras. 7–23.
(56) *Ibid.*, para. 79.
(57) 見よ：*ibid.*, para. 80.
(58) 参照：*ibid.*, para. 81.
(59) *Ibid.*, para. 82 at p. 79.
(60) *Ibid.*, para. 83.

(61) 参照：*ibid.*, p. 82. 三名の裁判官（ベルギーの特任裁判官を含む）は、いずれも、ベルギー政府と同様、とりわけ、緊急執行停止申立手続は、実際上停止的効果を保障しているという理由で反対した。参照：Partly Concurring and Partly Dissenting Opinion of Judge Velaers, *Čonka* Judgment, *supra* note 55, pp. 86-89; Partly Dissenting Opinion of Judge Jungwiert, Joined by Judge Kuris, *ibid.*, p. 91 f.

(62) *Čonka* Judgment, *supra* note 55, paras. 70, 74.

(63) *Ibid.*, para. 84. 人権裁判所は、これに続いて、条約制度の補完性を保持する上での一三条の意義を強調した。*Ibid.* つまり国内手続で処理できるものは人権裁判所まで持ち込ませるなということであり、このような判示の背景には、人権裁判所自体に付託される事件数の爆発的増大（二〇〇五年中に約四万五千件）とそれによる深刻な未処理事件の滞留（二〇〇五年末に約八万一千件）があることは間違いない。これらの数字については、さしあたり、見よ：Luzius WILDHABER, President of the European Court of Human Rights, at the Solemn hearing of the European Court of Human Rights on the Occation of the Opening of the Judicial Year, 20 January 2006, in: WILDHABER, *The European Court of Human Rights 1998-2006; History, Achievements, Reform* (Engel, 2006), p. 63 ff. at p. 71. 一三条についての判例の展開を支えるこのような現実的な側面については、拙稿、前掲註(14)論文、九六―九七頁〔本書二五八―二五九頁〕でも指摘した。

結　語

外国人に対する入国管理措置に対する手続的統制については、人権条約においてもごく微温的な規定しか設けられていない。しかし、ヨーロッパ人権条約における近年の判例の展開をみれば、条約上の権利侵害の主張に対する実効的救済手段を得る権利を通じて、各国家における制度を拘束するような具体的な判例法理が現れてきていることが看て取れる。それらについては、右に述べてきた通りであるが、注目される点をあらためて提示すれば、次のようになる。

第一に、一切の例外を許さない虐待の禁止の規定の違反が問題になっているときには、国内手続において、国の安全といった要素を考慮している場合には、それは、実効的救済手段とはいえない。

第二に、その他の規定が問題になっているときでも、人権裁判所が考慮している要素に近似しているものに照らして国内手続において判断されていることが求められるとする判例がある。

第三に、国内手続においては、異議が申し立てられている措置に対して、当事者（ないしその利益を代理する者）が十分に反駁する機会がなければならず、とりわけかかる措置の理由が当事者等に示されなければならない。さらに、対審性の保障を要求する判例が確立しつつある。

第四に、追放などにより回復不能な損害が生ずることになる場合には、個別的権利規定違反の有無について判断が下されるまで、措置の執行が停止されなければならない、とする判例が現れている。

このような法理が、たとえば日本の状況にどこまで適用されうるかについては、自由権規約の規定を分析の対象としなかった本章の範囲外である。しかし、いずれにしても、同規約二条三項のような、権利侵害に対して実効的救済手段を保障する規定の潜在的な発展可能性については、より注視していく必要性があることは間違いないであろう。

補　論　ＥＵ法における人権規範の展開

――憲法秩序化への対外協力コンディショナリティのインパクト

はじめに

二〇〇九年一二月一日に発効したリスボン条約[1]による改正によって、ヨーロッパ連合（European Union, ＥＵという）条約[2]は、その二条において次のように規定することになった。

連合は、人間の尊厳の尊重、自由、民主主義、平等、法の支配および人権（少数者に属する者の権利を含む）の尊重という諸価値に基礎をおく。これらの諸価値は、多元主義、差別禁止、寛容、正義、連帯および女性と男性との間の平等によって特徴づけられる一つの社会の中にある加盟国に共通のものである。

これに先立つ一条は、ＥＵの設立を謳い、それが「ヨーロッパの諸人民の間の絶え間なく緊密化する結合」という目標（一九五七年のヨーロッパ経済共同体――ＥＥＣという――設立条約[3]前文第一段）への一段階であることを規定しているものであり、二条は、実質的に最初の条文ということができる。そしてこれが、ＥＵの個別の目的を定めた三条に先立って規定されていることは、ＥＵがいくつかの目的を実現するために設立された機能的団体を超える価値共同体であることを、自ら宣言しているのに等しい。言い換えれば、ＥＵは（本書でいう内容的側面を備えた）憲法秩序であることを自認するようになっているのである。

こうした憲法秩序において、基幹的位置を占めるのは、二条にも言及されている人権規範であり、そのことは、ＥＵの権限についての基本原則を定める四条および五条に続く条文となる六条に示されている。ここでは、ＥＵ基本権憲章[4]に述べられた権利等をＥＵが承認し、同憲章がＥＵ条約およびＥＵの運営に関する条約（旧ヨーロッパ共同体設立条約、これら二つの条約がＥＵの基本条約を構成する）と同一の法的価値を有すること（一項）、ヨーロッパ人権条約にＥＵが加入すること（二項）、同条約が保障する基本権は、ＥＵ法の一般原則を構成すること（三項）が規定されている。

リスボン条約によるかかる概念、すなわち、人権規範を基軸とする憲法秩序の形成は、基本条約の規定の上では、きわめて新しいものということができる。すなわち、リスボン条約による改正前のＥＵ条約のテキストでは、右に引用した二条の前段は、ＥＵの目的、組織原則、ヨーロッパ理事会（European Council）、主要機関の権限の基礎を定める規定につづく（旧）六条一項にやや弱い文言で規定されている。六条では、さらにヨーロッパ人権条約で保障される基本権をＥＵが尊重すること、およびそれらが共同体法の一般原則であることは規定しているが、ＥＵ基本権憲章の法的効力やヨーロッパ人権条約への加入については規定していなかったのである（三〇八―三〇九頁表補―一参照）。

よく知られているように、ＥＵ法およびヨーロッパ諸共同体（European Communities, ＥＣという。なおＥＣはＥＵに継承されたので、以下ではＥＵでも妥当する場合には単にＥＵという）法において、人権規範は一定の地位を占めてきた。[5] ＥＣ司法裁判所（Court of Justice of the European Communities, 現在ではヨーロッパ連合司法裁判所、ヨーロッパ司法裁判所とも呼ばれる）は、すでに一九七〇年頃から基本権規範が共同体法の一部であることを認めてきた。このように人権規範を取り込むことには、ＥＵ法において古くからそれなりの根拠があった。しかし、右にみたリスボン条約における人権規範の位置づけは、この内的な展開の単純な延長あるいは発展とみるだけでは十分とはいえないように思われる。他方、ＥＵにおいては、域外との関係において、人権観念に基づく活動が重厚に展開している。このことと、ＥＵ法における人権規範の基軸化との関係は、これまで十分に検討されてきたとはいえない。むしろ現在でも、域内の人権確保についてはＥＵは強い動機付けを与えられているとはいえない。

にもかかわらず、リスボン条約で人権規範を基軸とする憲法秩序化が定式化されたことについては、もともと域外に適用されてきた人権コンディショナリティの影響を抜きにして語ることができないと思われるのである。[6] この補論は、このような視点から、ＥＵ法における人権規範の展開を分析しようとするものである。なお、ＥＵ法において「基本権」という用語と「人権」という用語は、通常互換的に用いられている。[7] それは両者が、内容上ほぼ同義ということを理由とするものであり、この補論でもこの理解にしたがう。ただ、沿革上、前者は域内における保護の文脈で、後者は主として域外に対して主張する文脈で使われてきたものであり、[8] その点に留意したいので、原則として原文における使い分けをそのまま用い、内容的な同一性をとりわけ意識して言う場合は「人権規範」という用語を用いることにする。

ＥＵ法における人権規範の展開を検討することは、ＥＵという法秩序の構造の現段階をその限界とともに把握するために重要である。同時に、それにとどまらず、国際法のより広い分野からも注目されるのである。もともとは国家の通商政策決定権を前提にして相互主義的交渉を通じて自由貿易を促進するものにすぎない世界貿易機関（ＷＴＯ）においても、人権規範の取り込みが議論されているが、そうした議論は、ＥＵ法の展開を大いに参考にしているものである。[9] 要するに、ＥＵ法は、国際社会というもともとは水平的（あるいは私法的）秩序の中に、いかに人権という垂直的（あるいは公法的）規範が織り込まれていくか、ということについての、一つのモデルを提供しているのである。[10]

筆者は、主に国際法の立場から人権保障の問題を考えてきたのであり、ＥＵ法の分野においては、初心者の域を出ているとはいえない。[11] しかし、右のような意義に鑑みて、この領域に挑んでみたい。ＥＵ(法)研究の立場からの批判を頂戴できれば幸いである。

（1）　二〇〇七年一二月一三日署名。テキストは、Treaty of Lisbon amending the Treaty on European Union and the Treaty establishing the European Community, [2007] *OJ* C 306/1.

（2）　リスボン条約による改正前のテキストは、Consolidated Version of the Treaty on European Union and Treaty establishing the European Community, [2006] *OJ* C 321/E5. 日本語訳としてたとえば、松井芳郎ほか編『ベーシック条約集〔二〇〇七年版〕』（東信堂、二〇〇七年）五五頁以下。

（3）　テキストは、298 *UNTS* 11. 一九八七年に効力を生じた単一ヨーロッパ議定書（Single European Act）による改正前のテキストの日本語訳としてたとえば、田畑茂二郎＝高林秀雄ほか編『基本条約・資料集〔第四版〕』（有信堂、一九八四年）一九三頁以下。

（4）　正確には、二〇〇七年一二月一二日にストラスブールで調整された二〇〇〇年のEU基本権憲章。テキストは、Charter of Fundamental Rights of the European Union, [2007] *OJ* C 303/1.

（5）　代表的なものとしてさしあたり参照：庄司克宏「EC裁判所における基本権（人権）保護の展開」国際法外交雑誌九二巻三号（一九九三年）三三頁以下、須網隆夫「EUと人権――EUの人権政策権限と人権政策の展開」国際人権一八号（二〇〇七年）八頁以下。

（6）　このような指摘は、少なくとも示唆的にはこれまでもなかったわけではない。とりわけ見よ：Gráinne De Búrca, "Beyond the Charter: How enlargement has enlarged the human rights policy of the European Union," 27 *Fordham International Law Journal* (2004), 679.

（7）　たとえば見よ：庄司・前掲註(5)論文、三五頁注(1)、および、須網・前掲註(5)論文、一三頁注(5)。

（8）　なお、関連して、リスボン条約による改正後のEU条約二条が「基本権」ではなく「人権」という言葉を用いていることにも注意を払うべきであると思われる。

（9）　参照：佐分晴夫「WTOと人権――序説」法政論集（名古屋大学）二〇二号（二〇〇四年）二九三頁以下。

（10）　本補論のもととなった論文は、加藤久和教授の名古屋大学退職を記念して書かれたものである。加藤教授は、国際法における環境規範の形式と実施の問題に取り組んでこられた（たとえば、加藤久和「アジアにおける地域環境レジームの形成――評価と展望（序説）」同右、三二三頁以下）。この点で、この補論とも問題意識の上で響きあうものである。

（11）　EC／EU法の便利な道案内として、筆者はとりわけ次のものを参照した。Paul CRAIG & Gráinne DE BÚRCA, *EU Law; Text, Cases, and Materials*, 4th ed.（Oxford UP, 2007）.

第一節　域内基本権保護とその限界

1　EC機関の行為に対するEC司法裁判所による統制とその存在根拠

ECの設立諸条約は、人権（基本権）についてなんら規定するところではなかったので、ECにおける人権規範は、もっぱら判例法により展開することとなった。その嚆矢とみなされているのは、一九六九年のシュタウダー事件（先行裁決）におけるEC司法裁判所の判決であり、ここでは、以前の決定とは異なり、「共同体法の一般原則に含まれ、当裁判所により保護される基本的人権」という観念を認めた(12)。翌年の国際商事会社事件（先行裁決）判決では、さらに明確に次のように述べられた。

実際、基本権の尊重は、当裁判所により保護される共同体法の一般原則の不可分の一部をなす。かかる権利の保護は、加盟国に共通の憲法的伝統に着想を得るものであるが、共同体の構造と目的の枠内において確保されなければならない(13)。

このようなEC司法裁判所の判例は、一九七九年のハウワー事件（先行裁決）判決ですでに一応完成された形態を与えられたといえよう(14)。ここでは、一方でEC機関の措置が基本権を侵害しているかどうかは、共同体法に照らしてのみ判断されることが確認されつつ(15)、基本権は共同体法の一般原則を構成し、加盟国に共通の憲法的伝統に着想を得るとともに、加盟国が作成ないし署名した人権についての国際条約が指針を与えうる、とされた[16]。このため、ヨーロッパ人権条約やいくつかの国の憲法の規定が参照された[17]。

このような判例の早くからの確立にもかかわらず、ＥＣの立法措置が基本権を侵害するものと認められた例はほとんどなく[18]、個別行政行為についても、一九九〇年頃まで基本権侵害の主張が結果に影響を及ぼしているのはごくわずかと評価されていたことには[19]、注意が必要である。

このように判例が実質的結果をほとんど伴うことなく展開してきたのは、ＥＵ法研究者が共通して認めるかかる基本権統制のアポロジーとしての性格に基づくものといえるであろう。つまり、このような判例の発展の推力は基本権侵害の問題を糸口にした加盟国裁判所によるＥＣ法に対する審査に対抗する必要性だったとされているのである[20]。

実際、よく知られているように、右に述べた国際商事会社事件と同一事案についての一九七四年の第一ゾーランゲ決定において、西ドイツ連邦憲法裁判所は、憲法上の基本権保障の優位から、違憲審査権をみずから確認した[21]。この態度が変更されるのは、一九八六年の第二ゾーランゲ決定においてである[22]。このように、一九八〇年代半ば頃まで加盟国裁判所との緊張関係が実際にも続き、そのことがＥＣ司法裁判所の右に見た判例の原動力となってきたのである。このような状況は、実際上の要因としては微温的なものとなったとはいえ、現在でも完全に払拭されたとはいえない。というのは加盟国裁判所は、少なくとも理論上はなお残余的審査権を主張しているからである[23]。

右にみた判例の存在根拠がこのようなものであるとすると、それは域内に適用される人権規範が、国際法における通常のそれとは異なる性格をもつということも意味する。すなわち、ＥＵ域内に適用されるＥＵ法上の人権規範は、理論的には、ＥＵ機関の行為が関わる限りで、それ以上厳格な保障を各国が行うことを許さない性質のものである。この点で、通常ミニマム・スタンダードと考えられている一般的な人権の国際基準とは異なる。また、あるＥＵ法規則の有効性が、すべての加盟国において等しく認められなければならないという前提をおくと、次のような困難な問題が生ずる。(24) 一つの考え方としては、各国国内裁判所の基本権に基づく審査権の発動を完全に封じようという立場から、加盟国の人権規範のうちで最も厳格な基準を適用するという態度が導かれる。しかし、この態度は、国内人権規範は各国が通常自由に決定できるのであるから、一国にＥＵ法規則の拒否権を与えるのと実質上等しく、ＥＵの立場からは全く受け入れがたい。ある加盟国において当該国の基本権規範と両立するＥＵ法規則は、少なくとも当該国においてそれを無効とする理由は全くないというのが、ＥＵや当該国の本音である。そうだとするともう一つの考え方として、加盟国の人権規範のうちで最も緩やかな基準を適用するという態度もありうる。しかし、この立場は大多数の加盟国裁判所による審査権発動を誘発してしまうであろう。こうして、実際にはどこから基準をもってきたのかを曖昧にしながら、中間的な基準を適用せざるをえないのである。

実際に適用されている中間的な基準より厳格な基準をもつ加盟国が、理論的にはごまかしながら、自国の基本権規範の侵害を甘受しているのは、ＥＵという形での結合を支持するという基本的政策選択に基づくといってよいであろう。他方、実際に適用されているものよりも緩やかな基準しか有しない加盟国が手続的にはなんら問題のないＥＵ法規則の無効化（の可能性）を認めるのは、アポロジーとしての基本権規範の性格だけからは導けない。こうして、少なくとも現在では、域内基本権規範を成り立たせているものとして、別の要素が介在していると考えなければならないのである。

(12) *Stauder v. City of Ulm* (Case 29/69), Judgment of 12 November 1969, [1969] *ECR* 419, para. 7.

(13) *Internationale Hadelsgesellschaft* v. *Einfuhr und Vorratsstelle für Getreide und Futtermittel* (Case 11/70), Judgment of 17 December 1970, [1970] *ECR* 1125, para. 4. 参照：大藤紀子〔本件判例批評〕中村民雄＝須網隆夫編著『EU法基本判例集』（日本評論社、二〇〇七年）一四二頁以下。

(14) *Hauer* v. *Land Rheinland-Pfalz*, (Case 44/79), Judgment of 13 December 1979, [1979] *ECR* 3727.

(15) *Ibid.*, para. 14.

(16) *Ibid.*, para. 15. ヨーロッパ人権条約への言及は、一九七四年のノルト事件判決に遡る。*Nold* v. *Commission* (Case 4/53), [1974] *ECR* 491, at para. 13.

(17) *Hauer* Judgment, *supra* note 14, paras. 18–21.

(18) 参照：Craig & De Búrca, *supra* note 11, p. 389 ff.

(19) 参照：Andrew Clapham, "A Human Rights Policy for the European Community" 10 *Yearbook of European Law*, 1990 (1991), p. 331.

(20) 見よ：Craig & De Búrka, *supra* note 11, p. 381; 庄司・前掲註(5)論文、三三―三四頁、須網・前掲註(5)論文、九頁。

(21) [*Solange I*], Beschluß v. 29. 5. 1974, *Entscheidungen des Bundesverfassungsgerichts*（以下、*BVerfGE* と引用する）, 37, 271. 次の英訳を参照した。963 *International Law Reports*, 383.

(22) [*Solange II*], Beschluß v. 22. 10 1986, *BVerGE*, 73, 339. 次の英訳を参照した。[1987] 3 *Common Market Law Reports* 225. 参照：奥山亜喜子〔本件判例批評〕ドイツ憲法判例研究会編『ドイツの憲法判例〔第二版〕』（信山社、二〇〇三年）四二六頁以下。

(23) 参照：Craig & De Búrka, *supra* note 11, p. 344 ff.

(24) この問題についての鋭い指摘として、Joseph H. H. Weiler, "Fundamental rights and fundamental boundaries: on the conflict of standards and values in the protection of human rights in the European legal space" [1995], in: *id.*,

The Constitution of Europe (Cambridge UP, 1999), p. 102 ff. pp. 108-116. 次もまた見よ：Craig & De Búrka, *supra* note 11, p. 388 f.

2　判例の展開とその限界

加盟国裁判所との対抗上基本権を保護しているという建前が必要だったにすぎないとすれば、「基本権は、［ＥＣ］司法裁判所により保護される共同体法の一般原則の一部である」という文言は、額面通り受け取ることはできない。少なくとも、かかる人権規範が、加盟国の行為を拘束するものであるか、また、ＥＵの権限の独立した根拠になるかどうか、については、未確定のままであったというべきであろう。

（1）　加盟国の行為とＥＵ法上の人権規範

右の判例の論理からすれば、少なくともＥＵ法を実施している加盟国の行為については、共同体法の一般原則である基本権の制約をうけるという帰結が導き出されなければならない。しかし、このような判例が現れたのは、かなり時代が下って一九八〇年代の終わりに至ってである。すなわち、一九八九年のヴァハウフ事件（先行裁決）判決において、「加盟国が共同体規則を実施しているときには、〔基本権保護という〕要件は加盟国をも拘束する」と判示された(25)。この事件を担当したアボカ・ジェネラルのジェーコブズは、次のような意見を述べた。

これまで当裁判所の判例法では、共同体の立法者自身による財産権の尊重にのみかかわっていたが、私の見解では、同一の原則が、加盟国による共同体法の実施にも適用されなければならない。なぜなら、共同体法に基づいて与えられた権限に従って行為している際には、加盟国は、少なくとも基本権尊重の原則との関係では、共同体の立法者と同じ拘束に服さなければならないことは、私には自明に思われるからである(26)。

このように、適用対象は、ＥＵ法を実施している加盟国の行為にまで拡張され、現在では、さらにＥＵ法の規

◈ 表 補-1：EC/EU 人権規範関連年表 ◈

1969	EC 司法裁判所：スタウダー Stauder 事件判決	
1970	EC 司法裁判所：国際商事会社事件判決	
1974	［西ドイツ連邦憲法裁判所：第 1 ゾーランゲ決定］	
1979	EC 司法裁判所：ハウワー Hauer 事件判決	
1983		ヨーロッパ議会：『世界人権報告書』公表開始
1984		第 3 次ロメ協定署名
1986	［西ドイツ連邦憲法裁判所：第 2 ゾーランゲ決定］	
1989	EC 司法裁判所：ヴァハウフ Wachauf 事件判決	第 4 次ロメ協定署名
1990		アルゼンチンとの協定署名
1991		ハンガリーおよびポーランドとのヨーロッパ協定署名
1992	マーストリヒト条約署名	バルト三国およびアルバニアとの貿易協定署名
1993	マーストリヒト条約発効・EU 発足 ヨーロッパ議会：『連合における基本権報告書』公表開始	中東欧諸国の加盟条件についての「コペンハーゲン基準」
1995		オーストリア、フィンランド、スウェーデンの EU 加盟
1996	EC 司法裁判所：ヨーロッパ人権条約加入問題意見	
1997	アムステルダム条約署名	
1999	アムステルダム条約発効	
2000	EU 基本権憲章	
2001	ニース条約署名	
2003	ニース条約発効	
2004		中東欧 8 か国とキプロス・マルタの EU 加盟（東方拡大）
2007	EU 基本権局発足 リスボン条約署名	ブルガリア・ルーマニアの EU 加盟

（出典：筆者作成）

制からとくに免脱を認められて行為している場合にも、審査が及ぶとする判例が現れている。[27] もっとも、後者の判例が確立するかどうかは不透明な状況が続いている。[28]

問題は、まず第一に、一九八九年までEC法上の人権規範が加盟国の行為を拘束することを認めた判例がなかったことである（以下、かかる年代的変化については、**表補―一**参照）。このことは、論理的な一貫性だけを理由としてこの新たな展開を説明することができないことを示している。加盟国の行為を拘束するとなると、**1**でみた判例では働いていた加盟国裁判所と対抗する必要性という推進力は働かない。ここでは、時期的には、後で述べる対外関係における人権保護の要求との均衡が意識されるようになった年代と符合することにだけ注意を促しておきたい。

第二に、このような拡大にもかかわらず、基本権尊重原則に照らしての審査対象となるのは、EU法を実施している際の加盟国の行為に限定されていることである。もちろん、EU法を実施しているとみなされる範囲については、論者によってさまざまである。確立が微妙な、とくに免脱が認められて行為している場合に審査を肯定するのは、加盟国の規則が「〔EC〕法の範囲内に入る」からである。[29] この限定は、リスボン条約でEU条約と同一の法的地位を与えられることになる基本権憲章でも認められている。「適用範囲」と題する五一条の一項では、次のように規定されている。

この憲章の規定は、補完性の原則を十分考慮してEUの機関、事務所および部局、並びに、EU法を実施している場合にのみ加盟国を名宛人とする。これらのものは、EU条約およびEUの運営に関する条約が付与するおのおのの権限に従って、かつ、その権限の限定を尊重して、この憲章上の権利を尊重し、原則を遵守し、その適用を促進しなければならない〔傍点引用者〕。

しかし、人権規範の尊重がEUを基礎付ける「価値」（EU条約二条）ないし「原則」（リスボン条約による改正前六条一項）であるというのならば、加盟国はEU法を実施していると否とを問わずそれを遵守しているかが問われなければならない、という理解の方が素直であろう。要するに、域内における基本権に関する判例法理と人権観念を基軸とする憲法秩序化との間には、容易に埋めがたい溝があるのである。

（25） *Wachauf* v. *Bundesamt für Ernährung und Forstwirtschaft*（Case 5/88）, Judgment of 13 July 1989, [1989] *ECR* 2609, at para. 19.

（26） *Wachauf* v. *Bundesamt für Ernährung und Forstwirtschaft*（Case 5/88）, Opinion of the Avocat Général（Jacobs）, 27 April 1989, [1989] *ECR* 2609, at para. 22.

（27） *Elliniki Radiophonia Tileorassi AE and Panellinia Omospondia Syllogon Prosopikou* v. *Dimitori Etairia Pliroforissis and Sotirios Kouvelas and Nicolaos Avdellas and Others*（Case C-260/89）, Judgment of 18 June 1991（以下、*ERT* Judgment という）, [1991] *ECR* I-2925.

(28) 参照：須網・前掲註(5)論文、一〇—一一頁。
(29) *ERT* Judgment, *supra* note 27, at paras. 42-43.

(2) 人権規範はＥＵの権限の源泉となるか

加盟国に対する拘束についても、このような制約があるのであるが、人権尊重原則が、それ自体ＥＵの権限の根拠となりうるか、という問題については、消極的な回答が有力である。さらに時代が下った一九九六年のヨーロッパ人権条約への加入についてのＥＣ司法裁判所の意見は、「人権に関する規則を制定したりこの分野の国際条約を締結したりする一般的権限を共同体の機関に付与する条約規定は存在しない」と述べている(30)。

この意見は、アムステルダム条約による改正以前のものであることに留意が必要である。この問題を検討した諸文献では、アムステルダム条約による改正以降の発展によって、ＥＵの人権を扱う権限を肯定する見解が優勢のように思われる(31)。これらの見解は、ＥＵ条約やヨーロッパ共同体設立条約(32)の「人権」や「基本権」概念そのものを含まない個別規定を基礎に、実際の（とりわけ対外的な）人権活動をも考慮して、これら基本条約の全体から導かれる黙示的な権限としてこれを認めるものとみることができる。たしかに解釈論(33)としては可能な主張であろう(34)。しかし、ＥＵが「人権の尊重」等の原則に基礎をおく、と包括的に規定するリスボン条約による改正前のＥＵ条約六条一項から、人権規範がそれ自体としてＥＵの権限の根拠となることはないというのは、むしろ共通認識ということができる。さらに、リスボン条約による改正により、基本権憲章は基本条約と同一の法的価値を有するものとされ、ヨーロッパ人権条約に加入することが定められることになるが、他方で次のような規定がおかれるのである。

憲章の規定は、基本条約に定められたＥＵの権限をいかなる意味でも拡大しない（六条一項二段）。

〔ヨーロッパ人権条約への〕加入は、基本条約に定められたEUの権限に影響を及ぼさない（同二項二文）。もちろん、人権／基本権概念そのものを用いるのではないが、これらにかかわるEC／EUの権限は拡大してきた。創設時のEECにおいても、生活水準の向上がその任務とされ（EEC設立条約二条）、加盟国国民たる労働者に対する国籍による差別の禁止の実現（同四六条）などが規定されている。さらに、アムステルダム条約による改正により、ヨーロッパ共同体設立条約一三条一項は、次のように規定した。

本条約の他の規定を害することなく、また本条約によって共同体に与えられた権限の範囲内において、理事会は、EC委員会の提案に基づき、かつヨーロッパ議会と協議した後に、全会一致で、性、言語、人種的もしくは種族的出身、宗教もしくは信念、障害、年齢または性的志向に基づく差別と闘うために適当な行動をとることができる。

そして実際に、反差別の領域でいくつかのきわめて包括的な立法がなされるようになっている。[35] しかし、このような活動も、少なくとも基本条約のテキスト上は「〔ヨーロッパ共同体設立〕条約によって共同体に与えられた権限の範囲内」におけるものであることに注意が必要である。

以上を要するに、人権に関わる個別の規範がEUの権限の根拠となっている現状はあるとしても、人権規範一般が独立のEUの権限の根拠となっているとみるべきではないであろう。少なくともこのような観念を公式に認めることに対しては、リスボン条約による改正テキストにみられるように、多くの加盟国が強く抵抗している現状があることには留意されなければならない。

（30）　*Accession by the Community to the Convention for the Protection of Human Rights and Fundamental Freedoms*, Opinion 2/94 of 28 March 1996, [1996] *ECR* I-1759, at para. 27. この意見の紹介・解説として、参照：中西優美子〔本件判例批評〕中村＝須網編著・前掲註（13）書、三五四頁以下。

（31）　見よ：Dominic McGoldrick, "The European Union after Amsterdam: An Organisation with General Human Rights Competence?" in: David O'Keeffe and Patrick Twomey (eds.), *Legal Issues of the Amsterdam Treaty* (Hart, 1999), p. 249 ff; 須網・前掲註（5）論文、一〇頁。

（32）　テキストは、Consolidated Version of the Treaty establishing the European Community, [2006] *OJ* C 321 E/37.

（33）　ウィリアムスは、「希望的で想像力豊かな解釈」と冷ややかに評している。Andrew Williams, *EU Human Rights Policy: A Study in Irony* (Oxford UP, 2004), p. 117.

（34）　後に述べるEU基本権局の設立は、このような解釈を前提としているとみられる。

（35）　見よ：Craig & De Búrka, *supra* note 11, p. 416 f.

第二節　対外協力人権コンディショナリティとその展開

1　対外協力についての人権コンディショナリティの登場

域内基本権保護は、少なくとも沿革的にはアポロジーとしての性格をもち、これまでのところこれによりEU機関や加盟国の行為に大きな影響があったとはいえない。これに対して、EUは、対外関係においては人権擁護のチャンピオンを自認するかのような主張を行っている。この主張が言葉だけでないことを示すのが、対外協力の前提条件としての人権の尊重の要求である。[36] このような一種の二重基準は、EU法研究者にとっても公然と指摘されていることである。[37] しかし、こうした対外活動が展開し始めるのは、それほど古いものではない。

EECの初期の発展協力協定を代表する第一次ヤウンデ協定[38]（一九六三年署名、一九六五年発効[39]）および第二次ヤウンデ協定[40]（一九六九年署名、一九七一年発効）では、前文において、国の経済的、社会的および文化的進歩を図り経済的独立と安定を目指すことが謳われており、これ以上の政治的目的は述べられていない。ＥＥＣへのイギリスの加盟を契機としてヤウンデ協定を全面的に改定した第一次ロメ協定(41)（一九七五年署名、翌年発効）でも同様である。

一九七七年に生じたウガンダでの住民大量殺害に際しても、ロメ協定上自働的なものであった輸出安定化援助金の支払いは停止されなかった(42)。他方、この事件が示したのは、人権抑圧政権への協力に対するヨーロッパ世論の反発であった。これを背景に、ＥＣ委員会は、交渉が始まった第二次ロメ協定に人権観念を盛り込もうとした(43)。しかし、一九七九年に署名された同協定(44)（一九八一年発効）には、第一次協定と同様人権観念はなんら含まれていない。この経過から分かるように、一九八〇年前後には、人権コンディショナリティに対する障害は、相手国の態度以外にはほとんどないことが明確になっていた。ヨーロッパ世論に最も敏感に反応するヨーロッパ議会は、一九八三年以降、「世界における人権」などと題する定期報告書を公表するようになった(45)。一九八四年に署名された第三次ロメ協定(46)（一九八六年発効）は、前文で基本的人権に対する締約当事者の忠誠を確認した(47)。

しかし、人権が協力関係の目的の基礎にあることが確認されるようになるのは、冷戦の崩壊を待ってのことであった。社会主義イデオロギーの求心力や後に見る東欧圏諸国との関係との整合性が、人権を協力の基礎と認めることを妨げていたといえよう。このような防壁が打ち破られた一九八九年末に署名された第四次ロメ協定(48)（一九九一年発効）は、はじめて協定本文で人権に言及し、「発展政策と協力は、基本的人権の尊重と享受に密接に結びついている」（五条一項）と規定した。一九九〇年四月に署名されたアルゼンチンとの協定(49)（一九九一年発効）は、より明確に、「協力の民主的基礎」と題する一条に次のように規定した（一項）。

共同体とアルゼンチンとの協力の絆および本協定の全体は、共同体およびアルゼンチンの対内・対外政策の精神的基礎となっている（inspiring）民主主義の諸原則の尊重および人権の尊重に基礎をおく。

同様の規定は、同時期に、チリ、ウルグアイ、パラグアイとの各協定にも現れた。(50) 一九九二年二月七日に署名されたマーストリヒト条約(51)による改正でヨーロッパ共同体設立条約に付け加えられた一三〇U条（一九九三年一一月一日発効）は、次のように規定した。

〔発展協力の〕分野における共同体の政策は、民主主義および法の支配の発展と強化、ならびに人権および基本的自由の尊重という一般的目的に寄与しなければならない。

（36）以下、各協定の内容についてより詳しくは、参照：小畑郁「ＥＣ対外協力協定における人権・民主主義の位置づけの変遷」佐分晴夫ほか編『グローバル化のなかの法整備支援』（名古屋大学法政国際教育協力研究センター、二〇〇七年）三三頁以下。

（37）とりわけ見よ：Philip Alston and Joseph H. H. Weiler, "An 'ever closer union' in need of a human rights policy: The European Union and human rights" in: Philip Alston, Mara E. Bustelo and James Heenan (eds.), *The EU and Human Rights* (Oxford UP, 1999), p. 8 f; Andrew Clapham, "Human Rights in the Common Foreign Policy and How is it Manifested in Multilateral Fora" in: *ibid.*, p. 641; Craig & De Búrka, *supra* note 11, p. 407; Williams, *supra* note 33, esp. pp. 6-11.

（38）テキストは、Convention of Association between the EEC and the African and Malagasy States associated with that Community, and Annexed Documents, signed at Yaounde on 20 July 1963 (text downloaded from: 〈http://aei.pitt.edu/〉).

（39）ＥＣ／ＥＵ関係の諸協定の署名・発効状況については、ＥＣ理事会の次のサイトを参照した〈http://www.consilium.europa.eu/cms3_fo/showPage.asp?id=252&lang=en&mode=g〉（最終確認日：二〇〇八年一月六日）。

（40）テキストは、Convention of Association between the EEC and the African and Malagasy States associated with that Community, and Annexed Documents, singed on 29 July 1969（text downloaded from: 〈http://aei.pitt.edu/〉）.

（41）テキストは、ACP-EEC Convention of Lomé, *The Courier*, No. 31, Special Issue（1975）.

（42）Cf.: Lorand Bartels, *Human Rights Conditionality in the EU's International Agreements*（Oxford UP, 2005）, pp. 8–11.

（43）参照：*ibid.*, p. 10; Williams, *supra* note 33, p. 27 f.

（44）テキストは、Second ACP-EEC Convention, signed at Lome on 31 October 1979, [1980] *OJ* L 347/1.

（45）参照：Reinhard Rack and Stefan Lausegger, "The Role of the European Parliament: Past and Future" in: Alston *et al*（eds.）, *supra* note 37, p. 807.

（46）テキストは、Third ACP-EEC Convention signed at Lome on 8 December 1984, [1986] *OJ* L 86/3.

（47）一九八五年署名（翌年発効）の中米諸国との協力協定も前文で人権に言及している。テキストは、Cooperation Agreement between the EEC, of the one part, and the countries parties to the General Treaty on Central American Economic Integration（Costa Rica, El Salvador, Guatemala, Honduras and Nicaragua）and Panama, of the other part, [1986] *OJ* L 172/2.

（48）テキストは、Fourth ACP-EEC Convention signed at Lome on 15 December 1989, [1991] *OJ* L 229/3.

（49）テキストは、Framework Convention for Trade and Economic Cooperation between the EEC and the Argentine Republic, [1990] *OJ* L 295/67.

（50）参照：Bartels, *supra* note 42, p. 17.

（51）テキストは、Treaty on European Union, [1992] *OJ* C 191/1.

2　基本条約上の「基礎原則」としての人権の確立

（1）中東欧諸国との協力条件から加盟条件へ

先に見たように発展途上国との関係では一九八四年以降前文で人権に言及する例がみられるのであるが、東欧圏諸国との関係では、むしろこれは避けられていたと考えられる。一九八八年に署名されたハンガリーとの貿易および通商・経済協力協定[52]では、前文でヨーロッパ安全保障協力会議（ＣＳＣＥ）プロセスでの合意[53]に言及しているだけである。人権に言及すれば、拡大中の東西貿易を促進する協力関係の成立に水を差すことになる。こうした文脈で、一九八九年一月のＣＳＣＥウィーン再検討会議の総括文書[54]は、東欧圏諸国（以下、イデオロギー的含意が抜け落ちていくので「中東欧諸国」という）が人権問題を外国が干渉できない国内管轄事項とみなす態度を放棄したことを示し、政治的な一大分水嶺となった。同年四月、ＥＣ理事会とＥＣ委員会が、とりわけ人権分野でのその約束をルーマニアが遵守していないことを理由として、同国との貿易および通商・経済協力協定の締結交渉を停止することを決定した[55]。

中東欧諸国の加盟の希望を前提とした協力関係が始まるのは、右に見たように、対発展途上国協力関係の文脈で規範命題のパターンとして人権という基礎が確立したまさにその時期であった。ＥＣは、一九九〇年夏、「ヨーロッパ協定 Europe Agreements」という新しいタイプの連携（association）協定の枠組みを考案した。これは、連携相手国の加盟への希望に留意しつつ、とりわけこれらの国の経済をEC法の基準に合致させることの見返りにＥＣ側の経済援助を規定するものであった[56]。最初のヨーロッパ協定[57]は、一九九一年一二月一六日、ハンガリー、ポーランドおよびチェコ・スロヴァキア連邦とそれぞれ署名された[58]（前二者との協定は一九九四年発効、後者との協定は発効していない）。

これらの協定には、人権条項は含まれていなかったが、一九九二年五月一一日に、アルバニアおよびバルト三国とそれぞれ署名された貿易および通商・経済協力協定[59]（アルバニアおよびエストニアとの協定は同年発効、ラトヴィアおよびリトアニアとの協定は翌年発効）は、各一条において、民主主義の諸原則および人権の尊重がこれらの協定の「本質的要素」を構成する、と規定した。これらの協定は、「本質的規定」の重大な違反の場合における協定の運用停止権も定めていた。同じ日のＥＣ理事会声明は次のように述べていた。

理事会は、ヘルシンキ最終決定書および新しいヨーロッパのためのパリ憲章[60]により明定された民主主義の諸原則の尊重および人権の尊重、ならびに市場経済が、共同体とそのＣＳＣＥのパートナーとの協力または連携協定の本質的な構成要素であることを強調する。

したがって、ＥＣ委員会は、共同体により締結される協定が緊急事態において運用される適当なメカニズム（義務の不履行に関する規定を含む）を含むことを確保するよう行動することを求められる。[61]

この方針に基づいて、ルーマニア（一九九三年二月一日署名、一九九五年発効）およびブルガリア（一九九三年三月八日署名、一九九五年発効）とのヨーロッパ協定[62]において、人権尊重を協定の本質的要素とすること、および違反の際の協議を中心とする措置が規定された（前者では六条・一一九条。後者では六条・一一八条）。

こうした流れのなかで、また中東欧諸国の加盟について多くの既存加盟国が懐疑的態度を維持している状況の下で、これら諸国の加盟について人権尊重が条件とされたのは必然的であった。すなわち、一九九三年六月にコペンハーゲンで開催されたヨーロッパ理事会は、ヨーロッパ協定により連携しているあるいはそれが計画されている中東欧諸国[63]がＥＵ加盟国となることに合意し[64]、次のような基準を設定した。

加盟国たる地位は、候補国が次のことを達成していることを必要とする。すなわち、民主主義、法の支配、人権および少数者の尊重と保護を保証する組織の安定性、機能する市場経済の存在、ならびに連合の中で競争の圧力および市場の諸力を処理しうる能力、である。[65]

ここでは、①人権保障および民主主義の確保という政治的基準、②機能的市場経済の存在という経済的基準が設定されており、これにつづいてもちろん、③共同体既得事項（acquis communitaire）を受け入れるという既得事項基準[66]が確認されている[67]。

こうして対外協力についてのコンディショナリティであった人権観念は、中東欧諸国の加盟条件となったのである。

(52) 一九八八年九月二六日署名、同年一二月一日発効。テキストは、[1988] *OJ* L 327/2.

(53) ここで言及されているのは、ヘルシンキ最終決定書とマドリード・フォローアップ会議総括文書（Concluding Document, 一九八三年）である。前者はもちろん後者も人権（およびそれに相当するもの）については周辺的・断片的な合意にとどまるものである。参照：宮脇昇『ＣＳＣＥ人権レジームの研究』（国際書院、二〇〇三年）一六七―一七〇頁；John Fry, *The Helsinki Process: Negotiating Security and Cooperation in Europe* [1993] (reprint, UP of the Pacific, 2003), pp. 73–77. *Ibid.*, p. 179 ff. には、ヘルシンキ最終決定書、マドリード総括文書、のちに言及するウィーン総括文書、パリ憲章のテキストが収録されており、便利である。

(54) これについてはさしあたり参照：*ibid.*, pp. 136–141; 小畑郁「欧州審議会の人権保障活動と中東欧」外国学研究（神戸市外国語大学）三二号（一九九五年）一〇七頁以下、一一〇頁〔本書第三章八三頁〕。

(55) *Bulletin of the European Communities*（以下、*Bull. EC* と引用する）, 1989, No. 4, point 2.2.16 at p. 68.

(56) ヨーロッパ協定という枠組みおよびそれが作成された経緯については、参照：Michael J. Baun, *A Wider Europe: the Process and Politics of European Union Enlargement* (Rowman & Littlefield, 2000), pp. 30–35.

(57) ハンガリーおよびポーランドとの協定のテキストは、それぞれ Europe Agreement establishing an association between the EC and their Member States, of the one part, and the Republic of Hungary, of the other part, [1993] *OJ* L 347/2; [Republic of Poland], [1993] *OJ* L 348/2. 国名が入れ替わる以外の変更のないタイトルは、この要領で略記する。

(58) 見よ：*Bull. EC*, 1993, No. 12, point 1.3.2 at p. 95 f.

(59) テキストは、それぞれ Agreement between the EEC and the Republic of Albania, on trade and commercial and economic cooperation, [1992] *OJ* L 343/2; [Republic of Estonia], [1992] *OJ* L 403/2; [Republic of Latvia], [1992] *OJ* L 403/11; Agreement between the EEC and the European Atomic Energy Community, of the one part, and the Republic of Lithuania, of the other part, on trade and commercial and economic cooperation, [1992] *OJ* L 403/20.

(60) 一九九〇年にCSCE首脳会議で採択された文書である。なお簡潔には参照：家正治ほか編『国際機構〔第三版〕』（世界思想社、一九九九年）二二九―二三二頁（川岸繁雄執筆）。

(61) *Bull. EC*, 1992, No. 5, point 1.2.13 at p. 82.

(62) テキストは、[Romania], [1994] *OJ* L 357/2; [Republic of Bulgaria], [1994] *OJ* L 358/3.

(63) ヨーロッパ協定は、その後、チェコおよびスロヴァキア（一九九三年一〇月四日署名、一九九五年発効）、バルト三国（一九九五年六月一二日署名、一九九八年発効）、スロヴェニア（一九九六年六月一〇日署名、一九九九年発効）と、現在までEU加盟国となった中東欧諸国と結ばれた。

(64) Copenhagen European Council, Presidency Conclusions, 21 & 22 June 1993, *Bull. EC*, 1993, No. 6, point 1.13, para. 3 at p. 13.

(65) *Ibid.*, para. 4 at p. 14.

(66) 「加盟国たる地位は、候補国が、政治・経済・通貨同盟の諸目的への支持を含む加盟国たる地位から生ずる義務を引き受けることを前提とする。」*Ibid.*

(67) そのほか、「ヨーロッパ統合の勢いを維持しつつ連合が新加盟国を吸収できる能力も、重要な考慮要素である」と言われている。*Ibid.*, para. 5 at p. 14. なお、これらの条件は、前年にEC委員会によって提示されていた。見よ：Toward a Closer Association with the Countries of Central and Eastern Europe; Report by the Commission to the European Council, Edinburgh, 11-12 December 1992, 2 Dec. 1992, SEC (92) 2301 final (text downloaded from 〈http://aei.pitt.edu/〉), p. 3.

（2）　ＥＵ条約規定の改正

コペンハーゲン・ヨーロッパ理事会で提示された加盟条件（コペンハーゲン基準といわれる）は、その後キプロス、マルタおよびトルコについて適用が確認され、一般的条件として確立するのであるが[68]、この当時は特殊中東欧諸国との関係で生まれた政治的基準であった。

それは前例とも異なっていた。前年（一九九二年）一二月にエジンバラで開かれたヨーロッパ理事会は、オーストリア、フィンランドおよびスウェーデンのＥＵ（発足が確定していた）への加盟を議論したが、その条件はヨーロッパ連合条約と共同体既得事項の受諾を基礎とする、と確認している[69]。

法的にも根拠がなかった（以下、**表 補―二**参照）。コペンハーゲン基準が打ち出された当時まもなく発効することになっていたＥＵ条約（マーストリヒト条約）は、ＥＥＣ設立条約（二三七条）の例に倣って加盟についてヨーロッパの国であること以外の条件は規定せず（Ｏ条）、ごく間接的に加盟国の統治制度が民主主義の諸原則に基礎をおく旨の確認があった（Ｆ条一項）にすぎなかった。後者の規定は、むしろＥＵによる加盟国のナショナル・アイデンティティの尊重を強調するものであり、実際には条件として適用されなかったことはオーストリアなどの例で明らかである。

ＥＵ条約は、一九九五年一月にオーストリアなどの加盟が実現したのち本格化したＥＵ条約再検討作業の結果、一九九七年一〇月三日に署名されたアムステルダム条約[70]により大幅に改正され、次のような規定が設けられた（六条一項）。

連合は、自由、民主主義、人権および基本的自由の尊重、ならびに法の支配という、加盟国に共通の諸原則に基礎をおく。

六条は旧F条を改正したものであり、F条はすでに二項において次のような規定をおいていた（リスボン条約による改正前六条二項）。

連合は、〔ヨーロッパ人権条約〕により保障されたものとしての、および加盟国に共通の憲法的伝統に由来するものとしての基本権を、共同体法の一般原則として尊重する。

これは、第一節1でみたEC司法裁判所判例の定式化ということができる。したがって、アムステルダム条約による改正後の六条を読むと、基本権の尊重という共同体法の一般原則の発展形態として、人権などがいわば「基礎原則 founding principles」として確認されているような印象が与えられるのである。しかし、この理解が短絡的であることは、まず、規定上この基礎原則にどのような効果が与えられているかをみれば、察しがつくのである。すなわち、これら六条一項の諸原則の尊重は、アムステルダム条約による改正により、加盟申請の前提条件となったのである（四九条）。またこの改正は、これら諸原則に重大かつ執拗に違反した加盟国の権利停止制度をも導入した（アムステルダム条約による改正後七条）[71]。

◆表補-二：ヨーロッパ連合条約主要人権関連規定新旧対照表◆

リスボン条約による改正後（二〇〇七年署名・二〇〇九年発効）	アムステルダム条約による改正後（一九九七年署名・二〇〇三年発効）	ヨーロッパ連合条約〔マーストリヒト条約〕（一九九二年署名、一九九三年発効）
第二条　連合は、人間の尊厳の尊重、自由、民主主義、平等、法の支配および人権（少数者に属する者の権利を含む）の尊重という諸価値に基礎をおく。これらの諸価値は、複数主義、差別禁止、寛容、正義、連帯ならびに女性と男性との間の平等によって特徴付けられる一つの社会の中にある加盟国に共通のものである。	**第六条1**　連合は、自由、民主主義、人権および基本的自由の尊重、ならびに法の支配という、加盟国に共通の諸原則に基礎をおく。	**F条1**　連合は、加盟国の国民的アイデンティティを尊重する。加盟国の統治制度は、民主主義の諸原則に基礎をおくものである。
第六条1　連合は、二〇〇〇年一二月七日に採択され、二〇〇六年一二月一二日にストラスブールで調整されたヨーロッパ連合基本権憲章に述べられた権利、自由および原則を尊重する。憲章の規定は、基本条約に定められた連合の権限をいかなる意味でも拡大するものではない。	〔新設〕	
憲章中の権利、自由および原則は、その解釈および適用を規律する憲章第七部にしたがって、かつこれらの規定の淵源を述べる憲章中に言及された説明に適正に考慮を払って、解釈されなければならない。	〔新設〕	
2　連合は、人権および基本的自由の保護のためのヨーロッパ条約に加入する。かかる加入は、基本条約に定められた連合の権限に影響を及ぼすものではない。	〔新設〕	

3　人権および基本的自由の保護のためのヨーロッパ条約に保障されたものとしての、および加盟国に共通の憲法的伝統に由来するものとしての基本権は、連合法の一般原則を構成する。	2　連合は、一九五〇年一一月四日ローマにおいて署名された人権および基本的自由の保護のためのヨーロッパ条約に保障されたものとしての、および加盟国に共通の憲法的伝統に由来するものとしての基本権を、共同体法の一般原則として尊重する。	2　〔同上〕
	3　連合は、加盟国の国民的アイデンティティを尊重する。	〔1項参照〕
	4　〔略〕	3　〔同上〕
第四九条　第二条にいう諸価値を尊重し、かつそれらを促進することを約束するいかなるヨーロッパの国家も、連合の加盟国となることを申請することができる。かかる国家は、その申請を理事会に宛てて行うものとし、理事会は、委員会と協議の後、かつヨーロッパ議会の総議員の絶対多数による同意を得た後に、全会一致でこれを決定する。	**第四九条**　第六条一項にいう諸原則を尊重するいかなるヨーロッパの国家も、連合の加盟国となることを申請することができる。かかる国家は、その申請を理事会に宛てて行うものとし、理事会は、委員会との協議の後に、かつヨーロッパ議会の総議員の絶対多数による同意を得た後に、全会一致でこれを決定する。	**〇条**　いかなるヨーロッパの国家も、連合の加盟国となることを申請することができる。かかる国家は、その申請を理事会に宛てて行うものとし、理事会は、委員会との協議の後に、かつヨーロッパ議会の総議員の絶対多数による同意を得た後に、全会一致でこれを決定する。
〔略〕	〔同上〕	〔同上〕

（出典：筆者作成）

さらにいえば、アムステルダム条約を作成した諸政府は、人権などが彼らに共通の基礎原則であるから、加盟国たる地位あるいは権利停止と結びつけられなければならない、と考えたわけではなかったのである。むしろ逆であって、加盟国たる地位の条件として、人権観念などが組み込まれなければならないので、それらが「基礎原則」と確認されなければならなかったのである。アムステルダム条約に結実するＥＵ条約の再検討のための政府間会議の準備のために設立された評議部会（Reflection Group）の、一九九五年九月の中間報告書は次のように述べている。

現在のヨーロッパ建設の過程において、また結局のところ拡大に至る過程で、連合と加盟国との間および加盟国と個人との間の関係の双方において、基本権の完全な遵守を確保する緊急の必要性があるということが、部会内で一般に意識されている。それゆえ、基本的人権または基本的民主主義諸原則を侵した加盟国の権利を停止するあるいは除名さえする規定を条約に挿入する必要があることについて部会内にコンセンサスがある（傍点は原文ではゴチック）[72]。

ここですでに、ＥＵ条約七条の規定は、東方拡大による新規加盟国への適用を意識したものであることは明らかであろう[73]。では、「基礎原則」という位置づけはどのように生まれたのであろうか。政府間会議は、一九九六年三月に開始されたが、初期の議長国の覚書では、人権などの諸原則がＥＵの加盟国たる地位と結びつけられなければならず、権利停止の可能性も盛り込むべきと述べたが、その前提として、次のような「一般原則」を提示した。

連合は、その統治制度が自由、民主主義、人権の尊重および法の支配の諸原則に基礎をおく加盟国により構成される[74]。

つまり、人権を理由とする権利停止ないし除名の可能性または加盟国たる条件としての人権尊重原則、といった観念が先にあり、それを理由付けるためにさしあたり加盟国の基礎原則としての人権、という前提がおかれ、それが転化してＥＵ自体の基礎原則と定式化されたのである。そして、この定式化を跳躍台として、冒頭でみたように、リスボン条約による改正では、ＥＵを基礎付ける価値、として実質上最初の条文に謳われることになったのである。

（68）キプロスおよびマルタについて、見よ：Madrid European Council, Presidency Conclusions, 15 & 16 Dec. 1995,

Bulletin of the European Union（以下、*Bull. EU* と引用する）, 1995, No. 12, point 1.25 at p. 18. トルコについて、見よ：Luxembourg European Council, Presidency Conclusions, 12 & 13 Dec. 1997, *ibid.*, 1997, No. 12, point 1.6, para. 31 at p. 11.

（69） Edinburgh European Council, Presidency Conclusions, 11 & 12 Dec. 1992, *Bull. EC*, 1992, No. 12, point 1.6, para. 1 at p. 10.

（70） テキストは、Treaty of Amsterdam amending the Treaty on European Union, the Treaties establishing the European Communities and certain related acts, [1997] *OJ* C 340/1.

（71） この規定は、二〇〇一年二月一日に署名され二〇〇三年に発効したニース条約による改正により、手続を整備し、多数決を導入するという改正がさらになされた。

（72） Progress Report from the Chairman of the Reflection Group on the 1996 Intergovernmental Conference, 1 Sept. 1995, SN 509/1/95 REV 1（REFLEX 10）（text downloaded from 〈http://www.unizar.es/euroconstitucion/Treaties/Treaty_Amst_Prep.htm〉), p. 21.

（73） 次の文献も典拠を挙げていないが、「新興の民主主義国」が加盟後に崩壊ないし基準を下回る事態に対応するものであるという。De Búrca, *supra* note 6, p. 696.

（74） Note from the Presidency, 8 May 1996, CONF 3848/96（text downloaded from 〈http://www.consilium.europa.eu/cms3_applications/applications/cig/cig1996.asp?lang=en&cmsid=908〉), p. 3.

3　EU基本権局の発足

中東欧一〇か国の加盟に向けた過程では、コペンハーゲン基準に照らした審査が行われた。アムステルダム条約署名直後の一九九七年一二月のルクセンブルク・ヨーロッパ理事会では、このうち政治的基準（内容的には「人権・民主主義基準」）は、交渉開始の前提条件とされたが[75]、交渉開始後もこの項目の下、候補国の状況が毎年

ＥＣ委員会により報告された[76]。このような「これまでよりもはるかに干渉主義的で継続的な精査のプロセス[77]」が候補国に悲喜こもごもの反応を引き起こしたことは、われわれが目撃したことである。では、二〇〇四年に中東欧八か国がついに加盟した後は、このような審査はどうなるのであろうか。加盟国の人権状況をモニターする制度はＥＵには存在していなかったので、加盟は、旧候補国に適用される人権基準の実際上の引き下げというパラドクシカルな帰結を導き出してしまうのである[78]。これが奇妙だというなら、人権モニター制度を新規加盟国について設ける必要があろうが、これはこれらの諸国がＥＵの平等な構成員となった今となっては受け入れがたい。必要であるならすべてのＥＵ加盟国を対象とする制度でなければならない。

このような直接的な論理に加えて、内外の人権二重基準に対する批判、より根源的にはＥＵの正統性の欠如を人権観念で埋めようという志向は、徐々にその影響力を拡大してきていることも認められる。ヨーロッパ議会は、一九九三年から「ＥＵにおける人権の尊重」と題する年次報告書を公表し始めている[79]。ＥＣ理事会が一九九九年から公表している人権年次報告書は、同年のＮＧＯとの対話において対内的側面の検討を欠いていることを厳しく批判され、二〇〇〇年の同報告書は、ＥＵ内における人権に相当の部分を割くようになった[80]。二〇〇〇年のＥＵ基本権憲章の採択も、このような文脈のなかに位置づけられる[81]。

このような文脈の中で、ヨーロッパ人種主義・外国人排撃監視センターを母体として二〇〇七年三月に発足したＥＵ基本権局（EU Agency for Fundamental Rights）は、ついに誕生したＥＵ域内の恒常的人権モニター機関であるとみられる[82]。しかし、この機関を設立する理事会規則[83]によれば、作業方法は、主として各加盟国内の機関と提携したネットワークを通じた情報収集であり（六条一項）、一人の局長（Director, 一五条）および一一名の独立の専門家で構成される科学委員会（一四条）が、実際の実働部隊といえよう。こうしてみると、実効性ある調査を行う能力について疑問を禁じ得ない。さらに重大な問題は、同機関の権限の範囲である（二条）。

この基本権局の目的は、共同体の関連主要機関、機関、事務所および局、ならびに共同体法を実施している際の加盟国に対し、それらがそのおのおのの権限の範囲内において基本権を十全に尊重するための措置を取りおよび手順を定めるときにそれらを援助するために、基本権に関する援助と専門的知識を提供することである〔傍点引用者〕。

前身の人種主義・外国人排撃監視センターの加盟国に対する権限が、共同体法を実施している場合に限定されていなかった[84]ことにも留意されるべきであろう。もちろん実際の活動が本格的に展開していない現段階で確定的な評価を与えることはできないが、憲法秩序の実現の担い手として期待することは困難といわざるをえない。

対外協力コンディショナリティおよびそれから展開した加盟条件は、紙の上での人権規範を基軸とする憲法秩序の形成への触媒となったが、それが実際に制度として具体化し域内に適用されようとしたときには、旧来の加盟国による抵抗が立ちはだかっているといえよう。

（75）参照：Luxembourg European Council, Presidency Conclusions, *supra* note 68, point 1.5, para. 25 at p. 10.

（76）さしあたり参照：Williams, *supra* note 33, pp. 73-77

（77）De Búrca, *supra* note 6, p. 700.

（78）Bruno De Witte, "The Impact of Enlargement on the Constitution of the European Union" in: Marise Cremona (ed.), *The Enlargement of the European Union* (Oxford UP, 2003), p. 240.

（79）参照：Rack & Lausegger, *supra* note 45, p. 808.

（80）参照：Williams, *supra* note 33, p. 99.

（81）参照：De Búrca, *supra* note 6, p. 687 f.

（82）参照：須網・前掲註（5）論文、一二頁。この機関の設立の文脈については、参照：De Búrca, *supra* note 6,

p. 703 f. なお、内容について十分な検討ができていないが、次の文献も参照：Philip ALSTON and Oliver DE SHUTTER (eds.), *Monitoring Fundamental Rights in the EU; the Contribution of the Fundamental Rights Agency* (Hart, 2005).

（83）テキストは、Council Regulation (EC) No. 168/2007 of 15 Feb. 2007 establishing a European Union Agency for Fundamental Rights, [2007] *OJ* L 53/1.

（84）見よ：Council Regulation (EC) No. 1035/97 of 2 June 1997 establishing a European Monitoring Centre on Racism and Xenophobia, [1997] *OJ* L 151/1, Art. 2 (1).

第三節　ＥＵ法における人権規範の基礎と限界

以上から、人権規範を基軸とする憲法秩序化の過程は、もちろんさまざまな要因が絡んでいるけれども、規範命題の継承関係だけからいえば、次のように整理することができることが分かった。つまり、冷戦崩壊直後に法的に明確な形態をとるようになった対外コンディショナリティとしての人権規範が、中東欧諸国との協力関係を設定する諸条約に取り込まれ、これがこれら諸国の政治的な加盟条件となり（一九九三年のコペンハーゲン基準）、一般化された上で法的な加盟基準となった（一九九七年署名のアムステルダム条約による改正後のＥＵ条約四九条）。同時にこれに観念的基礎を与えるため、人権規範はＥＵの基礎原則という位置づけを与えられ（同六条一項）、これが決定的橋頭堡となって基礎的価値とされるようになったのである（二〇〇七年署名のリスボン条約による改正後ＥＵ条約二条）。他方、一九七〇年の国際商事会社事件以降ＥＣ司法裁判所の判例法として確立した基本権保護をＥＵ法の一般原則とする規範命題は、ＥＵ条約で法典化されたが（Ｆ条二項）、この改正後二条とは少なくとも直接的な継承関係はもっていない。

以上の過程は、EU法における人権規範の基礎はどこにあるかも明らかにし、それらに照らして、人権規範の今後の展望も示している。

まず、本来加盟国各国の憲法秩序に固有の基本権規範を擁護者を自認する当該国国内裁判所との対抗関係は、右の判例の展開の原動力であった。この要素が全く過去のものとなったということはできないであろう。しかし、ここからは、通常の国際人権規範とは論理的に異質の規範しか展開しないし、EU機関の行為の統制ですらアポロジーとしてなされるにすぎないことになる。まして加盟国の行為の統制やEUの独立の権限の根拠となっていくことは期待できない。

対外協力および拡大コンディショナリティの要因は、発展途上国との関係と、中東欧諸国をはじめとする加盟候補国あるいは加盟国内周辺国との関係に一応分けて考えるべきであろう。

発展途上国との関係では、日本の政府開発援助（ODA）批判でもみられたように、先進国（中核加盟国）市民による、自らが重要視する価値（人権）を毀損する方向に資源が使われているという、主にタックスペイヤーとしての立場からの批判が大きな要素を構成している。また、投資活動が活発に展開している場合には、投資環境の整備という観点からも、その限りにおいて人権を促進しようとする契機がある。(85)しかし、ヨーロッパ議会が域内人権問題を取り上げはじめたのが、域外のそれに比べれば大きく遅れたことに示されるように、これだけでは、域内秩序規範の中軸として人権を位置づけることにはつながらないのである。

結果的に域外と域内との間を架橋することになった拡大過程におけるコンディショナリティとしての人権規範の導入には、いくつかの要素があろう。初期には、右の対発展途上国関係と同様、タックスペイヤーからの批判というのも無視できない要因であったであろう。しかし、すでに別稿でみたように、ここでの人権・民主主義コンディショナリティは、外資導入を前提とした市場経済の制度的基盤を提供するものとして、また統治の対内的安定性および対外的善隣関係を求めるものとして実際には機能していた(86)。このようなものがここでの人権の実質的内容であるならば、それがどんなに重大なものであっても個別的な人権侵害を逐一モニターする制度には、直接にはつながらないといわなければならない。また、加盟国のなかで中核的な諸国を対象として人権規範を適用しようとする契機は、このなかからは見いだせない。

結局、対途上国あるいは周辺加盟国との関係で強い力をもつ人権を持ち出すこととのイデオロギー的整合性以外には、ＥＵ法秩序を人権を基軸とする憲法秩序として確立する契機は存在しないと言わなければならない。そうした事情が、基本権憲章がそれ自体権限の根拠とならずＥＵ法実施の枠外の加盟国の行為を縛らないとされたり、基本権局に割り当てられる資源や権限が限定されたりする状況につながっているのである。少なくともイデオロギー的には人権観念を必要としながら、ＥＵ制度の中においてそれを積極的に生産・適用・再生産することがないのは、そうすることによってＥＵという強力な制度を媒介に縛られることを中核諸国が望んでいないからである。人権観念の西ヨーロッパ諸国に適合的な（再）生産の拠点は、したがって、ＥＵ制度の外側に求められなければならない。ＥＵがヨーロッパ人権条約を必要とし、ヨーロッパ人権裁判所の判決に服するという態度をとるのは、そのような根拠に基づくといえるであろう(87)。

(85)　これに関連しては、次の文献の先鋭な指摘を参照：祖川武夫「人権の国際的保障と国際法の構造転換」〔一九八七年〕同『国際法と戦争違法化』（信山社、二〇〇四年）三二五頁以下。

（86）　参照：小畑郁「ＥＵ東方拡大過程における人権・民主主義コンディショナリティ」法政論集（名古屋大学）二〇二号（二〇〇四年）七九頁以下、九〇—九三頁。

（87）　しかし、ボスポラス航空会社事件判決によれば、ヨーロッパ人権裁判所の側は、ＥＵ機関の行為やＥＵ法を実施する加盟国の行為を、通常の場合と同程度に厳格に審査することはない。むしろ、ＥＣ司法裁判所がヨーロッパ人権条約制度と「同等の保護」を与えているということを理由に、緩やかな審査が予定されている。*Bosphorus Hava Yollari Turizm ve Ticaret Şirketi* v. *Ireland* [GC], Judgment of 30 June 2005 *Reports* 2005-VI.

〔付記〕　筆者は、二〇〇五年一一月二五日、Wider Europe: Institution and Integration と題する国際シンポジウム（京都大学大学院経済学研究科・同経済研究所主催）において、“Origins and Developments of the Human Rights Conditionality for the EU Enlargement: Does It Set for the New Stage of the European Integration?” と題する報告を行う機会を与えられた。この補論は、そこで述べた問題意識をさらに深め、議論を展開したものである。英文の報告は、改題し修正・加筆の上二〇〇七年四月に脱稿したものが、公刊されている（“Human Rights Conditionality in EU Eastern Enlargement: A Catalyst for Consitutionalization?” in: Kiichiro YAGI and Satoshi MIZOBATA (eds.), *Melting Boundaries: Institutional Transformation in the Wider Europe*, Kyoto UP, 2008, p. 92）。このような来歴から、この英文原稿と重複する部分があることをお断りしたい。

終　章　国内的実施の進展と補完性原理

はじめに

これまで述べてきたように、ヨーロッパのほとんどの国が締約国となっているヨーロッパ人権条約では、個人の人権侵害の中立に対してヨーロッパ人権裁判所という国際的司法機関が判決を下す仕組みが確立している。このような国際的司法コントロールの確立は、国内司法過程による人権の保障を無意味にしたわけではない。むしろ、北欧諸国、イギリスおよびアイルランドにおけるこの間に相次いで実現した条約の受容（incorporation）にみられるように、国内システムにおける条約実施は強化されてきた。こうして、人権裁判所を中核にして、各国裁判所も含め条約を司法的に実施する一つの有機的システムが誕生しているようにもみえるのである。

しかし、他方、条約締約国集団が直面している現実の政治的状況は、このようなシステムの誕生を、ヨーロッパ的規模での法の支配の勝利として楽観的に評価することを許さない。それはチェチェン紛争を想起するだけで明確であろう。このような紛争は条約違反の認定を生むが、結局それはそれだけでは構造的な判決不履行状態をもたらす。[1] にもかかわらず、この間このような困難が予想されるロシア、トルコやコーカサス諸国も覆う形で、国内制度を包摂する司法的システムが一般化したのはどうしてであろうか。本章では、このような疑問を念頭において、このシステムの内的構造とその基盤の解明を試みたい。

（1）　さしあたり参照：小畑郁「重大・組織的な人権侵害とヨーロッパ人権条約制度――チェチェン紛争に対する対応を中心に」法律時報八四巻九号（二〇一二年）六〇頁以下、六四頁〔本書第六章一四三―一四五頁〕。

第一節　条約の国内受容の進展とその背景

東欧圏諸国の条約への参加が具体的に展望できるようになった一九八九年の年末の時点で、当時の条約締約国二二か国のうち、条約が国内的効力を有していなかったのは、デンマーク、アイスランド、アイルランド、ノルウェー、スウェーデン、イギリスの六か国を数えた。(2) これら諸国が、いずれも一九五三年九月三日に条約が効力を生ずると同時に締約国となった原締約国であることも目を引くところである。ところが、二〇〇一年一一月三日に条約が署名五〇周年を迎えた段階で、アイルランド一国を除いて締約国（四一か国）のすべてにおいて条約は国内的効力を有するようになったとされ、(3) そのアイルランドも二〇〇三年一月三一日に効力を生じた国内法で条約を受容した。(4) 条約の五〇年以上の歴史のなかで、このわずか一〇数年で飛躍的進展を遂げたといってもよいであろう。

これら六か国の受容法(5)をめぐる議論では、国内裁判所がヨーロッパ人権条約を用いて判断を下す余地を拡大するかどうかが共通の争点であった。(6) 結局受容法は、そうした拡大を促進することになろう。その手段の特殊性をここで確認しておこう。第一に、これら諸国がヨーロッパ人権条約の（ヨーロッパ的）基準を国内に持ち込みたいと考えるなら、国内法の抽象的な条約適合性審査が企てられてもよかった。しかし、新規立法の条約適合性確認手続がイギリス法（一九条）で定められたほかは、管見の限りではこのような試みは行われていない。つまり、裁判官という法律専門職の職能的作業において条約を取り扱う自由を拡大したわけである。第二に、裁判官が取り扱うのは、条約のテキストである。人権裁判所の判決や判例法の国内的効力をも承認することも十分考えられ

◆表 終-1：条約の国内受容と旧東欧圏諸国の評議会への加盟◆

1990		ハンガリー
1991		ポーランド、チェコ＝スロヴァキア連邦
1992	デンマーク法（7.1施行）	ブルガリア
1993		エストニア、リトアニア、スロヴェニア
1994	アイスランド法（5.19施行）、スウェーデン法制定	
1995	スウェーデン法施行（1.1）	ラトヴィア、アルバニア、モルドヴァ、マケドニア、ウクライナ
1996		ロシア、クロアチア
1997		
1998	イギリス法	
1999	ノルウェー法（5.21施行）	グルジア
2000	イギリス法施行（10.2）	
2001		アルメニア、アゼルバイジャン
2002		ボスニア＝ヘルツェゴビナ
2003	アイルランド法（12.31施行）	セルビア＝モンテネグロ

（出典：筆者作成）

たが、ほとんど何も規定されていない。アイスランド法では、判決等の国内的効力は明示に否定された（第二条）。イギリス法やアイルランド法では、裁判官が判決等を考慮することが義務づけられているが（それぞれ第二条(1)、第四条）、これはこれら六か国法のなかでは例外的であるし、端的な国内的効力の承認ではない。要するに、人権裁判所による条約解釈の判例としての優位性は、フォーマルには認めないのが一般的なのである。

このような措置により、人権裁判所による違反認定の頻度を下げることが期待されているのであるが、そこでは、その前に違反認定がなされるというシナリオだけが想定されているのではない。国内裁判所において条約解釈・適用がなされることにより、人権裁判所によるそれと異なる解釈・適用が抑制されると考えられているのである。イギリス人権法の提案理由では、「われわれの裁判所の決定は、ヨーロッパ〔人権〕裁判所がそれ自身の決定を行うために有益な情報と理由付けを提供するであろう(7)」と述べられている。これらの国は、条約の受容によって、自国について人権裁判所のコントロールが形式化することも期待しているのである。

これらの受容法の評価は、しかし、その国際的な文脈においてこそ定まる。ノルウェーという例外を除き[8]、人権諸条約のうちヨーロッパ人権条約のみが受容の対象であり、そのヨーロッパ的意義の意識と符合する。実際、**表終―1**に見るように、受容法の制定時期は、旧東欧圏（中・東欧）諸国のヨーロッパ評議会への加盟過程と重なっている。この統合過程のなかで、中・東欧諸国の条約適合性が問題とされた[9]。ここで焦点だったのは、単なる国際的な条約上の義務（および個人申立権と人権裁判所の管轄権）の受け入れではなく、これら諸国国内への条約基準の持ち込みであった。そしてその関連で、旧西欧圏諸国における条約の国内的地位が問題となったのは当然であろう。条約受容が求められたのは、中・東欧諸国での条約の国内実施を促すためでもあった。一九九五年、評議会事務総長は、イギリスにおいて「……イギリスのヨーロッパへのコミットメントは、……建設が試みられている広域ヨーロッパの安定性のための不可欠の前提条件でもある」と述べて国内受容を促した[10]。

国内での受容法制定過程においても、その国際的意義は意識されている。イギリス議会において提案理由を説明した大法官は、評議会およびEUにおいて指導的参加者となることの証として法案を説明した[11]。ここではまた「人権法案は、イギリスの裁判官が、ヨーロッパにおける人権の発展に顕著な貢献を行うことをはじめて可能にするものである[12]」と述べられている。こうして、ヨーロッパ全域、とりわけ中・東欧諸国の状況に影響を与えることと、自国の国内裁判所の裁判官が条約テキストを解釈・適用することとは、一体のものとして理解されるのである。一九九三年に、当時の女王座部首席裁判官が条約受容を支持して書いていることが明快である。

選択は、裁判官か裁判官でない者か、ということにあるのではない。この分野のすべての試合をアウェーで行わなければならないかどうか、ということにある。〔中略〕〔条約の受容〕は、自由と正義についての国際基準の担い手としてのこの国の以前の地位を回復させるものとなろう。それは、これらの分野においてイギリスが世界の生徒ではなく教師であるという……信念を再活性化させるのに役立つであろう。[13]（強調は原文）

（2）　見よ：Jörg G. Polakiewicz, "The Implementation of the European Convention on Human Rights in Western Europe", 2 *AEHRYB*, 1992, 11.

（3）　Jörg Polakiewicz, "The Status of the Convention in National Law", in: Robert Blackburn and J. Polakiewicz（eds.）, *Fundamental Rights in Europe*（Oxford UP, 2001）, p. 31 ff. at p. 36. 筆者（小畑）の観察では、二〇〇一年の段階でおそらくこの一国だけであるが、ハンガリーにおいてヨーロッパ人権条約がそれ自体として国内的効力を有しているとはいいがたいように思われる。Cf. Hanna Bokor-Szegő and Mónika Weller, "Hungary", in: *ibid.*, p. 383 ff. at pp. 383-385.

（4）　参照：Ursula Kilkelly, "Introduction", in: U. Kilkelly（ed.）, *ECHR and Irish Law*（Jordans, 2004）, at p. lvii f.

（5）　ここで検討のための基礎とした各国法のテキストは、デンマーク：Act No. 285 of April 29, 1992 - The European Convention on Human Rights, in: Martin Scheinin（ed.）, *International Human Rights Norms in the Nordic and Baltic Countries*（Nijhoff, 1996）, p. 248 f., アイスランド：The European Human Rights Convention Act, No. 62–19 May, 1994 in: *ibid.*, p. 195, スウェーデン：Law on the European Convention for the Protection of Human Rights and Fundamental Freedoms（1994：1219）, in: *ibid.*, p. 305, ノルウェー：Act relating to the strengthening of the status of human rights in Norwegian law, *available* at: 〈http://www.ub.uio.no/ujur/ulovdata/lov-19990521-030-eng.pdf〉（最終確認日：二〇一三年九月一八日）, イギリス：Human Rights Act 1998, in: Robert Blackburn, *Towards a Constitutional Bill of Rights for the United Kingdom: Commentary and Documents*（Pinter, 1999）, p. 321, アイルランド：No. 20 of 2003; European Convention on Human Rights Act 2003, in: Kilkelly（ed.）, *supra* note 4, p. 315 ff.

（6）　受容法自体にこのような争点に関わる規定がない国については、cf: Peter Germer, "Denmark", in: Blackburn & Polakiewicz（eds.）, *supra* note 3, p. 259 ff. at p. 276; Stefán M. Stefansson & Ragnar Adalsteinsson. "Incorporation and Implementation of Human Rights in Iceland", in: SCHEININ (ed.), *supra* note. 5, p. 169 ff. at p. 183; Ulf BERNITZ, "The Incorporation of the European Human Rights Convention into Swedish Law - A Half Measure", 38 *German Yearbook of International Law*, 1995 (1996), 178 at 179 f.; Njal HOSTMAELINGEN, "A Norwegian Fairtale? The Reception of International Human Rights Law in Norway", in: *Implementing Human Rights; Essay in Hounour of Morten Kjaerum* (Hnady-Print, 2007), p. 70 ff. at p. 78.

（7） *Rights Brought Home: Human Rights Bill*, reproduced in: BLACKBURN, *supra* note 5, p. 359 ff., para. 1.18 at p. 361.

（8） ノルウェー法では、ヨーロッパ人権条約のほかに、国際人権規約（両規約）が受容された。

（9） さしあたり参照：小畑郁「欧州審議会の人権保障活動と中・東欧」外国学研究（神戸市外国語大学）三二号（一九九五年）一〇七頁以下、一一四―一一七頁〔本書第三章八九―九一頁〕。

（10） Daniel TARSCHYS, "The Council of Europe: the Challenge of Enlargement", reproduced in: BLACKBURN, *supra* note 5, p. 270. 一九九一年に、「東欧および西欧におけるヨーロッパ人権条約の国内実施」というセミナー（2 *AEHRYB*）が開催されたことも想起される。

（11） Lord IRVINE of Lairg, reproduced in: BLACKBURN, *supra* note 5, p. 372 ff. at p. 373.

（12） *Ibid.*, at p. 372.

（13） Lord BINGHAM, "The European Convention on Human Rights: Time to Incorporate" [1993], reproduced in: BLACKBURN, *supra* note 5, p. 1019 ff. at p. 1022 f.

第二節　補完性原理の維持と意味変容

右にみたような条約の国内受容の進展は、最近の人権裁判所による「補完性原理 principle of subsidiarity」の強調と、パラレルなものとして理解できる。

「補完性」は、一貫した条約の基本原理として一般に捉えられている。[14]リーディング・ケースとして挙げられるのは、一九六八年のベルギー言語事件（本案）判決[15]であり、一九七六年のハンディサイド判決[16]もよく引かれる。しかし、これらの判決における条約機関の「補完的性格」の概念と、現在の「補完的性格」ないし「補完性原理」は、同一のものと理解してよいのであろうか。というのは、一九九八年までは、条約に基づく国際的な司法判断は、締約国による選択条項の受諾を前提としており、その意味で条約機関は自らを補完的なものと位置づけるほかはなかったからである。他方、現在の制度には、〈人権裁判所による国内手続での評価・判断の尊重〉と定義できる補完性の構造的必然性は存在しない。ところが、実際には、人権裁判所が「補完性」に依拠して判断を下す頻度は高まっている。元所長ヴィルトハーバーの見解[17]に代表されるように、人権裁判所は、半ば公式にも「補完性」を強調しているといえよう。

国際コントロールの抑制という面においてこの観念が維持されていることについては、付託事件の等比級数的増大という状況の下で、人権裁判所の負担を軽減するという実際的考慮により説明されている。[18]たしかに、一九九八年に発足した新しい人権裁判所でも、自ら事実認定機能を担うことに対する抑制的姿勢を説明する文脈や、被害者たる性格が国内で得られた救済によってどの程度影響するかを検討する文脈で、頻繁に「補完性」概念が用いられ、国内的救済原則や評価の余地との関係でも引き続き言及されている。しかし、個人申立の受理率（登録された／裁判体に割り振られた申立のうちで受理されたものの割合）は、ほとんど変化しておらず、[19]人権裁判所の量的負担の軽減には必ずしもつながっていない。むしろ問題は質的負担軽減であり、この文脈で単に国内での認定・評価の消極的受入れだけでなく、国内裁判所の解釈・適用を自らのものとして積極的に採用する可能性もま

◆表 終-2：人権裁判所による「補完性」への言及頻度の推移◆

	A言及判決（件）	B検索対象全判決（件）	A/B（%）
1959-1968	1	8	12.5
1969-1978	1	23	4.3
1979-1988	1	149	0.7
1989-1998	4	657	0.6
1999-2007	161	8,193	2.0

（出典：HUDOCの全文検索機能を利用して、筆者作成）

た、国内実施を推進する新たな「補完性」概念の下で認められていることである。**表終―二**は、人権裁判所(新)における新たな「補完性」概念の出現を示唆している。

さらに、国内救済手段の信頼性が極度に高い（とされる）場合に、人権裁判所自らの判断が実質的に停止されるかもしれないことにも注意が必要である。この可能性は、EC規則による財産権侵害が問題となったボスポラス航空会社事件[20]で示唆されている。人権裁判所は、とくにEC司法裁判所が条約制度と「同等の保護」を与えているということを理由に、実質的審査を行わなかったのである。

ここで問題になるのは、「補完性」に基づいて人権裁判所のコントロールが抑制されるといっても、それは国内における救済制度の実効性が前提とされていることである。これは、通常「評価の余地」との関連でいわれるものとは全く別の、各国の救済制度の一般的評価に基づく調整原理である。とすれば、「補完性」は、国内の関連救済制度の実効性が低いとみられる場合に否定的な評価にも結びつく。その意味で、二〇〇〇年のクドワ判決[21]は重要である。条約一三条は、条約上の権利侵害（の主張）について実効的な救済手段を得る権利を保障するが、締約国国内の救済制度についての一般的評価につながることから、人権裁判所は従来これを抑制的に用いてきており、とりわけ裁判を受ける権利（条約六条）が問題とされる場合には、カテゴリカルに違反認定の可能性を否定してきた[22]。クドワ判決は、結論的に、六条違反とともに一三条違反も認定した。この判例変更を根拠付けるために、締約国による条約上の権利保障義務を規定する条約一条から導き出された「補完性原理」が援用されたのである。[23]「補完性」にもかかわらず違反がある、という以前の論理に対し、クドワ判決では、「補完性」のゆえに違反が認定できる、とされたのである。このような判例変更もあって、一三条違反の件数は、一九九五年から二〇〇五年の間に約二八倍になった。同じ期間の六条違反の件数は七倍増であるから、[24]各国の人権救済のための制度を、人権裁判所はきわめて頻繁に「非実効的」と宣言するようになったわけである。

結局、今日いうところの「補完性」は、条約上の権利についての各締約国の救済制度の実効性についての評価を関数として、人権裁判所のコントロールを抑制する方向にも、強化する方向にも働くものなのである。

(14)　このような理解を普及させたパイオニア的文献は、Herbert PETZOLD, "The Convention and the Princilple of Subsidiarity", in: Ronald St. John MACDONALD *et al.* (eds.), *The European System for the Protection of Human Rights* (Nijhoff, 1993), p. 41ff. である。

(15)　*Belgian Linguistic Case* (*Merits*) [PC], Judgment of 23 July 1968, *Series A*, no. 6, p. 35.

(16)　*Handysid*e v. *UK* [PC], Judgment of 7 December 1976, *Series A*, no. 24, para. 28. ここでは、「補完性」は、締約国に認められた「評価の余地」と不即不離の関係であったことに注意が必要である。

(17)　たとえばさしあたり見よ：ルツィウス・ヴィルトハーバー「ヨーロッパ人権裁判所と人権保障」『人権裁判所の判例』xxiii 頁以下、xxvi, xxx 頁。

(18)　たとえばさしあたり見よ：Luzius WILDHABER, "Address on the 'Journée de Réflexion' on Reform of the Convention System" [2000], in: *Id.*, *The European Court of Human Rights 1998–2006; History, Achievements, Reform* (Engel, 2006), p. 105 ff.

(19)　一九八五年までは三%、一九九四年—二〇〇四年は四%とされている。Steven GREER, *The European Convention on Human Rights: Achievements, Problems and Prospects* (Cambridge UP, 2006), p. 35, 39. 筆者（小畑）の推計では、二〇〇六、二〇〇七年頃にはむしろ受理率は上昇していた。
(20)　*Bosphorus Hava Yolları Turizm ve Ticaret Şirketi v. Ireland* [GC], Judgment of 30 June 2005, *Reports* 2005-VI.
(21)　*Kudła v. Poland* [GC], Judgment of 26 October 2000, *Reports* 2000-XI.
(22)　さしあたり参照：小畑郁「ヨーロッパ人権条約における『実効的な国内救済手段を得る権利』と条約上の権利の国内手続における援用可能性」研究紀要（世界人権問題研究センター）三号（一九九八年）六五頁以下、七六—七七頁〔本書第九章二二六—二二七頁〕。
(23)　*Kudła* Judgment, *supra* note 21, para. 152.
(24)　これらの数字は、GREER, *supra* note 19, p. 74, Table 1 による。

結　び

実は、国内受容の促進と「補完性」の強調は、人権裁判所の首脳により一体のものとして主張されてきた。一九九〇年、当時人権裁判所所長であったリスダルは、条約機関の補完的性格から条約受容が重要であると説き、次のように述べた。

「〔受容〕には、実際二つの利点がある。それは、国内裁判所が自らに係属している紛争を解決するために条約およびストラスブールの〔条約機関の〕判例法を考慮に入れる可能性をもたらす。そして同時にそれは、ヨーロッパ〔の条約〕機関に、条約の解釈と特定の状況へのその適用についての国内裁判所の見解を発見する機会を与えるものである。

国内レヴェルで条約を適用するよう求められる者と、ヨーロッパ・レヴェルでそうしなければならない者との間で、このように展開する対話は、条約に基づき保障される権利の実効的保護のために決定的に重要である。[25]」

補完性は、条約という一つの規範体系についての、国際・国内裁判官の対話を促進するものと理解され、この対話こそが条約の法の発展の原動力であると考えられるようになっている。阿部浩己がいう「解釈共同体[26]」（あるいは江島晶子のいう「共生」関係[27]）が、日本についてはは展望的にしか語られないのに対し、ヨーロッパでは現実のものとなっているのである。このような状況が、現代ヨーロッパにおける人権法の「客観性[28]」の重要な基盤の一つであるといえよう。念のために述べれば、そのような状況は、古い意味の補完性ないし「評価の余地」概念が含意していた、それぞれの国家という単位で統合される政治的（あるいは一国民主主義的）意思を集約して、ミニマムな人権を集団的に保障するという体制の終焉（のヨーロッパにおけるはじまり）をも意味している。

ここではまず、日本の状況と比較するうえで重要と考えられる次の点を指摘しておこう。このような状況の前提には、一つには、人権裁判所の側の国内裁判所との密接な関係維持の努力（ヴィルトハーバー所長が毎年の人権裁判所の新年開廷式を、さまざまな国の国内裁判所関係者を招いて行ったことが象徴的である）とそれに国内裁判所関係者の側も応えているという、現実の緊密な交流があること、もう一つには、それとも関連するが、条約締約国集団の中で、イギリスも含めた中核諸国が、必要な体制整備も含め、条約の国内実施に積極的に取り組んできたことがある。[29]日本を取り巻く状況のなかで、このような前提条件がどれほど生じているのかがまず問われなければならない。もっとも、グローバル化は、世界の司法化を進展させており、日本の裁判官もそれなりの国際的共同性の中にますます巻き込まれていくとすれば、どのような国際的共同性か、という問題の立て方の方が適切かもしれない。[30]

しかし、本章で述べたかったことは、むしろその先にある。ヨーロッパにおいて、政治的機関よりもむしろ決定的なイニシアチヴを与えられた国際・国内裁判官の共同性のなかで、各国裁判官は、それぞれそれなりに、条約の法の展開に寄与することになるが、その影響力は不均等にしか行使されない。人権問題を取り扱う裁判官の職能的作業を練達する制度のなかで、ヘゲモニーは少数の特定の場から生み出され、再生産される。その知的ヘゲモニーを担うことこそが、ヨーロッパ全域に普及する条約の解釈原理を支配することにつながり、ひいては、自らに対する国際的コントロールを空洞化することにつながるのである。先に引用したイギリスの裁判官の言辞にみられるように、そのような知的ヘゲモニーを掌握できるという観測こそが、国内における条約実施への積極的コミットメントの前提条件なのである[31]。このように、新しい意味の「補完性」原理の下で、ヨーロッパ人権条約が国内実施を促進する体制を充実させてきている状況の中には、隠された不平等あるいはソフトな介入主義が埋め込まれている。

結局、新しいゲームのルールに則って、国際基準の形成に国内から司法的に参画するような道筋を確保することは、ヨーロッパでは、むしろ主流の戦略のなかに確固たる位置を占めるようになっている[32]。むしろどのような政治的立場に立つのであれ、このルールに慣れることを否応なく迫られているといえよう。そして確かに、この新しいルールは、「人権」の法を持ち出して現実の不正を正す機会を広げるという側面を有している。しかし、他方、このルール自体に埋め込まれている不公正もまた、見逃すことができないのである。

(25)　Rolv RYSSDAL, Cour (90) 318, reproduced in: BLACKBURN, *supra* note 5, p. 258. ヴィルトハーバーによる次のような回顧も見よ。「条約がイギリス法に受容される前、われわれ〔ヴィルトハーバーとイギリスの裁判官ウールフ卿

Lord Woolf〕は、受容がなされればそれは条約の判例を非常に豊かにするであろう、条約の問題について直接に決定するイギリスの裁判官は条約の法の発展に多大な貢献をなすであろう、と論じた。人権法の効力発生後わずか二年で、このことが実際事実であることが証明されつつある。これが、補完的システムが機能する仕方である…。」Luzius WILDHABER, Speech at the Solem hearing of the European Court of Human Rights on the occasion of the opening of the judicial year, Thursday, 23 January 2003, *available* at: 〈http://www.echr.coe.int/library/digdoc/DIGDOC%20-%20Wildhaber%20-%202003%20-%20_bil._%20opening%20of%20judicial.pdf〉（最終確認日：二〇一三年九月一九日), p. 8.

(26)　阿部浩己「国際人権訴訟の政治力学」（一九九六年）同『人権の国際化』（現代人文社、一九九八年）二九五頁以下、三〇一—三〇二頁。

(27)　江島晶子『人権保障の新局面——ヨーロッパ人権条約とイギリス憲法の共生』（日本評論社、二〇〇二年）。

(28)　ここでのこの用語は、本章のもととなった論文がその一部を構成した法律時報誌上の特集「国際人権の客観性と主観性」、とりわけ北村泰三「本特集の狙い」法律時報八〇巻五号（二〇〇八年）を踏まえているが、その筆者（小畑）なりの理解は、「国際人権」が妥当する社会を構成する個別国家の行為により「国際人権」の内容をコントロールすることはできないという状況を指していうものである。したがってそれは、本書でいう（第一の意味における）「憲法秩序」の概念と大幅に重なる。もっとも、前者（「客観性」）は、内容の自律性に力点があるのに対し、後者はシステムの自律性を中核において考えており、これが内容の自律性を保障するものと捉えるのである。

(29)　本章のもととなった論文が書かれた二〇〇八年の時点で、筆者は本文のように評価したのであるが、現在は、イギリスをはじめとする中核諸国において、一定程度の動揺がみられる。しかし、それはますます国内裁判所とヨーロッパ人権裁判所との「対話」を強調する傾向を強める要因ともなっている。以上について、参照：江島晶子「ヨーロッパ人権裁判所と国内裁判所との『対話』？」芹田健太郎先生古稀記念『普遍的国際社会への法の挑戦』（信山社、二〇一三年）八五頁以下。

(30)　小畑郁「座長コメント——『国際人権』とその教育の『学際性』・国際的文脈」国際人権一五号（二〇〇四年）

八一頁以下、八四頁。

(31)　前掲註(29)で述べた動揺は、このような知的ヘゲモニーを必ずしも十分掌握できていないという認識の反映にほかならない。

(32)　二〇〇八年に発表した本章のもととなった論文で、筆者は本文のように書いたのであるが、現在（二〇一三年九月）読み直してみると、ヨーロッパの「主流」に対する過大評価であったのではないか、という疑問を禁じ得ない。少なくとも中核諸国の学界では、内向きの議論が目立つ。ここで述べた「戦略」は、現在では密教的位置づけに甘んじているように思われる。

〔付記〕　本章のもととなった論文準備の過程で、イギリスの状況について江島晶子教授にご教示いただいた。記して感謝申し上げたい。なお残る誤解や不十分な理解についての責任は、もちろん筆者にのみ帰属する。

◆付録Ⅰ　人権裁判所判例研究

〔付録Ⅰ〕第一　実施機関の権限を一方的に制限することの可否
――ロイズィドウ事件（先決的抗弁・本案）
（大法廷一九九五年三月二三日判決、大法廷一九九六年一二月一八日判決）

申立人　ロイズィドウ
被申立国　トルコ
判　決　(一)先決的抗弁　一九九五年三月二三日
　　　　(二)本　　　案　一九九六年一二月一八日
出　典　（a）*Series A* no. 310
　　　　（b）*Reports* 1996-VI

第一節　事　実

一九六〇年に独立したキプロスでは、多数派ギリシャ系住民と少数派トルコ系住民による対立がつづき、一九七四年、ギリシャへの併合を目指す軍隊内グループがクーデターを起こしたのに乗じて、トルコが出兵し、首都ニコシア以北の北部を占領した。この結果、南のギリシャ系住民の地域と北のトルコ系住民の地域という形で、分断状況が生じた。トルコ系住民は、トルコ軍を後ろ盾に分離をすすめ、一九八三年には、「北キプロス・トルコ共和国」として独立を宣言した。これに対して、国際連合安全保障理事会（以下、国連安保理）は、決議五四一（一九八三）を採択して、この独立宣言の無効を確認し、不承認を求めた。実際、トルコ以外のいかなる国もこの「共和国」を承認していない。同占領地域内には、本件本案判決当時も三万人以上のトルコ軍兵士が駐留しており、彼らは、主要交通経路を常に巡回し、経路上に検問所を設けている。

中立人ロイズィドウ夫人は、キプロス北部のキレニア出身で、そこにいくつかの土地を所有していた。彼女は一九七二年に結婚して以後ニコシアに住んでいるが、トルコ軍の占領直前に、キレニアの自分の土地の一つに家族の住居を設けるため建設作業に着手していた。トルコ軍の占領後は、自分の土地に全く近づくことができず、占領地域内に入ったところで阻止され、拘束されて送り返されたこともあった。彼女は、かかる状況が財産権侵害をもたらしているとして、ヨーロッパ人権条約第一議定書一条違反などを主張して、一九八九年七月二二日、ヨーロッパ人権委員会に申立を行った。

トルコは、一九五四年以来ヨーロッパ人権条約の締約国であるが、選択的であった人権委員会の個人申立受理権限（旧二五条）および人権裁判所の管轄権（旧四六条）のいずれも認めていなかった。一八九七年一月二八日に前者の、一九九〇年一月二二日に後者の受諾宣言を寄託したが、これらの宣言には、次のような制限・条件がつけられていた。すなわち、二五条宣言には、「トルコ共和国憲法が適用される領域内における行為」に関するものへの限定（領域的制限）、条約の一定条項のトルコ憲法に適合した解釈を求めるという条件（実体的制限）および同宣言の寄託の日より後に生じた事実に関するものへの限定（時間的制限）が、四六条宣言には、同様の時間的制限のほか、「トルコ共和国の国境内で行われた管轄権の行使」に関するものへの限定および人権委員会がその権限をトルコが与えた通りに行使したことという条件が付されていた。

人権委員会は、一九九一年三月四日の受理可能性決定で、二五条宣言に付された制限のうち、実体的および領域的制限を無効とし、にもかかわらず同宣言自体は有効と解して、申立を受理した。しかし、一九九三年七月八日に採択した報告書では、いかなる条約違反も認定せず、人権裁判所にも事件を付託しなかった。同裁判所には、キプロスが一九九三年一一月九日事件を付託した。人権裁判所は、大法廷において事件を審理した。

第二節　判　旨

1　先決的抗弁判決

（1）原告政府はキプロス共和国の国際的に承認された政府であり、その原告適格は認められる。手続を濫用したとの主張は人権委員会手続でなされていないので、当裁判所においては、禁反言原則により認められない（全員一致）。また、トルコは、事件は「北キプロス・トルコ共和国」の行為に関するものであり、自らは被告適格がないと主張するが、被告適格性は、締約国の裁量に属するものではなく、本件では、トルコが被告である（paras. 39–52）。

（2）a　トルコの場所的先決的抗弁については、まず、条約一条の「管轄」の範囲が問題となるが、その概念は、締約国の国家領域に限定されるものでない。たとえば、犯罪人引渡や追放の場合にも、条約上の国家の責任が生ずる（ゼーリング事件など）。条約の目的を考慮して、当裁判所は、締約国の責任は、軍事行動の結果として国家領域の外の地域で実効的支配を行っているときには、生じうると解する（一六対二）（para. 62）。

ｂ　次に、選択条項受諾宣言に付された領域的制限の効力が問題となるが、二五条・四六条は条約システムの実効性にとって不可欠の規定であって、それらの解釈においては、人権の集団的実施を目的とする条約の特別の性格が考慮されなければならない。また、条約は、現在の条件に照らして解釈されなければならないという判例上の解釈原則は、実体規定のみならず手続規定にも適用される（paras. 70-71）。

二五条・四六条の各二項は、各宣言を特定の期間を付して行うことを明示に認めている。また、これらの規定は、人権委員会・人権裁判所の権限の遡及的適用を締約国が否認できると、一貫して解釈されている。二五条はこれ以外の制限を明示的に認めておらず、四六条は相互条件のみを明示に認めている。もし、実体的・領域的制限がこれらの規定の下で認められているとすれば、締約国は条約実施に関する別個の制度に自由に服しうることになるが、そのようなシステムは、「ヨーロッパ公序の憲法的文書」である条約の実効性を減ずることになる。実体的・領域的制限の否認は、締約国の条約締結後の実行においても一貫している（paras. 74-81）。

国際司法裁判所規程三六条に関する実行に照らして宣言への制限は予定されていたという主張は、かかる一貫した国家実行により反駁される。また、国際司法裁判所は、世界中のかつ国際法のどの分野にも関係する紛争に対処し、条約のような立法条約に関して直接の監視機能を果たすことに役割が限定されていない。このような文脈の基本的な相違により、国際司法裁判所の実行から条約実行は区別されなければならない（paras. 82-85）。

非本土領域について条約の適用を宣言する六四条（現五六条に相当）には、これら領域について個人の申立受理権限を認めることを別に宣言する規定（同四項）があるが、この規定から、二五条等について領域的制限が許されるとはいえない。六四条は、非本土領域に関して条約上の完全な責任を負うためのものであり、その目的は二五条と異なる（paras. 86-88）。

よって、条約の性格を考慮し、目的に従った通常の意味による解釈により、本件領域的制限は無効である(para. 89)。

c　宣言に付された無効な制限から宣言自体の効力を分離可能かどうかの問題は、宣言寄託後のトルコの言明により判断されてはならない。他の締約国による一貫した実行により、トルコは、制限が無効と判断されうることを知っていたはずである。にもかかわらず、宣言することによって、トルコは、制限は無効とされつつ宣言自体は有効と判断される危険をあえて冒したのである。条約制度の特別な性格により、分離可能性があると判断する（paras. 90–98）（以上、（b）（c）について一六対二）。

（3）　裁判所の管轄権を、同宣言の寄託日（一九九〇年一月二〇日）の後に生じた事実に対するものに限定する時間的制限については、その効果は認められる。しかし、複雑な法的・事実的問題が生じるので、時間的抗弁は、本案に併合する（全員一致）（paras. 102–105）。

2　本　案　判　決

（1）　申立人の財産権に対する侵害が、トルコの四六条宣言の寄託日以降も継続する「継続的侵害」を構成すれば、時間的制限にもかかわらず当裁判所の管轄権は認められるが、それは、申立人が同日以降も本件土地の法的所有者とみなせるかどうかにかかっている。この点でトルコは、当該土地所有権の喪失過程は、一九七四年に始まったが、一九八五年五月七日の「北キプロス・トルコ共和国憲法」一五九条により不可逆的な収用となった、と主張している。同条は、一九七五年二月一三日に放棄されたと認められるすべての不動産は同共和国の財産とする、と規定している。しかし、国連安保理決議をはじめとする国際実行から、国際社会は「北キプロス・トルコ共和国」を国際法上の国家とみなさず、キプロス共和国政府がキプロスの唯一の正統政府であることは明白である。この背景に照らして、この「憲法」の規定に条約の適用上有効性を認めることはできない。したがって、申立人は、本件土地の合法的所有者であり、時間的抗弁は却下される（一一対六）（paras. 41–47）。

（2）　軍事行動の結果として領域外のある区域に実効的支配を及ぼしている場合、この区域内において、条約上の権利を保障する義務が、この支配が直接的なものであれ下部地方行政機関を通じた間接的なものであれ、生ずる。北キプロスにおいて多くの軍隊が従軍中であることから、トルコ軍がこの区域において実効的支配を及ぼしていることは明白である。この支配により、トルコは、「北キプロス・トルコ共和国」の政策・行動に責任を負う。かかる政策・行動により影響を受けた者は、条約第一条の適用上トルコの「管轄」内にある（一一対六）（paras. 52–57）。

（3）　申立人は、トルコが財産へのアクセスの拒否を通じて、自らの財産権、とりわけ財産を平和的に享有する権利を徐々に害してきていると主張しているのであるから、不服の内実は、移動の自由の問題に解消されるものではない。そして、本件の継続的なアクセスの拒否は、自らの財産のコントロールや使用・享有の可能性をすべて喪失させるものであり、第一議定書一条に基づく彼女の権利への介入と見なされなければならない。トルコは、この介入を正当化するいかなる主張を行っていないので、第一議定書一条の違反があると認定される（一一対六）（paras. 60–64）。

（4）　申立人は、一九七二年以降結婚してニコシアに住んでおり、本件土地にはまだ自らの「住居」を有していないので、住居の尊重をうける権利を規定する条約八条の違反はない（全員一致）（paras. 65–66）。

(1)　本件で人権裁判所は、条約の文脈において、実施機関の権限を選択条項を通じて認める構造になっていても、受諾宣言において実体的・領域的制限を付すことはできず、かつかかる制限が無効とされても、受諾宣言の有効性には影響を及ぼさないとした。このように解するにあたって、締約国が条約実施について別個の制度に自由に服することは条約システムの目的を害するということを根拠とした。この文脈で、人権裁判所は、条約を「ヨーロッパ公序の憲法的文書」と呼んだ。たしかに、トルコ憲法に適合的な解釈を条件とするといった実体的制限については、この根拠はあてはまるが、領域的制限についてはどうか。条約自体、非本土領域に関する個人申立の受理については別の宣言を要するとしている。少なくとも結果としては、植民地のような公式の支配の場合は、個人の申立権を否認する可能性が与えられているのに対し、トルコの北キプロス支配のような非公式のものについては認められないという不均衡は否定しがたい。なお、人権裁判所は、認められる制限の明示性も根拠としているようにも読めるが、「期限を付して」行うことができるという文言は、少なくとも原初的には、宣言自体の有効期間についていうものであって、宣言で認める実施機関の審査対象を時間的に限定できるということを意味しているわけではない。

自由権規約委員会（Human Rights Committee）が一九九四年に採択した一般的意見二四[1]は、同委員会の規約解釈権に影響を及ぼす留保は認められないとしている。こうしてみると、実施制度について包括的に受け入れるか否かの選択肢しか認めないという考えは、人権条約のいわゆる客観的性格の反映ともいえそうである。もっとも、条約の選択条項受諾宣言に付された制限の問題については、人権裁判所は以前は判断を避けるかのような行動をとっていた。本件における判断は、一九九四年に選択条項制度を廃止するよう条約を改正する第一一議定書が採択されたという事情を抜きにしては、考えにくい。

（２）　選択条項受諾宣言のこのような取扱いは、宣言への制限の付加を自由に認めてきた国際司法裁判所規程での実行とは乖離しており、国際司法機関の非階層的併存の弊害の例として挙げるむきもある。しかし、人権裁判所は、文脈の相違を理由に区別し、条約のみに妥当する解釈として展開しており、本件判決自体が国際司法裁判所の判例を害するとはいえないであろう。

（３）　締約国の責任の範囲を定める「管轄」の概念について、本件判決は、軍事行動にともなう事実的な実効的支配のもとでの直接・間接の行為が関わる場合にも広げることを明確にした。しかし他方で、領域外の軍事行動それ自体から直接に責任が生ずるとは判断しておらず、管轄概念の拡大には慎重な立場がとられている。この点、ユーゴスラビアに対するＮＡＴＯの空爆が問題となったバンコビッチほか事件では、かかる実効的支配までは存在しないことおよび条約適用区域外であることを理由に、管轄下にないとして申立を却下している(2)。後者の理由に対しては、判例の一貫性について疑問が提起されている。

（４）　申立人の財産権に対する介入が一九九〇年一月二〇日以降に及ぶ「継続的侵害」であって、裁判所の時間的管轄に属するかどうかについては、人権裁判所内でも最も意見が分かれた。法廷意見は、「北キプロス・トルコ共和国」に対する国際的不承認から直接に財産権喪失行為の無効を引き出し、侵害の継続性を認めた。しかし、同「共和国」の地位についてより立ち入った判断が必要であり、とりわけ私権の処理については政権の合法性が直ちに影響を及ぼすとはいえないとの反対意見や、財産へのアクセス拒否は、一九七四年の境界線の閉鎖という行為の自動的な帰結であって、継続的侵害とはいえないとの反対意見も付された。

（5）　本件における財産へのアクセスの拒否は、移動の自由の問題に吸収されるのではないか、というもっともな疑問もあり、人権委員会の違反不認定は、これを理由とする。

（1）　General Comment No. 24 (52): Issues relating to reservations made upon ratification or accession to the Covenant or the Optional Protocols thereto, or in relation to declarations under articel 41 of the Covenant, CCPR/C/21/Rev.1/Add.6, 11 November 1994.

（2）　*Banković and Others* v. *Belgium and Others, Decision of 12 December 2001, Reports 2001-XI.*

[参考文献]

戸田五郎「ヨーロッパ人権条約とトルコの地位」国際法外交雑誌九一巻五号（一九九二年）。

小畑郁「ヨーロッパ人権条約体制の確立」田畑茂二郎編『二一世紀世界の人権』（明石書店、一九九七年）〔本書第七章〕。

安藤仁介「人権諸条約に対する留保の一考察」法学論叢一四〇巻一＝二号（一九九六年）。

吉原司「国際紛争処理機関の併存に関する一考察」関西大学法学論集五三巻二号（二〇〇三年）。

富田麻理「バンコビッチ他対ベルギー他一六か国」国際人権一五号（二〇〇四年）。

前田直子「時間的管轄における『継続的侵害』概念」社会システム研究六号（二〇〇三年）。

徳川信治「国際人権規約実施過程にみる時間的管轄」国際法外交雑誌一〇三巻一号（二〇〇四年）。

［付録Ⅰ］第二　国家間紛争と人権裁判所

――キプロス対トルコ事件（第四申立）

（大法廷二〇〇一年五月一〇日判決）

原　告　キプロス

被　告　トルコ

判　決　二〇〇一年五月一〇日

出　典　Reports 2001–IV（大法廷）

第一節　事　実

一九六〇年に独立したキプロスでは、多数派ギリシャ系住民と少数派トルコ系住民との間の対立が続き、一九七四年、ギリシャへの併合を目指す軍隊内グループがクーデターを起こしたのに乗じて出兵したトルコが、首都ニコシア以北を占領し、この結果、南北分断状況が生じた。トルコ系住民は、トルコ軍を後ろ盾に北部をトルコ系住民地域とする分断の固定化と強化をすすめ、一九八三年には、「北キプロス・トルコ共和国」として独立を宣言した。これに対して、国際連合（以下、国連）安全保障理事会は、決議五四一（一九八三）を採択して、この独立宣言の無効を確認し、不承認を求めた。

トルコは、この「共和国」は、トルコを含む他のいかなる国家からも独立したものであり、トルコ系住民が自決権を行使して設立したものであると主張しているが、ギリシャ系住民によって担われているキプロス共和国政府のみが、国際的に承認を受けている。

分断線に沿った緩衝地帯には、国連キプロス平和維持軍（UNFICYP）が駐留し、国連においては、とりわけ、キプロス問題解決を目指して、事務総長が両系住民共同体間対話を後援している。トルコ系住民は、この対話を、一つの連邦憲法の下での二地域主義・両系住民による二共同体主義に基づき進めているが、二地域主義・二共同体主義という基礎は、一九九二年の国連事務総長の包括枠組協定提案等においても認められている。

キプロスは、一九七四年のトルコによる軍事介入およびその後の分断から生じたさまざまな人権侵害について、トルコに責任があるとして、これまでも国家間申立を行ってきたが、トルコが人権裁判所の管轄権を受け入れていなかったため、ヨーロッパ評議会閣僚委員会に付託され、拘束力ある違反認定は避けられていた。本件は、これらの申立と同種のものであるが、トルコの管轄権受諾に伴い、はじめて人権裁判所に係属したものであり、一九九四年一一月二二日、キプロスがヨーロッパ人権委員会に対して行った申立に端を発する。人権委員会は、一九九九年六月四日、多くの違反を認定する報告書を採択した。これを受けて、キプロスが一九九九年八月三〇日、人権委員会が九月一一日、事件を人権裁判所に付託した。トルコは、人権裁判所におけるいかなる手続にも参加しなかった。

第二節　判　旨

1　先決的問題

（1）キプロスの原告適格および訴えの利益

キプロス政府は、原告適格を有する。原告政府は、本申立では以前の申立で取り扱われていない継続的侵害を主張しており、本申立を提起する訴えの利益が認められる。以前の申立についての閣僚委員会決議は、条約旧三二条一項にいう決定ではない。

（2）トルコの責任

トルコは、「北キプロスに対して実効的な全般的支配（overall control）を及ぼしており、その責任は、北キプロスにおけるその兵士または公務員の行為に限定されるのではなく、トルコの軍事的その他の援助により生き延びている地域的行政機関の行為によっても負わなければならない。」（para. 77）「この関連で、当裁判所は、個人の保護のためのヨーロッパ公序の文書としての条約の特別の性格、および、……『締約国が引き受けた約束の遵守を確保する』という当裁判所の使命を考慮しなければならない……。原告政府が北キプロスでの条約上の義務を履行することが継続的に不可能であることを考慮すれば、右と異なるいかなる判断も、条約の基本的保障の便益と自らの諸権利の違反について締約国の責任を当裁判所における手続において問う権利を当該地域住民から奪い去ることによって、当該地域における人権保護制度に遺憾な空白を生じさせることになる。」（para. 78）

（3）　国内的救済原則

原告政府は、「北キプロス・トルコ共和国」の法的・憲法的機構は、トルコによる侵略により生じたもので、完全に不法であると主張している。しかし、政府の不法性によって、その行為のすべてが無効となるわけではない。「当裁判所は、本件の関連諸関係が関わる限りにおいて、『北キプロス・トルコ共和国』によって設けられた司法機関を単に無視することはできない。」（para. 98）したがって、国内的救済原則の適用可能性は一般的には否定されない。しかし、「当裁判所は、行政的慣行がある場合、すなわち、条約と両立しない行為が繰り返されそれが国家当局により公的に宥恕されているような事態が存在すると示され、それが諸手続を無駄かあるいは非実効的なものとするような性質のものである場合には、国内的救済原則は適用されないことを想起しておく……。」（para. 99）

2　ギリシャ系キプロス人行方不明者とその親族の権利の侵害の主張

（1）　行方不明者

一九七四年のトルコ軍の軍事活動中に北キプロスで行方不明になったギリシャ系住民が、被告国家が直接責任を負うような状況で殺されたかどうかは確定できないので、条約二条の実体的違反があるとの主張は受け入れられない。他方、行方不明者の多くがトルコ軍あるいはトルコ系住民軍により拘禁されていたという証拠があり、その拘禁は、大規模な逮捕と殺害を伴う軍事作戦行動中に起こっている。被告国家当局は、行方不明者についての調査を行っていない。国連行方不明者委員会の調査活動への寄与によって手続的義務が履行されたとは認められない。同委員会の調査の範囲は限定されており、条約二条により求められる基準を満たさない。よって、以上のような生命に対する危機的状況の下で行方不明になった者についての実効的調査を行うという同条の手続的義務の継続的違反がある。

条約五条についても、二条と同様の調査義務の違反があるが、他方、審理対象期間中にいずれかの行方不明者が拘禁されているということは証明されなかった。

（２）　行方不明者の親族

「当裁判所の判断するところでは、行方不明者の親族の切迫した懸念に対して、被告国家当局が沈黙していることは、三条の意味における非人道的待遇に当てはまる水準の厳しさに達している」（para. 157）。よって、条約三条の継続的違反がある。

３　避難民の住居の尊重の権利および財産権の違反の主張

キプロス問題に対する全般的政治的解決合意があるまで、ギリシャ系避難民が北部の自らの住居に戻ることができないというのは、被告政府も争わないところである。かかる状況において、被害者が救済手段を利用するよう期待できるかどうかという問題は生じない。「第一に、避難民の自らの住居に対する尊重を受ける権利が完全に否定されているのに対して、条約八条二項の意味における法律上の根拠はない。第二に、両系住民共同体間対話は、条約違反を正当化するために援用することはできない。第三に、当該違反は、一九七四年以来政策の問題として持続しており、継続しているものと考えられなければならない」（para. 174）。よって、条約八条の継続的違反があると結論する。

彼らの「遺棄財産」に対する所有権の否認は「北キプロス・トルコ共和国」憲法にも規定されている。よって、条約八条と同様に、議定書一条の継続的違反がある。

被告政府は、全般的政治的解決策が作成されるまでは、避難民の住居への帰還や財産権は問題外であると主張した。よって、条約八条・議定書一条に基づく権利の侵害を争う救済手段を提供していないことによる条約一三条の違反がある。

4　北キプロスのギリシャ系キプロス人の生活条件から生ずる違反の主張

（1）　個別的違反の主張

「締約国当局がその住民一般に利用可能なものとすることを引き受けた医療を否定することにより個人の生命を危険にさらすことが示されれば、条約二条の問題が生じうる……。」(para. 219) しかし、いずれかの患者の生命が危険にさらされたとは証明されなかった。よって条約二条の違反があったとは認められない。

教会・宗教儀式へのアクセスや司祭の任命の制限については、実効的救済手段は存在しない。当裁判所は、よって条約九条違反があると結論する。

ギリシャ系住民用の教科書は検閲され配付を拒否され、これに対する実効的救済手段はない。よって、この点について、条約一〇条違反があったと認定する。

北キプロスのギリシャ系住民についても、南部への移住や死亡によって財産は「遺棄された」ものとみなされ、彼らの財産権は確保されていない。これらの点について第一議定書一条の違反がある。他方、彼らの財産に対する犯罪行為についての保護が与えられていないとの主張は十分ではなく、「北キプロス・トルコ共和国」の裁判所はときおりギリシャ系住民の権利を擁護している。この点については、同条の違反は認められない。

ギリシャ語による中等教育施設が廃止されて以来、ギリシャ系住民の子どもは、トルコ語または英語学校に行くほかないが、これは、彼らがギリシャ語での初等教育を受けているがゆえに非現実的であり、教育を受ける権利の実質は否定されているといえる。したがって、この点で第一議定書二条の違反がある。

（２）　全般的状況

北キプロスのギリシャ系住民が、南の親族による訪問を制限され、正常な家庭生活を否定されていることが認められる。「これらの制限についていかなる法律上の基礎もないので、当裁判所は、当該介入が条約八条二項の規定により正当化されるかどうかを検討する必要がない。」（para. 293）同じ理由で、国内的救済原則も適用がない。また、彼らは、人との接触および移動について実際上監視されている。これについては法律上の基礎もいかなる正当な理由もない。よってこれらについて、条約八条の違反がある。

上記のような条約上の諸権利の侵害は、ギリシャ系であるというまさにその理由でなされている。「これらの住民がその中で生きるように強いられている状況は、彼らの人間の尊厳という観念そのものを貶め侵害するものである。」（para. 309）「この取扱い上の差別は、品位を傷つける取扱いの水準に達している。」（para. 310）よって条約三条の違反がある。

ギリシャ系住民に対する犯罪行為を宥恕する行政慣行があったとは示されず、私人による介入に関して条約一三条違反があったとは認められない。他方、三条、八条、九条および一〇条の当局の行為による違反については、行政慣行から生じており、実効的救済手段はなく、一三条違反があったと認定する。

５　トルコ系住民の権利の侵害の主張

「北キプロス・トルコ共和国」の「憲法」規定および「法律」は、独立性・公平性についての欠陥を有する軍事法廷で文民を裁判することを認めている。かかる「立法上の実行」により条約六条の違反があると認定する。

第三節　解　説

1　キプロス紛争とヨーロッパ人権条約

キプロス政府は一九七四年のトルコによる軍事介入以降、これによって作り出された状況に対して働きかける手段として、条約を用いてきた。もっとも、トルコが個人申立の受理権・人権裁判所の管轄権を受諾したのはそれぞれ一九八七年・一九九〇年であったので、それまでは、国家間申立により人権委員会から閣僚委員会への手続を利用するほかはなかった。一九七四年と翌年の申立（二つの申立が併合された）および一九七七年の申立は、実際にこのコースを辿り、人権委員会は多くの違反を認定したが[1]、閣僚委員会は、旧三二条一項の規定にもかかわらず、違反の有無について触れることはなかった[2]。他方、前者の申立についての一九七九年の閣僚委員会決議では、「閣僚委員会は、……キプロスにおける人権の持続的な保護は、両系住民共同体間の平和と信頼の再確立を通じてのみもたらされ、両系住民共同体間対話がこの紛争の解決を達成する適切な枠組みであることを確信〔する〕」[3][4]と述べられている。

本件は、これらの申立と実質上同内容のものが人権裁判所にはじめて係属したものであるが、以上の閣僚委員会決議が示す問題を先鋭に提示したものといえよう。すなわち、政治的紛争がありそれに対応する解決枠組みが一応用意されているときに、当該紛争にかかわる人権問題について（拘束力ある）法的判断を示すことの意義と限界はいかなるものか、ということである。

もっとも、キプロス紛争の場合には、トルコの軍事介入それ自体が武力行使禁止規範に抵触する違法なものであったことには、留意すべきであろう。安全保障理事会も、介入当時は、名指しこそ避けたが一方的軍事行動を非難し、トルコ軍の撤退を求めた（とりわけ決議三六〇（一九七四））。しかし、その後はトーンを弱め、一九九〇年代に入ると、両系住民による二共同体主義・二地域主義に基づく解決が求められるようになった（決議七七四（一九九二）など）。ギリシャ系住民は、必ずしもこれ自体に反対しているわけではないが、トルコの行為と「北キプロス・トルコ共和国」の違法性があいまいにされつつある状況に対して、条約上の申立を提起して、「人権」を武器に闘おうとしたということができる。(5) キプロスの司法次官であり、ヨーロッパ人権委員会の委員でもあったルーカイデスは、一九八八年にはじめて発表した論文で、人権の保護は、それが関連する政治的紛争を解決を指導する原理となりつつあると強調している。(6)

２　人権裁判所の取扱い

このような観点からみるとき、本判決は、キプロス政府の期待にこたえた面がある。(7) すなわち、避難民等に対する措置が条約八条・第一議定書一条に違反するとの判断の前提として、両系住民共同体間対話は正当化事由として援用できないとした。また、行方不明者の調査義務については、国連行方不明者委員会に協力するだけでは不十分とした。このように、キプロスの事態を取り扱う国際的枠組みにおける作業状況とはかかわりなく、条約上の義務が履行されなければならないことが確認されている。

他方、「北キプロス・トルコ共和国」における救済手続は無効なものとはいえず、よって国内的救済原則の適用可能性は一般的に否定することはできないとした判断は、議論をよび、七人の裁判官がこれに反対した。(8) 法廷意見は、国際司法裁判所のナミビア事件についての勧告的意見の一節を援用したが、この箇所を国内裁判所手続一般の法的効力を認める趣旨に読むのは、たしかに難しい。人権裁判所は、結局ほとんど実益がなかったにもかかわらず無理な議論をしたと考えざるをえない。実際、この判断は、「北キプロス・トルコ共和国」の裁判所制度が政治的解決合意のあかつきにトルコ系支邦の組織に継承されても、条約上の制度的問題はないことを意味している。

このように、人権裁判所も、政治的解決合意の趨勢をやはり意識しているといえよう。多くの違反認定が、法律に基づくものでない、という形式的理由付けによって根拠付けられており、実質的に正当化事由がありうるかどうか、という判断がなされていない。避難民の旧住居へのアクセスが無制限に認められるということは将来においてありそうにないことが意識されているとも考えられる。もっとも、北部に取り残されたギリシャ系住民に対する措置が差別を内容とする条約三条違反だとされたのは、政治的解決においても、それぞれの地域内での両系住民間の差別は許されないということを示したものと解される。関連して北部でのギリシャ語中等教育の保障を求めていることも注目される。

こうして、本件では、人権条約に基づく法的判断の自律性が確認される一方で、政治的解決合意を阻害しないような配慮も施されているように思われる。国家間の政治的紛争の解決に対して、人権裁判所が主導的な役割を果たそうとしているとはみることができない。

なお、二条（生命権）にかかわる調査義務においてこれほど状況が不明の場合にもその違反を認めたのは新たな先例であり[(9)]、北キプロスにおけるトルコの責任についても、「全般的支配」という観念に基づき、本判決でより一般的に認める方向に踏み切っている[(10)]。

3　判決執行をめぐる問題

本件では、拘束力ある判決が下されたので、閣僚委員会が改めて実質的判断を下す権限を有するわけではない。

しかし、判決執行監視という形式で、閣僚委員会に困難な任務が課されている（四六条二項）。閣僚委員会は、二〇〇五年、中間決議を採択し、行方不明者については、国連行方不明者委員会の権限の範囲内でもたらされた具体的な結果もまた本件判決の執行にとって積極的進展となりうることを認め、それが不十分な場合トルコが他の措置を、さらにいずれにせよ実効的調査のための措置をとること、を求めている。[11] トルコがこの委員会の手続を援用したことに配慮した内容といえよう。[12] 同中間決議は、教育、信教の自由、軍事法廷の問題も取り扱ったが、この段階では、キプロス問題解決にとって肝要な避難民の住居および財産の問題は取り扱わないこととされた。[13] もっともこの点については、キプロス側の要請もあり[14]、二〇〇六年一〇月から検討を開始することとされた。[15]

このようにみてくると、判決執行の監視という形式の下でも、政治的解決枠組みにおける状況が影響を及ぼさないわけではないことが分かるであろう。

（1）　*Cyprus* v. *Turkey* (Applications Nos. 6780/74, 6950/75), Report of the Commission, 10 July 1976; *Cyprus* v. *Turkey* (Application No. 8007/77), Report of the Commission, 4 October 1983.

（2）　*Cyprus* v. *Turkey* (Applications Nos. 6780/74, 6950/75), Resolution DH (79) 1, 20 January 1979, 22 *Yearbook* 440; *Cyprus* v. *Turkey* (Application No. 8007/77), Resolution DH (92) 12, 2 April 1992, 35 *Yearbook* 229.

（3）　Resolution DH (79) 1, *supra* note 2. もっとも、一九九二年の決議では、そのような言及はない。

（4）　以上のような閣僚委員会の実質的事件処理権限の下での実行の一般的分析として、参照：小畑郁「ヨーロッパ人権条約実施手続の司法的純化についての一考察」国際法九八巻一＝二号一二四頁以下（一九九九年）〔本書第八章〕。

（5）　コーフォーダキスは、キプロスによる一九七四年と翌年の申立は、合衆国のトルコ政策に影響を及ぼそうとする外交努力の一環であったと主張している。Van COUFOUDAKIS, "Cyprus and the European Convention on Human

Rights", 4 (5) *Human Rights Quarterly*, (1982), 460 at 453 f.

(6) Loukis G. LOUCAIDES, "The Protection of Human Rights Pending the Settlement of Related Political Issues", in : *id.*, *Essays on the Developing Law of Human Rights* (Martinus Nijhoff, 1995), p. 219 ff, at p. 23 f.

(7) キプロスのメディアは、本判決は交渉での強力な武器であるとの大統領発言を報じている。European Court verdict a 'powerful weapon' in future talks, *Cyprus Mail*, 12 May 2001, *available* at 〈http:www.cuprus-mail.com/news/main_old.php?id.=3400&archive=1〉（最終確認日：二〇〇六年八月六日）. 反対にトルコは、本判決がキプロス問題解決に悪影響を及ぼすとの「北キプロス・トルコ共和国」大統領の書簡を国連事務総長に送付した。Letter dated 6 June 2001 from the Permanent Representative of Turkey to the United Nations addressed to the Secretary-General, UN Doc. A/55/986-S/2001/575.

(8) *Legal Consequences for States of the Continued Presense of South Africa in Namibia* (*South West Africa*) *notwithstanding Security Council Resolution 276* (*1970*), Advisory Opinion of 21 June 1971, *ICJ Reports* 1971, para. 125 at p. 56.

(9) さしあたり参照：Frank HOFFMEISTER, "Cyprus v. Turkey", 96 (2) *American Journal of International Law* (2002) 445 at 449.

(10) Cf. : Loizidou v. Turkey (merits), 18 December 1996, *Reports 1996 - VI*, paras. 52–57.

(11) *Cyprus v. Turkey*, Interim Resolution DH (2005) 44, 7 June 2005.

(12) 参照：Appendix to : *ibid.*

(13) Interim Resolution DH (2005) 44, *supra* note 11.

(14) 参照：Cases pending for supervision of execution as appearing in the Annotated Agendas of the Committee of Ministers' Human Rights meetings and decisions taken (sections 2, 3, 4 and 5), *available* at 〈http://www.coe.int/t/e/human_rights/execution/02_documents/PPcasesExecution_April%202006.pdf〉（最終確認日：二〇〇六年八月一一日）, p. 175.

（15）　参照：CM/Del/Dec（2006）966 FINAL.

［参考文献］

註に掲げたもののほか、
下羽友衛「キプロス紛争とその背景」国際商科大学論叢二三号一七頁以下（一九八一年）。
Paul TAVERNIER, "En marge de l'Arrêt *Chypre contre Turquie*", 52 *Revue trimestrielle des droits de l'homme*, （2002）808.
Loukis G. LOUCAIDES, "The Judgment of the European Court of Human Rights in the *Case of Cyprus v. Turkey*", *Leiden Journal of International Law*, （2002）225.
Kypros CHRYSOSTOMIDES, *The Republic of Cyprus; A Study in International Law* （Martinus Nijhoff, 2000）.
Zaim M. NECATEGIL, *The Cyprus Question and Turkish Position in International Law*, 2nd ed. （Oxford UP, 1993）.

〔付録Ⅰ〕第三　パイロット判決の先例
——ブロニオヴスキ事件
（大法廷二〇〇四年六月二二日判決）

申立人　ブロニオヴスキ
被申立国　ポーランド
判　決　二〇〇四年六月二二日
出　典　*Reports* 2004-V

第一節　事　実

第二次世界大戦の結果、ポーランドの東側国境線は、ブーグ川（the Bug）に一部沿うように西に移動して引き直され、国境地帯は新たにウクライナ、白ロシア、リトアニアに属することになった。この地帯に住んでいた約一二四万人のポーランド人は、西に移動することになり、その結果多くの財産を失った。この移動について規律したポーランド民族解放委員会と上記三ソビエト連邦構成共和国との一九四四年九月の諸協定には、これらの人々に補償するポーランドの義務が規定されていた。ポーランド法は、一九四六年以来、国庫に属する土地の取得または恒久使用という形でこれらの遺棄財産の価値を得る権利を確認してきた。この権利は、ポーランドについてヨーロッパ人権条約第一議定書が効力を生じた一九九四年一〇月一〇日時点では、一九八五年の土地管理開発法に書き込まれていた。この権利に基づいて、完全な補償を得た者もいるが、約八万人の請求がまだ満たされておらず、その額は約一三五億ポーランド・ズロティ（約三四億ユーロ）にも上るとされている。この問題は、一般に「ブーグ川請求」といわれている。

申立人の祖母は、第二次大戦後リヴォフ（現ウクライナ）から移住しクラクフに住んだ。彼女は、約四〇〇平米の土地と二六〇平米の家屋をリヴォフに残してきた。彼女の娘で唯一の相続人である申立人の母は、一九八一年、補償権を利用して四六七平米の土地の恒久使用権を得たが、これは遺棄財産の価値の二％にすぎないものである。

この間、一九九〇年になされた地方分権改革は、ブーグ川請求の解決に大きな制約を課した。すなわち、これにより、国庫に属する土地の大部分の所有権が再建された自治体である市町村に移されたが、ブーグ川請求が国有財産によってのみ精算される仕組みは維持されたため、請求に対応する土地の不足が生じたのである。さらに一九九三年の国有農業財産管理法の改正により、翌年より国有農業財産をこの請求に充てることが停止され、この措置は一九九八年土地管理開発法により恒久化された。ポーランドについて第一議定書が効力を生じた一九九四年の時点では、旧ロシア軍財産と軍事財産局が管理する財産が利用可能であったが、これらは実際にはごくわずかの競売の機会に処分されるだけであった。前者は人権裁判所での口頭弁論当時すでに処分され尽くしており、後者についても、ブーグ川請求者の競売への参加は実際上妨害され、さらに二〇〇二年施行の法改正により利用できないこととされた。二〇〇三年に制定されたブーグ川請求を扱う立法（以下、二〇〇三年法という）は、これまで一部でも補償を受けた者の補償請求権を否定した。

一九八九年、母の死去によりその財産すべてを相続した申立人は、一九九二年クラクフ地方局に残りの遺棄財産の補償を求めたが、一九九四年同局は補償のための国庫に帰属する土地はないと通報した。申立人は、最高行政裁判所に訴えを提起したが、同裁判所は、同年申立人の訴えを斥けた。そこで、一九九六年三月一二日、ヨーロッパ人権委員会に申立を提起した。一九九八年一一月一日、第一一議定書の発効に伴い、この申立は人権裁判所に移送され、第四部に割り当てられたが、同部小法廷は、二〇〇二年三月二六日、事件を大法廷に回付した(条約三〇条)。この回付にはいずれの当事者も異議を唱えなかった。同日、同小法廷は、人権裁判所に係属しているすべての同様の申立が第四部に割り当てられること、および、その審理は、本件について大法廷が判決を下すまで延期することを決定した。本件について構成された大法廷は、時間的管轄等に関するポーランドの主張を斥け、事件を受理する決定をしていた[1]。

第二節　判　旨

1　第一議定書一条(財産権)違反の主張について

(1)　審査の範囲および第一議定書一条の適用可能性

当裁判所は、東側国境地帯から移住せざるを得なかった人々の遺棄財産を補償する義務をポーランドが負うかどうか、という問題を扱わない。当裁判所が扱うのは、第一議定書の発効時点で確定的な(vested)ものとなっていた申立人の補償を受ける権利について、その実施に関わるポーランドの行為が第一議定書一条に違反するかどうかということだけである。

ポーランド政府は、申立人の権利は第一議定書一条の保障の範囲外であると主張するが、申立人の権利は、ポーランド最高裁判所によっても「国庫に対する債権」であり金銭的性格を有するとされており、それが「財産」を構成するということには疑いがない。

(2)　審査基準およびその適用

本件で問題となるのは、作為と不作為が緊密に結びついた一連の政府の行為であり、これを積極的義務や消極的義務との関係で特定のカテゴリーに分類するのは困難であり不必要である。いずれにしても、第一議定書一条から導かれる次のような三つの原則で政府の行為が正当化されるかどうかが判断される。

①　合法性の原則　　当裁判所は、政府の行為が「法律によって規定され」ていると想定して先に進むことにする。

②　公益追求のための正当目的の原則　　政府が追求しようとした目的は、地方自治の再確立、農業の再編、軍事施設の近代化のための財源確保であり、これは、移行期であったことを考慮すれば、社会の一般利益を追求するための正当なものと認められる。

③　公正な均衡性（fair balance）の原則　　「〔ポーランド〕当局は、申立人の権利を国内法秩序から徐々にほとんどぬぐい去ってしまっ」た（para. 172）。「財産を、その価値に合理的に関連する価額の支払いなしに奪うことは、通常、不均衡な介入であ」る（para. 176）。ポーランドは、申立人らの権利の実施を長年にわたり怠ったことについての相当な理由を提出することができなかった。「よって、申立人の事件について、議定書一条の違反がある」（para. 187）。

2　条約四六条〔判決執行義務〕に基づきとられるべき措置

中立人の権利の侵害が、構造的問題に発していることは明らかである。ヨーロッパ評議会閣僚委員会の二〇〇四年五月一二日の決議〔ResDH（2004）3〕は、当裁判所に「とりわけ多くの申立を惹起しそうな場合、条約違反を認定する判決において基礎となっている制度的問題およびその問題の淵源であると考えるものを特定し、それによって国家が適切な解決を見いだすことおよび閣僚委員会が判決の執行を監督することを援助する」よう招請した。この決議は、同一の構造的問題から生ずる反復される事件の結果として、当裁判所の係属件数の負担が増えているという文脈でなされたものである。

四六条によって、「違反を認定した判決により、被告国家は、単に四一条に基づいて衡平な満足により付与された金額を関係者に支払うのみならず、閣僚委員会による監督に服しつつ、当裁判所により認定された違反を終わらせ、その効果を可能な限り取り除くため国内法秩序において採るべき、一般的、および／または、必要な場合には、個別的措置を選択する義務をも課されるのである。」（para. 192）

「結局、とられるべき措置は、同一の理由による多くの申立によって条約システムに過度の負担をかけないよう、当裁判所による違反認定の基礎となっている制度的欠陥を矯正するものでなければならない。〔中略〕ひとたびかかる欠陥が特定されたのちは、閣僚委員会による監視の下で、条約の補完的性格に従って必要な矯正的措置を……とることは、国家当局がなすべきことであり、それによって、当裁判所としては、比較可能な多くの一連の事件にその認定を繰り返す必要がなくなる」（para. 193）。

「被告国家が自らの四六条に基づく義務を履行することを援助するために、当裁判所は、本件で特定された構造的状況を終わらせるために、ポーランド国家によってとられてよい種類の措置を指示したい。〔中略〕〔二〇〇三年〕法は、〔申立人のような部分的補償を受けた〕ブーグ川請求者のグループにとっては、本判決で彼らに悪影響を与えたと特定された制度的事態を終わらせうる措置とみなすことはできないことは明らかである」(para. 194)。「とられるべき一般的措置については、当裁判所は次のように考える。被告国家は、まず第一に、申立人について条約に違反していると認定された事態により影響を受けている多くの人々の権利の実施を妨げているいかなるものも除去するか、または、同等の代替的救済を与えるべきである」(para. 194)。

3　条約四一条〔衡平な満足〕

この事件の状況に鑑み損害の補償の問題はまだ決定する段階にない。訴訟費用を申立人に与える。

第三節　解　説

1　パイロット判決方式のモデル・ケース

本件の最大の意義は、人権裁判所が、同種の多くの事件のうちから一つを選び、違反認定の基礎となっている制度的問題を指摘し、それを解消する方法を示唆したことである。

すなわち、人権裁判所は、違反を終わらせるために申立人個人に対する補償のみならず、一般的措置が本件判決の結果求められるとし、二〇〇三年法による救済の不十分性を前提に、とられるべき具体的な措置について言及した。もっとも、この具体的措置の特定には、被告国家への「援助」という位置付けが与えられており、どのような措置をとるか決定するのは最終的には締約国であるという立場が維持されている。しかし、この「勧告」が従われるであろうことが期待され、二〇〇四年七月六日、同種のすべての申立がすべて第四部に移送されるとともに審査が延期されている。[2] なお、ポーランドでは、二〇〇四年、憲法裁判所において二〇〇三年法が一部違憲とされ、[3] この判決に基づいて立法制定が準備されているとのことであり、この過程を促進するようにとのヨーロッパ評議会閣僚委員会の中間決議が採択されている。[4]

ここでは、このようなパイロット判決方式に伴う問題点のみにしぼって解説する。

2　人権裁判所の救済措置特定権限

違反が認定された場合、救済については、人権裁判所自身には、被告締約国の法制上違反を完全に解消できない場合に金銭賠償を与える権限（四一条）のみがあり、違反認定判決の執行監視は、閣僚委員会の任務となっている（四六条二項）。この条約の仕組みは、判決の執行のためにどのような措置をとるかを判断するのは、被告締約国自身であることを前提とするものと解されてきた。判例でも、四六条一項の「義務を履行する手段に関する国家の選択の自由」[5] が認められている。本判決もその解釈を正面から否定するものではないが、これまで避けてきた判決執行措置の具体的特定に踏み込んだのは新機軸ということができよう。ズパンチッチ裁判官の同意意見は、このようなことが人権裁判所の固有の権限に属すると主張するものである。これに対して、法廷意見の根拠は、閣僚委員会決議による要請をうけて事件処理の能率をはかるということにある。

3　判決執行のための一般的措置

本判決では、判決を執行するために一般的措置が必要とされているが、それは自明とはいえない。本件で認定された違反は申立人個人の金銭的利益の侵害にとどまるとも解しうるのであり、その場合には、その違反は、申立人への金銭賠償の付与によって解消することができる。閣僚委員会による判決執行監視（条約四六条二項）の文脈では、本件のような状況でも一般的措置がとられたことをもってその任務終了を確認する実行が積み重なっており、二〇〇一年に採択された条約四六条二項の適用に関する規則でも、「必要な場合」との限定付きではあるが、「将来の同種の違反を防止する……一般的措置がとられたかどうか」を検討するとされている（三条（b））[6]。しかし、判決が当該事件・当該当事者限りの拘束力しかもたないという前提に立つと、判決の効果として、将来の違反を防止する措置をとらなければならない義務まで生ずると解するのは困難であろう。本判決では、申立人個人の権利が侵害されることになった事実的・法的状態そのものを条約違反と構成しており、そのためにその状態を解消する一般的措置が必要との判断になっているのである。すなわち、違反が構造的状態そのものを指している場合、締約国はそれを解消する義務を条約上当然に負うのであり、判決がそれを確認したものとすれば一般的措置の特定は人権裁判所の権限を超えるものではないことになろう。

4　人権裁判所の憲法裁判所的機能とその限界

以上と関連して、人権裁判所の機能を、個人と国家の間の紛争解決と客観的秩序維持のいずれにあると（あるいはいずれに重点があると）捉えるかという問題がある。少なくとも現時点では、前者の機能の枠内で考えるのが共通理解であり、第一四議定書でも、反復される事件もそれだけでは却下されることはないものとされている[7]。個人の人権侵害の訴えを当然に取り扱う裁判所というシンボルこそが、ヨーロッパの人々が人権の国際的保障の理想型と自負するモデルである。本件における一般的措置の特定、他の類似の事件の審理停止という措置は、実際上、後者の機能を確保して、前者を後回しにしたものであり、手続の基本的性格にかかわる問題を提起するものである。本件においては、ポーランド憲法裁判所の判決もあり、一般的措置が比較的スムーズにとられるという展望もあるが、そのような見通しのない場合には、構造的問題について一度判決を下した後は、同種の違反についいては救済を与えないまま裁判を進行させないという結果になり、このような緊張に果たして人権裁判所が耐えられるか疑問である。第一四議定書が発効すれば、パイロット判決の対象以外の事件は、すべて「反復される事件」として三名構成の委員会による簡易判決手続により処理されるということになる（二八条一項（ｂ））。したがって、本件の手法は、第一四議定書が発効するまでの間、しかも被告による早期の一般的是正措置が期待できる場合にのみ用いられるということが、さしあたり予想できよう。(8)

（1） *Broniowski* v. *Poland* [GC], Decision of 19 December 2002, *Reports* 2002-X.

（2） 参照："Bug River" cases adjourned, Press release issued by the Registrar, 31 August 2004, *available* at: 〈http://hudoc.echr.coe.int/sites/eng-press/pages/search.aspx?i=003-1062015-1099568〉（最終確認日：二〇一四年一月二六日）.

（3） *Right to Offset the Value of Property left in the Former Eastern Territories of Poland* (*II*), Judgment of 15 December 2004, K 2/04, English summary, *available* at: 〈http://www.trybunal.gov.pl/eng/summaries/wstep_gb.htm.〉（最終確認日：二〇〇五年一〇月三一日）.

（4） *Broniowski* v. *Poland*, Interim Resolution ResDH (2005) 58, 5 July 2004.

（5） *Vermeire* v. *Belgium*, Judgment of 29 November 1991, *Series A*, no. 214-C, para. 26.

（6） Rules adopted by the Committee of Ministers for the application of Article 46, paragraph 2, of the European Convention on Human Rights, Appendix I to: Lambert-Abdelgawad, *The Execution of Judgment of the European Court of Human Rights* (Council of Europe, Human Rights files, No.19, 2002).

（7） この点についての人権裁判所の提案は受け入れられなかった。参照：CDDH (2003) 026 Addendum I Final, para. 20. もっとも、申立人が相当な不利益（significant disadvantage）を被っていないという第一四議定書による改正で導入された不受理事由（三五条三項（ｂ））は、客観的秩序維持機能に一歩踏み出したものとも解される。

（8） 二〇一〇年に第一四議定書による改正が発効した。本研究のもととなった原稿が公刊された二〇〇八年において、筆者は本文のように予想したのであるが、この予想は、当たらなかった面と当たった面がある。パイロット判決手続それ自体は、用いられつづけている。しかし、他方、多くの場合、被告による早期の一般的是正措置が期待できる範囲で用いられているのである。この点につきさらに参照：竹内徹「ヨーロッパ人権条約による司法的規範統制の限界――パイロット判決手続を素材として」法政論集（名古屋大学）二五三号（二〇一四年）一四五頁以下。

［参考文献］

Hans-Jürgen BARTSCH, "The Supervisory Function of the Committee of Ministers under Article 54", *Protecting Human Rights: European Dimension: Studies in Honour of G. J. Wiarda* (Heymann, 1989), p. 47 ff.

Elisabeth LAMBERT-ABDELGAWAD, *The Execution of Judgment of the European Court of Human Rights* (Council of Europe, Human Rights files, No.19, 2002).

Luzius WILDHABER, "Consequences for the European Court of Human Rights of Protocol No.14 and the Resolution on judgments revealing an underlying systemic problem", *Reform of the European Human Rights System; Proceedings of the High-Level Seminor, Oslo, 18 October 2004* (Council of Europe, 2004), p. 23 ff.

小畑郁（訳）「第一四議定書によるヨーロッパ人権条約実施規定等の改正」法政論集（名古屋大学）二〇五号（二〇〇四年）二四九頁以下〔本書付録Ⅱ第三〕。

付録Ⅱ　条文および関連資料

［付録Ⅱ］第一　ヨーロッパ人権条約および議定書

◆人権および基本的自由の保護のための条約（ヨーロッパ人権条約）

署　名　一九五〇年一一月四日
効力発生　一九五三年九月三日
改　正　一九六三年五月六日署名の第三議定書による改正、一九七〇年九月二一日効力発生
一九六六年一月二〇日署名の第五議定書による改正、一九七一年一二月二〇日効力発生
一九八五年三月一九日署名の第八議定書による改正、一九九〇年一月一日効力発生
一九九〇年一一月六日署名の第九議定書による改正、一九九四年一〇月一日効力発生、ただし、第九議定書締約国のみに適用
一九九四年五月一一日署名の第一一議定書による改正、一九九八年一一月一日効力発生
二〇〇九年五月二七日署名の第一四の二議定書による改正、二〇〇九年一〇月一日効力発生、ただし、第一四の二議定書締約国のみに適用
二〇〇四年五月一三日署名の第一四議定書による改正、二〇一〇年六月一日効力発生

ヨーロッパ評議会加盟国であるこの条約の署名政府は、
一九四八年一二月一〇日に国際連合総会が宣明した世界人権宣言を考慮し、
この宣言が、その中で宣言された権利の普遍的かつ実効的な承認および遵守を確保することを目的としていることを考

慮し、

ヨーロッパ評議会の目的が加盟国間の一層緊密な統一の達成であること、ならびに、その目的を追求する方法の一つが人権および基本的自由の維持および一層の実現であることを考慮し、

世界における正義および平和の基礎であり、かつ、一方では実効的な政治的民主主義により、他方ではそれが依存している人権の共通の理解および遵守によって、最もよく維持されるこれらの基本的自由に対する深い信念を改めて確認し、

志を同じくし、かつ政治的伝統、理想、自由および法の支配についての共通の継承財産を有するヨーロッパ諸国の政府として、世界人権宣言中に述べられる権利の若干のものを集団的に実施するための最初の措置をとることを決意して、

次のとおり協定した。

第一条（人権を尊重する義務）締約国は、その管轄内にあるすべての者に対し、この条約の第一節に定義する権利および自由を保障する。

第一節　権利および自由

第二条（生命に対する権利）１　すべての者の生命に対する権利は、法律によって保護される。何人も、故意にその生命を奪われない。ただし、法律で死刑を定める犯罪について有罪とされ裁判所による刑の宣告を執行する場合は、この限りでない。

２　生命の剝奪は、それが次の目的のために絶対に必要な、力の行使の結果であるときは、本条に違反して行われたものとみなされない。

（ａ）不法な暴力から人を守るため

（ｂ）合法的な逮捕を行いまたは合法的に拘禁した者の逃亡を防ぐため

（ｃ）暴動または反乱を鎮圧するために合法的にとった行為のため

第三条（拷問の禁止）何人も、拷問または非人道的なもしくは品位を傷つける取扱いもしくは刑罰を受けない。
第四条（奴隷の状態および強制労働の禁止）１　何人も、奴隷の状態または隷属状態に置かれない。
２　何人も、強制労働に服することを要求されない。
３　本条の適用上、「強制労働」には、次のものを含まない。
（a）本条約第五条の規定に基づく拘禁の通常の過程またはその拘禁を条件付きで解かれているときに要求される作業
（b）軍事的性質の役務、または、良心的兵役拒否が認められている国における良心的兵役拒否者の場合に義務的軍事役務のかわりに要求される役務
（c）社会の存立または福祉を脅かす緊急事態または災害の場合に要求される役務
（d）市民としての通常の義務とされる作業または役務
第五条（自由および安全に対する権利）１　すべての者は、身体の自由および安全に対する権利を有する。何人も、次の場合において、かつ、法律で定める手続に基づく場合を除くほか、その自由を奪われない。
（a）権限のある裁判所による有罪判決の後の人の合法的な拘禁
（b）裁判所の合法的な命令に従わないためのまたは法律で定めるいずれかの義務の履行を確保するための人の合法的な逮捕または拘禁
（c）犯罪を行ったと疑う合理的な理由がある場合または犯罪の実行もしくは犯罪の実行後の逃亡を防ぐために必要であると合理的に考えられる場合に、権限ある司法機関に連れて行くために行う合法的な逮捕または拘禁
（d）教育上の監督のための合法的な命令による未成年者の拘禁または権限のある司法機関に連れて行くための未成年者の合法的な拘禁
（e）伝染病の蔓延を防止するための人の合法的な拘禁または精神異常者、アルコール中毒者もしくは麻薬中毒者

または浮浪者の合法的な拘禁

（f）不正規に入国するのを防ぐための人の合法的な逮捕もしくは拘禁または追放もしくは犯罪人引渡しのために手続がとられている人の合法的な逮捕もしくは拘禁

2　逮捕される者は、速やかに、自己の理解する言語で、逮捕の理由および自己に対する被疑事実を告げられる。

3　本条一項（c）の規定に基づいて逮捕または拘禁された者は、裁判官または司法権を行使することが法律によって認められている他の官憲の面前に速やかに連れて行かれるものとし、合理的な期間内に裁判を受ける権利または司法手続の間釈放される権利を有する。釈放に当たっては、裁判所への出頭の保証を条件とすることができる。

4　逮捕または拘禁によって自由を奪われた者は、裁判所がその拘禁が合法的であるかどうかを迅速に決定するように、および、その拘禁が合法的でない場合には釈放を命ずるように、手続をとる権利を有する。

5　本条の規定に違反して逮捕されまたは拘禁された者は、賠償を受ける権利を有する。

第六条（公正な裁判を受ける権利）1　すべての者は、その民事上の権利義務の決定または刑事上の罪の決定のため、法律で設置された、独立の、かつ、公平な裁判所による合理的な期間内の公正な公開審理を受ける権利を有する。判決は、公開で言い渡される。ただし、報道機関および公衆に対しては、民主的社会における道徳、公の秩序もしくは国の安全保障のため、また、少年の利益もしくは当事者の私生活の保護のため必要な場合において、またはその公開が司法の利益を害することとなる特別な状況において裁判所が真に必要があると認める限度で、裁判の全部または一部を公開しないことができる。

2　刑事上の罪に問われているすべての者は、法律に従って有罪とされるまでは、無罪と推定される。

3　刑事上の罪に問われているすべての者は、少なくとも次の権利を有する。

（a）速やかにその理解する言語でかつ詳細にその罪の性質および理由を告げられること。

（b）防御の準備のために十分な時間および便益を与えられること。

（c）自らまたは自己が選任する弁護人を通じて、防御すること。弁護人に対する十分な支払手段を有しないときは、司法の利益のために必要な場合には無料で弁護人を付されること。

（d）自己に不利な証人を尋問しまたはこれに対し尋問させること、および自己に不利な証人と同じ条件で自己のための証人の出席およびこれに対する尋問を求めること。

（e）裁判所において使用される言語を理解しまたは話すことができない場合には、無料で通訳の援助を受けること。

第七条（法律なくして処罰なし）1　何人も、実行の時に国内法または国際法により犯罪を構成しなかった作為または不作為を理由として有罪とされることはない。何人も、犯罪が行われた時に適用されていた刑罰よりも重い刑罰を科されない。

2　この条は、文明諸国の認める法の一般原則により実行の時に犯罪とされていた作為または不作為を理由として裁判しかつ処罰することを妨げるものではない。

第八条（私生活および家族生活の尊重を受ける権利）1　すべての者は、その私的および家族生活、住居ならびに通信の尊重を受ける権利を有する。

2　この権利の行使に対しては、法律に基づき、かつ、国の安全保障、公共の安全もしくは国の経済的福利のため、また、無秩序もしくは犯罪の防止のため、健康もしくは道徳の保護のため、または他の者の権利および自由の保護のため、民主的社会において必要なもの以外の、公の機関によるいかなる介入もあってはならない。

第九条（思想、良心および宗教の自由）1　すべての者は、思想、良心および宗教の自由についての権利を有する。この権利には、自己の宗教または信念を変更する自由ならびに、単独でまたは他の者と共同しておよび公にまたは私的に、礼拝、教導、行事および儀式によってその宗教または信念を表明する自由を含む。

2　宗教または信念を表明する自由については、法律で定める制限であって、公共の安全のため、または公の秩序、健康もしくは道徳の保護のため、または他の者の権利および自由の保護のため、民主的社会において必要なもののみを課す。

第一〇条（表現の自由）1　すべての者は、表現の自由についての権利を有する。この権利には、公の機関による介入を受けることなく、かつ、国境とのかかわりなく、意見を持つ自由ならびに情報および考えを受けおよび伝える自由を含む。本条は、国が放送、テレビまたは映画の諸企業の許可制を要求することを妨げるものではない。

2　前項の自由の行使については、義務および責任を伴うので、法律によって定められた手続、条件、制限または刑罰であって、国の安全保障、領土保全もしくは公共の安全のため、無秩序もしくは犯罪の防止のため、健康もしくは道徳の保護のため、他の者の名誉もしくは権利の保護のため、秘密に受けた情報の暴露を防止するため、または、司法機関の権威および公平さを維持するため、民主的社会において必要なものを課することができる。

第一一条（集会および結社の自由）1　すべての者は、平和的な集会の自由および結社の自由についての権利を有する。この権利には、自己の利益の保護のために労働組合を結成しおよびこれに加入する権利を含む。

2　前項の権利の行使については、法律で定める制限であって、国の安全保障もしくは公共の安全、無秩序もしくは犯罪の防止のため、健康もしくは道徳の保護のため、または他の者の権利および自由の保護のために、民主的社会において必要なもの以外のいかなる制限も課してはならない。本条の規定は、国の軍隊、警察または行政機関の構成員による前項の権利の行使に対して合法的な制限を課することを妨げるものではない。

第一二条（婚姻についての権利）婚姻することができる年齢の男女は、権利の行使を規制する国内法に従って婚姻しかつ家族を形成する権利を有する。

第一三条（実効的救済手段を得る権利）本条約に定める権利および自由を侵害されたすべての者は、公的資格で行動する者によりその侵害が行われた場合にも、国内審級において実効的な救済手段を得る権利を有する。

第一四条（差別の禁止）本条約に定める権利および自由の享受は、性、人種、皮膚の色、言語、宗教、政治的意見その他の意見、国民的もしくは社会的出身、民族的少数者への所属、財産、出生または他の地位等によるいかなる差別もなしに、保障される。

第一五条（緊急時における免脱）1　戦争その他の国民の生存を脅かす公の緊急事態の場合には、いずれの締約国も、事態の緊急性が真に必要とする限度において、この条約に基づく義務を免脱する措置をとることができる。ただし、その措置は、当該締約国が国際法に基づき負う他の義務に抵触してはならない。

2　前項の規定は、第二条（合法的な戦闘行為から生ずる死亡の場合を除く）、第三条、第四条一項および第七条の規定からのいかなる免脱も認めるものではない。

3　免脱の措置をとる権利を行使する締約国は、とった措置およびその理由をヨーロッパ評議会事務総長に十分に通報する。締約国はまた、その措置が終了し、かつ、条約の諸規定が再び完全に履行される時点を、ヨーロッパ評議会事務総長に通知する。

第一六条（外国人の政治活動に対する制限）第一〇条、第一一条および第一四条中のいかなる規定も、締約国が外国人の政治活動に対して制限を課することを妨げるものとみなされない。

第一七条（権利の濫用の禁止）この条約のいかなる規定も、国、集団または個人がこの条約において認められる権利および自由を破壊しもしくはこの条約に定める制限の範囲を越えて制限することを目的とする活動に従事しまたはそのようなことを目的とする行為を行う権利を有することを意味するものと解することはできない。

第一八条（権利制約事由の使用に対する制限）権利および自由について本条約が認める制限は、それを定めた目的以外のいかなる目的のためにも適用してはならない。

第二節　ヨーロッパ人権裁判所

第一九条（裁判所の設置）この条約および条約の諸議定書において締約国が行った約束の遵守を確保するために、

ヨーロッパ人権裁判所（以下「裁判所」という）を設立する。裁判所は、恒久的基礎の上に活動する。

第二〇条（裁判官の数）裁判所は、締約国の数と同数の裁判官で構成する。

第二一条（就任の基準）1　裁判官は、徳望が高く、かつ、高等の司法官に任ぜられるのに必要な資格を有する者または有能の名のある法律家とする。

2　裁判官は、個人の資格で裁判する。

3　裁判官は、その任期中、その独立性、公平性または常勤職の要請と両立しないいかなる活動にも従事してはならない。この項の適用から生ずるいかなる問題も、裁判所が決定する。

第二二条（裁判官の選挙）裁判官は、議員会議によって、各締約国について当該締約国により指名される三名の候補者の名簿の中から投票の多数により選出される。

第二三条（任期および解職）1　裁判官は、九年の任期で選出される。裁判官は再選されることはない。

2　裁判官の任期は、当該裁判官が七〇歳に達した時に終了する。

3　裁判官は、後任者と代わるまで在任するものとする。ただし、裁判官は、すでに審理中の事件は引き続き取り扱わなければならない。

4　いかなる裁判官も、他の裁判官が三分の二の多数により当該裁判官は必要とされる条件を満たさなくなったと決定するのでない限り、解職されることはない。

第二四条（書記局および報告者）1　裁判所に、書記局をおく。書記局の機能と組織は、裁判所規則に規定する。

2　単独裁判官で裁判する場合には、裁判所は、裁判所長の権威の下で活動する報告者により援助される。報告者は、裁判所書記局の一部である。

第二五条（全員法廷）裁判所の全員法廷は、次のことを行う。

（ａ）三年の任期で、裁判所長および一人または二人の裁判所次長を選任すること。裁判所長および裁判所次長は再任されることができる。
（b）期間を定めて構成される小法廷を設置すること。
（c）各小法廷の長を選任すること。小法廷の長は、再任されることができる。
（d）裁判所規則を採択すること。
（e）書記および一人または二人以上の書記補を選任すること、ならびに、
（f）第二六条二項に基づくあらゆる要請を行うこと。

第二六条（単独裁判官、委員会、小法廷および大法廷）1　裁判所は、提訴される事件を審理するために、単独裁判官、三人の裁判官で構成される委員会、七人の裁判官で構成される小法廷および一七人の裁判官で構成される大法廷で裁判する。裁判所の小法廷は、定められた期間活動する委員会を設置する。

2　全員法廷の要請により、閣僚委員会は、全員一致の決定によりかつ一定期間について、小法廷の裁判官の数を五に減らすことができる。

3　単独裁判官として裁判する場合には、裁判官は、自らがそれについて選出された締約国に対するいかなる申立をも審理してはならない。

4　訴訟当事国について選挙された裁判官は、小法廷および大法廷の職務上当然の構成員となる。該当する裁判官がいない場合あるいは当該裁判官が裁判することができない場合には、当該当事国によってあらかじめ提出された名簿から裁判所長によって選ばれた者が、裁判官の資格で裁判する。

5　大法廷は、裁判所長、裁判所次長、小法廷の裁判長および裁判所規則に従って選任される他の裁判官を含める。事件が第四三条に基づいて大法廷に付託される場合には、判決を行った小法廷の裁判官は、小法廷の裁判長および関係締約国について裁判した裁判官を除き、大法廷で裁判してはならない。

第二七条（単独裁判官の権限）1　単独裁判官は、第三四条に基づき提出された申立について、それ以上審査するこ

となく決定できる場合には、不受理としまたはそれを総件名簿から削除することができる。

2　この決定は、確定的なものとする。

3　単独裁判官は、申立について不受理とせず、それを総件名簿から削除もしない場合には、さらなる審査のために委員会または小法廷に提出しなければならない。

第二八条（委員会の権限）1　第三四条に基づき提出された申立に関して、委員会は、全員一致によって、次のことを行うことができる。

（a）それ以上審査することなく決定できる場合に、それを不受理としまたは総件名簿から削除すること。

（b）条約またはその諸議定書の解釈または適用に関する、事件を基礎づける問題がすでに十分に確立した裁判所の判例法の主題である場合に、それを受理し同時に本案に関する判決を下すこと。

2　前項に基づく決定および判決は、確定的なものとする。

3　訴訟当事国について選挙された裁判官が委員会の構成員でない場合、委員会は、当該締約国が本条一項（b）に基づく手続の適用を争っているかどうかを含むあらゆる関連要素を考慮して、手続のいかなる段階においても当該裁判官を委員会の構成員のうち一人の者に代わるよう招請することができる。

第二九条（小法廷による受理可能性および本案に関する決定）1　第二七条もしくは第二八条に基づくいかなる決定もされない、または、第二八条に基づく判決が下されない場合、小法廷は、第三四条に基づいて付託される個人の申立の受理可能性および本案について決定する。受理可能性に関する決定は別個に行うことができる。

2　小法廷は、第三三条に基づいて付託される国家間の申立の受理可能性および本案について決定する。受理可能性に関する決定は、裁判所が例外的な場合に別段の決定をするのでない限り、別個に行うものとする。

第三〇条（大法廷への回付）小法廷に係属する事件が条約もしくはその諸議定書の解釈に影響を与える重大な問題を生じさせる場合、または、小法廷での問題の決定が裁判所が以前に行った判決と両立しない結果をもたらす可能性のある場合には、小法廷は、判決を行う前のいずれの時でも、大法廷に当該事件を回付することができる。ただし、事件の当事者のいずれかがこれに反対した場合は、この限りでない。

第三一条（大法廷の権限）大法廷は、次のことを行う。

（a）第三三条または第三四条に基づいて付託される申立について、小法廷が第三〇条に基づいて回付した場合または事件が第四三条に基づいて大法廷に上訴された場合に、決定を行うこと

（b）第四六条四項に従って閣僚委員会によって裁判所に付託される問題について決定すること、および

（c）第四七条に基づいて付託される勧告的意見の要請について審理すること。

第三二条（裁判所の管轄権）１　裁判所の管轄は、第三三条、第三四条、第四六条および第四七条に基づいて裁判所に付託される条約およびその諸議定書の解釈および適用に関するすべての事項に及ぶ。

２　裁判所が管轄権を有するかどうかについて争いがある場合には、裁判所が決定する。

第三三条（国家間の事件）いずれの締約国も、他の締約国による条約およびその諸議定書の規定の違反の申立を裁判所に付託することができる。

第三四条（個人の申立）裁判所は、いずれかの締約国による条約または議定書に定める権利の侵害の被害者であると主張する自然人、民間団体または個人の集団からの申立を受理することができる。締約国は、申立の権利の実効的な行使を決して妨げないことを約束する。

第三五条（受理基準）１　裁判所は、一般的に認められた国際法の原則に従ってすべての国内的な救済手段が尽くされた後で、かつ、最終的な決定がなされた日から六か月の期間内にのみ、事案を取り扱うことができる。

２　裁判所は、第三四条に基づいて付託される個人の申立で、次のものは取り扱ってはならない。

（１）匿名のもの、または

（２）裁判所がすでに審理したか、またはすでに他の国際的調査もしくは解決の手続に付託された事案と実質的に

同一であって、かつ、いかなる新しい関連情報も含んでいないもの

3　裁判所は、次の各号のいずれかに該当すると認める場合には、第三四条に基づいて付託された個人の申立を不受理としなければならない。

（ａ）申立が、条約または諸議定書の規定と両立しないか、明白に根拠不十分かまたは申立権の濫用である場合。

（ｂ）申立人が、相当な不利益を被ってはいなかった場合。ただし、条約およびその諸議定書に定められた人権の尊重のために当該申立の本案の審査が求められる場合はこの限りではなく、国内裁判所により正当に審理されなかったいかなる事件も、この理由により却下されてはならない。

4　裁判所は、本条に基づいて不受理とするいかなる申立も却下する。裁判所は、手続のいずれの段階でもこの却下を行うことができる。

第三六条（第三者の参加）1　小法廷および大法廷でのすべての事件において、自国の国民が申立人となっている締約国は、書面による意見を提出しおよび口頭審理に参加する権利を有する。

2　裁判所長は、司法の適正な運営のために、裁判手続の当事者ではない締約国または申立人ではない関係者に、書面による意見を提出しまたは口頭審理に参加するよう招請することができる。

3　小法廷または大法廷におけるすべての事件において、ヨーロッパ評議会人権弁務官は書面による意見を提出しおよび口頭審理に参加することができる。

第三七条（申立の削除）1　裁判所は、事情により次のように結論できる場合には、手続のいずれの段階においても、申立を総件名簿から削除することを決定することができる。

（ａ）申立人が自己の申立の継続を望んでいない、または

（ｂ）事案が解決された、または

（ｃ）裁判所によって確認されたその他の理由により、引き続き申立の審理を行うことが正当化できない。

ただし、裁判所は、条約および諸議定書に定める人権の尊重のために必要な場合には、引き続き申立の審理を行う。

2　裁判所は、事情により正当であると考える場合には、申立を総件名簿に再び登載することを決定することができる。

第三八条（事件の審理）裁判所は、当事者の代表または代理人とともに、事件の対審審理を行い、および、必要があれば調査を行う。調査が実効的に行われるよう、関係締約国はすべての必要な便宜を供与しなければならない。

第三九条（友好的解決）1　条約および諸議定書に定める人権の尊重を基礎とする事案の友好的解決を確保するために、裁判所は、手続のいかなる段階においても、自らを関係当事者の利用に委ねることができる。

2　前項に基づいて行われる手続は、非公開とする。

3　友好的解決が成立する場合には、裁判所は、決定により、総件名簿から事件を削除する。この決定は、事実および到達した解決の簡潔な記述にとどめなければならない。

4　この決定は、閣僚委員会に送付され、閣僚委員会は、この決定に定める友好的解決の条件の執行を監視する。

第四〇条（公開の口頭審理および文書の入手）1　口頭審理は、裁判所が例外的な場合に別段の決定をする場合を除き、公開とする。

2　書記に寄託された文書は、裁判所長が別段の決定をする場合を除き、公衆が閲覧できるようにする。

第四一条（衡平な満足）裁判所が条約または諸議定書の違反を認定し、かつ、当該締約国の国内法によってはこの違反の結果を部分的にしか払拭できない場合には、裁判所は、必要な場合、被害当事者に衡平な満足を与えなければならない。

第四二条（小法廷の判決）小法廷の判決は、第四四条二項の規定に従って確定する。

第四三条（大法廷への上訴）1　事件のいずれの当事者も、例外的な場合には、小法廷の判決の日から三か月の期間内に当該事件について大法廷への上訴の受理を要請することができる。
2　大法廷の五人の裁判官で構成される審査部会は、当該の事件が条約もしくはその諸議定書の解釈もしくは適用に影響する重大な問題または一般的重要性を有する重大な問題を提起する場合には、その要請を受理する。
3　審査部会が要請を受理する場合には、大法廷は、当該の事件を判決により決定しなければならない。
第四四条（確定判決）1　大法廷の判決は、確定的なものとする。
2　小法廷の判決は、次の場合に確定する。
（a）当事者が事件について大法廷への上訴の受理を要請する意思のないことを宣言する場合、または
（b）判決の日の後三か月経過し、その間に事件の大法廷への上訴受理要請がなされなかった場合、または
（c）大法廷の審査部会が第四三条に基づく上訴受理要請を却下する場合
3　確定判決は、公表される。
第四五条（判決および決定の理由）1　判決および申立の受理または不受理の決定には、理由を付さなければならない。
2　判決がその全部または一部について裁判官の全員一致の意見を表していないときは、いずれの裁判官も、個別の意見を表明する権利を有する。
第四六条（判決の拘束力および執行）1　締約国は、自国が当事者であるいかなる事件においても、裁判所の確定判決に従うことを約束する。
2　裁判所の確定判決は、閣僚委員会に送付され、閣僚委員会はその執行を監視する。
3　閣僚委員会は、確定判決の執行の監視が当該判決の解釈問題によって妨げられていると考える場合、当該解釈問題の判断を求めるため、事案を裁判所に付託することができる。付託決定には、閣僚委員会に出席する権利を有する代表者の三分の二の多数を必要とする。

4　閣僚委員会は、締約国が自国が当事者となっている事件の確定判決に従うことを拒否していると考える場合、当該締約国に正式の通告を行ったのち、かつ、閣僚委員会に出席する権利を有する代表者の三分の二の多数決による決定により、当該締約国が本条一項に基づく義務を実行するのを怠っているかどうかの問題を裁判所に付託することができる。

5　裁判所は、本条一項の違反を認定した場合、とられるべき措置を検討するために事件を閣僚委員会に付託する。裁判所は本条一項の違反を認定しない場合、事件を閣僚委員会に付託し、閣僚委員会は、自らの事件の審査を終了させる。

第四七条（勧告的意見）　1　裁判所は、閣僚委員会の要請により、条約およびその諸議定書の解釈に関する法律問題について勧告的意見を与えることができる。

2　この意見は、条約第一節および諸議定書に定める権利もしくは自由の内容もしくは範囲に関するいかなる問題も、または、裁判所もしくは閣僚委員会が、条約に基づいて開始されうる手続の結果検討しなければならなくなるその他のいかなる問題も、取り扱ってはならない。

3　裁判所の勧告的意見を要請する閣僚委員会の決定は、同委員会に出席する資格のある代表者の多数の投票を必要とする。

第四八条（裁判所の諮問権限）　裁判所は、閣僚委員会が付託した勧告的意見の要請が、第四七条に定める権限内にあるかどうかを決定する。

第四九条（勧告的意見の理由）　1　裁判所の勧告的意見には、理由を付さなければならない。

2　勧告的意見がその全部または一部について裁判官の全員一致の意見を表していないときは、いずれの裁判官も、個別の意見を表明する権利を有する。

3　裁判所の勧告的意見は、閣僚委員会に通知される。

第五〇条（裁判所の経費）裁判所の経費は、ヨーロッパ評議会が負担する。

第五一条（裁判官の特権および免除）裁判官は、その任務の遂行中は、ヨーロッパ評議会規程第四〇条およびそれに基づいて作成される協定に定める特権を有しおよび免除を受ける権利を有する。

第三節　雑　則

第五二条（事務総長による照会）いずれの締約国も、ヨーロッパ評議会事務総長の要請のある場合には、自国の国内法が本条約の諸規定の実効的な実施を確保する方法について説明を与えなければならない。

第五三条（既存の人権の保障）本条約のいかなる規定も、いずれかの締約国の法律または当該締約国が締約国となっているいずれかの他の協定に基づいて保障されることのある人権および基本的自由を制限しまたはそれから逸脱するものと解してはならない。

第五四条（閣僚委員会の権限）本条約のいかなる規定も、ヨーロッパ評議会規程が閣僚委員会に与えた権限を害するものではない。

第五五条（他の紛争解決手段の排除）締約国は、本条約の解釈または適用から生じる紛争を本条約で定める解決手段以外のものに請願によって付託するために、締約国間に有効な条約または宣言を利用しないことを約束する。ただし、特別の合意がある場合は、この限りでない。

第五六条（領域的適用）１　いずれの国も、批准のときまたはその後のいずれのときでも、ヨーロッパ評議会事務総長に宛てた通告によって、自国が国際関係について責任を有する領域の全部または一部について本条四項に従ってこの条約を適用することを宣言することができる。

２　条約は、ヨーロッパ評議会事務総長がこの通告を受領した後三〇日目から通告の中で指定する領域に適用される。

３　本条約の規定は、現地の必要に妥当な考慮を払って、これらの領域に適用される。

4　本条一項に基づいて宣言を行ったいずれの国も、宣言後のいずれのときでも、宣言が関係する一または二以上の領域のために、この条約の第三四条に定める自然人、民間団体または集団からの申立を受理する裁判所の権限を受諾することを宣言することができる。

第五七条（留保）1　いずれの国も、本条約に署名するときまたは批准書を寄託するときに、その領域でそのときに有効ないずれかの法律が本条約の特定の規定と抵触する限りで、その規定について留保を付すことができる。一般的性格の留保は、本条のもとでは許されない。

2　本条に基づいて付されるいかなる留保も、関係する法律の簡潔な記述を含むものとする。

第五八条（廃棄）1　締約国は、自国が締約国となった日から五年経過した後、かつ、ヨーロッパ評議会事務総長に宛てた通告に含まれる六か月の予告の後にのみ、本条約を廃棄することができる。ヨーロッパ評議会事務総長は、これを他の締約国に通知するものとする。

2　前項の廃棄は、本条約に基づく締約国の義務の違反を構成する可能性がある行為であって廃棄が効力を生ずる日の前に締約国が行っていたいかなるものについても、関係締約国を当該の義務から免除する効果をもつものではない。

3　前項と同一の条件で、ヨーロッパ評議会の加盟国でなくなるいずれの締約国も、本条約の締約国でなくなる。

4　条約は、前三項の規定に基づいて、第五六条によってその適用が宣言されたいずれの地域についても廃棄することができる。

第五九条（署名および批准）1　本条約は、ヨーロッパ評議会加盟国の署名のために開放しておく。本条約は、批准されなければならない。批准書は、ヨーロッパ評議会事務総長に寄託する。

2　ヨーロッパ連合は、本条約に加入することができる。

3　本条約は、一〇の批准書が寄託された後に効力を生ずる。

4　本条約は、その後に批准する署名国については、批准書の寄託の日に効力を生ずる。

5　ヨーロッパ評議会事務総長は、すべてのヨーロッパ評議会加盟国に、本条約の効力発生、本条約を批准した締約国名およびその後に行われるすべての批准書の寄託について、通知する。

◆人権および基本的自由の保護のための条約についての議定書
（ヨーロッパ人権条約第一議定書）（抄）

署　　名　一九五二年三月二〇日
効力発生　一九五四年五月一八日
　　　　　一九九四年五月一一日署名の第一一議定書による改正、一九九八年一一月一日効力発生

ヨーロッパ評議会加盟国であるこの議定書の署名政府は、

一九五〇年一一月四日にローマで署名した人権および基本的自由の保護のための条約（以下「条約」という）の第一節にすでに含まれているもの以外の若干の権利および自由を集団的に実施するための措置をとることを決定して、

次のとおり協定した。

第一条（財産の保護）すべての自然人または法人は、その財産を平和的に享有する権利を有する。何人も、公益のために、かつ、法律および国際法の一般原則で定める条件に従う場合を除くほか、その財産を奪われない。

ただし、この規定は、国が一般的利益に基づいて財産の使用を規制するため、または税その他の拠出もしくは罰金の支払いを確保するために、必要とみなす法律を実施する権利を決して妨げるものではない。

第二条（教育に対する権利）何人も、教育に対する権利を否定されない。国は、教育および教授に関連して負ういかなる任務の行使においても、自己の宗教的および哲学的信念に適合する教育および教授を確保する父母の権利を尊重しなければならない。

第三条（自由選挙についての権利）締約国は、立法機関の選出にあたって人民の自由な意見表明を確保する条件のもとで、合理的な間隔で、秘密投票による自由選挙を行うことを約束する。

第四条（領域的適用）いずれの締約国も、署名もしくは批准のときまたはその後のいずれのときでも、自国が国際関係について責任を有する領域であってそこで指定するものについて、本議定書の諸規定を適用することをどの範囲で約束するかを記述する宣言をヨーロッパ評議会事務総長に通知することができる。

前項によって宣言を通知したいずれの締約国も、いずれか以前の宣言の条件を変更しまたはいずれかの領域について本議定書の諸規定の適用を終了させる新たな宣言を随時通知することができる。

本条に基づいてなされた宣言は、条約第五六条一項に基づいてなされたものとみなされる。

第五条（条約との関係）締約国間においては、本議定書の第一条、第二条、第三条および第四条の諸規定は、条約への追加条文とみなされ、条約のすべての規定がそのことに応じて適用される。

第六条（署名および批准）この議定書は、条約の署名国であるヨーロッパ評議会加盟国の署名のために開放しておく。議定書は、条約の批准と同時にまたはその後に、批准されなければならない。議定書は、一〇の批准書が寄託された後に効力を生ずる。議定書は、その後に批准する署名国については、その批准書の寄託の日に効力を生ずる。

批准書は、ヨーロッパ評議会事務総長に寄託され、事務総長は、すべての加盟国に批准した加盟国名を通知する。

◆条約およびその第一議定書にすでに含まれているもの以外のある種の権利および自由を保障する、人権および基本的自由の保護のための条約についての第四議定書

（ヨーロッパ人権条約第四議定書）（抄）

署　名　一九六三年九月一六日
効力発生　一九六八年五月二日
一九九四年五月一一日署名の第一一議定書による改正、一九九八年一一月一日効力発生

ヨーロッパ評議会加盟国であるこの議定書の署名政府は、一九五〇年一一月四日にローマで署名した人権および基本的自由の保護のための条約（以下「条約」という）の第一節ならびに一九五二年三月二〇日パリで署名した条約の第一議定書の第一条から第三条にすでに含まれているもの以外の若干の権利および自由を集団的に実施するための措置をとることを決意して、

次のとおり協定した。

第一条（債務による拘禁の禁止）何人も、契約上の義務を履行することができないことのみを理由としてその自由を奪われない。

第二条（移動の自由）1　合法的にいずれかの国の領域内にいるすべての者は、当該領域内において移動の自由および居住の自由についての権利を有する。

2　すべての者は、いずれの国（自国を含む）からも自由に離れることができる。

3　前二項の権利の行使については、法律に基づく制限であって、国の安全保障もしくは公共の安全のため、公の秩序の維持、犯罪の防止、健康もしくは道徳の保護または他の者の権利および自由の保護のため、民主的社会において必要なもの以外のいかなる制限も課してはならない。

4　本条一項の権利についてはまた、法律に基づいて課す制限であって民主的社会において公益のために正当化される制限を、特定の地域で課することができる。

第三条（国民の追放の禁止）1　何人も、自己が国民である国の領域から、個別的または集団的措置によって、追放されない。

2　何人も、自己が国民である国の領域に入る権利を奪われない。

第四条（外国人の集団的追放の禁止）外国人の集団的追放は、禁止される。

第五条（領域的適用）1　いずれの締約国も、本議定書の署名もしくは批准のときまたはその後いつでも、自国がそ

の国際関係について責任を有する領域であってそこで指定するものについて、本議定書の諸規定を適用することをどの範囲で約束するかを記述する宣言を、ヨーロッパ評議会事務総長に通知することができる。

２　前項により宣言を通知したいずれの締約国も、以前の宣言の条件を変更しまたは本議定書の適用をいずれかの領域について停止する宣言を、随時通知することができる。

３　本条に従ってなされた宣言は、条約第五六条一項に従ってなされたものとみなされる。

４　本議定書が批准または受諾によって適用されるいずれかの国の領域と、本議定書が本条に基づく宣言により適用される領域とは、第二条および第三条にいう国の領域という文言の適用上、別々の領域と取り扱われる。

５　本条一項および二項に従って宣言をしたいずれの国も、その後いつでも、宣言が関係する一または二以上の領域について、本議定書の第一条から第四条までのすべてまたはいずれかについて、条約第三四条が規定する個人、民間団体または個人の集団からの申立を受理する裁判所の権限を、自らが受諾することを宣言することができる。

第六条（条約との関係）
第七条（署名および批准）
〈略〉

◆死刑の廃止に関する人権および基本的自由の保護のための条約についての第六議定書
（ヨーロッパ人権条約第六議定書）（抄）

署　　名　一九八三年四月二八日
効力発生　一九八五年三月一日
　一九九四年五月一一日署名の第一一議定書による改正、一九九八年一一月一日効力発生一九五〇年一一月四日にローマで署名した人権および基本的自由の保護のための条約（以下「条約」という）に対するこの議定書の署名国であるヨーロッパ評議会加盟国は、

ヨーロッパ評議会の若干の加盟国で生じた発展が死刑の廃止を支持する一般的傾向を表明していることを考慮して、次のとおり協定した。

第一条（死刑の廃止）死刑は、廃止される。何人も、死刑を宣告されまたは執行されない。

第二条（戦時等における死刑）国は、戦時または急迫した戦争の脅威があるときになされる行為につき法律で死刑の規定を設けることができる。死刑は、法律に定められた場合において、かつ、法律の規定に基づいてのみ適用される。国は、当該の法律の規定をヨーロッパ評議会事務総長に通知する。

第三条（免脱の禁止）この議定書の規定からのいかなる免脱も、条約第一五条に基づいて行ってはならない。

第四条（留保の禁止）この議定書の規定については、いかなる留保も、条約第五七条に基づいて付すことができない。

第五条（領域的適用）1　いずれの国も、署名のときまたは批准書、受諾書もしくは承認書の寄託のときに、この議定書が適用される領域を特定することができる。

2・3〈略〉

第六条（条約との関係）
第七条（署名および批准）
第八条（効力発生）
第九条（寄託者の機能）
〈略〉

◆人権および基本的自由の保護のための条約についての第七議定書
（ヨーロッパ人権条約第七議定書）（抄）

署　名　一九八四年一一月二二日
効力発生　一九八八年一一月一日
　一九九四年五月一一日署名の第一一議定書による改正、一九九八年一一月一日効力発生

この議定書の署名国であるヨーロッパ評議会加盟国は、
一九五〇年一一月四日にローマで署名した人権および基本的自由の保護のための条約（以下「条約」という）による若干の権利および自由を集団的に実施するために一層の措置をとることを決意して、
次のとおり協定した。

第一条（外国人の追放についての手続的保障）１　合法的に国の領域内に居住する外国人は、法律に基づいて行われた決定による場合を除くほか、追放されてはならず、かつ、次のことを認められる。
（a）自己の追放に反対する理由を提示すること、
（b）自己の事案が審査されること、かつ、
（c）このために権限ある機関においてまたはその機関が指名する者に対して代理人が出頭すること。
２　外国人は、追放が公の秩序のために必要な場合または国の安全保障を理由とする場合には、前項（a）、（b）および（c）に基づく権利を行使する以前にも追放することができる。

第二条（刑事事件における上訴の権利）１　裁判所により有罪の判決を受けたすべての者は、その有罪認定または量刑を上級の裁判所によって再審理される権利を有する。この権利の行使は、それを行使できる事由を含め、法律によって規律される。

２　この権利については、法律が定める軽微な性質の犯罪に関する例外、または、当該の者が最上級の裁判所によって第一審の審理を受けた場合もしくは無罪の決定に対する上訴の結果有罪の判決を受けた場合の例外を設けることができる。

第三条（誤審による有罪判決に対する補償）確定判決によって有罪と決定された場合において、その後に、新たな事実または新しく発見された事実により誤審のあったことが決定的に立証されたことを理由としてその有罪認定が破棄されまたは赦免が行われたときは、その有罪認定の結果刑罰に服した者は、関係国の法律または慣行に基づいて補償を受ける。ただし、その知られなかった事実が明らかにされなかったことの全部または一部がその者の責めに帰するものであることが証明される場合は、この限りでない。

第四条（一事不再理）１　何人も、すでに一国の法律に従い、同国の刑事訴訟において無罪または有罪の確定判決を受けた犯罪行為について、同一国の裁判所において訴追され、または刑罰を科せられない。

２　前項の規定は、新しい事実もしくは新しく発見された事実の証拠がある場合、または、以前の訴訟手続に当該事案の結果に影響を与えるような根本的瑕疵がある場合には、関係国の法律および刑事手続に基づいて事案の審理を再開することを妨げるものではない。

３　本条の規定からのいかなる免脱も、条約第一五条に基づいて行ってはならない。

第五条（配偶者の平等）配偶者は、婚姻中および婚姻の解消の際に、配偶者相互間およびその子との関係において、婚姻に係る私法的性質の権利および責任の平等を享受する。この条は、国が児童の利益のために必要な措置をとることを妨げるものではない。

第六条（領域的適用）１　いずれの国も、署名のときまたは批准書、受諾書もしくは承認書の寄託のときに、本議定書が適用される領域を特定し、また、かかる領域に本議定書の規定が適用されることをどの範囲で約束するかを述べることができる。

２～４〈略〉

５　本議定書が批准または受諾によって適用されるいずれかの国の領域と、この議定書が本条に基づく宣言により適用される領域とは、第一条にいう国の領域という文言の適用上、別々の領域と取り扱われる。

６〈第四議定書五条五項と実質的に同一〉

第七条（条約との関係）
第八条（署名および批准）
第九条（効力発生）
第一〇条（寄託者の機能）
〈略〉

◆人権および基本的自由の保護のための条約についての第一二議定書（ヨーロッパ人権条約第一二議定書）（抄）

署　名　二〇〇〇年一一月四日
効力発生　二〇〇五年四月一日

この議定書の署名国であるヨーロッパ評議会加盟国は、

すべての者は法の前に平等であり、かつ、法による平等の保護を受ける権利を有することを考慮し、

一九五〇年一一月四日にローマで署名した人権および基本的自由の保護のための条約（以下「条約」という）による差別の一般的禁止の集団的実施を通じてすべての者の平等を促進する一層の措置をとることを決意し、

差別禁止の原則は、締約国が完全かつ実効的な平等を促進するために措置をとることを正当化する客観的かつ合理的な理由がある場合には、当該の措置をとることを妨げるものではないことを再確認して、

以下のとおり協定した。

第一条（差別の一般的禁止）1　法律により定められるいかなる権利の享受も、性、人種、皮膚の色、言語、宗教、政治的その他の意見、国民的または社会的出身、民族的少数者への所属、財産、出生または他の地位等によるいかなる差別もなしに、保障される。

2　何人も、公の当局により一項に定めるようないかなる理由によっても差別されてはならない。

第二条（領域的適用）1　〈第六議定書五条一項と同一〉

2〜4　〈略〉

5　〈第四議定書五条五項と実質的に同一〉

第三条（条約との関係）
第四条（署名および批准）
第五条（効力発生）
第六条（寄託者の機能）
〈略〉

◆あらゆる状況の下での死刑の廃止に関する人権および基本的自由の保護のための条約についての第一三議定書

（ヨーロッパ人権条約第一三議定書）（抄）

署　名　二〇〇二年五月三日
効力発生　二〇〇三年七月一日

この議定書の署名国であるヨーロッパ評議会加盟国は、

すべての者の生命についての権利は、民主的社会における基本的価値であり、かつ、死刑の廃止は、この権利の保護およびあらゆる人間の固有の尊厳の承認にとって不可欠であると確信し、一九五〇年一一月四日にローマで署名した人権および基本的自由の保護のための条約（以下「条約」という）により保障された生命についての権利の保護を強化することを希望し、

一九八三年四月二八日にストラスブールで署名された死刑の廃止に関する条約についての第六議定書は、戦時または急迫した戦争の脅威があるときになされる行為について死刑を排除していないことに留意し、

あらゆる状況の下で死刑を廃止するために最終的措置をとることを決意して、

次のとおり協定した。

第一条（死刑の廃止）　死刑は、廃止される。何人も、死刑を宣告されまたは執行されることはない。

第二条（免脱の禁止）　本議定書からのいかなる免脱も、条約第一五条の下で行ってはならない。

第三条（留保の禁止）　本議定書については、いかなる留保も、条約第五三条に基づいて付すことはできない。

第四条（領域的適用）〈第六議定書五条と同一〉

第五条（条約との関係）
第六条（署名および批准）
第七条（効力発生）
第八条（寄託者の機能）
〈略〉

◆人権および基本的自由の保護に関する条約を改正する第一五議定書

（ヨーロッパ人権条約第一五議定書）（抄）〔未発効〕

署　　名　二〇一三年六月二四日

前文

ヨーロッパ評議会の加盟国であり、一九五〇年一一月四日にローマで署名された人権および基本的自由の保護のための

条約（以下「条約」という）の締約国である下記署名国は、
二〇一二年四月一九日および二〇日にブライトンで開かれたヨーロッパ人権裁判所の将来に関する高級会議で採択された宣言、および二〇一〇年二月一八日および一九日にインターラーケンで開かれた会議で、また二〇一一年四月二六日および二七日にイズミールで開かれた会議で採択された宣言を考慮し、
ヨーロッパ評議会議員会議によって二〇一三年四月二六日に採択された意見二八三（二〇一三）を考慮し、
ヨーロッパ人権裁判所（以下「裁判所」という）がヨーロッパにおいて人権を保護する上で卓越した役割を引き続き果たす必要性を考慮して、
以下のように協定した。

第一条　条約前文の最後に、次のような新しい節を付け加える。
「締約国が、補完性の原則に従って、条約およびその諸議定書に明定する権利および自由を保障する主要な責任を有すること、および、締約国は、条約により設置されるヨーロッパ人権裁判所の監視権限に服しつつ、評価の余地を享有すること、を確認し、」

第二条　1　条約第二一条に、次のような新二項を挿入する。
「候補者は、第二二条に従って議員会議が三人の候補者の名簿を求める日に、六五歳未満でなければならない。」
2　条約第二一条二項および三項は、それぞれ二一条三項および四項となる。
3　条約第二三条二項は削除される。二三条三項および四項は、それぞれ二三条二項および三項となる。

第三条　条約第三〇条における「ただし、事件の当事者のいずれかがこれに反対した場合は、この限りではない」という文を削除する。

第四条　条約第三五条一項における「六か月の期間内」という文言は、「四か月の期間内」という文言に置き換えられる。

第五条　条約第三五条三項（b）における「国内裁判所により正当に審理されなかったいかなる事件もこの理由により却下されてはならない」という文言を削除する。

最終および経過規定

第六条〔署名・批准〕〔略〕

第七条〔効力発生〕　本議定書は、すべての条約締約国が、第六条に従って本議定書に拘束されることの同意を表明した日ののち三か月の期間を経過した月の最初の日に効力を生ずる。

第八条〔経過規定〕　1　本議定書第二条による改正は、本議定書の効力発生後に条約第二二条に基づき締約国が議員会議に提出するリストに登載された候補者にのみ適用する。

2　本議定書第三条による改正は、裁判所の小法廷による大法廷への回付の提案に対して、本議定書の効力発生前に一当事者が異議を唱えた係属中の事件に適用されてはならない。

3　本議定書第四条は、本議定書の効力発生後六か月の期間の満了後に効力を生ずる。本議定書第四条は、条約第三五条一項の意味における最終決定が本議定書第四条の効力発生の日より前になされた申立には適用されてはならない。

4　本議定書の他のすべての規定は、第七条の規定に従って効力発生の日から適用される。

第九条〔事務総長による通知〕〔略〕

末文〔略〕

◆人権および基本的自由の保護のための条約第一六議定書

（ヨーロッパ人権条約第一六議定書）（抄）〔未発効〕

署　名　二〇一三年一〇月二日

前文

ヨーロッパ評議会の加盟国であり、一九五〇年一一月四日にローマで署名された人権および基本的自由の保護のための条約〔以下「条約」という〕の締約国である下記署名国は、

条約規定、とくにヨーロッパ人権裁判所〔以下「裁判所」という〕を設置する一九条を考慮し、

勧告的意見を与えるよう裁判所の権限を拡大することが、補完性の原則に従って、裁判所と国内当局との間の相互作用を高め、それによって条約の実施を強化するであろうことを考慮し、

二〇一三年六月二八日にヨーロッパ評議会議員会議が採択した意見二八五〔二〇一三〕を考慮し、

以下のように協定した。

第一条〔先行意見の要請〕1　第一〇条に従って特定される締約国の最高次の裁判所は、条約およびその諸議定書に明定する権利および自由の解釈または適用に関する原則問題について、裁判所に勧告的意見を要請することができる。

2　要請を行う国内裁判所は、自らに係属中の事件の文脈においてのみ勧告的意見を求めることができる。

3　要請を行う国内裁判所は、その要請の理由を述べ、係属中の事件の関連する法的・事実的背景を示さなければならない。

第二条〔大法廷審査部会による要請の受理〕1　大法廷の五人の裁判官からなる審査部会は、第一条を考慮して勧告的意見の要請を受理するかどうか決定する。審査部会は、要請を受理しない場合には、理由を述べなければならない。

2　審査部会が要請を受理する場合、大法廷が勧告的意見を述べる。

3　前二項にいう審査部会および大法廷には、要請を行う国内裁判所の属する締約国について選挙された裁判官を職務上当然に含むものとする。かかる裁判官が裁判することができない場合には、当該締約国があらかじめ提出した

名簿の中から裁判所長が選定する者が、裁判官の資格で裁判するものとする。

第三条〔審理への参加〕 ヨーロッパ評議会人権弁務官および要請を行う国内裁判所の属する締約国は、書面による意見を提出し、口頭審理に参加する権利を有する。裁判所長は、適正な司法の運営のために、いずれの締約国または者にも、書面による意見を提出し、または口頭審理に参加するよう招請することができる。

第四条〔先行意見の形式〕 1　勧告的意見には理由を付す。

2　勧告的意見が、全体としてまたは部分的に裁判官の全員一致の意見を表明するものでない場合には、いずれの裁判官も分離意見を述べる権利を有する。

3　勧告的意見は、要請を行った裁判所およびその裁判所が属する締約国に送付する。

4　勧告的意見は、公表されなければならない。

第五条〔先行意見の効力〕 勧告的意見は、拘束的なものではない。

第六条〔本議定書と条約との関係〕 締約国の間においては、本議定書の第一条から第五条までは、条約の追加条文とみなされ、すべての条約規定はそれに応じて適用される。

第七条〔批准等〕〔略〕

第八条〔効力発生〕 1　本議定書は、条約の一〇の締約国が第七条の規定に従って本議定書に拘束される同意を表明したのち三か月の期間を経過した後、月の最初の日に効力を生ずる。

2　その後本議定書に拘束される同意を表明する条約の締約国に関しては、本議定書は、第七条の規定に従って本議定書に拘束される同意を表明したのち三か月の期間を経過した後、月の最初の日に効力を生ずる。

第九条〔留保〕 本議定書の規定に関しては、条約第五七条に基づくいかなる留保も付すことができない。

第一〇条〔要請国内裁判所の特定〕 締約国はそれぞれ、署名の時または批准書、受諾書もしくは承認書の寄託のときに、ヨーロッパ評議会事務総長に宛てた宣言の形式で、本議定書第一条一項の適用上それが指定する国内裁判所を示すものとする。この宣言はその後いつでも同一の方式で変更することができる。

第一一条〔事務総長の通知〕〔略〕

◆ヨーロッパ人権条約（第二節以降）旧条文

＊ヨーロッパ人権条約は、第一一議定書により第二節以下が全面改正された。ここでは、同議定書発効前日（一九九八年一〇月三一日）まで適用されていた旧条文を掲げる。見出しは訳者（小畑）が付した。

前文・第一条・第一節（第二〜一八条）〈現行条文参照〉

第二節〔実施機関〕

第一九条〔実施機関〕この条約において締約国が行った約束の遵守を確保するために、次のものを設置する。

1　ヨーロッパ人権委員会（以下「委員会」という）

2　ヨーロッパ人権裁判所（以下「裁判所」という）

第三節〔委員会〕

第二〇条〔委員会の構成〕1　委員会は、締約国の数と同数の委員で構成する。委員会の委員のうちいずれの二人も同一国の国民であってはならない。

2　委員会は、全員が出席して開催する。ただし、委員会は、いずれも少なくとも七人の委員からなる部会を設けることができる。部会は、本条約第二五条に基づいて付託された請願であって、確立した判例法に基づいて取り扱うことができるものまたは条約の解釈もしくは適用に影響をおよぼすいかなる重大な問題も生じさせないものを審査することができる。この制限および本条五項の規定に従って、部会は、条約が委員会に付与したすべての権限を行使する。

請願の相手方である締約国から選出された委員会の委員は、当該の請願が付託された部会に出席する権利を有する。

３　委員会は、いずれも少なくとも三人の委員からなる審査委員会を設置することができる。審査委員会は、それ以上審査をすることなく決定できる場合には、第二五条に基づいて付託された請願を不受理としまたは総件名簿から削除する権限を有し、この権限を全員一致により行使することができる。

４　部会または審査委員会は、いつでも全員委員会に事案を回付することができ、全員委員会は、部会または審査委員会に付託されたいずれの請願についても全員委員会に回付することを命ずることができる。

５　全員委員会のみが、次の権限を行使することができる。

（ａ）第二四条に基づいて付託された中立の審査

（ｂ）第四八条（ａ）に基づく裁判所への事件の付託

（ｃ）第三六条に基づく手続規則の作成

第二一条〔委員の選出〕１　委員会の委員は、諮問会議の役員会が作成した名簿の中から、投票の絶対多数によって閣僚委員会により選出される。諮問会議における各締約国の代表者団は、三人の候補者を推薦し、そのうち少なくとも二人はその国の国民とする。

２　他の加盟国が後にこの条約の締約国になる場合に委員会の定数を充すためおよび偶然の空席を補充するため、適用しうる限り同一の手続による。

３　候補者は、徳望が高く、かつ高等の司法官に任ぜられるのに必要な資格を有する者、または、国内法もしくは国際法に有能の名のある者とする。

第二二条〔委員の任期〕１　委員会の委員は、六年の任期で選出される。委員は、再選されることができる。ただし、

第一回の選挙において選出された委員のうち七人の委員の任期は、三年の終わりに終了する。
2　最初の三年の期間の終わりに任期が終了すべき委員は、第一回の選挙が完了した後直ちにヨーロッパ評議会事務総長がくじで選定する。
3　委員会の委員の半数が、できる限り、三年毎に更新されることを確保するために、閣僚委員会は、選出される一または二以上の委員の任期を、九年を越えず三年を下らない六年以外の期間とすることを、いずれか次の選挙を行う前に、決定することができる。
4　二種類以上の任期が関係し、かつ、閣僚委員会が前項を適用する場合には、任期の割当は、当該の選挙後直ちに、事務総長がくじを引くことによって行われる。
5　任期がまだ終了しない委員の後任者として選出される委員会の委員は、前任者の残任期間中在任するものとする。
6　委員会の委員は、後任者と代わるまで在任するものとする。後任者と代わった後も、すでに検討中の事件は引き続き取り扱わねばならない。
第二三条〔個人的資格〕委員会の委員は、個人の資格で委員となる。委員会の委員は、その任期中、委員としての独立性および公平性またはこの職務の必要性と両立しないいかなる地位にも就いてはならない。
第二四条〔締約国の申立権〕いずれの締約国も、他の締約国による本条約の規定の違反の申立を、ヨーロッパ評議会事務総長を通じて、委員会に付託することができる。
第二五条〔個人の申立権〕1　委員会は、この条約に定める権利がいずれかの締約国によって侵害されたと主張する自然人、民間団体または個人の集団からヨーロッパ評議会事務総長に宛てた請願を受理することができる。ただし、苦情の相手方の締約国が、この請願を受理する委員会の権限を認めることを宣言している場合に限る。この宣言を行った締約国は、請願の権利の実効的な行使を決して妨げないことを約束する。
2　前項の宣言は、特定の期間を付して行うことができる。

３　宣言は、ヨーロッパ評議会事務総長に寄託するものとし、同事務総長は、その写しを締約国に送付し、かつ、公表する。

４　委員会は、前三項に基づいて行われた宣言により少なくとも六の締約国が拘束される時にのみ、この条で定める権限を行使する。

第二六条〔国内的救済原則〕委員会は、一般的に認められた国際法の原則に従ってすべての国内的な救済手段が尽くされた後で、かつ、最終的な決定がなされた日から六か月の期間内にのみ、事案を取り扱うことができる。

第二七条〔不受理とされる申立〕１　委員会は、第二五条によって付託される請願で、次のものは取り扱ってはならない。

ａ　匿名のもの、または

ｂ　委員会がすでに審査したか、またはすでに他の国際的調査もしくは解決の手続に付託された事案と実質的に同一であって、かつ、いかなる新しい関連情報も含んでいないもの

２　委員会は、第二五条によって付託される請願で、本条約の規定に抵触するか、明白に根拠不十分か、または請願権の濫用と認めるものを不受理とする。

３　委員会は、第二六条によって不受理とするいかなる請願も却下する。

第二八条〔対審審査および友好的解決〕１　委員会は、請願を受理する場合には、

（ａ）事実を確かめるため、当事者の代表または代理人とともに、請願の対審審査を行い、かつ、必要があれば調査を行う。この調査を実効的に行うために、関係国は、委員会との意見の交換の後、すべての必要な便宜を供与する。

（ｂ）同時に、本条約に定める人権の尊重を基礎とする事案の友好的解決を確保するために、自らを関係当事者の利用に委ねるものとする。

2　委員会は、友好的解決を行うことに成功した場合には、報告書を作成し、報告書は、関係国、閣僚委員会および、公表のために、ヨーロッパ評議会事務総長に送付される。この報告書は、事実および到達した解決についての簡潔な記述にとどめなければならない。

第二九条〔請願の却下〕委員会は、第二五条によって付託される請願を受理した後も、それを検討する過程で第二七条に規定するいずれかの不受理事由の存在が立証されたと認定する場合には、請願を却下することを委員の三分の二の多数で決定することができる。

この場合、決定は、当事者に通知される。

第三〇条〔総件名簿からの削除〕1　委員会は、事情から次のように結論することができる場合には、手続のいずれの段階においても、請願を総件名簿から削除することを決定することができる。

（a）申立人が自己の請願の継続を望んでいない、

（b）事案が解決された、または、

（c）委員会によって確認されたその他の理由により、引き続き請願の審査を行うことが正当化できない。

ただし、委員会は、この条約に定められた人権の尊重のために必要な場合には、引き続き請願の審査を行う。

2　委員会は、請願を受理した後にそれを総件名簿から削除することを決定する場合には、報告書を作成するものとし、その報告書には、事実および請願を削除する決定をその理由とともに記述する。報告書は、関係当事者および、情報として、閣僚委員会に送付される。委員会は、報告書を公表することができる。

3　委員会は、事情により正当であると考える場合には、請願を総件名簿に再び登載することを決定することができる。

第三一条〔委員会の報告書〕1　第二八条二項、第二九条または第三〇条に基づいて請願の審査が終了しなかった場合には、委員会は、事実に関する報告書を作成し、かつ、認定した事実が関係国のこの条約上の義務違反を示しているかどうかについて意見を述べる。この点に関する委員会の委員の個別的意見は、この報告書の中に述べることができる。

2　報告書は閣僚委員会に送付される。報告書は、関係国にも送付されるが、国はこれを公表する自由を有しない。

2　報告書は、閣僚委員会に送付される。報告書は、また、関係国ならびに、それが第二五条に基づいて行われた請願を扱っている場合には、申立人に送付されるものとする。関係国および申立人は、それを公表する自由を有しない。（第九議定書締約国）

3　委員会は報告書を閣僚委員会に送付するにあたって、適当と考える提案をすることができる。

第三二条〔閣僚委員会の決定〕1　閣僚委員会への報告書送付の日から三か月の期間内に問題が本条約第四八条に基づいて裁判所に付託されない場合には、閣僚委員会は、同委員会に出席する資格のある代表者の三分の二の多数によって、条約違反があったかどうかを決定する。

2　違反があったと認める場合には、閣僚委員会は、関係締約国が閣僚委員会の決定によって要求される措置をとらねばならない期間を定める。

3　関係締約国が定められた期間内に十分な措置をとらなかった場合には、閣僚委員会は、本条一項に規定する多数によって、原決定にいかなる効果を付与するかについて決定し、かつ、報告書を公表する。

4　締約国は、閣僚委員会が前三項を適用してとることのあるいかなる決定も、自国に拘束的なものとみなすことを約束する。

第三三条〔非公開性〕委員会は、非公開で会合する。

第三四条〔決定〕第二〇条三項および第二九条の規定に従うことを条件として、委員会は、出席しかつ投票する委員の多数によって決定を行う。

第三五条〔会合の招集〕委員会は、必要に応じて会合する。会合は、ヨーロッパ評議会事務総長が招集する。

第三六条〔手続規則〕委員会は、その手続規則を作成する。

第三七条〔委員会事務局〕委員会の事務局は、ヨーロッパ評議会事務総長によって提供される。

第四節〔裁　判　所〕

第三八条〔裁判所の構成〕ヨーロッパ人権裁判所は、ヨーロッパ評議会加盟国と同数の裁判官で構成する。裁判官のうちいずれの二人も、同一国の国民であってはならない。

第三九条〔裁判官の選挙〕1　裁判所の裁判官は、ヨーロッパ評議会加盟国によって指名される者の名簿の中から、投じられる票の過半数によって諮問会議により選出される。各加盟国は、三人の候補者を指名するものとし、そのうち少なくとも二人はその国の国民とする。

2　ヨーロッパ評議会の新加盟国の加盟の場合に裁判所の定数を充すためおよび偶然の空席を補充するため、適用しうる限り、同一手続による。

3　候補者は、徳望が高く、かつ、高等の司法官に任ぜられるのに必要な資格を有する者、または有能の名のある法律家とする。

第四〇条〔裁判官の任期〕裁判所の裁判官は、九年の任期で選出される。裁判官は再選されることができる。ただし、第一回の選挙において選出された裁判官のうち、四人の裁判官の任期は、三年の終わりに終了し、他の四人の裁判官の任期は、六年の終わりに終了する。

2　最初の三年および六年の期間の終わりに任期が終了する裁判官は、第一回の選挙が完了した後直ちにヨーロッパ評議会事務総長がくじで選定する。

3　裁判所の裁判官の三分の一が、できるだけ三年毎に更新されることを確保するために、諮問会議は、選出される一人または二人以上の裁判官の任期を、一二年を越えず六年を下らない九年以外の期間とすることを、第二回目以降のいずれかの選挙を行う前に、決定することができる。

4　二種類以上の任期が関係し、かつ、諮問会議が前項を適用する場合には、任期の割当は、当該選挙後直ちに、事務総長がくじを引くことによって行われる。

5　任期がまだ終了しない裁判官の後任者として選出される裁判所の裁判官は、前任者の残任期間中在任するものとする。

6　裁判所の裁判官は、後任者と代わるまで在任するものとする。後任者と代わった後も、すでに審理中の事件は引き続き取り扱わねばならない。

7　裁判所の裁判官は、個人の資格で裁判官となる。裁判官は、その任期中、裁判所の裁判官としての独立性および公平性またはこの職務の必要性と両立しないいかなる地位にも就いてはならない。

第四一条〔裁判所長、次長〕裁判所は、三年の任期で、裁判所長および一人または二人の裁判所次長を選出する。裁判所長および裁判所次長は、再選されることができる。

第四二条〔裁判官の待遇〕裁判所の裁判官は、職務をとる各日について、閣僚委員会が決定する日当を受ける。

第四三条〔小法廷〕付託された各事件の審理のために、裁判所は、九人の裁判官からなる小法廷を設置する。関係国の国民である裁判官または、国民である裁判官を有しない場合には、裁判官として裁判するよう関係締約国が選定する者は、小法廷の職務上当然の裁判官として出席する。その他の裁判官の氏名は、事件の審理の開始前に、裁判所長によってくじで選定される。

第四四条〔出訴権者〕締約国および委員会のみが、裁判所に事件を付託する権利を有する。

第四四条〔出訴権者〕締約国、委員会および第二五条に基づいて請願を行った者、民間団体または個人の集団のみが裁判所に事件を付託する権利を有する。〔第九議定書締約国〕

第四五条〔裁判所の管轄〕裁判所の管轄は、締約国または委員会が第四八条に基づいて付託する、本条約の解釈および適用に関するすべての事件におよぶ。

第四五条〔裁判所の管轄〕裁判所の管轄は、第四八条に基づいて付託される本条約の解釈および適用に関するすべての事件におよぶ。（第九議定書締約国）

第四六条〔管轄権受諾宣言〕1　いずれの締約国も、本条約の解釈および適用に関するすべての事項についての裁判所の管轄を当然にかつ特別の合意なしに義務的であると認めることを、いつでも宣言することができる。

2　前項の宣言は、無条件で、一定数のもしくは特定の他の締約国との相互条件で、または、特定の期間を付して行うことができる。

3　この宣言は、ヨーロッパ評議会事務総長に寄託され、事務総長は、その写しを締約国に送付する。

第四七条〔出訴期限〕裁判所は、友好的解決のための努力の失敗が委員会によって確認された後で、かつ、第三二条に定める三か月の期間内にのみ、事件を取り扱うことができる。

第四八条〔裁判所の当事者〕1　次のものが裁判所に事件を付託することができる。ただし、関係締約国が一国のみの場合にはその関係締約国が、また二国以上の場合には各関係締約国が、裁判所の義務的管轄権に服していることを条件とし、または、義務的管轄権に服していない場合には、関係締約国が一国のみの場合にはその関係締約国の、また二国以上の場合には各関係締約国の同意を得ることを条件とする。

a　委　員　会

b　その国民が権利を侵害されたと主張する締約国

c　委員会に事件を付託した締約国

d　苦情の相手方の締約国

e　委員会に苦情を申し立てた者、非政府団体または個人の集団（第九議定書締約国）

2　もっぱら前項eに基づいて裁判所に事件が付託された場合には、当該事件は、まず、裁判所の三人の裁判官で構成される審査部会に付託される。苦情の相手方の締約国について選出された裁判官または、その裁判官がいない場合には、裁判官として裁判するように当該国が選定する者は、審査部会の職務上当然の裁判官として出席する。苦情が二以上の締約国に対して申し立てられた場合には、それに応じて審査部会の構成が増員される。

当該事件が条約の解釈または適用に影響を与える重大な問題を提起しない場合であってかつその他の理由によっても裁判所による審理を正当化しない場合には、審査部会は、全員一致の投票により、その事件を裁判所が審理しないことを決定することができる。その場合には、閣僚委員会は、第三二条の規定に従って、条約の違反があったかどうかを決定する。〔第九議定書締約国〕

第四九条〔管轄争いの管轄〕裁判所が管轄を有するかどうかについて争いがある場合には、裁判所の裁判で決定する。

第五〇条〔衡平な満足〕締約国の司法機関その他の機関がとった決定または措置が、この条約から生ずる義務に全部または一部抵触することを裁判所が認定し、かつ、その締約国の国内法によってはこの決定または措置の結果を部分的にしか払拭できない場合には、裁判所の決定は、必要な場合、被害当事者に対して衡平な満足を与えなければならない。

第五一条〔判決、個別意見〕１　裁判所の判決には、理由を付さなければならない。

２　判決がその全部または一部について裁判官の全員一致の意見を表明していないときは、いずれの裁判官も、個別の意見を表明する権利を有する。

第五二条〔判決の確定性〕裁判所の判決は確定的なものとする。

第五三条〔判決の遵守〕締約国は、自国が当事者であるいかなる事件においても、裁判所の決定に従うことを約束する。

第五四条〔判決執行の監視〕裁判所の判決は、閣僚委員会に送付され、閣僚委員会は、その執行を監視する。

第五五条〔裁判所規則〕裁判所は、その規則を作成しおよびその手続を定める。

第五六条〔裁判官の第一回選挙〕１　裁判所の裁判官の第一回の選挙は、第四六条に規定する締約国の宣言が総計八に達した後に行われる。

２　この選挙の前には、いかなる事件も、裁判所に付託することはできない。

第五節〔雑則〕

第五七条〈現行五二条と同一〉

第五八条〔委員会および裁判所の経費〕委員会および裁判所の経費は、ヨーロッパ評議会が負担する。

第五九条〔委員および裁判官の特権と免除〕委員会の委員および裁判所の裁判官は、その任務の遂行中は、ヨーロッパ評議会規程の第四〇条およびそれに基づいてなされた諸規定に定める特権および免除を受ける権利を有する。

第六〇条〈現行五三条と同一〉

第六一条〈現行五四条と同一〉

第六二条〈現行五五条と同一〉

第六三条〔領域的適用〕〈現行五六条と実質的に同一〉

第六四条〈現行五七条と同一〉

第六五条〈現行五八条と同一〉

第六六条〔署名、批准〕〈現行五九条と同一〉

〔**付記**〕翻訳にあたっては、『ベーシック条約集〔二〇〇六年版〕』（東信堂、二〇〇六年）および同初版（一九九七年）を参照した。

なお、翻訳は、次のような方針で行った。

①　全体として平易を旨とし、既存の条約の公定訳にとらわれず、日本法の用語法に準拠した。
②　原則として英文を基礎としたが、より明確である場合あるいは判例で解釈確定のために採用されている場合には、もう一方の正文であるフランス文に拠った。

〔付録Ⅱ〕第二　第一一議定書についての説明報告書

訳者まえがき

以下は、一九九四年五月一一日、ストラスブールにおいて署名のために開放されたヨーロッパ人権条約第一一議定書（Protocol No. 11 to the Convention for the Protection of Human Rights and Fundamental Freedoms, Restructuring the Control Machinery established thereby）の説明報告書（Explanatory Report）の翻訳である。

この議定書は、ヨーロッパ人権条約の実施機構を再構成するものであって、その実施手続に関する規定を全面改正するものである。一九九八年一一月一日、この議定書が発効することにより、従来の人権委員会と裁判所は廃止され、新たなフルタイムの「ヨーロッパ人権裁判所」に置き換えられた。個人の申立権および裁判所の管轄権の受諾は、原則として任意的なものではなくなり、義務的なものとなった。閣僚委員会に与えられていた事件の実質的処理権限は廃止され、それには判決執行の監視権限のみが残された。

説明報告書は、ヨーロッパ評議会で作成される条約について同時に作成され、閣僚委員会で採択される公式の文書であり、かかる条約について調査する際にまず参照すべき資料である。(1) 右のような画期的な改革の意義を確認するには、さしあたりこの資料を元の形を保持したまま紹介するのが適切であると考えた。

紹介は、抄訳という形で行う。内容上重複している部分などは大幅に省略した。欠落しているパラグラフは、全面的に省略したものである。省略部分が一文以上あるパラグラフでは、省略箇所を逐一明示せずにパラグラフ番号に＊を付した。なお、第一一議定書の規定の訳を、説明報告書の当該規定のコメンタリーの部分に挿入した。ただし、前文・第七条〔事務総長による通告〕・末文・付則は省略した。第一一議定書の条文は、とくに条約の条文と区別するためゴチックで示している。コメンタリーに明示してあった関係の深い旧規定などは、各条文の後に※を付して掲げた。註は訳者が付したものである。原文通りであるが、「新…」・「旧…」というのは、いうまでもなく本議定書の発効の時点を基準とするものである。この翻訳の性質上多くの文献とくに関係条約の各種の翻訳を参照した。いちいち掲げることができなかったことにつき、ご宥恕をいただければ幸いである。

（1）　参照：Jörg Polakiewicz, *Treaty-making in the Council of Europe* (Council of Europe, 1999), pp. 26-28.

ヨーロッパ人権条約第一一議定書についての説明報告書（抄訳）

I　序

3　一九九三年五月に開かれた閣僚委員会第九二会期において、閣僚たちは、〔…〕最近数週間に代理たち（Deputies）のレヴェル(1)で重大な進展があったことに留意し、代理たちに対して、「一九九三年一〇月ウィーンにおいて会合する元首・政府首脳たちに提出するヨーロッパ人権条約を改正する議定書草案を準備するために、一九九三年六月七日に始まる人権運営委員会（CDDH）(2)の会合に間に合うよう緊急にこの作業を完了するよう」訓令した。

（1）ヨーロッパ評議会の閣僚委員会は、この評議会を代表して行動する機関であり（評議会規程一三条）、加盟国の代表―原則として外務大臣―により構成されるものとされている（同一四条）。しかし、実行上、閣僚レヴェルの会議は、年二回しか開催されず、代わって大使級の加盟国常駐代表による会議が、年一二回開催されている。この後者の閣僚代理レヴェルの会議が、閣僚委員会の日常的職務を遂行している。

（2）人権に関する政府間協力を主として担当し、閣僚委員会に直接の責任を負う機関で、加盟国の主として高級政府職員で構成されている。

4*　一九九三年五月二八日、特別会合において、閣僚代理たちは、人権運営委員会にアド・ホックな付託事項を託する決定を採択した。この付託事項のテキストは、次のようなものである。

閣僚委員会は、人権および基本的自由の保護のための条約の監視メカニズムを、最小限のコストで能率を改善し個人の申立にかかる時間を短縮するという目的で、改革することが必要であることを強調する。

この目的のために、閣僚委員会は、人権運営委員会に対して、現在の監視メカニズムを以下のようなもので代えることで再構成する条約改正議定書の草案を準備するよう訓令する。

—次のような裁判所

—ヨーロッパ評議会の加盟国と同数の裁判官で構成する。

—委員会および小法廷で作業をする。

—次のようなものを備えているものとする。

中立のふるい分けのための実効的なメカニズム

友好的解決を可能にする実効的手続

その判例法の質と一貫性を確保し、例外的場合、たとえば条約の解釈または適用に影響を及ぼす重大な問題を提起する場合に、再審査することを可能にする適当な構造

—五四条に基づく権限を保持する閣僚委員会。条約の現行三二条に基づく個人の申立を処理するその権限は、廃止されるものと了解される。

人権運営委員会はまた、次のことを検討すべきである。

—個人の請願の権利は、選択的なものにとどまるべきかどうか?

—国家間申立の処理方法

—設置されるとしてアボカ・ジェネラルの役割と機能

5* 一九九三年六月、人権運営委員会は、自己の補助機関たる人権保護手続の改善のための専門家委員会〔以下、専門家委員会〕に対して、至高の優先事項として、閣僚代理たちが託した付託事項に従って議定書草案を準備するよう要請した。一九九三年一〇月八日から九日までのウィーン・サミット会議において、ヨーロッパ評議会加盟国の元首・政府首脳は、閣僚委員会に対して、一九九四年五月の閣僚レヴェルの会合においてテキストを採択し署名のために開放するために議定書草案を仕上げるよう、委託した。専門家委員会により準備され、続いて人権運営委員会により仕上げられた議定書草案は――議員会議と同様ヨーロッパ人権委員会およびヨーロッパ人権裁判所との相当な協議の後に――、閣僚委員会に提出され、閣僚委員会は、一九九四年四月二〇日に開かれた閣僚代理レヴェルの第五一一の二会合でテキストを採択した。

Ⅱ　背　景

単一の裁判所を創設する（人権委員会と裁判所を「統合」する）構想

10 人権委員会と裁判所を単一の機関に「統合する」可能性は、専門家委員会の第八会合（一九八二年七月）において人権委員会の代表と意見交換がなされた際に、おそらくはじめて引き合いに出された。それ以来、その構想は、専門家委員会のありうる長期改革案のリストで重要な位置づけを与えられていた。しかし、「統合」の構想が政治的レヴェルではじめて取り上げられたのは、ヨーロッパ人権閣僚会議（一九八五年三月、ウィーン）になってからである。

11 「統合」すなわち単一の裁判所の創設の可能性は、右の会議におけるスイス代表団が提出した「ヨーロッパ人権条約機関の機能」についての報告書において実際持ち出され、他の多くの提出文書において――賛成や反対の程度はさまざまであったが――言及された。

同会議の決議一において、閣僚たちは、「適切な限りより徹底的な性格の措置を含むこれ以上の改善を（条約の監督システムに）導入する可能性を検討する必要があること」に言及したのち、かかるこれ以上のありうる改善を検討する任務を託された専門家の諸機関が、「他の代表団の所見と同様スイス代表団の報告書を念頭におくべきである」と強調した。

12* この閣僚会議はまた、他の討論の場における「統合」構想（単一の裁判所の創設）の議論を促進した。たとえば、一九八五年一一月にセヴィリャで開かれた第六回ヨーロッパ人権条約国際コロッキアムにおける討議で、その構想は、取り上げられた。また、「ヨーロッパ人権委員会とヨーロッパ人権裁判所の統合」は、一九八六年三月、ノーシャテル大学で開かれた二日間のコロッキアムの主題となった。

13* その後、専門家委員会は――人権運営委員会の要請に基づき――、一九八五年一二月から一九八七年一二月の間、「統合」の構想を検討し、この問題に関する人権運営委員会に対する報告書を作成した。

14 人権運営委員会および専門家委員会双方のなかで、提案された改革が勧める価値のあるものかどうかについて、なお意見が分かれていた。しかしながら、人権運営委員会のなかでは、その改革の審議が追行されるべきであるという一般的合意があり、人権運営委員会はしたがって、専門家委員会に対して、ありうる単一の裁判所の詳細な構造を描くこと、実施の諸方法を検討すること、および、適切な時期にこの提案の予算上の含意についての情報を求めることを訓令した。一九九〇年六月、第二八会合において、人権運営委員会は、「ありうる単一の裁判所システムの詳細な構造」に関する専門家委員会の報告書を検討した。この問題に関する討論は、その後、実施の諸方法と予算上の含意の審議を専門家委員会が遂行しないでほしいとの要請により、延期された。

オランダ・スウェーデンのイニシアチヴ

15　その間、オランダとスウェーデンの当局により、現在の手詰まりから抜け出すためのイニシアチヴが試みられた。一九九〇年一〇月のほとんど同時期にオランダとスウェーデンにより提起された提案は、非常に類似したものであることが判明した。

16*　双方の提案の中核的発想は、条約三一条に基づく人権委員会の意見を——個人の申立に関する限り——、法的に拘束力ある決定に変換することにある。すなわち、人権委員会が第一審の裁判所のように機能し、個人の申立人や国家は、人権委員会の本案についての決定に対して、裁判所が与える上訴許可を条件として、裁判所に上訴する権利を与えられる、というのである。

17*　これらの提案は、専門家委員会により深く検討され、専門家委員会は、一九九二年三月にこの問題に関する報告書を人権運営委員会に提出した。専門家委員会および人権運営委員会の多数は、オランダとスウェーデンが提案したような結果的には二審制のシステムに賛成であったが、かかる改革に関するなんらのコンセンサスも、達成できなかった。

*　*　*

18*　これらの改革提案について合意に達することを試みて失敗したのち、人権運営委員会は、一九九二年一〇月、改革に関する今後の作業についての明確な委任を得るために、閣僚委員会にさまざまな提案を付託した。

Ⅲ　条約により設立された監督機構を再構成する緊急の必要性

19* 〔…〕改革の必要性は、人権委員会に提起される不服の数が増えるにしたがって、ますます緊急のものと考えられるようになっている。

20 人権委員会に登録された申立の数は、一九八一年の四〇四件から一九九三年の二、〇三七件に増えた。この数字は、システムが加盟国の個人にますますよく知られるようになってきた事実のゆえに、また、新たな国家が条約締約国となっているし、なるであろうという事実のゆえに、かなりの程度増えるであろうことが見込まれる。二〇〇〇年までには、条約締約国は、三五から四〇か国にたぶんなっているだろう。裁判官と人権委員会の委員の数も、対応して増えるであろう。

21* 人権委員会に滞っている事件も、かなりのものである。一九九四年一月の人権委員会会期の終了時点で係属中の事件の数は、二、六七二件におよび、このうち一、四八七件については、人権委員会は、まだ検討していない。事件が最終的に裁判所または閣僚委員会により決定されるには、平均して五年以上かかっている。

また、一九八八年までは、一年間に裁判所に付託される事件の数が二五を超えることはなかったのに対し、一九八九年には三一件、一九九〇年には六一件、一九九一年には九三件、一九九二年には五〇件、一九九三年には五二件が裁判所に付託されている。同様に一九九二年末に、閣僚委員会には、条約三二条に基づく審理のために、一一五の事件が係属していたが、この数字は、一九九三年末には、一八九件になっている。

22* 議員会議もまた、この問題に対応した。一九九二年一〇月六日に採択されたその勧告一一九四（一九九二年）において、議員会議は、次のように述べた。

ヨーロッパ評議会加盟国が増加し、〔…〕今後数年間増え続けるであろうこと、および、かくして人権委員会および裁判所に提起される申立の数がかなり増えることが予期されることに〔留意する。〕

新たな加盟国にとっては、以前からの加盟国とは異なって、ヨーロッパ評議会の人権保護システムが、基本権、民主主義および法の支配を構築するための重要な要素となるがゆえに、新加盟国の人口に対して不釣り合いなほど、個人の申立が増えることが〔予期される。〕

評議会の人権保護システムにとって真の試練はなお先になること、条約の監督メカニズムの改革は、それゆえヨーロッパ評議会にとって至高の重要性をもつことを〔主張する〕。

23* 〔提案された改革の目的〕は、ヨーロッパ評議会加盟国の元首・政府首脳により一九九三年一〇月九日の「ウィーン宣言」において強調された。すなわち、

条約が一九五三年に発効して以来、締約国の数は三倍化し、ますます多くの国がヨーロッパ評議会の加盟国となったのちにそれに加入するであろう。われわれの意見によれば、将来にわたって人権の実効的な国際的保護を維持しうるように、現在の監督メカニズムをこの発展に適応させることが緊急に必要となっている。この改革の目的は、保護手段の能率を高め、手続を短縮し、かつ、現在の人権保護の高い質を維持することにある。

24 単一の裁判所の創設は、ある程度の作業の重複を防ぎ、また、現在のシステムに内在するある程度の遅延を避けることを意図している。

25 最後に、この議定書は、システムの司法的要素を強化することをめざすものである。

IV　単一裁判所システムの主な特徴

26　新しい単一の裁判所は、ヨーロッパ人権条約で創設された現在の監視機関のうちの二つにとって代わり、これらの機関が実行している機能を遂行する。閣僚委員会は、旧五四条に基づく権限を保持する。条約の旧三二条に基づくその権限は、廃止される。

新しい裁判所の権限

28　裁判所は、恒久的基礎の上に活動する。

裁判所の構成［省略］

裁判所の組織

32　事件について決定する場合、裁判所は、委員会（committees）、小法廷および大法廷で裁判する。関係国について選ばれた裁判官は常に、小法廷および大法廷で裁判する。組織的事項は、すべての裁判官で構成される全員法廷で取り扱われる。

33　委員会は三名の裁判官で、小法廷は七名の裁判官で、大法廷は一七名の裁判官で構成される。定足数はない。裁判所は、委員会や小法廷が必要な裁判官の構成で裁判できるように、補充要員を任命する。

34*　委員会は、小法廷により一定の期間活動するものとして設けられる。小法廷はみずから、委員会で裁判すべき裁判官および補充裁判官を決定する。

35　小法廷もまた、裁判所により一定期間活動するものとして設けられる。裁判所は、小法廷で裁判する七名の裁判官を指名する。裁判所は、その規則で特定する方法で裁判官および補充裁判官を任命する。一人の裁判官が二つの小法廷の構成員となる可能性は、排除されない。

36* 裁判所長、裁判所次長、小法廷の長および申立の相手方の国家について選ばれた裁判官が、大法廷の職務上当然の構成員である。他の裁判官は、規則で特定された方法で裁判所により任命される。

37　裁判所は、その規則において、大法廷の職務上当然の構成員を除く構成員が、各事件についてくじ引きにより定めることを、決定することができる。

裁判所はまた、大法廷を一定の期間活動するものとして設けることもできる。二七条三項により一定の事件に参加することを排除される裁判官は、そのときには、他の裁判官、たとえば補充要員またはくじ引きで選ばれる裁判官により交代されなければならない。

裁判所における手続

38　裁判所は、次のものからの申立を受け取る。

（a）締約国による条約の侵害の被害者であると主張するいずれの人、民間団体もしくは個人の集団、または

（b）国家間申立の場合、締約国。

39　人権委員会事務局が現在しているように、新しい裁判所の書記局は、申立の登録前に明確にすべきあらゆる事項を取り扱うために、申立人と連絡をとる。

40* 申立が登録されれば直ちに、報告裁判官（judge rapporteur）が小法廷により指名される。個人の申立は、通常、報告裁判官を含む委員会で審査される。申立が委員会により不受理とされなかったときは、委員会は小法廷に移送し、小法廷が事件の本案と受理可能性の双方について審査する。この手続の詳細は、裁判所規則により取り扱われうる。裁判所規則は、適当な場合には申立を小法廷に直接移送することを規定しうる。

43* 裁判所書記局の援助をうけて、報告裁判官は、裁判所の権威に基づき事件を準備し、その目的のために適当に当事者と連絡をとる。また、報告裁判官は、事件が受理されたのちに、友好的解決のための措置をとることができる。

44* 手続は、裁判所が当事者との協議の後に別に定める場合を除き、書面と口頭で行われる。小法廷の受理可能性に関する決定は、原則として、本案とは別個になされる。

事実が、当事者の協力を得て裁判所により確認される。裁判所は、人権の尊重を基礎とする友好的解決を保障するために、自らを当事者の利用に供する。

45 申立の本案は、小法廷により、例外的な場合には大法廷により審査される。当事者は、書面手続によりその訴答書面（submissions）を提出できる。口頭手続は、申立人、国家間申立の場合締約国、および被告国家が発言する権利を有する聴聞により構成される。

46 特別に重大な意味をもつ事件においては、小法廷は、当事者の一が異議を唱えないならば、判決を未だ下していないかぎりいつでも自己の発意によって大法廷に回付することができる。かかる回付もまた、手続を迅速化する。ひとたび判決が小法廷により下されたならば、当事者だけが、事件を大法廷に上訴のために付託するよう要請できる。

47　裁判所の小法廷により下されたあとで、大法廷は、事件の当事者の要請によりかつ例外的な場合、〔…〕再審査事件を審理する権限を有する。その目的は、〔…〕最も重要な事件の再審査を認めることにより、裁判所の判例法の質と一貫性を確保することである。大法廷の五名の裁判官により構成される審査部会は、事件が再審査のために受け付けることができるかどうか、決定する。

48* 議定書の規定は、裁判所の手続への第三者の参加についても規定する。

49　裁判所は、訴訟費用および経費を含む衡平な満足の問題を決定する。

50　大法廷の判決は、確定的なものとする。小法廷の判決は、判決を下した事件が大法廷に付託されないときには、新四四条二項に従って確定的なものとなる。裁判所の確定判決は、拘束力を有する。閣僚委員会は、現在と同様、それらの執行を監視する。

友好的解決を規律する手続〔省略〕

手続の概観

52　本案に関する判決に進む事件における手続の基本的順序は、たいていの場合、次のようになる。

—申立の提出

—裁判所書記局との予備接触

—申立の登録

—申立の小法廷への割当

―小法廷による報告裁判官の任命
―三名の委員会による審査
―申立の政府への通知
―所見の提出と事実の確認
―口頭の聴聞
―小法廷による受理可能性についての決定
―友好的解決の交渉の可能性
―小法廷の判決

国家間申立に適用される手続〔省略〕

V　選択議定書ではなく改正議定書を選択したこと

56　改正議定書だけが、二つの相異なる監督メカニズムが並存することを防ぐことができる。かかる並存は、均質のかつ明確に一貫した判例法の発展が条約に基づく人権保護の重要な基礎であるがゆえに、望ましくないであろう。さらに、二つの相異なる監視メカニズムに服する二つの国家集団の存在は、たとえば書記局や古い裁判所と新しい裁判所の双方に属する裁判官について、常にかなりの手続上の複雑さをもたらすであろう。かようなことは、能率を上げるという改革の目的に反する。最後に、二つの監視メカニズムの並存は、個人の申立人に混乱を生じうるであろう。これは、より透明なシステムを創設するという目的に反する結果である。

加えて、ウィーン・サミット中に、元首・政府首脳が、この議定書が可及的速やかに批准のために提出されることを確認したことが指摘されるべきであろう。

Ⅵ　議定書の諸規定のコメンタリー

第一条〔条約の実施手続の改正〕条約第二節から四節（第一九条から五六条）およびヨーロッパ人権裁判所に勧告的意見を与える権限を付与する第二議定書の現行規定を、以下の条約第二節（第一九条から五一条）に代える。

「第二節　ヨーロッパ人権裁判所

第一九条（裁判所の設立）条約およびその諸議定書において締約国が行った約束の遵守を確保するために、ヨーロッパ人権裁判所（以下、裁判所という）を設立する。裁判所は、恒久的基礎の上に活動する。

※旧一九条

57*〔…〕この条文および後のいくつかの条文においては、条約の諸議定書に言及されている。この追加は、一九五〇年の条約採択後の発展を反映している。

58　以前の裁判所と同一の名称が監視組織のために維持されている。このことは、しかしながら、それが新たな組織であるという事実を隠蔽しないであろう。新たな裁判所は、恒久的裁判所であり、その所在地はストラスブールとされる。

第二〇条（裁判官の数）裁判所は、締約国の数と同数の裁判官で構成する。

※旧三八条

59*

〔…〕裁判官のうちいずれの二人も同一国の国民たりえないという条件は、取り除かれている。原則として、裁判所に同一の国籍を有する裁判官が三名以上いるべきではない。締約国は、条約を批准していない国家出身の裁判官を提案するのではなく、他の締約国の国民の裁判官の名前を提出することが可能である。

裁判所は、以前のようにヨーロッパ評議会の加盟国と同数ではなく、締約国と同数の裁判官で構成される。

第二一条（裁判官職の基準）1　裁判官は、徳望が高く、かつ、高等の司法官に任ぜられるのに必要な資格を有する者または有能の名のある法律家とする。

2　裁判官は、個人の資格で裁判する。

3　裁判官は、その任期中、その独立性、公平性または常勤職の要請と両立しないいかなる活動にも従事してはならない。本項の適用から生ずるいかなる問題も、裁判所が決定する。

※旧三九条三項・四〇条七項

60*

〔三項第一文の規定〕は、裁判所が能率的に作業するための不可欠の要件である。

第二二条（裁判官の選挙）1　裁判官は、議員会議によって、各締約国について当該締約国により指名される三名の候補者の名簿の中から投票の多数により、選出される。

2　新締約国の加入に際しておよび偶然の空席を補充するために、同一の手続がとられる。

※旧三九条一・二項

第二三条（任期）１　裁判官は、六年の任期で選出される。裁判官は、再選されることができる。ただし、第一回の選挙で選出される裁判官の半数の任期は、三年で終了する。

２　最初の三年で任期が終了する裁判官は、選挙の後直ちにヨーロッパ評議会事務総長によるくじにより選ばれる。

３　裁判官の半数の任期が三年ごとにいつも更新されることを可能な限り確保するために、議員会議は、二回目以降のいずれの選挙の手続の前にも、一名または二名以上の裁判官の任期が六年ではなく九年以下三年以上の期間で終了することを決定することができる。

４　二種類以上の任期が関係するときおよび議員会議が前項を適用する場合、任期の割当は、選挙の後直ちにヨーロッパ評議会事務総長によるくじ引きで実施する。

５　任期が終了していなかった裁判官に代わる裁判官は、前任者の任期の残りの期間在職する。

６　裁判官の任期は、当該裁判官が七〇歳に達したとき終了する。

７　裁判官は、後任者と代わるまで在任するものとする。ただし、裁判官は、すでに審理中の事件は引き続き取り扱わなければならない。

※旧四〇条一～六項

62*　裁判官は、以前はそうであったように九年ではなく（条約旧二二条一項を見よ）、六年の任期で選挙される。裁判官の数が奇数のときには、一項・三項は、裁判官の数から一を引いたものの半数を意味するものと解釈されるべきである。

63　六項は、裁判官は、年齢が七〇歳になれば引退しなければならない、という要件を加えている。裁判所規則が、どのような状況で、七項で予定されているように、七〇歳に達した時点で事件を引き続き事件を取り扱うことができるかを決定する。裁判所は、恒久的基礎の上に活動するのであるから、ほとんどの国内法制度で存在するように、定年を導入することが適当であると考えられた。

第二四条（解職）いかなる裁判官も、他の裁判官が三分の二の多数で当該裁判官は必要とされる条件を満たさなくなったと決定するのでない限り、解職されることはない。

※国際司法裁判所規程第一八条1項

64 〔…〕全員一致を要する〔国際司法裁判所規程〕のテキストとは異なり、このテキストでは解職には、裁判所のすべての裁判官の三分の二の多数を要するとされる。この規定は、裁判所の独立性を確保するために追加された。

第二五条（書記局および法務秘書）裁判所に書記局をおく。書記局の機能と組織は、裁判所規則に規定する。裁判所は、法務秘書により援助される。

※旧裁判所規則一一条・一二条

66* 裁判所の書記局は、ヨーロッパ評議会事務総長により用意される。

67 第二文は、裁判所の構成員がそう望むなら法務秘書（ロー・クラーク）により援助されうることを確保するため、条約のテキストに挿入された新規定である。かかる助手は、裁判官の提案により任命されうるが、裁判官によってその者に命ぜられた任務を果たすために必要な資格と実務上の経験を有していなければならない。

第二六条（全員法廷）全員法廷は、次のことを定める。

（a）三年の任期で裁判所長および一名または二名の裁判所次長を選任すること。裁判所長および裁判所次長は、再選されることができる。

（b）期間を定めて構成される小法廷を設置すること。

（c）各小法廷の長を選任すること。小法廷の長は、再選されることができる。

（d）裁判所規則を採択すること。

（e）書記および一名または二名以上の書記補を選任する。

※旧四一条・五五条

70　裁判所規則は、新しい構造に適合しなければならず、とくに以下の点で補足されなければならない。書記局の役割、全員法廷の諸任務、大法廷、小法廷および委員会の設立と構成、受理可能性の問題に関する手続、および、友好的解決に関する手続である。人権委員会の手続規則が、この関連で手助けになる。

71*　新たな裁判所の規則で規定すべきもう一つの事項は、公開性の問題である。

第二七条（委員会、小法廷および大法廷）１　裁判所は、提訴される事件を審理するために、三人の裁判官で構成される委員会、七人の裁判で構成される小法廷、および一七人の裁判官で構成される大法廷で裁判する。裁判所の小法廷は、定められた期間活動する委員会を設置する。

2　訴訟当事国について選出された裁判官は、小法廷および大法廷の職務上当然の構成員となる。該当する裁判官がいないかまたは裁判できないときには、当該当事国が選ぶ者が、同様に裁判する。この者は、裁判官の資格で裁判する。

3　大法廷は、裁判所長、裁判所次長、小法廷の長および裁判所規則に従って選任される他の裁判官を含める。事件が第四三条に基づき大法廷に付託される場合には、判決を行った小法廷の裁判官は、当該小法廷の長および関係締約国について裁判した裁判官を除き、大法廷で裁判することができない。

72* 訴訟当事国について選出された裁判官は、小法廷および大法廷において職務上当然に裁判する。この裁判官は、必ずしも委員会において裁判しない。二項の規定に従って、裁判官の資格で裁判する者は、二一条に規定する要件を満たさなければならない（ただし、常勤職の要請に関する要件は例外である）。

73* 大法廷が、四三条に基づき付託された事件を審査するとき、問題について新規に調べることを確保するために、原判決を下した小法廷の裁判官は、当該小法廷の長および訴訟当事国について裁判した裁判官を例外として、除外される。

74 裁判所の判例法の一貫性を確保するために、すべての小法廷の長が大法廷で裁判することが必要だと考えられた。

関係国について選出された裁判官が居ることは、大法廷に係属する事件においてアド・ホックな「国籍裁判官」を避けるために、必要である。

第二八条（委員会による不受理の宣言）委員会は、それ以上審査することなく決定することができる場合には、全員一致により、第三四条に基づき提出された個人の申立を、不受理または総件名簿から削除することができる。かかる決定は、確定的なものとする。

75　本条その他の条文において、人、非政府組織または個人の集団が提出した不服は、条約旧二五条の英語テキストにおけるように「請願」ではなく、「申立」とよばれている。これは、旧監視システムの下で存在した実行を反映している。

76　委員会における手続は、ヨーロッパ人権委員会のうちに設立された小委員会が従う手続に類似したものである。各申立はすべて、まず書記局により取り扱われる。書記局は、第39パラグラフおよび52パラグラフで言及した職務を遂行する。申立の登録前には、事件のファイルは、「暫定ファイル」として取り扱われる。登録後、事件は、一名の報告裁判官に割り当てられ、報告裁判官は、裁判所規則に従って、事件の準備をさらに指示する。裁判所は恒久的基礎の上に活動し、裁判所の構成員はストラスブールに居住するのであるから、裁判官には、とくに正式に登録をされることなく係属している事件の数および係属時間を絶えず知っておくために、登録されていない事件の準備を監視する任務をも与えることができる。このことは、まず第一に、申立の訴訟当事国について選出された裁判官、および、おそらくはこの裁判官が属する小法廷の長にも関係する。裁判所規則は、この職務をより詳しく特定する必要がある。

第二九条（受理可能性および本案に関する小法廷の決定）１　第二八条に基づくいかなる決定もされない場合には、小法廷が、第三四条に基づき提出された個人の申立の受理可能性および本案について決定する。

2　小法廷は、第三三条に基づき付託される国家間の申立の受理可能性および本案について決定する。
3　受理可能性の決定は、例外的な場合において裁判所が別段の決定をするのでない限り、別個に行うものとする。

77* 小法廷は、手続のいずれの段階においても申立を不受理とすることができる（三五条四項）。たとえ、もともと申立を受理していたとしても、そうなのである。受理可能性の決定は、できるかぎり早い適当な段階でなされるべきである。

78* 受理可能性の決定は、別個になされる。小法廷は、当事者に、本案に関する自らの暫定的意見を示すことができる。受理可能性の決定は、当事者が友好的解決のための交渉を開始すべきかどうかを考える上で、重要である。

しかしながら、裁判所が例外的な場合に別個の受理可能性の決定をしなくてもよいような状況も存在しうる。このようなことは、たとえば、事件を受理することに国家が異議を唱えない場合に生じうる。

第三〇条（大法廷への管轄権の回付）小法廷に係属する事件が条約もしくはその諸議定書の解釈に影響する重大な問題を生じさせる場合、または、小法廷での問題の決定が裁判所が以前に行った判決と両立しない結果をもたらす可能性のある場合には、小法廷は、判決を行う前のいずれの時でも、大法廷に当該事件を回付することができる。ただし、事件の当事者のいずれかがこれに反対した場合は、この限りでない。

※旧裁判所規則第五一条

79* 旧裁判所規則〔…〕に反して、三〇条は、小法廷に管轄権の放棄を義務づけない。当事者の承認を条件として管轄権を放棄する理由は、〔…〕という概念が導入されたことに照らして理解すべきである〔…〕。この規定は、かかる再審査が悪く作用しない可能性を保障するよう立案されている。この管轄権を放棄する手続の利用は、判決に先立っていつでもなしうるが、この手続は四三条に規定する上訴とかくして区別されなければならない。

第三一条（大法廷の権能）大法廷は、次のことを行う。

（a）第三三条または第三四条に基づいて付託される申立について、小法廷が第三〇条に基づいて回付した場合または事件が第四三条に基づいて大法廷に上訴された場合に、決定を行うこと。

（b）第四七条に基づいて付託される勧告的意見の要請について審理すること。

80* 三〇名以上の裁判官の裁判所においては、すべての裁判官で構成される法廷は、機能するとしても困難が大きいであろう。一七名の裁判官の大法廷は、裁判所を十分に代表する。大法廷では、可能なかぎり、多様な法体系からと同様に各小法廷からの裁判官の代表が均衡を保たなければならない。すべての裁判官で構成される法廷は、第二六条で言及された組織事項のみ取り扱う。

第三二条（裁判所の管轄権）1　裁判所の管轄権は、第三三条、第三四条および第四七条に基づいて裁判所に付託される条約およびその諸議定書の解釈および適用に関するすべての事項に及ぶ。

2　裁判所が管轄権を有するかどうかについて争いある場合には、裁判所が決定する。
※旧四五条・四九条

第三三条（国家間事件）いずれの締約国も、他の締約国による条約およびその諸議定書の規定の違反の申立を、裁判所に付託することができる。
※旧二四条

83* 国家間事件に関する本条は、一または二以上の国家が、条約を批准している他の国家を相手取って、後者によるなんらの権限の追加的受諾の必要もなく、人権委員会における手続を開始できるという、旧システムを反映している。国家は、もちろんのことであるが、自ら批准した議定書にのみ拘束される。

84 本条における「締約国」とは、本議定書で改正された条約の締約国である国家である。

第三四条（個人の申立）裁判所は、いずれかの締約国による条約またその諸議定書に規定された権利の侵害の被害者であると主張するいかなる人、民間団体または個人の集団からの申立を受理することができる。締約国は、この権利の実効的行使を決して妨げないことを約束する。
※旧二五条

85* 旧システムの下では、私人または民間団体による申立に始まる事件は、ただ、関係国がその事項に関する人権委員会の権限を受諾すると宣言したときにのみ存立しえ、当該国家がさらに裁判所の管轄権を認めると宣言したときにだけ裁判所により決定されえた。すべての締約国が個人の請願権を受け入れていること、および、条約で設立された監視メカニズムの完全な受諾が、ヨーロッパ評議会への加盟の事実上の条件となっていることに留意すべきである。このことが、裁判所の管轄権を、三四条に規定するように、拘束的なものとすることに帰結した。

86*　旧システムにおいては、（裁判所の管轄権が認められているので）司法的決定の対象となりうる事件も、人権委員会によっても関係国によっても裁判所に付託されず、閣僚委員会による決定に委ねられえたので、必ずしも司法的に決定されるとは限らなかった。新システムの下では、申立人は、なんらの制限もなく事件を直接に裁判所に付託することができる。本テキストは、条約の旧三二条に基づき閣僚委員会が果たした役割の廃止を伴う。

第三五条（受理基準）１　裁判所は、一般に認められた国際法の原則に従ってすべての国内的な救済手段が尽くされた後で、かつ、最終的な決定がなされた日から六か月の期間内にのみ、事案を取り扱うことができる。

２　裁判所は、第三四条に基づき提出された個人の申立で、次のものは取り扱ってはならない。

（ａ）匿名のもの、または

（ｂ）裁判所がすでに審理したか、またはすでに他の国際的調査もしくは解決の手続に付託された事案と実質的に同一であって、かつ、いかなる新しい関連情報も含んでいないもの。

３　裁判所は、第三四条に基づき提出された個人の申立で、条約もしくはその諸議定書の規定と両立しない、明白に根拠不十分、または申立権の濫用と認めるものは、いずれも不受理としなければならない。

４　裁判所は、本条に基づき不受理とするいかなる個人の申立も却下しなければならない。裁判所は、手続のいずれの段階でもこの却下を行うことができる。

※旧二六条・二七条

87* ここでの意図は、以前の人権委員会手続規則に基づく実行を継続することにある。不受理の諸事由は、旧システムに基づき存在したように、新たな裁判所が実効的なふるい分けのメカニズムをもつように、変えられずにおかれている。明らかに不受理という決定は、二八条に規定するように委員会により手続の初期の段階でそのように宣言されうる。

88 三五条四項は、国家が、受理可能性の問題をさきに提起しえたならば、それをいずれの段階においても提起できることを意味するものではない。にもかかわらず、裁判所が三五条に規定する不受理の事由の一つが存在することを認めたときには手続のいずれの段階においても——口頭の聴聞を行うことさえなく——申立を却下できることを強調することは、重要である（条約の旧二九条と比較せよ）。

89 申立を不受理とするすべての決定の謄本は、関係国に情報用として送付される。

第三六条（第三者参加）1　小法廷または大法廷に係属しているすべての事件において、自国民が申立人である締約国は、書面による意見を提出しおよび口頭審理に参加する権利を有する。

2　裁判所長は、適正な司法運営のために、訴訟手続の当事者でない締約国または申立人でない関係者に、書面による意見を提出し、または口頭審理に参加するよう招請することができる。

※旧裁判所規則第三七条二項

91　〔二項における〕関係者は、自然人かまたは法人である。かかる手続に参加する国家および人は、手続の当事者ではない。

第三七条（申立の削除）１　裁判所は、事情により次のように結論できる場合には、手続のいずれの段階においても、申立を総件名簿から削除することを決定することができる。

（a）申立人が自らの申立の継続を望んでいない、または

（b）事案が解決された、または

（c）裁判所によって確認されたその他の理由により、引き続き申立の審理を行うことが正当化できない。

ただし、裁判所は、条約およびその諸議定書に定める人権の尊重のために必要な場合には、引き続き申立の審理を行う。

２　裁判所は、事情により正当と考える場合には、申立を総件名簿に再び登載することを決定する。

※旧三〇条一・三項

92*　いかなる裁判所にも事件を総件名簿から削除する内在的権能が与えられていると論ずることはできるであろうが、本条は、その問題に関するいかなる疑問も避けるために含められた。

第三八条（事件の審理と友好的解決）１　裁判所は、申立を受理するときには、次のことを行う。

（a）当事者の代表または代理人とともに、事件の対審審理を行い、および必要があれば調査を行う。調査が実効的に行われるよう、関係締約国は、すべての必要な便益を供与しなければならない。

（b）条約およびその諸議定書に定める人権の尊重を基礎とする事案の友好的解決を確保するために、裁判所を関係当事者の利用に委ねる。

2　第一項（b）に基づいて行われる手続は、非公開とする。

※旧二八条一項

93*　裁判所は、事実の確認に責任を負い、当事者が裁判所にあらゆる関連する情報を提供しているものとの了解に基づき調査をすすめる。友好的解決手続の当事者は、友好的解決のための、あるいは、それに関連してなされたいかなる通信の性格および内容を、誰に対しても自由に開示してはならない。第二項は、他の手続はすべて秘密であってはならない、ということを意味しない（四〇条二項を見よ）。詳細は、裁判所規則で明確化されるべきである。

94*　条約手続における調停の要素の有用性は大であることは、経験により示されている。友好的解決の交渉は、（裁判所書記局の援助をうけた）一名の裁判官により「導かれ」るというよりも促されうるであろう。また、友好的解決の交渉中、当事者は、その交渉において役に立つように裁判所書記局の便益を求めうる。

第三九条（友好的解決の認定）友好的解決が成立する場合には、裁判所は、決定により、総件名簿から事件を削除するものとする。この決定は、事実および到達した解決の簡潔な陳述にとどめなければならない。

※旧裁判所規則第四九条二項・旧二八条二項末文

第四〇条（公開の聴聞と文書の利用可能性）1　口頭審理は、裁判所が例外的な場合に別段の決定をする場合を除き、公開とする。

２　書記に寄託された文書は、裁判所長が別段の決定をする場合を除き、公衆が閲覧できるようにする。

※旧裁判所規則第一八条・五六条二項

96*　〔…〕書記に寄託され公表されなかった文書は、裁判所長が自己の発意によりまたは当事者もしくは関係者の要請により別に決定しない限り、公衆が閲覧できる。

第四一条（衡平な満足）　裁判所が条約またはその諸議定書の違反を認定し、かつ、当該締約国の国内法によっては当該違反の結果を部分的にしか払拭できない場合には、裁判所は、必要な場合、被害当事者に衡平な満足を与えなければならない。

※旧五〇条

第四二条（小法廷の判決）　小法廷の判決は、第四四条二項の規定に従って確定となる。

98*　小法廷は、裁判所が過去そうしたように、判決という形式で決定する。この判決は、――旧システムとは異なって――直ちに確定するのではなく、四四条二項に従って後にそうなるのである。裁判所規則において一層詳細に定められるかもしれない。

第四三条（大法廷への付託）１　事件のいずれの当事者も、例外的な場合には、小法廷の判決の日から三か月の期間内に当該事件について大法廷への上訴の受理を要請することができる。
2　大法廷の五名の裁判官からなる審査部会は、当該の事件が条約もしくはその議定書の解釈もしくは適用に影響する重大な問題または一般的重要性を有する重大な問題を提起する場合には、その要請を受理する。
3　審査部会が要請を受理するとき、大法廷は、当該の事件を判決により決定しなければならない。
第四四条（確定判決）1　大法廷の判決は、確定的なものとする。
2　小法廷の判決は、次の場合に、確定する。
（a）当事者が事件について大法廷への上訴の受理を要請する意思のないことを宣言する場合、または
（b）判決の日の後三か月経過し、その間に事件の大法廷への上訴受理要請がなされなかった場合、または
（c）大法廷の審査部会が第四三条に基づく上訴受理要請を却下した場合。
3　確定判決は、公表される。
※旧五二条

99* 〔四三条二項に規定された〕条件は、部分的には、条約の第九議定書五条二項後段から採られたものである〔…〕。これらの条件は厳格な意味で適用されるというのが意図するところである。
100* 条約の解釈に影響を及ぼす重大な問題が提起されるのは、裁判所により未だ決定されていない重要性を有する問題がかかわるとき、または、その決定が将来の事件もしくは裁判所の判例法の発展にとって重要性を有するときである。さらに、関連する判決が裁判所の以前の判決と両立しないときには、重大な問題がとくに顕著である。
101 条約の適用にかんする重大な問題がかかっているのは、判決により国内法または行政実務に実質的な変更が

必要とされるが、判決それ自体としては条約解釈の重大な問題を提起しないときである。

102　一般的重要性を有する重大な問題には、実質的な政治的争点または政策上の重要な争点を含みうる。

103　事件の当事者は、事件を大法廷に付託するよう小法廷の判決の日から三か月以内に要請することができる。当事者がこの時間的制限を遵守できるように、当事者には判決が言い渡された日が知らされなければならない。言渡しの方法および判決の迅速な当事者への送付は、裁判所規則で明確化する必要がある。付託の条件に適合すれば、大法廷の五名の裁判官からなる審査部会が事件を受け付け、大法廷は、書面手続および、裁判所がそのように決定するならば口頭手続ののちに、条約の違反があったかどうかについて確定的決定をしなければならない。付託の条件に適合しない場合は、審査部会は、この要請を却下し、小法廷の判決が確定する（四四条二項c号）。

104*　大法廷の判決のみが、即時の効果を有する確定的なものである。小法廷の判決は、二項に述べられた条件に基づき確定する。これらの判決は、確定したときには公表される。すべての判決を、公衆は閲覧可能である。裁判所の書記局は、判決の送付に関するすべての必要な手配をなすべきである。

第四五条（判決および決定の理由）１　判決および申立の受理または不受理の決定には、理由を付さなければならない。
２　判決がその全部または一部について裁判官の全員一致の意見を表していないときは、いずれの裁判官も個別の意見を表明する権利を有する。

※旧五一条

105　四五条は、〔…〕裁判所のすべての判決およびほとんどの決定には、それが管轄権、手続問題、事件の本案または申立人への衡平な満足の付与に関するものならば、理由が付されなければならないという一般規則を定める。申立を却下または受理する決定は、要約した形で与えられうると了解する。

本条は、四三条に従って大法廷の五名の裁判官からなる審査部会によってなされる決定には関係しない。

第四六条（判決の拘束力および執行）1　締約国は、自国が当事者であるいかなる事件においても、裁判所の確定判決に従うことを約束する。

2　裁判所の確定判決は、閣僚委員会に送付され、閣僚委員会がその執行を監視する。

※旧五三条・五四条

第四七条（勧告的意見）1　裁判所は、閣僚委員会の要請により、条約およびその諸議定書の解釈に関する法律問題について勧告的意見を与えることができる。

2　この意見は、条約第一節およびその諸議定書に定める権利もしくは自由の内容もしくは範囲に関するいかなる問題も、または、裁判所もしくは閣僚委員会が、条約に基づき開始されうる手続の結果検討しなければならなくなるその他のいかなる問題も、取り扱ってはならない。

3　裁判所の勧告的意見を要請する閣僚委員会の決定は、同委員会に出席する資格のある代表の多数の投票を要するものとする。

第四八条（裁判所の諮問権限）裁判所は、閣僚委員会が付託した勧告的意見の要請が第四七条に定める裁判所の権限内にあるかどうかを決定する。

第四九条（勧告的意見の理由）1　裁判所の勧告的意見には、理由を付さなければならない。

２　勧告的意見がその全部または一部について裁判官の全員一致の意見を表していないときは、いずれの裁判官も個別の意見を表明する権利を有する。

３　裁判所の勧告的意見は、閣僚委員会に通知される。

※旧第二議定書第一条・二条・三条二～四項

107* 四七条三項の「三分の二の」という文言は、条約の旧三二条に関する第一〇議定書によりもたらされた変更を考慮して、削除されている。

108 第二議定書は、第一条二項において人権委員会に言及していたので、現テキストには、適当な修正が必要であった。第二議定書を改正するよりも、それを第一一議定書の本体に組み込む方がより適当と考えられた。

第五〇条（裁判所の経費）裁判所の経費は、ヨーロッパ評議会が負担する。

※旧五八条

109* 新たな裁判所における「経費」には、職員および設備に関する項目に加えて、条約の旧四二条に規定された補償の代わりに、裁判官に支払われるべき給与および裁判官のために支払われるべき社会保障拠出が含まれる。

第五一条（裁判官の特権および免除）裁判官は、その任務の遂行中は、ヨーロッパ評議会規程第四〇条およびそれに基づいて作成される協定に定める特権および免除を受ける権利を有する。

※旧五九条

111　「協定」という語は、ヨーロッパ評議会の特権および免除に関する一般協定ならびに関連する主題に関して締約国が批准する今後の諸条約を指す。

第二条〔条約・諸議定書のその他の改正〕1　条約第五節は、条約第三節となる。条約第五七条は、条約第五二条となる。条約第五八条および五九条は、削除する。条約第六〇条から六六条は、おのおの条約第五三条から五九条となる。

2　条約第一節には、「権利および自由」と表題を付し、条約の新三節には、「雑則」と表題を付す。条約第一条から一八条および新五二条から五九条には、本議定書付則に掲げるように見出しを付す。

3　新五六条一項の「いずれの国家も、」という文言の後に、「本条四項を条件として」という文言を挿入する。同条四項の「請願を受け取る人権委員会の」という文言、および、「本条約第二五条に従って」という文言を、「申立を受け取る裁判所の」という文言、および、「条約第三四条に規定するように」という文言にそれぞれ代える。新五八条四項の「第六三条」という文言を、「第五六条」という文言に代える。

4〜7〔略〕

8　第九議定書は、廃棄する。

113*　五六条のテキストは、条約の旧六三条を繰り返したものである。この条の一項は、諸国家がその国際関係について責任を負う領域に条約を及ぼすことを可能にする。四項は、諸国家が諸領域に関して個人の申立を受け取る裁判所の権限を受け入れる宣言を可能にしている。かかる宣言は、特定の期間についてなしうる（同様のことは、第四議定書および第七議定書のいずれの類似の宣言にも当てはまる）。三項の、現地の必要に考慮を払わなければならないという規定は、維持される。

114　テキストの理解を助けるために、見出しが加えられた。結果として、また、一貫性のために、本条は、条約およびその諸議定書における節に名称を、他のすべての条文に見出しを加える。

付則に掲げられた見出しは、本議定書で改正された条約およびその諸議定書の不可分の一部を形成する。かかる見出しの付加は、当該条文自体の解釈としてもなんらかの法的効果を有するものとも理解されてはならない。これらの見出しは、条約テキストをより容易に理解できるように加えられた〔米州人権条約と比較せよ〕。

第三条〔署名・批准〕〔略〕

115*　本議定書は、留保に関するいかなる規定をも含んでいない。まさにその性格によって、この改正議定書は、留保をすることを排除している。

第四条〔効力発生〕本議定書は、条約のすべての締約国が第三条の規定に従って本議定書に拘束されることについての自国の同意を表明した日から一年の期間の満了の次の月の最初の日に効力を生ずる。条約のすべての締約国が本議定書に拘束されることについての自国の同意を表明した日から、本議定書の諸規定に従って新しい裁判所を設立するために新しい裁判官の選挙のほか必要な措置をとることができる。

116*　ヨーロッパ評議会の権限ある機関と同様締約国は、最後の批准の後直ちに、新たな裁判所の設立に必要なすべての措置をとり、とくに新しい裁判官の選挙を行うべきである。裁判所は、可及的速やかにその機構に関する措置、とくに第二六条で言及された措置をとるべきである。議定書第四条の第二文は、かかる準備措置を可能にするものである。

第五条〔経過規定〕1　本条三項および四項の規定を害することなく、裁判官、人権委員会の委員、裁判所書記および裁判所書記補の任期は、本議定書の効力発生の日に終了する。

2　人権委員会に係属している申立で本議定書の効力発生の日に受理されていないものは、本議定書の諸規定に従って裁判所により審査される。

3　本議定書の発効の日に受理されている申立は、人権委員会の委員によりその後一年間は引き続き処理される。この期間内に審理が完了しないいずれの申立も、裁判所に送付され、裁判所は、本議定書の規定に従って受理された事件として審査する。

4　本議定書の効力発生後に人権委員会が条約の旧三一条に従って報告書を採択した申立に関しては、報告書は、当事者に送付される。当事者は、それを自由に公表することはできない。事件は、本議定書の発効以前に適用可能な諸規定に従って裁判所に付託されうる。大法廷の審査部会は、小法廷の一か大法廷のいずれが事件について決定するか決定する。事件が小法廷で決定されるときは、小法廷の判決は確定的なものとする。裁判所に付託されない事件は、条約の旧三二条に従って行動する閣僚委員会により処理される。

5　本議定書の効力発生の日に未だ決定されていない裁判所に係属中の事件は、裁判所の大法廷に送付される。大法廷は、本議定書の諸規定に従ってかかる事件を審査する。

6　本議定書の効力発生の日に条約の旧三二条に基づき決定されていない閣僚委員会に係属中の事件は、同条に従って行動する閣僚委員会が処理を完了する。

118* 〔一項〕は、二つの裁判所が同時に活動することを防ぐため〔のもの〕である。

119* 二項から四項は、人権委員会に係属中の申立を取り扱う。〔…〕すでに受理されている申立は、人権委員会の委員により旧システムに基づき結末をつけられるのが適当と考えられた（三項）。人権委員会がその作業を本議定書の発効後多年にわたり継続するのは不適当と考えられたので、三項は、一年間のタイムリミットを設けている。この期限は、人権委員会の委員が受理された申立に結末をつけるのに十分だと考えられた。このタイムリミット内に審理を終了しえなかった申立は、新システムに基づき裁判所により審査されるものとされる。これらの申立は人権委員会によりすでに受理されているので、裁判所の委員会でそれらを審査する必要はないであろう。

人権委員会の委員の任期は、本議定書の発効時に終了するのであるから、新たな裁判所の裁判官に選出されたこのような委員は、同時に、第五条一項に規定されたように自らの人権委員会の職務を継続しうる。この期間中に人権委員会に生じたいかなる空席も、条約の関連旧規定に従って埋められ、その結果、いずれの締約国もこの期間中に委員を有しないことはありえないことになる。

120 五条四項は、人権委員会が第一一議定書の発効後一二か月の期間内に報告書を採択した事件に関するものである。かかる事件については、条約の旧四八条（および適用可能な場合には第九議定書）における裁判所に事件を付託する手続が、適用される。言い換えれば、人権委員会または締約国が――第九議定書が適用可能な場合には、申立人も――、事件を新たな裁判所に付託する権利を有する。

121　すでに審査された事件が三つのレヴェルで取り扱われるのを避けるために、新たな裁判所の五名の裁判官からなる審査部会が大法廷と小法廷のどちらがこの事件について決定するかを定める。

124*　閣僚委員会は、本議定書が発効した後であっても、審理を終了するときまで、条約の旧三二条に基づき〔条約の旧四八条に基づき裁判所に付託されなかった〕事件を取扱い続ける。

第六条〔以前の不遡及的選択条項受諾宣言の効力〕条約の旧二五条または四六条に基づき委員会の権限または裁判所の管轄権を認める締約国の宣言であって、かかる宣言の後に生じたかまたはその後の事実に基づく問題に関するものについては、かかる限定は、本議定書に基づく裁判所の管轄権について効力を維持する。

126　〔…〕本議定書の発効前に条約の旧六三条四項に基づきなされた宣言も、その効力を維持する。

［付録Ⅱ］第三　第一四議定書による改正規定の新旧対照表およびコメンタリー

訳者まえがき

以下に訳出したのは、本年（二〇〇四年）五月一三日、署名のために開放されたヨーロッパ人権条約（正式には、人権および基本的自由の保護のための条約、以下「条約」という）第一四議定書（条約の監督機構を改正する第一四議定書）で改正された後の条約テキストと旧規定との新旧対照表、および、第一四議定書の説明報告書（Explanatory Report）の改正規定に関係する部分である（原註は省略し、訳註のみ付する）。

ヨーロッパ人権条約の実施規定は、一九九四年採択、一九九八年発効の第一一議定書により抜本的に改正され、その実施は、基本的にヨーロッパ人権裁判所によって行われることとなった。この改正の趣旨は、条約実施の司法的性格の強化とともに、事件処理を迅速化することにあったとされる。しかし、人権裁判所の処理件数は格段に伸びたものの、二〇〇三年には年間約三万九、〇〇〇件に達し、さらに増加しつづける申立を処理するにはすでに限界に達していることが誰の目にも明らかであった。条約の母体であるヨーロッパ評議会では、この状況に対応するため、二〇〇〇年末頃から議論を進めてきた。その過程では、さまざまな提案がなされたが、それらのうち選択されたものが、結局第一四議定書に結実したのである。

第一四議定書による条約改正は、多岐にわたりまた細かい箇所にも及んでおり、実務上のみならず理論的にも、条約そのものや人権裁判所における救済の性格にかかわる重要な変更を含んでいる。本資料は、改正の趣旨についての公式の説明を整理して提供しようというものである。

条約実施規定の主な改正点としては、次の四つを挙げることができるであろう。第一に、受理可能性をより少ない裁判官で扱う組織（単独裁判官 single judge formation）が導入された。これにより、単独裁判官が書記局の法律家構成員たる報告者の援助を得て、申立を受理できないとして却下することができるようになる。第二に、一部の申立の本案審理を行う簡易手続の導入である。すなわち、従来、却下決定にのみ関わっていた委員会（committees 三名の裁判官で構成）が、全員一致を条件として、これまでの判例法の単純な適用で取り扱うことのできる申立の本案審査を行い、判決を下すことができるようになる。第三に、個人の申立の受理可能性についての新たな基準が導入された。この基準によると、申立人が相当な不利益（significant disadvantage）をこうむっていない申立は却下されることになる。第四に、判決の執行監視は、依然としてヨーロッパ評議会閣僚委員会の権限であるが、執行を促すために、確定判決の履行を怠っていることを確認する不履行確認訴訟（infringement proceedings）というまったく新しい訴訟を人権裁判所に提起する権限が閣僚委員会に認められることになった。

なお、これらの改正点と論理的結びつきがあるわけではないが、ヨーロッパ連合（European Union）と条約・人権裁判所との関係という長年の懸案を解決する第一歩として、ヨーロッパ連合の条約加入能力が認められたことも注目される。

第一四議定書による条約の改正には、条約のすべての締約国の拘束を受ける旨の同意が必要であるが、同議定書を採択した閣僚委員会の閣僚レヴェル会期（二〇〇四年五月）で採択された宣言においては、ヨーロッパ評議会加盟国〔すなわち条約締約国〕が二年以内に同議定書を批准することが約束された。同議定書は、必要な同意の表明文書の寄託後、三か月を経過した日の次の一日に効力を生ずる〔同議定書一九条〕から、これに従えば二〇〇六年の中頃までに発効すると予想された。しかし、ロシアの批准遅延により発効は大幅に遅れ、二〇一〇年六月一日にようやく効力を生じた。

新旧対照表〔第一九条以下〕および改正規定のコメンタリー

新	旧
第二節　ヨーロッパ人権裁判所	第二節〔同上〕
第一九条〔裁判所の設立〕〔省略〕	第一九条〔同上〕
第二〇条〔裁判官の数〕〔省略〕	第二〇条〔同上〕
第二一条〔裁判官職の基準〕〔省略〕	第二一条〔同上〕
第二二条〔裁判官の選挙〕裁判官は、議員会議によって、各締約国について当該締約国が指名する三名の候補者の名簿の中から投票の多数により選出される。	第二二条〔裁判官の選挙〕1　裁判官は、議員会議によって、各締約国について当該締約国が指名する三名の候補者の名簿の中から投票の多数により選出される。
〔削除〕	2　新締約国の加入に際しておよび偶然の空席を補充するために、同一の手続がとられる。

四八　二二条二項は、二三条に加えられる変更によりもはや有益ではなくなるので、削除された。たしかに、人権裁判所に選挙されたすべての裁判官が、その前任の裁判官が任期を全うしなかった場合も含め、一期九年の任期で選挙されるので（後出**五一**をもみよ）、もはや「偶然の空席」はありえない。いいかえれば、改正された第二二条（旧二二条一項と同一である）に含まれた規則は、裁判官の選挙を行う必要があるすべての状況に適用される。

四九　締約国が指名する三名の候補者名簿は両性の候補者を含むということを規定するよう、二二条一項を改正することはしないと決定された。なぜなら、それは潜在的候補者の優秀さに与えられる第一義的考慮に対する介入となるかもしれないからである。ただし、締約国は、その名簿が男性および女性の候補者を含むことを確保するため可能なすべてのことをなすべきである。

第二三条（任期および解職）１　裁判官は九年の任期で選出される。裁判官は再選されない。	第二三条（任期）１　裁判官は、六年の任期で選出される。裁判官は、再選されることができる。ただし、第一回の選挙で選出される裁判官のうちの半数の者の任期は、三年で終了する。
〔削除〕	２　最初の三年で任期が終了する裁判官は、選挙の後直ちにヨーロッパ評議会事務総長によるくじ引により選ばれる。
〔削除〕	３　裁判官の半数の者の任期が三年ごとにいつも更新されることを可能な限り確保するために、議員

	会議は、二回目以降のいずれの選挙の手続の前にも、一名または二名以上の裁判官の任期が六年ではなく九年以下三年以上の期間で終了することを決定することができる。
〔削除〕	４　二種類以上の任期が関係するときおよび議員会議が前項を適用する場合、任期の割当は、選挙後直ちにヨーロッパ評議会事務総長によるくじ引きで実施する。
〔削除〕	５　任期が終了していなかった裁判官に代わる裁判官は、前任者の任期の残りの期間在職する。
２　裁判官の任期は、当該裁判官が七〇歳に達したとき終了する。	６　〔同上〕
３　裁判官は、後任者に代わるまでは在職する。ただし、裁判官は、すでに審理している事件を引き続き処理する。	７　〔同上〕
４　いかなる裁判官も、他の裁判官が三分の二の多数により当該裁判官は必要とされる条件を満たさ	第二四条（解職）〔同上〕

なくなったと決定するのでない限り、解職されることはない。

五〇　裁判官の任期は変更され九年に延長された。しかしながら裁判官は再選されてはならない。この変更は、議員会議がとりわけその勧告一六四九（二〇〇四）で望んだように、裁判官の独立性と公平性を強化することを意図したものである。

五一　再選不能な任期の導入が人権裁判所の継続性を脅かさないように、多くの裁判官が三年の間隔で更新されるシステムは廃止された。このことは、一項の新たな文言および旧二三条二項から四項の削除によりもたらされた。加えて、旧二三条五項は、偶然の空席の場合に裁判官が、その前任者の任期の残りの期間、職につくために選挙されることはありえないので、削除された。過去においては、このことは裁判官が非常に短い任期のために選挙されるという望ましくない状況に導くものであった。このような状況は、再選可能というシステムにおいてはおそらく理解できるものであったが、新しいシステムにおいては受け入れられない。このことは、人権裁判所の構成の恒常的更新を可能にし、各裁判官が異なる任期開始日を有するという状況に導くものと期待されうる。

五二　旧二三条六項・七項は、維持され、新二三条二項・三項となる。

五三　一項（七〇歳の定年）に関して、候補者に年齢制限を規定しないと決定された。一項と二項を併せて読めば、選挙の日に六一歳より年齢が高い候補者を排除しないと理解されうる。このことは、選挙されれば経験のある者から人権裁判所が便益を得ることができるという可能性を不必要に排除しないことを意味するであろう。同時に、締約国には、年齢に関して七〇歳に達する前に九年の任期の少なくとも半分職に就くことができない候補者を提案することを避けるよう、一般的には推奨される。

五四　とりわけ年齢を理由として裁判官の退官が予想される場合には、関係締約国は三名の候補者名簿（二二条をみよ）が二三条三項の適用の必要を避けるように適当な時期に提出されることを確保すると了解される。原則として、この名簿は任期の満了の六か月以上前に提出されるべきである。この実行は、議員会議がその勧告一六四九（二〇〇四）で表明した懸念に対応することを可能にする。

五五　第一四議定書二一条[1]に経過規定が設けられる。

五六　技術的理由で（新二七条を挿入する結果多くの条約規定の条文番号を変更することを避けるために）、旧二四条（解職）の規定は、二三条に新四項として挿入された。それに従って二三条の表題も改正された。

五七　前項で述べた理由で、旧二四条は削除された。それに含まれていた規定は、新二三条四項に挿入された。

第二四条（書記局および報告者）１　裁判所に、書記局をおく。書記局の機能と組織は、裁判所規則に規定する。	第二五条（書記局および法務秘書）裁判所に書記局をおく。書記局の任務および組織は、裁判所規則に規定する。裁判所は、法務秘書により援助される。
２　単独裁判官で裁判する場合には、裁判所は、裁判所長の権威の下で活動する報告者により援助される。報告者は、裁判所書記局の一部である。	〔新設〕

五八　旧二五条は二四条と条文番号を変更され、二つの点で改正された。まず第一に、旧二五条第二文は削除さ

れた。というのは、第一一議定書で創設された法務秘書は、実際には、ヨーロッパ共同体司法裁判所におけるように書記局から独立したそれ自体の存在をもつことはなかったからである。第二に、新二七条に規定する新たな単独裁判官を援助する手段としての報告者の職務を導入するため、新二項が付け加えられた。条約のテキストで報告者に言及することは法的観点からは厳密には必要でないが、にもかかわらず、裁判官以外の者が遂行する報告者の仕事の新奇性のゆえに、また、単独裁判官制度が目指すふるい分け能力の実質的な向上を達成するために、報告者の職務を創設することは不可欠であるがゆえに、明文化することは重要と考えられた。報告者の職務を遂行する書記局構成員は、単独裁判官を援助する。原則として、単独裁判官は、被告の言語および法体系の知識のある報告者に援助されるべきである。報告者の職務は、この文脈で裁判官により遂行されることはない。

五九　とりわけ、必要な報告者の数、任命の方法および任期について決定することにより新二項を実施するのは、人権裁判所の仕事である。この点で、書記局の法律家および報告者の募集の道筋を多様なものとすることが望まれることが強調されるべきである。現在の書記局の法律家に報告者の職務を委ねる可能性を害することなく、定められた期間、それぞれの国内法体系の作用について適当な実務的経験を有する法律家により書記局を強化することが望まれる。報告者は裁判所書記局の一部であるので、通常の任命手続および関連職員規則が適用される。このことは、書記局の作業能力を向上させることを可能にし、他方、書記局がこれらの法律家の国内的経験から便益を引き出すことを可能にする。さらに、報告者の新たな職務は、堅固な法的経験、条約およびその判例法についての専門的能力ならびにヨーロッパ評議会の二つの公用語のうち一つについての非常に豊かな知識を有し、かつ、書記局の他の職員と同様、独立性と公平性についての要件に合致する者に与えられるものと了解される。

第二五条（全員法廷）全員法廷は、次のことを行う。	第二六条（全員法廷）〔同上〕、
（a）三年の任期で、裁判所長および一名または二名の裁判所次長を選任すること。裁判所長および裁判所次長は、再選されることができる。	（a）〔同上〕
（b）期間を定めて構成される小法廷を設ける。	（b）〔同上〕
（c）各小法廷の裁判長を選任すること。小法廷の裁判長は、再選されることができる。	（c）〔同上〕
（d）裁判所規則を採択すること。	（d）〔同上〕
（e）書記および一名または二名以上の書記補を選任すること。	（e）〔同上〕
（f）第二六条二項に基づくあらゆる要請を行うこと。	〔新設〕

六〇　新f号は、この議定書により全員法廷に割り当てられる新たな職務を反映するようこの条（旧二六条）に追加される。b号およびc号にある「小法廷」の文言は、新二六条一項第一文の「小法廷」が意図する司法上の構成に対置されるものとしての、人権裁判所の行政的単位（実際には人権裁判所の「部」といわれているもの）をいうものと了解される。この区別を明確にするために条約を改正することは必要でないと考えた。

第二六条（単独裁判官、委員会、小法廷および大法廷） 1　裁判所は、提訴される事件を審理するために、単独裁判官、三名の裁判官で構成される委員会、七名の裁判官で構成される小法廷および一七名の裁判官で構成される大法廷で裁判する。裁判所の小法廷は、定められた期間活動する委員会を設置する。	第二七条（委員会、小法廷および大法廷）1　裁判所は、提訴される事件を審理するために、三名の裁判官で構成される委員会、七名の裁判官で構成される小法廷および一七名の裁判官で構成される大法廷で裁判する。裁判所の小法廷は、定められた期間活動する委員会を設置する。
2　全員法廷の要請により、閣僚委員会は、全員一致の決定によりかつ一定期間について、小法廷の裁判官の数を五に減らすことができる。	〔新設〕
3　単独裁判官として裁判する場合、裁判官は、自らがそれについて選挙された締約国に対するいかなる申立も審理してはならない。	〔新設〕
4　訴訟当事国について選挙された裁判官は、小法廷および大法廷の職務上当然の構成員となる。このような裁判官がいないあるいは当該裁判官が裁判することができない場合には、当該当事国によ	2　訴訟当事国について選挙された裁判官は、小法廷及び大法廷の職務上当然の構成員となる。このような裁判官がいないあるいは当該裁判官が裁判することができない場合には、当該当事国が選ぶ

りあらかじめ提出された名簿の中から裁判所長が選ぶ者が裁判官の資格で裁判する。	者が裁判官の資格で裁判する。
5　大法廷は、裁判所長、裁判所次長、小法廷の裁判長および裁判所規則に従って選任される他の裁判官を含める。事件が第四三条に基づいて大法廷に付託された場合には、判決を行った小法廷の裁判官は、当該小法廷の裁判長および関係締約国について裁判した裁判官を除き大法廷で裁判することはできない。	3　〔同上〕

六一　二六条（旧二七条）のテキストは、いくつかの点で改正される。第一に、単独裁判官が一項の裁判所の司法上の構成のリストに導入され、裁判官は自らがそれについて選挙された締約国に関する事件において単独裁判官として裁判しないという趣旨の新たな規則が三項に挿入される。単独裁判官の権限は、新二七条に定められる。この点に関して、後出**六七**の説明を参照すべきである。

六二　単独裁判官に対する十分な援助には、追加的資源が必要である。このシステムの設立は、このようにして、一方において、旧委員会の実行と比較して、決定の準備および採択に関わる行為者の数の削減（三名の裁判官ではなく一名の裁判官、事件法律家と報告者の職務を併せ持ちうる新たな報告者）により、また他方において、裁判官が単独裁判官として裁判するときには報告者としての役割から解放されるがゆえに、さらに最後に、同時に活動するふるい分け組織が増えることの結果として、人権裁判所のふるい分け能力の実質的向上につながる。

六三　第二に、人権裁判所の小法廷の規模に関するある程度の柔軟性が新二項により導入される。この項の適用は、一定期間、小法廷の規模を一般的に縮小する。しかしながら、同項は、さまざまな事件のタイプのために同時に活動する異なる規模の小法廷の制度を設けることを認めるものではない。

六四　最後に、旧二七条二項は、特任裁判官の指名の新制度のために規定を設けるよう改正される。新二六条四項に含まれた新たな規則の下では、各締約国は、特任裁判官を指名する必要性が生じた場合、人権裁判所長がその中から選ぶための特任裁判官の名簿を作成するよう求められる。この新たな制度は、締約国が特任裁判官を訴訟手続の開始のあとに選ぶ旧制度に対する批判に応えるものである。この旧制度に対する懸念はまた、議員会議からも表明された。潜在的特任裁判官の名簿は、他の締約国について選出された裁判官の名前も含むことができる。この新たな制度の実施に関するより詳細な規則は、裁判所規則に含められ得る。

六五　五項のテキストは、旧二七条三項のそれと実質上同一である。(2)

第二七条（単独裁判官の権限）1　単独裁判官は、第三四条に基づき提出された申立について、それ以上審査することなく決定できる場合には、不受理としまたはそれを総件名簿から削除することができる。 2　この決定は、確定的なものとする。	〔新設〕

３　単独裁判官は、申立について不受理とせず、それを総件名簿から削除もしない場合には、さらなる審査のために委員会または小法廷に提出しなければならない。	

六六　二七条は、新たな単独裁判官の権限を定める新規則を含む。

六七　この新たな条は、改正された二六条一項で設けられた単独裁判官の権限を述べる。単独裁判官の権限は、「それ以上審査することなく決定できる場合に」不受理の決定または総件名簿から事件を削除する決定に限定される。このことは、単独裁判官は、申立が受理できないことが当初から明白な、はっきりとした事件についてのみ決定を行うことを意味する。後者の点は、三五条で導入された新しい受理可能性要件（**七七**から**八五**をみよ）に関してとりわけ重要である。この要件に関しては、人権裁判所の小法廷および大法廷がまず判例法を発展させる必要がある（この関連で、この新しい受理可能性基準は、第一四議定書の効力発生後二年間は、小法廷および大法廷に留保されるという、同議定書二〇[3]条二項第二文に含まれた経過規則をみよ）。そのうえ、**五八**で説明したように、単独裁判官は、報告者により援助されることが想起される。決定自体は、裁判官のみの責任にとどまる。受理可能性基準について疑わしい場合には、単独裁判官は、委員会または小法廷に申立を付託する。

第二八条（委員会の権限）１　委員会は、第三四条に基づき提出された申立に関し、全員一致によっ	第二八条（委員会による不受理決定）委員会は、それ以上審査することなく決定できる場合には、全員

て、次のことを行うことができる。
(a) それ以上審査することなく決定できる場合に、それを不受理としまたは総件名簿から削除すること。
(b) 条約またはその諸議定書の解釈または適用に関する、事件を基礎づける問題がすでに十分に確立した裁判所の判例法の主題である場合に、それを受理し同時に本案に関する判決を下すこと。

2　前項に基づく決定および判決は、確定的なものとする。

3　訴訟当事国について選挙された裁判官が委員会の構成員でない場合、委員会は、当該締約国が本条一項(b)に基づく手続の適用を争っているかどうかを含むあらゆる関連要素を考慮して、手続のいかなる段階においても当該裁判官を委員会の構成員のうち一人の者に代わるよう招請することが

一致によって、第三四条に基づき提出された個人の申立を、不受理としまたは総件名簿から削除することができる。かかる決定は、確定的なものとする。

できる。

六八　改正された二八条一項および二項は、三名の裁判官の委員会の権限を拡大する。これまで、これらの委員会は、全員一致により申立を受理できないと宣言することができた。新二八条一項（b）の下で、委員会はまた、条約の解釈または適用に関し個人の申立が提起した問題が十分に確立した人権裁判所の判例法により扱われている場合、一つの併合的な決定により、個人の申立を受理可能と宣言し、その本案について決定することができる。「十分に確立した判例法」とは、通常、小法廷により一貫して適用されている判例法を意味する。しかしながら、例外的には、原則問題に関するただ一つの判決が、とりわけ大法廷により下された場合、「十分に確立した判例法」を構成しうると考えられる。このことは、とりわけ、人権裁判所の判決の相当な部分（二〇〇三年において約六〇％）を占める繰り返しの事件に適用される。もちろん、当事者は、委員会において判例法の「十分に確立した」性格を争うことができる。

六九　新しい手続は、手続の対審的性格および本案の司法的かつ合議制の決定作成の原則を保持しつつ、簡素化されかつ加速される。小法廷の通常の対審的手続と比較すると、人権裁判所が、事件（同種の一かたまりの諸事件でありうる）がすでに十分に確立した判例法の主題である争点にかかわるものであると指摘しつつ、単に当該事件に被告国家の注意を向けるという点で、簡素化されかつ加速された手続となる。もし、被告国家が人権裁判所の見地に同意するならば、人権裁判所は、その判決を極めて迅速に下すことができるであろう。被告国家は、たとえば、国内救済手段が尽くされていないあるいは事件が十分に確立した判例法に帰結した申立とは異なると考えるならば、二八条一項（b）の適用を争うことができる。しかしながら、被告国家は、この手続の使用に決して拒否権を有するものではなく、それを用いるかどうかは、委員会のみの権限に属する。委員会は、単一の判決または決定において、事件のあらゆる側面（受理可能性、本案、衡平な満足）について決定を下す。この手続は、各側面について、全員一致を有する。全員一致の決定に達することができない場合には、決定なしとみなされ、小法廷手続（二九条）が適用される。その場合、事件のすべての側面が単一の判決で取り扱われるべきかどうかは、小法廷が決定することとなる。委員会が最初は二八条一項（b）に規定された手続を適用しようと意図した場合でも、委員会は、二八条に基づき申立を不受理とすることができる。このようなことは、たとえば、被告国家が国内救済手段が尽くされていないと委員会を説得することができた場合には生じうる。

七〇　新しい手続の実施は、人権裁判所の決定作成能力および実効性を実質的に向上させる。なぜなら、多くの事件は、判決または決定が小法廷によりなされる場合現在要求されている七名の裁判官ではなく、三名の裁判官で決定することができるからである。

七一　三名の裁判官の委員会が本案について判決を下す場合、条約に基づく本案判決に関する現在の状況とは対照的に、関係締約国について選出された裁判官は、この決定作成機関の職務上当然の構成員ではない。この裁判官の存在は、必要であるとは思われない。なぜなら、委員会は、十分に確立した判例法が存在する事件を取り扱うからである。しかしながら、委員会は、関係締約国について選出された裁判官を、ある場合にはその裁判官の存在が有益と示されうるがゆえに、委員会の構成員の一人と交代するよう招請することができる。たとえば、被告国家の法体系に親しんでいるこの裁判官は、とりわけ、国内救済手段の完了のような問題について解明されなければならない場合には、決定に参加すべきであると考えられうる。委員会が関係締約国について選出された裁判官の参加を招請するかどうかを決定するうえで、考慮することのできる要素の一つは、当該当事国が一項（b）

の適用可能性を争っているかどうかである。この要素が三項に明示的に言及された理由は、被告国家が簡易手続（前出**六九**をみよ）の適用を争う可能性について条約自体に若干でも言及があることが重要であると考えられたことにある。たとえば、被告国家は、当該事件が引用された十分に確立した判例法から若干の重要な点で異なることを基礎として、新しい手続を争うことができる。国内法および国内実務についての「国籍裁判官」の専門性は、この問題に関連しており、それゆえ、委員会にとって有益である。もしこの裁判官がいないか裁判することができない場合には、新二六条四項末尾に規定された手続が適用される。

七二　三名の裁判官の委員会の構成およびより一般的に新たな手続の実効性を最適化するように作業方法を計画するのは、人権裁判所がその規則においてなすべきことである。

第二九条（小法廷による受理可能性および本案に関する決定）1　第二七条もしくは第二八条に基づくいかなる決定もされない、または、第二八条に基づく判決も下されない場合には、小法廷は、第三四条に基づいて付託される個人の申立の受理可能性および本案について決定する。受理可能性に関する決定は、別個に行うことができる。 2　小法廷は、第三三条に基づき提出された国家間申立の受理可能性および本案について決定する。
第二九条（小法廷による受理可能性および本案に関する決定）1　第二八条に基づくいかなる決定もされない場合には、小法廷が、第三四条に基づき提出された個人の申立の受理可能性および本案について決定する。 2　小法廷は、第三三条に基づき提出された国家間申立の受理可能性および本案について決定する。

受理可能性に関する決定は、裁判所が、例外的な場合、別段の決定をするのでない限り、別個に行うものとする。 〔削除〕	3　受理可能性の決定は、裁判所が、例外的な場合、別段の決定をするのでない限り、別個に行うものとする。

七三　二七条および二八条の新規定を考慮に入れる技術的変更を別として、二九条は、小法廷が個人の申立の受理可能性と本案について併合的決定をなす原則を奨励し、確立する。この条は、人権裁判所内ですでに発展している実行を単に承認するものにすぎない。以前は受理可能性についての別の決定が原則であったが、併合的決定は、個人の申立の受理可能性と本案について今や普通になされており、その実行により、書記局および裁判官は対審手続の原則を十分に尊重しながら事件をより迅速に処理することができるようになっている。しかしながら、人権裁判所は常に、特定の申立について受理可能性の別の決定をなす方がよいと決定することができる。

七四　この変化は、国家間事件には適用されない。反対に、旧二九条三項の規定は、かかる申立に関しては二九条二項において明示的に維持された。旧二九条三項は、削除される。

第三〇条（大法廷への回付）〔省略〕	第三〇条〔同上〕
第三一条（大法廷の権限）大法廷は、次のことを行	第三一条（大法廷の権能）大法廷は、次のことを行

う。 （a）第三三条または第三四条に基づいて付託される申立について、小法廷が第三〇条に基づいて回付した場合または事件が第四三条に基づいて大法廷に上訴された場合に、決定を行うこと。 （b）第四六条四項に従って閣僚委員会により裁判所に付託された問題について決定すること、および （c）第四七条に基づき提起された勧告的意見の要請を審理する。	う。 （a）〔同上〕 〔新設〕 （b）〔同上〕

七五　新b号は、第一四議定書により大法廷に割り当てられた新たな機能、すなわち、四六条四項に基づき閣僚委員会により人権裁判所に付託された問題（締約国が判決に従う義務を履行しなかったかどうかという問題）について決定する機能を反映させるために、この条に付け加えられる。

第三二条（裁判所の管轄権）１　裁判所の管轄権は、第三三条、第三四条、第四六条および第四七条に基づいて裁判所に付託される条約およびその諸議	第三二条（裁判所の管轄権）１　裁判所の管轄権は、第三三条、第三四条および第四七条に基づいて裁判所に付託される条約およびその諸議定書の解釈

定書の解釈および適用に関するすべての事項に及ぶ。 2　裁判所が管轄権を有するかどうかについて争いがある場合は、裁判所が決定する。	および適用に関するすべての事項に及ぶ。 2　〔同上〕

七六　改正された四六条に規定される新たな手続への言及が挿入される。

第三三条（国家間事件）〔省略〕 第三四条（個人の申立）〔省略〕 第三五条（受理基準）1　裁判所は、一般に認められた国際法の規則に従ってすべての国内的な救済手段が尽くされた後にのみ、かつ、最終的な決定がなされた日から六か月の期間内にのみ、事案を取り扱うことができる。 2　裁判所は、第三四条に基づき提出された個人の申立で、次のものは取り扱ってはならない。 （a）匿名のもの、または、 （b）裁判所がすでに審理したかまたはすでに他の	第三三条〔同上〕 第三四条〔同上〕 第三五条（受理基準）1　〔同上〕 2　〔同上〕

国際的調査もしくは解決の手続に付託された問題と実質的に同一であって、かつ、いかなる新しい関連情報も含んでいないもの

3　裁判所は、次の各号のいずれかに該当すると認める場合には、第三四条に基づき提出された個人の申立を不受理としなければならない。

(a) 申立が、条約もしくはその諸議定書の規定と両立しないか、明白に根拠不十分か、または個人申立権の濫用である場合。

(b) 申立人が、相当な不利益を被っていない場合。ただし、条約およびその諸議定書に定められた人権の尊重のために当該申立の本案の審査が求められる場合はこの限りではなく、国内裁判所により正当に審理されなかったいかなる事件も、この理由により却下されてはならない。

4　裁判所は、本条に基づき不受理とするいかなる個人の申立も却下する。裁判所は、手続のいずれの段階においても、この却下を行うことができる。

3　裁判所は、第三四条に基づき提出された個人の申立であって、条約もしくはその諸議定書の規定と両立しない、明白に根拠不十分、または、申立権の乱用と認めるものは、いずれも不受理としなければならない。

4　〔同上〕

七七　新たな受理可能性の基準が、三五条に規定する諸基準に付け加えられる。〔……〕この改正の目的は、人権裁判所にそのふるい分け作業において役立つ付加的道具を提供すること、および、人権裁判所が、申立人の法的利益の観点からであれ、条約の法およびそれが貢献するヨーロッパの公的秩序というより広い観点からであれ、本案審査に値する事件により多くの時間をかけることができるようにすることである。この新たな基準は、第一四議定書により導入されたいくつかの他の鍵となる変更と、同一の目的を追求し、それらを補完するものである。

七八　この基準の導入は、人権裁判所の絶えず増加する取扱件数に照らして必要と考えられた。とりわけ、現存の受理諸基準により与えられているものに加えて、人権裁判所にある程度の柔軟性を与えることが必要である。現存の受理諸基準は、その解釈が数十年にわたり発展してきた判例法において確立しており、変更することに困難がある。柔軟性を与えるのが必要なのは、条約システムが完全に麻痺し、ヨーロッパ・レヴェルで人権の法的保護を与えるというその中核的使命を果たすことができなくなり、個人の申立権を実際上幻想的なものとすることを防ぐには第一四議定書において定められたその他の措置だけでは不十分となる水準まで、人権裁判所への個人の申立の数が、増え続ける蓋然性が非常に高いがゆえに、そうなのである。

七九　この新しい基準は、それがなければ判決に至るであろうある種の事件を不受理とすることに導きうるものである。しかしながら、その主な効果は、長期的には、価値のない事件をより迅速に処理することを可能にすることであろう。人権裁判所の小法廷が直截の適用ができるような客観的性格を有する明確な判例法上の基準をひとたび発展させれば、この新しい基準は、いずれにせよ他の根拠で不受理としなければならない事件においても、他の受理基準よりも人権裁判所にとって適用しやすいものとなろう。

八〇　新しい基準に含まれた主な要素は、申立人が相当な不利益を被ったかどうかという問題である。この文言は、解釈に開かれたものである（これも導入された柔軟性の要素である）。そうしたことは、他の受理諸基準のいくつかのものを含む条約で用いられている他の多くの文言についても同様である。その他の文言と同様に、それは、人権裁判所の判例法の漸進的発展を通じて客観的基準を確立する解釈を可能にし、かつ、それを必要とする法的文言である。

八一　第二の要素は、セーフガード条項であり、申立人が相当な不利益を被っていない場合でも、条約またはその諸議定書に定める人権の尊重により本案審査が求められる場合には、申立は受理できないと宣言されないという趣旨である。この要素の言葉遣いは、条約三七条一項第二文から採られたものであり、そこでは、この言葉遣いは、人権裁判所の総件名簿から削除する決定の文脈で同様の機能を果たしている。

八二　第二のセーフガード条項がこの第一のものに付け加えられる。人権裁判所は、事件が国内裁判所で正当に審理されなかった場合には、申立をその些細な性格のゆえに却下することはできない。この条項は、補完性原則の反映であるが、新しい受理基準の適用上、すべての事件が、国内的レヴェルまたはヨーロッパ・レヴェルで司法審査を受けることを確保するものである。

八三　新しい基準の言葉遣いは、こうして、本案審査に値する事件の却下を避けるよう考案されている。〔……〕本案審査に値する事件には、とりわけ、その些細な性格にもかかわらず、条約の適用もしくは解釈に影響を及ぼす重大な問題または国内法に関する重要問題を提起する事件を含む。

八四　前出**六七**で説明したように、人権裁判所の小法廷または大法廷が具体的文脈でこの新しい基準の運用のための明確な判例法上の原則を確立するには時間がかかるであろう。二七条および二八条の文言を考慮すれば、こうした導きなしには単独裁判官や委員会が新しい基準を適用できないことは明らかである。第一四議定書二〇条二項第二文[4]に従って、単独裁判官および委員会は、第一四議定書の効力発生後二年間は、この新しい基準を適用することを妨げられる。

八五　第一四議定書二〇条二項第一文[5]に述べられた経過規則〔……〕に従って、この新しい受理基準は、この議定書の効力発生前に受理された申立には適用されない。

第三六条（第三者参加）１　小法廷または大法廷でのすべての事件において、自国の国民が申立人となっている締約国は、書面による意見を提出しおよび口頭審理に参加する権利を有する。	第三六条（第三者参加）１　〔同上〕
２　裁判所長は、司法の適正な運営のために、裁判手続の当事者でない締約国または申立人でない関係者に、書面による意見を提出しまたは口頭審理に参加するよう招請することができる。	２　〔同上〕
３　小法廷または大法廷におけるすべての事件において、ヨーロッパ評議会人権弁務官は、書面による意見を提出しおよび口頭審理に参加することができる。	〔新設〕

八六　この規定は、ヨーロッパ評議会人権弁務官からの明示の要請に起源を有し、二〇〇四年一月二六日に採択

されたヨーロッパ評議会人権弁務官の活動（二〇〇二年一月一日―一二月三一日）に関する第三年次報告に関する勧告一六四〇（二〇〇四）において、議員会議により支持された。

八七　裁判所長は、自己の発意によりまたは要請に基づき、人権弁務官に係属中の事件に参加するよう招請することがすでに可能である。一般的利益をより実効的に保護するために、人権高等弁務官が第三者として参加権を有することを正式に規定することで、三六条に付け加えられる三項は、条約のテキストにおいてはじめて弁務官に言及する。弁務官の経験は、とりわけ被告国家または他の締約国の構造的または制度的弱点に焦点がある事件におけるある種の問題について、人権裁判所を啓発することに役立ちうる。

八八　裁判所規則に基づき、人権裁判所は、申立を受理する決定を、自国民が申立人である締約国に通知するよう求められている。この規則は、弁務官に適用できない。なぜなら、弁務官にかかる決定を送付することは、書記局に余計な追加の仕事をもたらすからである。弁務官は、それゆえ、自分自身でかかる情報を求めなければならない。この参加権を行使することについての規則、とりわけ時間的制限についてのそれは、締約国と弁務官とについて必ずしも同一とは限らない。裁判所規則が、三六条三項の適用に関する実際上の詳細を規律することになる。

八九　他の点について三六条を改正することは必要でないと考えられた。とりわけ、新二八条一項（b）に基づく新しい委員会手続への第三者参加の可能性については、この手続の下で決定されるべき事件の簡明な性格を考慮して、規定しないと決定された。

第三七条〔中立の削除〕〔省略〕

第三八条〔事件の審理〕裁判所は、当事者の代表または代理人とともに、事件の対審審理を行い、および、必要な場合、調査を行う。調査が実効的に行われるよう、関係締約国はすべての必要な便益を供与しなければならない。

第三九条〔友好的解決〕1　条約およびその諸議定書に定める人権の尊重を基礎とする問題の友好的解決を確保するために、裁判所は、手続のいかなる段階においても、自らを関係当事者の利用に委ねることができる。

2　前項に基づいて行われる手続は、非公開とする。

3　友好的解決が成立する場合には、裁判所は、決

第三七条〔同上〕

第三八条〔事件の審理と友好的解決〕1　裁判所は、中立を受理できるものと宣言するときには、次のことを行う。

（a）当事者の代表または代理人とともに、事件の対審審理を行い、および、必要な場合、調査を行う。調査が実効的に行われるよう、関係締約国はすべての必要な便益を供与しなければならない。

（b）条約およびその諸議定書に定める人権の尊重を基礎とする問題の友好的解決を確保するために、自らを関係当事者の利用に委ねる。

2　前項（b）に基づき行われる手続は、非公開とする。

第三九条〔友好的解決の認定〕友好的解決が成立す

定により、その事件を総件名簿から削除するものとする。この決定は、事実および達せられた解決の簡潔な記述にとどめなければならない。 4　この決定は、閣僚委員会に送付され、閣僚委員会が決定に定める友好的解決の条件の執行を監視する。	る場合には裁判所は、決定により、その事件を総件名簿から削除するものとする。この決定は、事実および達せられた解決の簡潔な記述にとどめなければならない。 〔新設〕

九〇　三八条は、旧三八条一項（ａ）の規定を組み込んだものである。変更は、人権裁判所が、受理可能性に関する決定がなされている場合にのみならず、手続のいかなる段階においても、当事者の代表または代理人とともに事件を審理し、調査を行うことができるようにすることを意図している。それは、個人の申立の受理可能性と本案について併合的決定をなすことを奨励している二八条および二九条においてなされた変更の論理的帰結である。この規定は、受理可能性決定がなされる前にすら適用されるがゆえに、締約国は、この決定より前にも人権裁判所にすべての必要な便益を提供するよう求められる。こうして、当事国のこの分野における義務は強化された。他の点において、とりわけこの条文のありうる不遵守に関して、三八条（または三四条末文）を改正することは、必要でないと考えられた。これらの規定は、すでに締約国に対して強い法的義務を規定しており、現在の実行に即して、人権裁判所が遵守を確保するうえで直面するかもしれないいかなる問題も、閣僚委員会の注意のために提起されうるし、閣僚委員会は、必要と考えるいかなる措置をもとることができる。

九一　三九条の規定は、部分的には旧三八条一項(b)および二項から、また部分的には旧三九条から取られた。友好的解決手続に関して条約を読みやすくするために、その手続に特定の一条を宛てることが決定された。

九二　新二八条および二九条の実施の結果、受理可能性に関する別個の決定はより少なくなる。旧三八条一項(b)のもとでは、人権裁判所が友好的解決を確保するために自らを当事者の利用に委ねるのは申立が受理された後でだけであったがゆえに、この手続は、修正されより柔軟なものとされなければならなかった。人権裁判所は、今や、訴訟手続のいかなる段階においても、このために自己を当事者の利用に委ねることができる。

九三　それゆえ、友好的解決は奨励され、繰り返しの事件および原則の問題または国内法の変更がかかわらない事件においては、とりわけ有効であることが分かるであろう。これらの友好的解決が、改正された三九条一項に従い、人権の尊重を基礎とするものでなければならないことは言うまでもない。

九四　新三九条は、閣僚委員会による友好的解決の執行監視を規定する。この新規定は、人権裁判所がすでに発展させている実行を反映するよう挿入された。旧四六条二項の文言に照らして、人権裁判所はすでに、旧三九条に規定されるように「決定」によるのではなく、「判決」により、友好的解決を承認していた。決定の執行は、閣僚委員会による監視の対象ではなかったからである。このように、人権裁判所の実行は、「判決」の執行のみが閣僚委員会により監視されること（旧三九《ママ》条）への対応であった。しかしながら、決定ではなく判決を採択することは、被告国家に対する否定的含意をもち、友好的解決を確保することをより困難にしかねないことが認められていた。新しい手続は、友好的解決の確保をより容易にし、このようにして人権裁判所の作業量を減らさなければならない。この理由により、新三九条は、閣僚委員会に友好的解決の条件を承認する「決定」の執行を監視する権限を与える。この改正は、とりわけ三七条で取り扱われる削除決定に関して、閣僚委員会の現在の監視権限を縮小することを意図するものでは決してない。閣僚委員会には、その実行において、新三九条四項（友好的解決）による監視機能と、四六条二項に基づくそれをより明確に区別することが望まれる。

第四〇条（公開の聴聞と文書の利用可能性）〔省略〕	第四〇条〔同上〕
第四一条（衡平な満足）〔省略〕	第四一条〔同上〕
第四二条（小法廷の判決）〔省略〕	第四二条〔同上〕
第四三条（大法廷への上訴）〔省略〕	第四三条〔同上〕
第四四条（確定判決）〔省略〕	第四四条〔同上〕
第四五条（判決および決定の理由）〔省略〕	第四五条〔同上〕
第四六条（判決の拘束力および執行）１　締約国は、自らが当事者であるいずれの事件においても、裁判所の確定判決に従うことを約束する。	第四六条（判決の拘束力及び執行）１　〔同上〕
２　裁判所の確定判決は、閣僚委員会に送付され、閣僚委員会がその執行を監視する。	２　〔同上〕
３　閣僚委員会は、確定判決の執行の監視が当該判決の解釈問題で妨げられていると考える場合、当該解釈問題の判断を求めるため、事案を裁判所に付託することができる。付託決定には、閣僚委員	〔新設〕

会に出席する権利を有する代表者の三分の二の多数を必要とする。

4　閣僚委員会は、締約国が自らが当事者となっている事件の確定判決に従うことを拒否していると考える場合、当該締約国への公式の通告を行ったのち、かつ、閣僚委員会に出席する権利を有する代表の三分の二の多数による決定により、当該締約国が本条一項に基づく義務の履行を怠っているかどうかの問題を、裁判所に付託することができる。〔新設〕

5　裁判所は、本条一項の違反を認定した場合、とられるべき措置を検討するため事件を閣僚委員会に付託する。裁判所は、本条一項の違反を認定しない場合、事件を閣僚委員会に付託し、閣僚委員会は自らの事件の審査を終了させる。〔新設〕

九五　四六条の最初の二つの項は、旧四六条の二つの項の繰り返しである。三、四、五項が新しい規定である。

九六　新四六条は、その三項において、確定判決の執行監視を容易にするために、閣僚委員会に、確定判決の執行の監視を容易にするため、人権裁判所がその判決を解釈するよう要請する権限を与える。判決の執行についての閣僚委員会の経験から、判決の解釈についての不一致から困難が時折生ずることが示されている。人権裁判所の回答は、判決の正確な意味に関するいかなる議論をも解決する。三項末文で求められる特定多数は、閣僚委員会が人権裁判所に過重な負担を負わせることを避けるため、控えめにこの可能性を用いるべきことを示している。

九七　新三項の目的は、人権裁判所が判決の解釈を与えることを可能にするものであって、締約国がこの判決に従ってとった措置について決定することを可能にするものではない。解釈の要請をすることについて時間制限はなんら設けられなかった。なぜなら、解釈問題は、閣僚委員会による判決の執行の審査の間いつでも生じうるからである。人権裁判所は、この要請に応えようと考える場合の方法および形式について自由に決定できる。通常、原判決を言い渡した人権裁判所の組織が、解釈問題について決定することになろう。この新しい手続を規律するより詳細な規則は、裁判所規則に含まれうる。

九八　人権裁判所の判決の迅速かつ完全な執行が、死活的に重要である。人権裁判所が繰り返しの申立によって身動きができないようにされないよう、構造的問題にかかわる事件においては、執行はさらに一層重要である。この理由により、二〇〇〇年一一月三・四日のローマ閣僚会議（決議Ⅰ）以来、この文脈で閣僚委員会に与えられる手段を強化することは不可欠であると考えられてきた。ある締約国が自らが当事国である事件の人権裁判所の確定判決に従うことを、明示にまたはその行動により、拒否したと閣僚委員会が認めるときはいつでも、人権裁判所の権威を、そしてそのようにして条約システムの信頼性と実効性を、保持する集団的責務を条約の当事国は有する。

九九　四六条四・五項は、したがって、閣僚委員会に、まず関係国に従うよう通告を送達したのち、人権裁判所

（大法廷で裁判する――三一条（b）をみよ――）での不履行確認訴訟（infringement proceedings）を提起する権限を与える。閣僚委員会のそのような決定には、同委員会に出席する権利を有する代表の三分の二の特定多数が必要である。この不履行確認手続は、人権裁判所の確定判決ですでに決定された条約上の権利の侵害の問題を再検討することを目的とするものではない。また、四六条一項に違反したと認定された締約国による課徴金の支払いを規定するものでもない。大法廷における不遵守についての訴訟およびその判決による政治的圧力が、当該国による人権裁判所の最初の判決の執行を確保するために十分であろうと考えられた。

一〇〇　閣僚委員会は、例外的状況においてのみ不履行確認訴訟を提起すべきである。にもかかわらず、人権裁判所の判決の執行を監視する権限を有する機関としての閣僚委員会に、判決の執行を確保するためにより広い手段の幅を与えることが必要であると考えられた。現在では、閣僚委員会が利用しうる最終的な措置は、ヨーロッパ評議会規程八条に訴えること（閣僚委員会での投票権の停止、または最終的にはこの機構からの除名）である。これは、極端な措置であり、大部分の場合には生産的でないと分かっている。実際、四六条四項が予定する事態に立ち至っている締約国は、他の国にもまして、ヨーロッパ評議会による規律を必要としつづけているのである。新四六条はそれゆえ、現在のものに加え、もたらすべき圧力の更なる可能性を与えるものである。この手続が存在すること自体が、および、それを用いるという警告が、人権裁判所の判決を執行するための実効的な新たな誘因として機能するはずである。不履行確認訴訟の結論は、人権裁判所の判決に表現されることが予定されている。

第四七条～第五一条〔省略〕	第四七条～第五一条〔同上〕
第三節　雑則	第三節〔同上〕
第五二条～第五八条〔省略〕	第五二条～第五八条〔同上〕
第五九条（署名および批准）1　本条約は、ヨーロッパ評議会加盟国の署名のために開放する。本条約は批准されなければならない。批准書は、ヨーロッパ評議会事務総長に寄託されるものとする。	第五九条（署名および批准）1〔同上〕
2　ヨーロッパ連合は、本条約に加入することができる。	〔新設〕
3　本条約は、一〇の批准書の寄託ののち効力を生ずる。	2〔同上〕
4　その後批准する署名国については、本条約は、批准書の寄託の日に効力を生ずる。	3〔同上〕
5　ヨーロッパ評議会事務総長は、ヨーロッパ評議会のすべての加盟国に、この条約の効力発生、批	4〔同上〕

准した国の名前、および、その後なされるすべての批准書の寄託を通告する。 〔末文略〕	〔同上〕

一〇一　五九条は、条約へのヨーロッパ連合のありうる加入を考慮して改正される。新二項は、この可能性について規定を設け、条約への加入に関してヨーロッパ連合内で生じている発展、とりわけ、憲法条約の起草に関する発展[6]を考慮に入れるようにした。法的および技術的観点からすれば、このような加入を可能にするためには、条約のさらなる修正が必要となることが強調されなければならない。人権運営委員会（CDDH）は、二〇〇二年にこれらの諸問題を特定する報告書を採択した（document DG-II（2002）006）。この報告書は、閣僚委員会に送付され、閣僚委員会はこれをテイク・ノートした。人権運営委員会は、この修正は、条約の改正議定書によるか、あるいは、ヨーロッパ連合と条約締約国との間で締結される加入条約によるか、いずれかの方法で実現されうることを認めた。人権運営委員会自身は、後者がよいと表明しているが、すべての選択肢を将来にむけて開いておくために、この議定書では、ありうる加入条約に言及することは避けた方がよいと考えられた。

一〇二　この議定書の起草時には、ヨーロッパ連合とのそのありうる加入の条件についての交渉に入ることはまだ可能ではなかったし、ましてや合意を取り結ぶことは可能ではなかった。なぜなら、ヨーロッパ連合は、そのようなことをする権限を有していなかったからである。このような事情により、この議定書でかかる加入に必要な条約のそのほかの修正を含めることはできなかった。結果として、それらのさらなる修正に関して、それらが新しい改正議定書に含まれるのであれ、加入条約に含まれるのであれ、もう一度批准が必要になる。

（1）「この議定書の効力発生の日に、第一回目の任期を務めている裁判官の任期は、総計九年となるまで法上当然に延長されるものとする。その他の裁判官は、法上当然に二年間延長されたその任期を全うする。」

（2）'State Party concerned' という文言が、ヨーロッパ連合の加入を考慮して同じく「関係締約国」と訳しておいてさしあたり問題のない 'High Contracting Party concerned' という文言に置き換わっただけである。

（3）「1　この議定書の効力発生の日より、その規定は、裁判所に係属しているすべての申立およびその執行が閣僚委員会による監視に服しているすべての判決に適用される。

2　この議定書第一二条により条約第三五条三項（b）に挿入された新しい受理基準は、この議定書の効力発生より前に受理された申立には適用されない。この議定書の効力発生後二年間は、この新しい受理基準は、小法廷および大法廷のみがそれを適用することができる。」

（4）前掲註（3）参照。

（5）前掲註（3）参照。

（6）二〇〇四年六月に合意に達した憲法条約（ヨーロッパのための憲法を設ける条約）草案では、「連合は、人権および基本的自由の保護のためのヨーロッパ条約に加入するものとする。」（I―七条二項）と規定されていた。Provisional consolidated version of the draft Treaty establishing a Constitution for Europe（CIG86/04）, 25 June 2004, p. 19（テキストは、〈http://europa.eu.int/comm/press_room/presspacks/constit/index_en.htm〉（最終確認日：二〇〇四年九月二四日）よりＰＤＦファイルで入手）。

［付録Ⅱ］第四　人権裁判所（新）の一九九八年規則

訳者まえがき

左に訳出するのは、一九九八年一一月一日に発効したヨーロッパ人権条約第一一議定書により新たに設置された、「ヨーロッパ人権裁判所」の規則である。[1] この規則により詳細が定められた人権裁判所（新）の構造および手続については、本書の各所で論じてきたので、ここでは次の一点のみ指摘しておく。つまり、規則では、大法廷にすべての裁判官が参加することになり、裁判所次長が部の長を兼ね、裁判所の構造全体として裁判官間の平等性への配慮がそれまで考えられていたよりも強くはたらいていることである。第一一議定書および説明報告書が開いていた裁判官間への階層性の導入の可能性[2]は、結果的には規則においてあまり活用されなかったのである。

（1）　テキストは、〈http://echr.coe.int/Documents/Library_1998_RoC_BIL.pdf〉〔最終確認日：二〇一四年二月一一日〕〔紙媒体としては、19 *HRLJ*（1998）269〕.

（2）　Jean-François Flauss, "Les modifications récentes du Règlement de la Cour européenne des Droits de l'Homme", 21 *Revue trimestrielle des Droits de l'Homme*（1995）, 1 at 9 参照。

ヨーロッパ人権裁判所規則（一九九八年一一月四日）

ヨーロッパ人権裁判所は、人権および基本的自由の保護のための条約ならびにその諸議定書を考慮し、以下の本規則を作成する。

第一条（定義）文脈により別段の意味が与えられなければならない場合を除き、本規則の適用上、

（a）「条約」とは、人権および基本的自由の保護のための条約ならびにその諸議定書を意味する。

（b）「全員法廷」とは、全員で開廷するヨーロッパ人権裁判所を意味する。

（c）「大法廷」とは、条約二七条一項に従って構成される一七人の裁判官からなる大法廷を意味する。

（d）「部」とは、条約二六条（b）に従って全員法廷により一定の期間設置される小法廷を意味し、「部長」とは、条約二六条（c）に従ってかかる部の長として全員法廷により選挙された裁判官を意味する。

（e）「小法廷」とは、条約二七条一項に従って構成される七人の裁判官からなる小法廷を意味し、「小法廷の裁判長」とは、かかる小法廷を主宰する裁判官を意味する。

（f）「委員会」とは、条約二七条一項に従って設置される三人の裁判官からなる委員会を意味する。

（g）「裁判所」とは、全員法廷、大法廷、部、小法廷、委員会または条約四三条二項にいう五人の裁判官からなる審査部会のいずれかを意味する。

（h）「特任裁判官」とは、条約二七条二項に従い大法廷または小法廷の構成員として裁判するために締約国により選任された、選挙された裁判官を除く者を意味する。

（i）「裁判官」とは、ヨーロッパ評議会議員会議により選挙された裁判官、または、特任裁判官を意味する。

（j）「報告裁判官」とは、規則四八条および四九条に規定された任務を遂行するために任命された裁判官を意味

する。

（ｋ）「書記」とは、文脈により裁判所書記または部書記を指す。

（ｌ）「当事者」とは、次のものを意味する。

—原告締約国または被告締約国
—条約三四条に基づき不服を提出した申立人（個人、民間団体または個人の集団）

（ｍ）「第三者」とは、条約三六条一項および二項に規定するように、書面による意見を提出しもしくは聴聞に参加する権利を有する、またはそのように招請される、締約国または関係者を意味する。

（ｎ）「閣僚委員会」とは、ヨーロッパ評議会閣僚委員会を意味する。

（ｏ）「旧裁判所」および「人権委員会」とは、条約旧一九条に基づき設置されたヨーロッパ人権裁判所およびヨーロッパ人権委員会をそれぞれ意味する。

◆第一編　裁判所の組織と作業方法

第一章　裁判官

第二条（任期の計算）選挙された裁判官の任期は、選挙の日より起算する。ただし、裁判官が任期の満了時に再選された場合、または、任期が満了したもしくは間もなく満了する裁判官と交代するために選挙された場合は、その任期は、いずれも、かかる満了の日から起算する。
2　条約二三条五項に従って、その任期が満了していない裁判官と交代するために選挙された裁判官は、前任者の在任期間在職する。
3　条約二三条七項に従って、選挙された裁判官は、後任者が規則三条に規定する宣誓または宣言をするまで在職する。

第三条（宣誓または厳粛な宣言）職に就く前に、選挙された裁判官はおのおの、当該裁判官が出席する全員法廷の最初の会合において、またはその必要がある場合には裁判所長の前において、次の宣誓または厳粛な宣言を行うものとする。

「私は、裁判官としての私の職務を、名誉をけがさぬよう、独立にかつ公平に果たし、すべての評議の秘密を保持することを」、「誓う」または「厳粛に宣言する。」

2　この行為は、議事録に記録する。

第四条（両立しない活動）条約二一条三項に従って、裁判官は、その任期中、その独立性、公平性もしくは常勤職の要請と両立しないいかなる政治的、行政的または職業的活動にも従事してはならない。各裁判官は、裁判所長に対していかなる他の活動をも言明しなければならない。裁判所長と当該裁判官との間に意見の相違がある場合には、生ずるいかなる問題についても、全員法廷が決定する。

第五条（席次）選挙された裁判官は、裁判所長、裁判所次長および部長につづき、選挙の日に従って席次を占める。再選の場合には、引き続いての再選でない場合でも、当該裁判官が裁判官として職に就いていた期間が計算に入れられる。

2　同じ日にその職に選挙された裁判所次長は、裁判官として在職していた期間に従って席次を占める。裁判官として在職していた期間が同一である場合には、年齢順に席次を占める。同じ規則は、部長についても適用する。

3　同一の期間裁判官として在職した裁判官は、年齢順に席次を占める。

4　特任裁判官は、選挙された裁判官につづき、年齢順に席次を占める。

第六条（辞職）裁判官の辞職は、裁判所長に通告しなければならず、裁判所長は、ヨーロッパ評議会事務総長にこれを伝達する。規則二四条三項末尾および二六条二項の規定を条件として、辞職は空席を構成する。
第七条（解職）いかなる裁判官も、全員法廷で会合する他の裁判官により、在職中の選挙された裁判官の三分の二の多数で、必要条件を満たさなくなっていると決定される場合のほかは、解職されることはない。当該裁判官は、事前に全員法廷の聴聞をうけなければならない。いずれの裁判官も解職のための動議を提出することができる。

第二章　裁判所の長

第八条（裁判所長、裁判所次長、部長および部次長の選挙）全員法廷は、裁判所長、二人の裁判所次長および部長を三年の任期で選挙する。ただし、かかる任期は、裁判官としての任期を越えることはない。これらの者は再選されうる。
2　各部は、同様に、再選可能な三年の任期で、部次長を選挙する。部次長は、部長が職務を遂行できないときに、これに代わる。
3　裁判所長、裁判所次長、部長および部次長は、後任者が選挙されるまで在職する。
4　裁判所長、裁判所次長、部長および部次長が、裁判所の構成員でなくなった場合、または、通常の任期満了前に辞任した場合、全員法廷または関係の部は、その残任期間、後任者を選挙する。
5　本条にいう選挙は、秘密の投票による。出席する選挙された裁判官のみがそれに参加する。いずれの裁判官も出席する選挙された裁判官の絶対多数を得なかった場合には、最多数の票を得た二人の裁判官の間で、投票が行われる。同数の場合には、規則五条に従って上席の裁判官が優先する。
第九条（裁判所長の職務）裁判所長は、裁判所の作業および運営を指揮する。裁判所長は、裁判所を代表し、とくに、ヨーロッパ評議会の諸機関との関係に責任をもつ。
2　裁判所長は、全員法廷の会合、大法廷の会合、および、五人の裁判官の審査部会の会合を主宰する。
3　裁判所長は、自らが関係締約国に関して選挙された裁判官である場合を除き、小法廷で審理されている事件の審理に参加してはならない。

第一〇条（裁判所次長の職務）裁判所次長は、裁判所長を補佐する。裁判所次長は、裁判所長がその職務を遂行できないとき、裁判所長職が空席のとき、または裁判所長の要請により、裁判所長に代わる。裁判所次長は、部長としても行為する。

第一一条（裁判所長および裁判所次長の交代）裁判所長と裁判所次長が、同時にその職務を遂行できない場合、または、同時にそれらの職が空席の場合には、裁判所長の職は、部長によって引き受けられるか、いずれの部長も引き受けられない場合には、他の選挙された裁判官が、規則五条に規定する席次順に裁判所長の職を引き受ける。

第一二条（部長および小法廷の裁判長）部長は、所属する部および小法廷の会合を主宰する。部次長は、部長がその職務を遂行できないとき、関係する部長の職が空席のとき、または、部長の要請により、部長に代わる。部次長が代わらないときには、部および小法廷の裁判官が、規則五条に規定する席次順に、部長に代わる。

第一三条（長としての欠格事由）裁判所の裁判官は、自らがその国民である締約国またはそれについて選挙された締約国が当事者である事件においては、長となることはできない。

第一四条（両性の均衡のとれた代表）本規則の本章および次章によって規律される任命をなすにあたっては、裁判所は、両性の均衡のとれた代表を目指し確保する政策を追求しなければならない。

第三章　書　記　局

第一五条（書記の選任）全員法廷は、書記を選任する。書記の候補者は、高潔な道徳的性格を有し、この席の職務を遂行するに必要な法律的、管理的および言語的能力を有していなければならない。

2　書記は、五年の任期で選任され、再任されうる。書記は、裁判官が、全員法廷において在職中の選挙された裁判官の三分の二の多数で、その者が必要条件を満たさなくなっていると決定する場合のほかは、解任されることはない。その者は、事前に全員法廷の聴聞をうけなければならない。いずれの裁判官も解任の動議を提出することができる。

3　本条にいう選任は、秘密の投票による。出席する選挙された裁判官のみが参加するものとする。いずれの候補者も出席する選挙された裁判官の絶対多数を得なかった場合は、最多数の票を得た二人の候補者の間で投票が行われる。同数の場合には、まず、もしいるならば女性の候補者が、つぎに、年長の候補者が優先する。

4　職に就く前に、書記は、全員法廷において、またはその必要がある場合裁判所長の前で、次の宣誓または厳粛な宣言を行う。

「私は、ヨーロッパ人権裁判所の書記として与えられた職務を忠実に、慎重にかつ良心的に果たすことを」「誓う」または「厳粛に宣言する。」

この行為は議事録に記録される。

第一六条（書記補の選任）全員法廷は、前条に規定する条件、方法および任期で二人の書記補を選任する。書記についての解任の手続も同様に書記補の解任について適用される。裁判所は、これらの事項すべてについて事前に書記と協議する。

2　職に就く前に、書記補は、全員法廷において、またはその必要がある場合裁判所長の前で、書記について規定されているものと同様の文言で宣誓または厳粛な宣言を行う。この行為は議事録に記録される。

第一七条（書記の任務）書記は、裁判所をその職務の遂行に際して援助し、裁判所長の権威の下に書記局の組織および活動に責任を負う。

2　書記は、裁判所の文書庫の管理を行い、付託されたまたはこれから付託される事件に関係する裁判所宛のまたは裁判所発出のすべての通信および通知を伝達する。

3　書記は、この職に付随する慎重さの責務を条件として、裁判所の作業に関する情報提供の要求、とくに、報道機関からの質問に答える。

4　書記が作成し裁判所長が承認する一般的指令は、書記局の作業方法を規律する。

第一八条（書記局の組織）書記局は、裁判所によって設置される部と同数の部書記、ならびに、裁判所から求められる法律的および行政的業務を提供するに必要な部局からなる。

2　部書記は、当該部をその職務の遂行に際して援助し、一人の当該部書記補によって補佐される。

3　書記局の職員（法務秘書を含み、書記および書記補を除く）は、裁判所長または裁判所長の指令の下に行為する書記の同意を得て、ヨーロッパ評議会事務総長により任命される。

第四章　裁判所の作業方法

第一九条（裁判所の所在地）裁判所の所在地は、ストラスブールのヨーロッパ評議会の所在地とする。ただし、裁判所は、有益と認めるときは、その職務を、ヨーロッパ評議会加盟国領域内のいずれか別の場所で遂行することができる。

2　裁判所は、自らまたはその一人もしくは二人以上の構成員により別の場所で調査その他の職務が遂行されることが必要であると、申立の審理のいずれの段階においても決定することができる。

第二〇条（全員法廷の会期）全員法廷の会期は、条約または本規則にもとづく裁判所の職務の遂行上必要であるときにはいつでも、裁判所長により招集される。裁判所長は、裁判所の構成員の少なくとも三分の一が要求するときは、また、いずれにしても運営に関する事項を審議するため一年に一回は、全員法廷を招集しなければならない。

2　全員法廷の定足数は、在職中の選挙された裁判官の三分の二とする。

3　定足数に満たない場合には、裁判所長は、会合を繰り延べなければならない。

第二一条（裁判所の他の会期）大法廷、小法廷および委員会は、フルタイムで活動する。ただし、裁判所長の提案にもとづき、裁判所は、毎年会期の期間を定める。

2　会期の期間外においては、大法廷および小法廷は、緊急の場合、おのおのの長により招集される。

第二二条（評議）裁判所は、非公開で評議する。その評議は、秘密とする。

2　裁判官のみが評議に参加する。書記または指名されたその代理、ならびに、その援助が必要と認められる書記局の他の職員および通訳者は、出席する。他のいずれの者も裁判所の特別の決定による場合を除き入室を認められない。

3　裁判所においていずれの事項について投票が行われる前においても、長は、裁判官にその意見を述べるよう求めることができる。

第二三条（表決）裁判所の決定は、出席する裁判官の多数による。同数の場合には、もう一度投票が行われ、それでもなお同数の場合には、長が決定票を投じる。本項は、本規則において別段の規定がない限り適用する。

2　大法廷および小法廷の決定および判決は、裁判する裁判官の多数により採択される。事件の受理可能性および本案に関する最終投票においては、棄権することはできない。

3　原則として、表決は、挙手による。長は、席次の逆の順序で点呼投票をとることができる。

4　表決の対象となるいずれの事項も、精確な文言で定式化されなければならない。

第五章　大法廷および小法廷

第二四条（大法廷の構成）大法廷は、一七人の裁判官および三人の補欠裁判官により構成される。

2　大法廷は、規則八条にいう長の職の保持者の選挙から効力を生ずる三年の期間構成される。

3　大法廷は、裁判所長、裁判所次長および部の長を含む。大法廷の残りの構成員を満たすために、全員法廷は、裁判所長の提案にもとづき、他のすべての裁判官を、九か月毎に交代し、その構成ができる限り地理的に均衡し、締約国内の種々の法体系を反映する二つの集団に分けるものとする。各九か月の期間に大法廷に付託されるおのおのの事件を審理する裁判官および補欠裁判官は、各集団のうちから輪番制で指名されるものとする。これらの者は、手続が終了するまで、その裁判官としての任期が終了した後であっても、大法廷の構成員のままにとどまる。

4　いずれの関係締約国について選挙された裁判官も、本条三項の規定により大法廷の構成員として裁判することとならない場合には、条約二七条二項および三項に従って、大法廷の職務上当然の構成員として裁判する。

5（a）いずれかの部の部長が大法廷の構成員として裁判することができない場合には、当該部の部次長がその者に代わる。

（b）他の裁判官が裁判することができない場合には、本条三項で選ばれた順に、補欠裁判官がその者に代わる。

（c）大法廷の構成員を満たすに十分な補欠裁判官がいない場合には、不足分の補欠裁判官は、他方の集団の構成員のうちからくじ引きで指名されるものとする。

6（a）条約四三条に基づき提出される要請を審査する、大法廷の五人の裁判官からなる審査部会は、次の者から構成される。

—裁判所長

—大法廷への付託が求められた事件を扱った小法廷を構成した部以外の部の部長、または、部長が裁判することができない場合には、部次長

—小法廷において当該事件を扱った裁判官以外の裁判官のうちから輪番制で指名される一人の裁判官

（b）関係締約国について選挙されたまたはその国民であるいずれの裁判官も、審査部会の構成員となることはできない。

（c）裁判することができない審査部会の構成員については、小法廷において事件を扱っていない、輪番制で指名

される他の裁判官がその者に代わる。

第二五条（部の設置）条約二六条(ｂ)に規定する小法廷（本規則において「部」という）は、裁判所長の提案にもとづき、規則八条に規定する長および次長の選挙と同時に効力を生ずる三年の期間、全員法廷によって設置される。少なくとも四つの部が設置されるものとする。

２　各裁判官は、一つの部の構成員となる。部の構成は、地理的およびジェンダー的に均衡がとれ、締約国の間のさまざまな法体系を反映しなければならない。

３　部が構成されている期間の満了前に裁判官が裁判所の構成員でなくなる場合、裁判所の構成員としての当該裁判官の後任者が、前任者と同じ部の構成員となる。

４　裁判所長は、事情が必要とする場合例外的に部の構成に修正を加えることができる。

５　裁判所長の提案にもとづき、全員法廷は、部を追加的に構成することができる。

第二六条（小法廷の構成）条約二七条一項に規定する裁判所に付託された事件の審理のための七人の裁判官からなる小法廷は、次のように構成される。

(ａ)小法廷は、各事件において、部長および関係締約国について選挙された裁判官を含むものとする。関係締約国について選挙された裁判官が規則五一条または五二条の下で当該申立が割り当てられた部の構成員でない場合には、その者は、条約二七条二項に従って小法廷の職務上当然の構成員として裁判する。当該裁判官が裁判できない場合または回避した場合、規則二九条が適用される。

(ｂ)小法廷のその他の構成員は、部長により関係の部の構成員のうちから輪番制で指名される。

(ｃ)かくして指名されなかった部の構成員は、当該事件において補欠裁判官として裁判する。

２　その任期が終了した後でも、裁判官は、本案の審理に参加した事件を扱い続けるものとする。

第二七条（委員会）同一の部に属する三人の裁判官からなる委員会は、条約二七条一項に基づき設置される。部長との協議の後、裁判所長は、設置すべき委員会の数を決定する。

2　委員会は、部長を除く各部の構成員のうちから輪番制で一二か月の期間構成される。

3　委員会の構成員でない部の裁判官は、裁判することができないその構成員に代わるよう求められうる。

4　各委員会は、部において上席を有する構成員がその議長をつとめる。

第二八条（裁判することができない場合、回避または免除）会合に参加することができないいずれの裁判官も、できるかぎり速やかに小法廷の裁判長に通知する。

2　裁判官は、自らが個人的利害を有している、または、以前に当事者もしくは事件に利害を有している者の代理人、弁護人または顧問のいずれかとして行動したことがあるいかなる事件の審理にも参加することができない。

3　右の理由の一つまたは特別の理由で回避する場合、裁判官は、小法廷の裁判長に通報し、小法廷の裁判長が、当該裁判官が裁判することを免除する。

4　小法廷の裁判長は、ある裁判官に回避すべき理由があると認めるときは、当該裁判官と協議する。意見が一致しない場合には、小法廷が決定する。

第二九条（特任裁判官）関係締約国について選挙された裁判官が小法廷において裁判することができない場合または回避した場合、小法廷の裁判長は、当該締約国に対して、三〇日以内に、他の選挙された裁判官を、もしくは特任裁判官として条約二一条一項により要求される資格を有する他のいずれかの者を、裁判するよう指名することを望むかどうかを述べ、望む場合には、指名される者の名前を同時に示すよう招請する。同一の規則は、かくして指名された者が裁判することができないかまたは回避する場合にも適用する。

2　三〇日以内に回答しない場合、関係締約国は指名する権利を放棄したものと推定される。

3　特任裁判官は、当該裁判官が指名されたのち最初の事件の審理のために定められた最初の会合の初めに、規則三条に規定する宣誓または厳粛な宣言を行う。この行為は、議事録に記録される。

第三〇条（同一の利害）いくつかの原告締約国または被告締約国が同一の利害を有する場合には、裁判所長は、条約二七条二項に従って、一人の選挙された裁判官または特任裁判官を指名するよう、これらの締約国に招請する。締約国が合意できない場合には、裁判所長が、当該締約国により裁判官として提案された者のうちから、職務上当然に裁判することを求められる裁判官をくじ引きにより選任する。

2　同一の利害の存在について紛争がある場合には、全員法廷が決定する。

◆第二編　手　続

第一章　一般規則

第三一条（特別に適用しない可能性）本編の規定は、裁判所が特定の事件の審理のために、適当な場合当事者と協議したのち、適用しないことを妨げない。

第三二条（実務的指示）裁判所長は、とくに、口頭審理への出席および訴答書面その他の文書の提出のような問題に関連して、実務的指示を出すことができる。

第三三条（手続の公開性）口頭審理は、本条二項の規定に従って小法廷が自己の発意または当事者その他の関係者の要請により例外的に別段の決定を行う場合を除くほか、公開する。

2　報道関係者および公衆は、民主的社会における道徳、公の秩序もしくは安全のために、青少年の利益もしくは当事者の私的生活の保護によりそうすることが求められる場合、または、小法廷が公開することが司法の利益を妨げると認める特別の状況において厳格に必要な限度において、口頭審理のすべてまたは一部への参加を排除されうる。

3　中立の登録後、書記に寄託されたすべての文書は、本規則六二条に規定する友好的解決交渉の枠組内で寄託された文書を除き、公衆が閲覧できる。ただし、小法廷の裁判長が、本条二項に述べた理由により、自己の発意または当事者その他の関係者の要請により別段の決定をする場合にはこの限りではない。

4　本条一項または三項に基づきなされる非公開の要請は、理由を示し、かつ公衆により閲覧できないとされるべきものが口頭審理または文書の全部かもしくは一部かを特定しなければならない。

第三四条（言語の使用）裁判所の公用語は、英語およびフランス語とする。

2　申立の受理可能性の決定がなされる前においては、条約三四条に基づく申立人またはその代理人とのすべての通信およびこれらの者によるすべての訴答書面は、裁判所の公用語の一つでなされない場合は、締約国の公用語の一つでなされなければならない。

3（a）口頭審理に関する、または、事件が受理された後の、申立人またはその代理人とのすべての通信およびこれらの者によるすべての訴答書面は、裁判所の公用語の一つにより行われなければならない。ただし、小法廷の裁判長が、締約国の公用語のひきつづいての使用を許可する場合はこの限りではない。

（b）かかる許可が与えられた場合には、書記は、申立人の所見または陳述の通訳または翻訳のために必要な取り決めをする。

4（a）締約国もしくは第三者とのすべての通信またはこれらの者によるすべての訴答書面は、裁判所の公用語の一つで行われなければならない。小法廷の裁判長は、非公用語の使用を許可することができる。

（b）かかる許可が与えられた場合には、なされた口頭の議論または書面による陳述の英語もしくはフランス語への通訳または翻訳の提供およびその費用の負担は、要請者の責任で行う。

5　小法廷の裁判長は、被告締約国に対し、当該締約国の書面による主張を申立人が理解することを容易にするため、その主張の当該締約国の公用語への翻訳を提供するよう招請することができる。

6　裁判所に出廷する証人または専門家その他の者は、いずれかの公用語の十分な知識を有していない場合には、自らの言語を用いることができる。その場合には、書記は、通訳または翻訳のために必要な取り決めをする。

第三五条（締約国の代表）締約国は、代理人によって代表される。代理人は、弁護人または顧問の補助を受けることができる。

第三六条（申立人の代理）個人、民間団体または個人の集団は、条約三四条に基づき申立を、当初においては、自らまたは本条四項の下で任命する代理人を通じて提出することができる。

2　規則五四条三項(ｂ)にもとづく申立の被告締約国への通報ののち、小法廷の裁判長は、申立人が本条四項に従って代理されることを命じることができる。

3　当該申立人は、小法廷により決定されるいずれの口頭審理においても、または、申立が受理された後の手続のために、代理されなければならない。ただし、小法廷の裁判長が別段の決定を行う場合はこの限りではない。

4（ａ）申立人の代理人は、いずれかの締約国において開業することを認められ、かつ、それらのうちの一つに居住する弁護士、または、小法廷の裁判長が認めるいずれかの者とする。

（ｂ）小法廷の裁判長は、代理が義務的である場合においても、必要な場合弁護士その他の認められた代理人により補佐されることを条件として、申立人に自ら主張をすることを許可することができる。

（ｃ）例外的場合においてかつ手続のいかなる段階においても、小法廷の裁判長は、事情または前(ａ)および(ｂ)により任命された弁護士その他の者の行動がそう要求すると認めるときは、それらの者が今後その申立人を代理または補佐してはならないこと、および、申立人が代わりの代理人を求めるべきことを命ずることができる。

5　弁護人その他の認められた代理人、または自ら主張をする許可を求める場合申立人本人は、裁判所の公用語の一つの十分な知識を有していなければならない。ただし、小法廷の裁判長は、規則三四条三項に基づき非公用語の使用を許可することができる。

第三七条（通信、通知および召還状）当事者の代理人または弁護人宛ての通信または通知は、当事者宛てのものとみなされる。

2　当事者の代理人または弁護人以外の者宛ての通信、通知または召還状のために、裁判所が、かかる通信、通知または召還状が効力を生ずる領域国の政府の援助が必要と認める場合には、裁判所長は、必要な便益を得るために当該政府に直接に依頼する。

3　裁判所が事実を確認しもしくは証拠を得るために現地調査を行うかまたはそのための取り決めをしようとする場合、または、その領域に居住するかもしくはその領域を通過することが必要となる者の出廷を命ずる場合にも、同一の規則を適用する。

第三八条（訴答書面）本規則に従って小法廷の裁判長または報告裁判官が設定した期限の後においては、いかなる書面による所見その他の文書も提出することができない。期限後にまたは規則三二条に規定する実務的指示に反して提出されたいかなる書面による所見その他の文書も、小法廷の裁判長が別段の決定を行わない限り、事件の綴りに含められてはならない。

2　前項にいう期限を満たしているかどうかについては、当該文書の証明される発出の日付、またはそれがない場合には書記局での実際の受領の日付によって決定する。

第三九条（暫定措置）小法廷または適当な場合その裁判長は、当事者その他の関係者の要請により、または自己の発意により、当事者に対し、当事者または係属中の手続の適正な進行の利益のためにとられるべきであると認めるいかなる暫定措置をも指示することができる。

2　これらの措置は閣僚委員会に通知される。

3　小法廷は、指示した暫定措置の実施に関連するいかなる事項についても、当事者に情報を提供するよう要請することができる。

第四〇条（申立の緊急通知）緊急の場合には、小法廷の長の許可を得て、書記は、他のいかなる手続上の措置をとることも妨げることなく、いずれの利用可能な手段によっても、申立の関係締約国に申立の提出およびその対象の要約を通報することができる。

第四一条（事件の優先順位）小法廷は、審査の準備ができた順に申立を取り扱う。ただし、小法廷は、特定の申立を優先することを決定することができる。

第四二条（証拠を取得するための措置）小法廷は、当事者もしくは第三者の要請または自己の発意により、事件の事実を明確化することを可能にすると認めるいかなる証拠をも取得することができる。小法廷は、とりわけ、当事者に文書の証拠を提出するよう要請し、証人または専門家その他の資格において、その証言または陳述が小法廷の任務を実施するうえで助けになりそうないかなる者をも聴聞することができる。

2　小法廷は、手続中のいかなる時点においても、一人もしくは二人以上のその構成員または裁判所の他の裁判官に、尋問、現地調査その他の方法で証拠を取得することを委任することができる。小法廷は、かかる代表団を補佐する独立の外部の専門家を任命することができる。

3　小法廷は、自ら選択するいずれの者または組織に対しても、いかなる特定の点についても情報を取得し、意見を述べまたは報告書を作成するよう求めることができる。

4　当事者は、証拠を取得するためのいかなる措置の実施にあたっても、小法廷またはその代表団を援助しなければならない。

5　原告締約国または被告締約国の要請により、本条一項から四項までに従って報告書の作成その他の措置がとられる場合には、小法廷が別段の決定をする場合を除き、それに付随する費用は当該締約国によって負担されるものとする。その他の場合には、小法廷は、かかる費用がヨーロッパ評議会によって負担されるか、または、報告書の作成その他の措置を要請した申立人または第三者にそれを負担させるかを決定する。すべての場合において、費用は、小法廷の裁判長によって査定される。

第四三条（申立の併合および同時審査）小法廷は、当事者の要請または自己の発意によって、複数の申立の併合を命令することができる。

2　小法廷の裁判長は、当事者との協議ののち、同一の小法廷に割り当てられた申立の手続が同時に進められることを命令することができる。ただし、この命令は、当該申立の併合に関する小法廷の決定を害することはない。

第四四条（総件名簿からの削除またはそれへの復活）原告締約国が書記に事件の手続を進めない意図を通知した場合、小法廷は、当該事件のその他の関係締約国がかかる取下げに合意するときには、条約三七条に従って、裁判所の総件名簿から当該申立を削除することができる。

2　受理されている申立を総件名簿から削除する決定は、判決の形式で行う。当該判決が確定した場合、小法廷の裁判長は、条約四六条二項に従って閣僚委員会が取下げに付随することのあるいかなる約束、友好的解決または問題の解決の執行を監視することができるように、閣僚委員会にそれを提出する。

3　申立が総件名簿から削除された場合、訴訟費用の負担は裁判所の任意に委ねられる。受理されていない申立を削除する決定において費用の負担決定がなされている場合、小法廷の裁判長は、当該決定を閣僚委員会に提出する。

4　裁判所は、例外的事態により正当化されると結論する場合、申立を総件名簿に復活させることができる。

第二章　手続の開始

第四五条（署名）条約三三条または三四条に基づきなされたいかなる申立も、書面により提出され、申立人もしくはその代理人または原告締約国の代表により署名されなければならない。

2　申立が民間団体または個人の集団によりなされた場合には、その申立は、当該団体または集団を代表する権限を有する者によって署名されなければならない。関係小法廷または委員会が、申立に署名した者がかかる権限を有しているかどうかに関するいかなる問題をも決定する。

3　申立人が規則三六条に従って代理される場合、委任状その他の行為の授権状が申立人の代理人によって提出されなければならない。

第四六条（国家間申立の内容）条約三三条に基づいて事件を裁判所に付託しようとするいかなる締約国も、次のことを記す申立を書記局に提出しなければならない。

（a）申立の相手方の締約国の名前

（b）事実の陳述

（c）条約の主張されるところの違反の陳述および関連する議論

（d）条約三五条一項に規定する受理可能性の基準（国内的救済手段の完了および六か月規則）の遵守に関する陳述

（e）申立の対象および主張されるところの被害当事者のための、条約四一条に基づいてなされる衡平な満足のための請求の一般的摘示、ならびに

（f）代理人として指名される者の名前および住所

当該申立はさらに、次のものを付すものとする。

（g）あらゆる関連する文書、とくに司法的なものであるか否かを問わず、申立の対象に関する決定の写し

第四七条（個人申立の内容）条約三四条に基づくいかなる申立も、関係部の長が別段の決定を行う場合を除き、書記局が提供する申立書式に基づいてなされなければならない。申立は、次のことを記さなければならない。

（a）申立人の名前、出生日、国籍、性別、職業および住所

（b）いる場合には、代理人の名前、職業および住所

（c）申立の相手方の締約国の名前

（d）事実の簡潔な陳述

（e）条約の主張されるところの違反の陳述および関連する議論

（f）条約三五条一項に規定する受理基準（国内的救済手段の完了および六か月規則）の申立人による遵守に関する簡潔な陳述、ならびに
（g）申立の対象および申立人が条約四一条に基づきなしたいと考える衡平な満足のための請求の一般的摘示
当該申立はさらに、次のものを付すものとする。
（h）あらゆる関連する文書、とくに司法的なものであるか否かを問わず、申立の対象に関する決定の写し
2　申立人はさらに、次のことを行わなければならない。
（a）条約三五条一項に規定する受理基準（国内的救済手段の完了および六か月規則）が満たされていることを示すことを可能にするための、情報とりわけ前項（h）にいう文書および決定を提供すること、ならびに
（b）自らの不服を他の国際的調査または解決の手続に提出したかどうかを述べること
3　自らの身元を公衆に開示したくない申立人は、その旨を述べなければならず、かくして裁判所の手続における情報の公開制という通常の規則から離れることを正当化する理由の陳述を提出しなければならない。小法廷の長は、例外的かつ十分に正当化できる場合、匿名性を許可することができる。
4　本条一項および二項に述べる要件を満たさない場合には、当該申立は、登録されずかつ裁判所によって審査されないことがある。
5　申立の提起の日は、原則として、要約した形であれ申立の対象を記した申立人による最初の通信の日とする。ただし、裁判所は、十分な理由があるときには、別の日を提起の日と認めることを決定することができる。
6　申立人は、住所のいかなる変更も、および、申立に関連するいずれの事情をも裁判所に知らせつづけるものとする。

第三章　報告裁判官

第四八条（国家間申立）条約三三条に基づき申立がなされる場合、事件を審理するために構成される小法廷は、その一人または二人以上の裁判官を報告裁判官として指名するものとする。報告裁判官は、関係締約国の書面による所見が受領されたのち受理可能性に関する報告書を提出する。規則四九条四項は、適切である限りにおいて、この報告書に適用する。

２　条約三三条に基づく申立が受理可能と宣言されたのち、報告裁判官は、小法廷がその職務を果たす上で有益であろうような報告書、草案その他の文書を提出する。

第四九条（個人申立）条約三四条に基づき申立がなされる場合、事件が割り当てられた部の長は、一人の裁判官を報告裁判官として指名する。報告裁判官は申立を審査する。

２　申立の審査にあたり報告裁判官は、

（ａ）特定された期間内に、報告裁判官が関連すると認めるいかなる事実的情報、文書その他の資料を提出するよう当事者に要請することができる。

（ｂ）当該事件を小法廷で審理するとの部長の指示を条件として、申立が委員会で審理されるか小法廷で審理されるかを決定する。

３　申立が条約二八条に従って委員会で審理される場合、報告裁判官の報告書は次のことを含むものとする。

（ａ）関連する事実の簡潔な陳述

（ｂ）当該申立を受理しないまたは総件名簿から削除する提案を基礎づける理由の簡潔な陳述

４　事件が条約二九条一項に従って小法廷で審理される場合、報告裁判官の報告書は次のことを含むものとする。

（ａ）本条二項に基づき得られたいかなる情報をも含む、関連する事実の陳述

（b）申立における、条約の下で生ずる争点の摘示
（c）その必要がある場合、本案に関する暫定的意見とともに、受理可能性その他のとられるべき行動に関する提案

5　報告裁判官は、条約三四条に基づいてなされた申立が受理されたのちに、小法廷がその職務を果たす上で有益であろうような報告書、草案その他の文書を提出する。

第五〇条（大法廷における手続）条約三〇条に基づくのであれ同四三条に基づくのであれ事件が大法廷に付託された場合には、大法廷の裁判長は、その構成員のうちから、一人、または国家間申立の場合には一人もしくは二人以上を、報告裁判官として指名する。

第四章　受理可能性の手続

◇国家間申立

第五一条　条約三三条に基づいて申立がなされた場合には、裁判所長は、被告締約国に対し申立を直ちに通知し、部の一つに当該申立を割り当てるものとする。

2　規則二六条一項（a）に従って、原告および被告締約国に関して選挙された裁判官は、当該事件を審理するために構成された小法廷の職務上当然の構成員として裁判する。申立が数か国の締約国により付託された場合、または、数か国の締約国により付託された同一の対象を有する申立が規則四三条二項に基づき併合して審査される場合には、規則三〇条を適用する。

3　事件が部に割り当てられると、当該部の部長は、規則二六条一項に従って小法廷を構成し、被告締約国に対し、申立の受理可能性に関し書面による所見を提出するよう招請する。かくして得られた所見は、書記により原告締約

国に通知され、原告締約国は、これに対する書面による所見を提出することができる。

4　申立の受理可能性について決定する前に、小法廷は、当事者に対し、さらなる書面の所見を提出するよう招請することができる。

5　受理可能性に関する口頭審理は、一もしくは二以上の関係締約国が要請する場合、または、小法廷が自己の発意により決定する場合、聞かれなければならない。

6　当事者と協議ののち、小法廷の裁判長は、書面手続、および適当な場合には口頭手続の期日を決定し、この目的のために、書面による所見が提出されなければならない期限を定める。

7　小法廷は、評議において、規則四八条一項に基づき報告裁判官が提出した報告書を考慮に入れるものとする。

◇個人申立

第五二条（申立の部への割り当て）条約三四条に基づきなされたいかなる申立も、裁判所長により部の一つに割り当てられる。裁判所長は、割り当てに際し、部の間の事件の公正な配分を確保するよう努力しなければならない。

2　条約二七条に規定する七人の裁判官からなる小法廷は、当該申立が小法廷によって審理されると決定されると直ちに、規則二六条一項に従って関係の部長によって構成される。

3　前二項に従って小法廷が構成される間、部長は、本規則により小法廷の裁判長に与えられたいかなる権限をも行使する。

第五三条（委員会における手続）委員会は、評議において、規則四九条三項に基づき報告裁判官が提出した報告書を考慮に入れるものとする。

2　報告裁判官は、委員会の構成員でない場合には、委員会の評議に出席するよう招請されうる。

3　条約二八条に従って、委員会は、全員一致の表決により、それ以上審査することなく決定することができる場合には、申立を不受理としまたは裁判所の総件名簿から削除することができる。この決定は確定的なものとする。
4　本条三項に従ってなんらの決定もなされない場合には、申立は、規則五二条二項に従って事件を審査するために構成される小法廷に提出される。

第五四条（小法廷における手続）小法廷は、評議において、規則四九条四項に基づき報告裁判官が提出した報告書を考慮に入れるものとする。
2　小法廷は、直ちに、申立を不受理としまたは裁判所の総件名簿から削除することができる。
3　そうしない場合には、小法廷は、次のことを決定することができる。
（a）小法廷が関連すると認める事実的情報、文書その他の資料を提出するよう当事者に要請すること
（b）申立を被告締約国に通知し、当該締約国に申立に関する書面による所見を提出するよう招請すること
（c）当事者にさらに書面による所見を提出するよう招請すること
4　受理可能性に関する決定を行う前に、小法廷は、当事者の要請または自己の発意により口頭審理を開くことを決定することができる。その場合には、小法廷が例外的に別段の決定を行う場合を除き、当事者は、申立の本案との関係で生ずる争点についても答えるよう招請されるものとする。
5　小法廷の長は、本条三項および四項に基づく小法廷の決定との関係で、期限を含む手続の期日を定める。

◇**国家間申立および個人申立**

第五五条（不受理の抗弁）不受理の抗弁は、その性格および事情が許す限りにおいて、被告締約国によって、規則五一条または五四条に規定するように提出される申立の受理可能性に関する書面または口頭の所見において提起されなければならない。

第五六条（小法廷の決定）小法廷の決定は、全員一致でなされたか多数によるかを陳述し、理由を伴うものでなければ

ばならない。

２　小法廷の決定は、書記により申立人および関係締約国に通知される。

第五七条（決定の言語）裁判所が決定が両公用語により与えられることを決定しない限り、すべての決定は、英語またはフランス語のいずれかで与えられる。与えられた決定は、公衆が閲覧することができる。

２　規則七八条に規定するかかる決定の裁判所の公式報告書における公表は、裁判所の両公用語によりなされる。

第五章　申立の受理決定後の手続

第五八条（国家間申立）小法廷が条約三三条に基づいてなされた申立の受理を決定すれば直ちに、小法廷の裁判長は、関係締約国と協議ののち、本案に関する書面による所見の提出のための、および、さらなる証拠の提出のための期限を設定する。ただし、小法廷の裁判長は、関係締約国の合意を得て、書面手続を省略することを命ずることができる。

２　本案に関する口頭審理は、一もしくは二以上の関係締約国が要請する場合、または、小法廷が自己の発意により決定する場合には、開かれなければならない。小法廷の裁判長は口頭手続の期日を指定する。

３　評議において、小法廷は、報告裁判官が規則四八条二項に基づき提出する報告書、草案その他の文書を考慮に入れる。

第五九条（個人申立）小法廷が条約三四条に基づいてなされた申立の受理を決定すれば直ちに、当該小法廷は、当事者にさらなる証拠および書面による所見を提出するよう招請する。

２　本案に関する口頭審理は、小法廷が自己の発意により決定する場合、または、規則五四条四項に基づき受理可能性段階において本案についても口頭審理が開かれていないことを条件に当事者の一方が要請する場合には、開かれなければならない。ただし、小法廷は、条約三八条一項（ａ）に基づく自己の任務の遂行のために口頭審理を開くことは必要でないと例外的に決定することができる。

3　小法廷の裁判長は、適当な場合、書面手続および口頭手続の期日を指定する。

4　評議において、小法廷は、規則四九条五項に基づき提出する報告裁判官の報告書、草案その他の文書を考慮に入れる。

第六〇条（衡平な満足の請求）原告締約国または申立人が条約四一条に基づき衡平な満足のためになそうとするいかなる請求も、小法廷の裁判長が別段の命令を下す場合を除き、本案に関する書面による所見において、またはかかる書面による所見が提出されない場合には申立の受理決定の後二か月以内に提出される特別の文書において、述べられなければならない。

2　関連する根拠となる文書または受領書とともに、すべての請求の箇条書きにされた詳細が提出されなければならない。それが提出されない場合には、小法廷は、請求の全部または一部を棄却する。

3　小法廷は、手続中のいかなる時点においても、いずれの当事者に対しても、衡平な満足の請求に対する意見を提出するよう招請することができる。

第六一条（第三者参加）申立の受理決定は、書記によって、自国民が当該事件の申立人になっているいずれの締約国に対しても、規則五六条二項に基づき被告関係締約国に対してと同様に、通知される。

2　条約三六条一項に従って締約国が書面による所見を提出しまたは口頭審理に参加する権利を行使しようとする場合には、小法廷の裁判長は、とられるべき手続について指定する。

3　条約三六条二項に従って、小法廷の裁判長は、適正な司法運営のために、手続の当事者でないいかなる締約国に対しても、または、申立人でないいかなる関係者に対しても、書面による意見を提出し、もしくは例外的な場合口頭審理に参加することを招請しまたはその許可を与えることができる。このための許可の要請は、書面による手続の指定の後合理的な期間内に、十分に理由づけられかつ公用語の一つによってなされなければならない。

4　本条三項にいういかなる招請または許可も、小法廷の裁判長によって定められるいかなる条件（期限を含む）にも従うものとする。かかる条件が遵守されない場合、小法廷の裁判長は事件の綴りに当該意見を含めないことを決定することができる。

5　本条に従って提出される書面による意見は、規則三四条四項に基づき他の言語の使用許可がなされている場合を除き、公用語の一つで提出されるものとする。それらは、書記によって事件の当事者に送付される。事件の当事者は、小法廷の裁判長によって定められるいかなる条件（期限を含む）にも従って、これに対する書面による所見を提出する権利を有する。

第六二条（友好的解決）　申立が受理された後直ちに、小法廷またはその裁判長の指示の下に行動する書記は、条約三八条一項（b）に従って問題の友好的解決を確保するために当事者と接触する。小法廷は、かかる解決を促進するのに適切と思われるいかなる措置をもとるものとする。

2　条約三八条二項に従って、友好的解決のための交渉は、秘密でありかつ訴訟手続における当事者の主張を害するものではない。友好的解決を確保する試みの枠内でなされた、いかなる書面または口頭の通信およびいかなる提案または譲歩も、訴訟手続において言及されまたは依拠されてはならない。

3　当事者が友好的解決に合意したことを小法廷が書記により通知されたときは、小法廷は、当該解決が条約および諸議定書に定める人権の尊重を基礎として達成されたことを確認したのち、規則四四条二項に従って当該事件を裁判所の総件名簿から削除するものとする。

第六章　口頭審理

第六三条（口頭審理の指揮）　小法廷の裁判長は、口頭審理を指揮し、当事者の代理人または顧問が発言を求められる順序を定める。

2　規則四二条に基づいて事実認定のための口頭審理が小法廷の代表団によって実施される場合は、代表団の長が当該口頭審理を指揮し、代表団が条約または本規則により小法廷に与えられたいかなる関連する権限をも行使する。

第六四条（口頭審理への欠席）正当な原因を示すことなく、当事者が欠席した場合には、小法廷は、口頭審理の進行が適正な司法の運営と両立することを確認することを条件に、口頭審理を進行させることができる。

第六五条（証人、専門家その他の者の召還、および、それらの者の出頭の費用）小法廷または小法廷の長が聴聞することを決定した証人、専門家その他の者は、書記により召還される。

2　召喚状は、次のことを明示するものとする。

（a）関係する事件

（b）小法廷または小法廷の長によって命令された尋問、専門家の意見その他の措置の対象

（c）召還された者に対する手当の支払についての措置

3　関係者が、原告もしくは被告締約国の要請によりまたはそれらの国のために出頭した場合は、小法廷が別段の決定をなす場合を除くほか、当該関係者の出頭のための費用は、当該締約国により負担されるものとする。その他の場合には、小法廷は、かかる費用がヨーロッパ評議会によって負担されるか、召還された者の出頭を要請した申立人または第三者にそれを負担させるかを決定する。すべての場合において、費用は小法廷の裁判長によって査定される。

第六六条（証人および専門家による宣誓または厳粛な宣言）証人の身元の証明ののち証言の前に、証人は、次の宣誓または厳粛な宣言を行わなければならない。

「私は、真実を、すべての真実を話し、真実以外のなにものも話さないことを」「誓う」または「私の名誉と良心にかけて厳粛に宣言する。」

この行為は議事録に記録される。

２　専門家の身元の証明ののちかつかつその任務の実行の前に、専門家は、次の宣誓または厳粛な宣言を行わなければならない。

「私は、専門家としての私の責務を、名誉をけがさぬよう、かつ良心的に果たすことを」「誓う」または「厳粛に宣言する。」

この行為は議事録に記録される。

３　この宣誓または宣言は、小法廷の裁判長または小法廷の裁判長によって指名された裁判官その他の公的当局の前で、なすことができる。

第六七条（証人または専門家に対する異議および情報のための人の聴取）小法廷は、証人または専門家に対する異議から生ずるいかなる紛争に際してもこれを決定する。小法廷は、証人として聴聞されえない者を情報のために聴取することができる。

第六八条（口頭審理中の質問）いずれの裁判官も、当事者の代理人または顧問、申立人、証人および専門家、ならびに小法廷に出席する他のいずれの者に対しても質問をすることができる。

２　規則四二条一項にいう証人、専門家その他の者は、小法廷の裁判長の管理の下に、当事者の代理人または顧問により尋問されうる。出された質問の関連性に関する異議が提起された場合には、小法廷の裁判長が決定する。

第六九条（欠席、証拠の提供の拒絶または偽証）十分な理由なく証人その他の正式に召喚された者が欠席しまたは証拠の提供を拒否した場合、書記は、小法廷の裁判長により要請された場合には、当該証人その他の者がその管轄に属する締約国に通報する。証人または専門家が、小法廷の意見によれば、規則六六条に規定する宣誓または厳粛な宣言に違反した場合にも、同じ規定を適用する。

第七〇条（口頭審理の逐語議事録）書記は、小法廷が命じるときには、口頭審理の逐語議事録の作成に責任を負う。逐語議事録には、次のことを記載する。

（a）口頭審理時の小法廷の構成

（b）裁判所に出頭した者、すなわち、当事者の代理人および顧問ならびに参加した第三者の名簿

（c）各証人、専門家その他の聴取された者の氏名、資格および住所

（d）なされた陳述、出された質問および与えられた回答の原文

（e）小法廷または小法廷の裁判長により口頭審理中に下された決定の原文

2　逐語議事録の全部または一部が非公用語である場合には、書記は、小法廷が命じるときには、公用語の一つへの翻訳を手配する。

3　当事者の代表または代理人は、書記または小法廷の裁判長の管理の下に、訂正をするために、逐語議事録の謄本をうけとる。ただし、述べられたことの意味に影響する訂正は加えられてはならない。書記は、小法廷の裁判長の指示に従って、このための期限を定める。

4　逐語議事録は、訂正されれば直ちに、小法廷の裁判長および書記により署名され、その時点から認証された記録を構成する。

第七章　大法廷における手続

第七一条（手続的規定の適用可能性）小法廷における手続を規律するいかなる規定も、必要な修正を加えて、大法廷における手続に適用する。

第七二条（小法廷による大法廷のための管轄権の放棄）条約三〇条に従って、小法廷に係属している事件が条約もしくは諸議定書の解釈に影響する重大な問題を提起する場合、または、小法廷での問題の解決が裁判所が以前に行った

判決と両立しない結果をもたらす可能性のある場合には、小法廷は、判決を行う前のいずれの時でも、大法廷に当該事件を回付することができる。ただし、事件の当事者の一方が、本条二項に従って異議をとなえた場合はこの限りではない。回付の決定に理由を付す必要はない。

2　書記は、当事者に小法廷の回付の意思を通知する。当事者は、この通知の日から一か月の期間内に、書記に対してしかるべき理由を付した異議を提出することができる。これらの条件を満たさない異議は、小法廷によって無効とみなされる。

第七三条（当事者による事件の大法廷への付託の要請）条約四三条に従って、小法廷の判決言い渡しの日から三か月の期間内に、事件のいずれの当事者も、例外的な場合、事件を大法廷に付託する要請を書記に対して書面で提出することができる。当該当事者は、その要請において、自らの見解によれば大法廷による審理を十分に根拠づける、条約もしくは諸議定書の解釈もしくは適用に影響する重大な問題、または、一般的重要性を有する重大な論点を特定しなければならない。

2　規則二四条六項に従って構成された大法廷の五人の審査部会は、当該要請を、その時点における事件の綴りだけを基礎にして審査する。審査部会は、事件がかかる問題または論点を提起すると認める場合にのみ要請を受け入れる。要請の拒否に理由を付す必要はない。

3　審査部会が要請を受け入れるとき、大法廷は、事件について判決により決定する。

第八章　判　決

第七四条（判決の内容）条約四二条および四四条にいう判決には、次のことを記載する。

（a）関係小法廷を構成する裁判長その他の構成員の名前ならびに書記および書記補の名前

（b）判決の採択日および言い渡し日

（c）当事者についての情報
（d）当事者の代理人または顧問の名前
（e）とられた手続の説明
（f）事件の事実
（g）当事者の主張の要約
（h）法的論点についての理由
（i）主　文
（j）もしあれば費用に関する決定
（k）多数を構成した裁判官の数
（l）適当な場合、いずれのテキストが正文であるかの陳述

2　事件の審理に参加したいずれの裁判官も、判決に賛成もしくは反対の個別意見または単なる反対の陳述を、当該判決に付す権利を有する。

第七五条（衡平な満足についての決定）小法廷は、条約違反があると認定する場合、条約四一条の適用に関する問題について、規則六〇条によって提起されたのちにすでに決定の準備ができているときには、同じ判決において、当該適用に関する決定を与える。当該問題についてまだ決定の準備ができていない場合には、小法廷は、それを全部または一部留保し、後の手続を指定する。

2　条約四一条の適用に関する決定のために、小法廷は、可能な限り当該事件の本案を審理するために裁判した裁判官によって構成される。原小法廷を構成することができない場合、裁判所長は、くじ引きにより、小法廷の残りの構成員を満たすかまたは小法廷を構成する。

3　小法廷は、条約四一条に基づき衡平な満足を与える場合、解決が特定された期間内になされない場合、与えられ

た金額に利子を付けて支払われるべきことを命じることができる。
４　裁判所は、被害当事者と責任のある締約国との間で合意に達したことを知らされたときには、当該合意の衡平な性格について確認し、当該合意が衡平であると認定する場合には、規則四四条二項に従って事件を総件名簿から削除する。

第七六条（判決の言語）裁判所が判決が両公用語でなされることを決定する場合を除き、すべての判決は英語またはフランス語のいずれかにより与えられる。判決は公衆が閲覧可能である。
２　規則七八条に規定する裁判所の公式報告書におけるかかる判決の公表は、裁判所の両公用語でなされるものとする。

第七七条（判決への署名ならびに判決の言い渡しおよび通知）判決は、小法廷の長および書記により署名される。
２　判決は、公開の審理において、小法廷の裁判長または裁判長により委任された他の裁判官により朗読することができる。当事者の代表または代理人は、しかるべきときに当該審理の日を知らされる。かかる公開の審理が開かれない場合には、本条三項に規定する送達が、判決の言い渡しとなる。
３　判決は、閣僚委員会に送付される。書記は、その認証謄本を当事者、ヨーロッパ評議会事務総長、第三者その他の直接関係した者に送達する。正式に署名され押印された正本は、裁判所の文書庫に置かれる。

第七八条（判決その他の文書の公表）条約四四条三項に従って、裁判所の確定判決は、書記の責任において適当な形で公表される。書記は、さらに、選ばれた判決および決定の公式報告書ならびに裁判所長が公表するのが有益と考えた文書の公表について責任を負う。

第七九条（判決の解釈の要請）当事者は、判決の言い渡しから一年の期間内に当該判決の解釈を要請することができる。
２　この要請は書記に提出されなければならない。要請は、解釈が要請される主文中の論点を精確に述べなければならない。

3　原小法廷は、自己の発意により、要請の審理を正当化する理由がないということを根拠に、当該要請を却下することができる。原小法廷を構成することができない場合には、裁判所長は、くじ引きにより、小法廷の残りの構成員を満たすかまたは小法廷を構成する。

4　小法廷が要請を却下しないときには、書記は、他の当事者に要請を通知し、小法廷の裁判長が指定する期限内に書面による意見を提出するよう招請する。小法廷の裁判長はまた、小法廷が口頭審理を開くことを決定した場合には口頭審理の日を指定する。小法廷は判決により決定する。

第八〇条（判決の再審の要請）当事者は、その性質により決定的な影響を与えかねず、かつ、判決が言い渡されたときには裁判所に知られておらず当該当事者が合理的に知り得なかった事実が発見された場合には、当該当事者が当該事実を知ったときから六か月以内に、裁判所に対して判決の再審をするよう要請することができる。

2　この要請は、再審が要請される判決に言及し、前項に規定する条件が満たされていることを示すに必要な情報を含まなければならない。それには根拠となるあらゆる文書の写しを付すものとする。当該要請および根拠となる文書は、書記に提出されなければならない。

3　原小法廷は、自己の発意により、要請の審理を正当化する理由がないということを根拠に、当該要請を却下することができる。原小法廷を構成することができない場合には、裁判所長は、くじ引きにより、小法廷の残りの構成員を満たすかまたは小法廷を構成する。

4　小法廷が要請を却下しないときには、書記は、他の当事者に要請を通知し、小法廷の裁判長が指定する期限内に書面による意見を提出するよう招請する。小法廷の裁判長はまた、小法廷が口頭審理を開くことを決定した場合には口頭審理の日を指定する。小法廷は判決により決定する。

第八一条（決定および判決における誤りの訂正）判決の再審および申立の総件名簿への復活についての規定を害するこ

となく、裁判所は、自己の発意により、または、判決もしくは決定の言い渡しの日から一か月の期間内になされる当事者の要請により、書き誤り、計算上の誤りまたは明らかな間違いを訂正することができる。

第九章　勧告的意見

第八二条　勧告的意見に関する手続においては、裁判所は、条約四七条、四八条および四九条の規定に加えて、次の規定を適用する。裁判所はまた、適当であると認める限度で本規則の他の規定を適用する。

第八三条　勧告的意見の要請は、書記に提出されなければならない。この要請は、裁判所の意見が求められる問題を十分にかつ精確に述べなければならず、また、次のことを述べなければならない。

（a）閣僚委員会が条約四七条三項にいう決定を採択した日付

（b）裁判所が求める説明を与えるために閣僚委員会によって任命された者の名前および住所

要請には、問題の解明に役立ちうるすべての文書を付すものとする。

第八四条　要請を受領したときには、書記は、その写しを裁判所のすべての構成員に送付する。

2　書記は、締約国に、裁判所がその書面による意見を受領する用意があることを通報する。

第八五条　裁判所長は、書面による意見その他の文書の提出期限を定める。

2　書面による意見その他の文書は、書記に提出されなければならない。書記は、裁判所のすべての構成員、閣僚委員会およびすべての締約国にそれらの写しを送付する。

第八六条　書面手続の終了後に、裁判所長は、書面による意見を提出した締約国にその意見を口頭審理において展開する機会を与えるかどうかを決定する。

第八七条　裁判所は、勧告的意見の要請が条約四七条に定めるその諮問権限に属さないと認めるときには、理由を付した決定によりその旨宣言する。

第八八条　勧告的意見は、大法廷の多数決により与えられる。勧告的意見は、多数を構成する裁判官の数に言及する。
2　いずれの裁判官も、勧告的意見に賛成もしくは反対の個別意見または単なる反対の陳述を当該勧告的意見に付すことができる。
第八九条　勧告的意見は、公開の審理において裁判所長または裁判所長により委任された他の裁判官により公用語の一つで朗読されるものとする。閣僚委員会およびすべての締約国に事前の通知がなされなければならない。
第九〇条　勧告的意見または規則八七条に基づき与えられる決定は、裁判所長および書記によって署名される。正式に署名され押印された正本は、裁判所の文書庫に置かれる。書記は、閣僚委員会、締約国およびヨーロッパ評議会事務総長に認証謄本を送付する。

第一〇章　法律扶助

第九一条　小法廷の裁判長は、条約三四条に基づく申立を提出した申立人の要請または自己の発意により、規則五四条三項(b)に従って被告締約国からの当該申立の受理可能性に関する書面による所見が受領されれば直ちに、または、その提出期限が満了した場合には、主張の提出に関係する無料の法律扶助を申立人に与えることができる。
2　規則九六条を条件として、申立人が小法廷において主張の提出に関係する法律扶助を与えられていた場合には、かかる扶助は、大法廷におけるその主張の提出についてもその効力を維持する。
第九二条　法律扶助は、小法廷の裁判長が次のことを確認する場合にのみ与えられる。
(a)　小法廷における事件の適正な運営に必要であること
(b)　申立人が付随する費用の全部または一部にみあう十分な資力を有していないこと
第九三条　申立人が付随する費用の全部または一部にみあう十分な資力を有しているかどうかを決定するために、申立人は、自らの収入、資産および扶養親族に関する財政上の負担その他の財政上の債務を述べる宣言の書式に記入しなければならない。当該宣言は、適当な国内当局により証明されなければならない。
2　関係締約国は、書面による意見を提出するよう求められる。
3　前二項にいう情報を受領したのち、小法廷の裁判長は、法律扶助を与えるか否かを決定する。書記は、当事者にその決定を通報する。
第九四条　規則三六条四項に従って任命された弁護士その他の者には報酬が支払われうる。適当な場合、報酬は、二人以上のかかる代理人に支払うことができる。
2　法律扶助は、代理人の報酬に対してのみならず、申立人または任命された代理人が負う交通費、滞在費その他の必要な経費に対しても与えることができる。
第九五条　法律扶助を与える決定に際して、書記は、次のことを定める。
（a）効力を有する法律扶助等級表に従って支払われるべき報酬の等級
（b）支払われるべき経費の水準
第九六条　小法廷の裁判長は、規則九二条にいう条件がもはや満たされていないと認めるときはいつでも、法律扶助の付与を取り消しまたは変更することができる。

◆第三編　経　費　規　則

第九七条（裁判官の任期）条約第一一議定書が発効した日に裁判所の構成員であった裁判官の任期は、その日から起算する。
第九八条（部の長および次長の職）条約第一一議定書の発効から三年間は、
（a）裁判所次長を兼任しない二人の部長および部次長は、一八か月の任期で選挙される。
（b）部次長は、連続して再選されることはない。

第九九条（裁判所と人権委員会の関係）条約第一一議定書五条四項および五項の規定に基づき裁判所に付託される事件においては、裁判所は、人権委員会に対し、一人または二人以上のその委員に裁判所における事件の審理に参加することを委任するよう招請する。

2　前項にいう事件においては、裁判所は、条約の旧三一条に従って採択された人権委員会の報告書を考慮に入れる。

3　小法廷の裁判長が別段の決定をする場合を除き、かかる報告書は、事件が裁判所に付託されたのちできるだけ早く、書記を通じて公衆が閲覧できるものとする。

4　第一一議定書五条二項から五項までに基づき裁判所に付託された事件において、いずれの訴答書面をも含む人権委員会の事件綴りの他の部分は、小法廷の裁判長が別段の決定をする場合を除き、秘密のままとする。

5　人権委員会が証拠を取得したが条約の旧三一条に従って報告書を採択できなかった事件においては、裁判所は、かかる調査から生ずる逐語議事録、文書および人権委員会の代表団の意見を考慮に入れる。

第一〇〇条（小法廷および大法廷の手続）条約第一一議定書五条四項に従って裁判所に付託される事件においては、規則二四条六項に従って構成される大法廷の審査部会は、現存する事件綴りのみを基礎として、小法廷と大法廷のいずれが事件について決定するかを決定する。

2　事件が小法廷で決定される場合、小法廷の判決は、第一一議定書五条四項に従って確定的なものであり、規則七三条は適用されない。

3　第一一議定書五条五項に基づき裁判所に送付される事件は、裁判所長によって大法廷に提出される。

4　第一一議定書五条五項に基づき大法廷に送付される各事件について、大法廷は、規則二四条三項にいう集団の一つのうちから輪番制で指名される裁判官によってその構成員を満たされる。事件は、各集団に交互に割り当てられるものとする。

第一〇一条（法律扶助の付与）規則九六条を条件として、条約第一一議定書五条二項から五項までに基づき裁判所に付託される事件において、人権委員会または旧裁判所における手続において申立人に与えられている法律扶助は、裁判所における主張の提起のためにもその効力を維持する。

第一〇二条（判決の解釈または再審の要請）当事者が旧裁判所により言い渡された判決の解釈または再審を要請する場合には、裁判所長は、規則五一条または五二条に規定する条件に従って、当該要請を部の一つに割り当てる。

2　関係の部の部長は、規則七九条三項および八〇条三項にかかわらず、要請を審理するため新たな小法廷を構成する。

3　構成される小法廷は、職務上当然の構成員として、次の者を含む。

（a）部　長

および、関係の部の構成員であるか否かを問わず、

（b）関係締約国について選挙された裁判官、または、その者が裁判することができない場合、規則二九条に基づき任命される裁判官

（c）旧裁判所において判決を言い渡した原小法廷の構成員であった裁判所の裁判官

4（a）小法廷の他の構成員は、部長により関係の部の構成員からくじ引きで指名される。

（b）かくして指名されなかった部の構成員は、事件において補欠裁判官として裁判する。

◆第四編　最終条項

第一〇三条（規則の改正または運用停止）本規則のいずれの条も、通告ののち提出される動議に基づき、かかる動議が全員法廷の次の会期において裁判所のすべての構成員の多数によって採択される場合には、改正することができる。かかる動議の通告は、それが議論される会期の少なくとも一か月前に書記に書面により提出されなければならない。書記は、かかる動議の通告を受領すれば直ちに、裁判所のすべての構成員に通報する。

2　裁判所の内部的な作業方法に関する規則の条は、その旨の決定が関係の小法廷の全員一致によりなされる場合には、通告なしになされる動議に基づきその効力を停止することができる。この場合における規則の条の運用停止は、それが追求する特定の目的のために限定される。

第一〇四条（本規則の効力発生）本規則は、一九九八年一一月一日に効力を生ずる。

〈初出・原題一覧〉

序章　書き下ろし、ただし執筆途上で加筆修正して次に掲載。
「欧州評議会・欧州人権条約からみたヨーロッパ憲法秩序」
……………………中村民雄＝山元一編『ヨーロッパ「憲法」の形成と各国憲法の変化』
（信山社、二〇一二年三月）所収

◆第一部　総　説

第一章　原題「ヨーロッパ人権条約実施システムの歩みと展望」
……………戸波江二ほか編『ヨーロッパ人権裁判所の判例』（信山社、二〇〇八年九月）所収

第二章　原題「ヨーロッパ人権裁判所の組織と手続」……………………………………同右・所収

◆第二部　実施手続改革の国際的環境

第三章　原題「欧州審議会の人権保障活動と中・東欧」
……………外国学研究（神戸市外国語大学）三二号（一九九五年三月）一〇七頁以下

◆第三部　改革後の条約実施体制の構造

第四章　原題「ヨーロッパ人権条約における実施機構の改革と個人——実施機関における個人の「裁判をうける

権利」の視点から」……………法と民主主義三〇四号（一九九五年一二月）一三頁以下
第五章　原題「ヨーロッパ新人権裁判所――その設立と二年半余の活動」
……………………………国際人権一二号（二〇〇一年七月）一二頁以下
第六章　原題「重大・組織的な人権侵害とヨーロッパ人権条約制度――チェチェン紛争に対する対応を中心に」
……………………………法律時報八四巻九号（二〇一二年八月）六〇頁以下

◆第四部　条約実施機構改革の構造的基礎――旧制度の分析を通じて
第七章　原題「ヨーロッパ人権条約体制の確立――人権裁判所の管轄権受諾宣言の取り扱いを中心に」
……………………………田畑茂二郎編『二一世紀世界の人権』（明石書店、一九九七年一月）所収
第八章　原題「ヨーロッパ人権条約実施手続の司法的純化についての一考察――閣僚委員会の事件の実質的処理権限の分析を通じて」
……………………………国際法外交雑誌九八巻一＝二号（一九九九年六月）一二四頁以下

◆第五部　条約による国内の基本権救済手続の統制――「実効的な国内救済手段を得る権利」の可能性
第九章　原題「ヨーロッパ人権条約における「実効的な国内救済手段を得る権利」と条約上の権利の国内手続における援用可能性――条約一三条をめぐる人権裁判所判例の展開」
……………………………研究紀要（世界人権問題研究センター）三号（一九九八年三月）六五頁以下
第一〇章　右に同じ
第一一章　原題「入国管理措置に対する不服審査制度と権利侵害に対する実効的救済手段を得る権利――ヨーロッパ人権条約一三条に関する判例の展開の一側面」
……………………………研究紀要（世界人権問題研究センター）一一号（二〇〇六年三月）一七頁以下

補論　原題「EC／EU法における人権規範の展開——憲法秩序化への対外協力コンディショナリティのインパクト」……法政論集（名古屋大学）二二四号（二〇〇八年七月）三二七頁以下

終章　原題「ヨーロッパ人権条約における国内実施の進展と補完性原理——知のヘゲモニーと埋め込まれた不平等」……法律時報八〇巻五号（二〇〇八年五月）四八頁以下

◆付録Ⅰ　人権裁判所判例研究

第一　原題「ロイジドウ事件」……松井芳郎ほか編『判例国際法〔第二版〕』（東信堂、二〇〇六年五月）所収

第二　原題「国家間紛争と人権裁判所／軍事介入とそれにより生じた国の分断状況の人権問題としての取扱い——キプロス対トルコ事件」……戸波ほか編・前掲書所収

第三　原題「パイロット判決／多数の同種事案から選び出された一事件についての先行的判決における構造的違反是正措置の指示——ブロニオヴスキ判決」……同右・所収。※国際人権一六号（二〇〇五年一〇月）一二三頁以下の改訂版

◆付録Ⅱ　条文および関連資料

第一　原題「人権および基本的自由の保護のための条約（ヨーロッパ人権条約）」……戸波ほか編・前掲書所収

第二　原題「監督機構を再構成するヨーロッパ人権条約の改正議定書および説明報告書」……金沢法学三七巻一号（一九九五年一月）一六五頁以下

第三　原題「第一四議定書によるヨーロッパ人権条約実施手続等の改正」……法政論集（名古屋大学）二〇五号（二〇〇四年一二月）二〇五頁以下

第四　原題「ヨーロッパ新人権裁判所の規則」……法政論集（名古屋大学）一七七号（一九九九年三月）四七九頁以下

※以上については比較的大幅な加筆修正が加えられている。

〈本書に収録されていない著者による関連文献一覧〉

ヨーロッパ人権条約における国家の義務の性質変化——「積極的義務」をめぐる人権裁判所判決を中心に——(一)・(二・完)……法学論叢一一九巻二号(一九八六年五月)二六頁以下
……同一二一巻三号(一九八七年六月)七五頁以下

ヨーロッパ人権条約における教育権と差別禁止原則の一断面——いわゆる「ベルギー言語」事件を中心に……院生論集(京都大学法院会誌)一五号(一九八六年一二号)三三頁以下

EU東方拡大過程における人権・民主主義コンディショナリティ……法政論集二〇二号(二〇〇四年五月)七九頁以下

〔判例紹介〕ムスタキム事件……松井芳郎ほか編『判例国際法〔第二版〕』(東信堂、二〇〇六年五月)所収

〔判例紹介〕ゼーリング事件……同右・所収

EC対外関係協力協定における人権・民主主義の位置づけの変遷……佐分晴夫ほか編『グローバル化のなかの法整備支援』(名古屋大学法政国際教育協力研究センター、二〇〇七年三月)所収

ヨーロッパの機構……家正治＝小畑郁＝桐山孝信編『国際機構〔第四版〕』(世界思想社、二〇〇九年一〇月)所収

ヨーロッパ人権裁判所の五〇年……GLOBE グローブ(世界人権問題研究センター)五九号(二〇〇九年一〇月)一〇頁以下

個人に対する国連安保理の強制措置と人権法によるその統制——アルカイダ・タリバン制裁をめぐる最近の動向……国際問題五九二号(二〇一〇年六月)五頁以下

東アジアにおける地域的人権保障制度への展望——ヨーロッパにおける憲法秩序化過程の一解釈を通じた試論……法政論集(名古屋大学)二四五号(二〇一二年八月)二九九頁以下

人権条約機関における人権概念と判断手法——比例原則の位置づけと意義を中心に……比較法研究七五号(二〇一三年一二月)二二一頁以下

The Constitutionalization of European Human Rights Law: A Critical Study in a Process of International Law

Kaoru OBATA

In the aftermath of the Cold War, some have come to advocate for the concept of constitution or constitutionalism, not with respect to individual state orders, but at the level of regional and global orders. In Europe this concept is crystalized not only in ideas or plans, but in institutions. In particular, it is remarkable that the Treaty establishing a Constitution for Europe was signed in 2004 within the framework of the European Union (EU).

In this book, I discuss "constitutionalization" not within the framework of the EU, but mainly with respect to the European Convention on Human Rights (ECHR or Convention). The ECHR's contracting parties include the states such as Russia, Ukraine and the republics of the Caucasus, which have no prospects of becoming members of the EU or European Free Trade Area in near future. In other words, the ECHR is based, not on an integrated community, but on international society in Europe.

Nevertheless, the ECHR can be characterized as a constitutional order, at least in a sense. In sum, it is a constitution without integration. Then how has the constitutional system been built upon a non-integrated society? The process has certainly been international, while the product comprises a constitution. I will address the above question through international legal analysis.

It is submitted, first, that the highly symbolic nature of the ECHR, coupled with parallelism with the EU, constitutes a basis for the constitutional order. Second, a decisive momentum towards the constitutionalization derives from tension with the "outside" or "peripheral". Third, in the field of human rights protection, the highly judicialized system ensuing from constitutionalization has radically undermined the decisionmaking system seeking the greatest common divisor of the nations' wills through

intergovernmental negotiation. Such a system shows its limits in situations combined with political structures. At least, parallel efforts mobilizing ombudspersons or other procedures would be necessary to address such situations.

The contents of the book are summarized as follows:

Introductory Chapter — Seeking a Basis and Momentum towards the Constitutionalization of European Regional Order
Part I — General Overview
Part II — International Background of the Reform of the Convention System
Part III — Structure of the Convention System after Reform
Part IV — Structural Basis of the Reform: Analysis of the Old System
Part V — Control over Domestic Remedies by the Convention
Addendum — Developments in EU Human Rights Norms
Concluding Chapter — Efforts to incorporate the Convention into Domestic Legal Orders and the Principle of Subsidiarity

I have published the following English articles and papers related to the Book, or parts thereof:

"Towards a Pluralistic Conception of Human Rights Protection: *Kadi,* ECJ and the Never-ending 'Conundrum of High and Low Standards'". Paper presented at the Symposium on "Contextual Approach to Human Rights and Democracy" — Dialog between Europe and Japan, Council of Europe, Strasbourg, February 18–19, 2013.

"Perspectives for Convergence of the Concepts of Human Rights Protection in Europe and Japan: A View from their Historical Contexts", *ibid.*

"Perspectives for a Regional Human Rights Regime in East Asia: How should Asians interpret the History of European Regional Constitutionalization?" Paper presented at the Annual Conference of the Japan Chapter of the Asian Society of International Law, Surugadai, Meiji University, 25 June 2011.

"Hidden Inequality under Intellectual Hegemony: European Convention on Human Rights, its Incorporation into Domestic Legal Systems, and Principle of Subsidiarity".

Paper presented at the Signing of a Memorandum of Understanding between Institute for East European Law (IOR) and Centre for Asian Law Exchange, Nagoya University, IOR, Regensburg, Germany, September 2009.

"Multi-layered Fundamental Rights Protection in Integrated Europe from the Japanese Perspective: Introductory Note to Papers presented at a Symposium held in Nagoya, Japan, in November 2010", 5(2) *Vienna Journal on International Constitutional Law* (2011) 156.

"Human Rights Conditionality in the EU Eastern Enlargement Process: A Catalyst for Constitutionalization?" in: Kiichiro Yagi and Satoshi Mizobata (eds.), *Melting Boundaries: Institutional Transformation in the Wider Europe* (Kyoto University Press, 2008), p. 92 ff.

"Human Rights Conditionality in the EU Enlargement Process: Its Contents and Functions" in *Legal and Political Aspects of the Contemporary World* (Center for Asian Legal Exchange, Nagoya University, 2007), p. 45 ff.

The book regards constitutionalization not as a natural development of European values, but rather as a political *epoché* resulting from political responses towards the "outside" or "peripheral". It is not, however, an attempt to wound European pride. I would like to learn much from Europeans not only in their developed ideas but also in their process entailing bitter struggles, which would be the richest source of lessons for East Asians. I would like to take this opportunity to express my sincere regard to Europeans who have been, and are still devoting themselves to constructing a peaceful and cooperative continent. This book, therefore, comprises a product of my respect for Europe. In preparation of the book, I owed much to many people. Besides those mentioned in the Japanese Preface, my special thanks go to the following persons: Late Professor Jean-François Flauss, Dr. Andrew Drzemczewski, Dr. Vincent Berger, Professor Luzius Wildhaber, Mr. President Jean-Paul Costa, Dr. Jörg Polakiewicz, Dr. Schnutz Rudolf Dürr, Professor Andrew Williams, and last but not least, (former) staff members of the Library of the European Court of Human Rights, in particular, Mr. Giegfried Bein and Ms. Nora Binder. Let me emphasize, however, that the sole responsibility for the content of the book remains in the present author alone.

事項索引

あ　行

アルゼンチンとの協定（EC の）………299
委員会（committee）…………………65, 122
EC　→ヨーロッパ共同体
EPC(ヨーロッパ政治共同体)規程
　条約草案 ………………………………19
EU 基本権局 ……………………………312
ウィーンサミット会議 …………………151
ウィーン宣言 ……………………210, 425
ウェンズベリ原則 ………………251, 264

か　行

回付（大法廷への）……………72, 125, 428
拡大過程におけるコンディショナリティ
　（EC の）……………………………315
閣僚委員会（ヨーロッパ評議会）…59, 177
　――の決定拒否 ………………………199
加盟条件（EU への）………………303-304
議員会議（ヨーロッパ評議会）………17, 59
「基本権」（「人権」も見よ）……………287
基本権統制のアポロジーとしての性格
　……………………………………290
「客観的」性格 …………………………152
客観性 ……………………………331, 333
救済措置特定権限（人権裁判所の）……367
旧裁判所
　――の小法廷 …………………………62
　――の全員法廷 ………………………62
　――の大法廷 …………………………62
経済的、社会的および文化的協力なら
　びに集団的自衛に関する条約 …………16
形式的処理権限（事件の）………………179
憲法秩序 …………………………6, 285
　――の第 2 の観念 ………………10, 215
高低差のあるスタンダードという難問…291
衡平な満足 ………………………………73
国際・国内裁判官の対話 ………………331
国際人権規約 ……………………………46
国籍裁判官 ………………………………67
国内的救済原則 …………………………218
コペンハーゲン基準 ……………303, 306

さ　行

再審査（「上訴」も見よ）………………429
裁判官（人権裁判所の）……………64, 114
暫定措置 …………………………………68
CSCE ウィーン再検討会議の総括文書
　…………………………………83, 302
時間的制限（人権裁判所管轄権の）
　……………………………158, 340
実効的な国内救済手段を得る権利 ……216
実質的処理権限（事件の）………………177
司法化 …………………31, 134, 178, 321, 331
諮問会議（ヨーロッパ評議会）…………17
「周辺」や「外部」との対抗 ………………30
受容（条約の）…………………237, 321
受理可能性 ………………………………60
上　訴 ……………………67, 72, 125, 429
上訴手続 …………………………………110
上訴要件 …………………………………446
上訴理由 …………………………………110
小法廷 ……………………………65, 66, 117
条約13条
　――の権利性 …………………………217
　――の自律性 …………………………222
書記局 ……………………………………119
「人権」（「基本権」も見よ）……………287
人権の大規模重大侵害 …129, 136, 208, 222
選択条項 …………………………………40
選択条項受諾宣言 ………………………152
相互条件（人権裁判所の管轄権受諾に
　ついての）……………………………158
「相当な不利益」…………………………477

た　行

対外協力人権コンディショナリティ
　（EC の）……………………………298

第３次ロメ協定（ECの）……………299
第４次ロメ協定（ECの）……………299
第９議定書……………………62, 105
第11議定書……………………101
第14議定書……………………52
大法廷……………………65, 117
——の審査部会……………66, 111, 118
多層的人権保障……………………32
単独裁判官……………………456
チェチェン紛争……………………141
調査（人権裁判所による）……………71
「統合」構想……………………421, 422

な　行

２審制案……………………423

は　行

パイロット判決……………………15, 366
発展的解釈……………………230
パラレリズム（EC／EUとヨーロッパ人権条約との）……………………16
判決の執行（監視）……………14, 15, 74
判例法……………………152, 230, 231
部（人権裁判所の）……………64, 66, 117
不履行確認訴訟……………54, 145, 456, 486
ブリュッセル条約……………………16
ヘルシンキ宣言……………………79
「弁論しうる主張」……………………223
報告裁判官……………………107, 121, 428
補完性原理……………………53, 326
本案審理を行う簡易手続……………456

や　行

友好的解決手続……………………70, 123
ヨーロッパ安全保障協力会議の最終決定書（「ヘルシンキ宣言」を見よ）
ヨーロッパ協定（ECの）…………302, 304
ヨーロッパ共同体……………………19
ヨーロッパ人権委員会………xxxii, 59, 266
ヨーロッパ人権裁判所……………xxxii, 37
ヨーロッパ人権条約……………xxxi, 39
——への加入……………………296
「ヨーロッパの国」……………………87
ヨーロッパ評議会…………xxxi, 17, 40, 81
——における権利停止および除名……14
——への加盟……………………88
ヨーロッパ評議会加盟32か国の元首・政府首脳会議（「ウィーン・サミット会議」を見よ）
ヨーロッパ評議会規程……………………17
ヨーロッパ評議会事務総長による説明提供要求……………………142

ら　行

リスボン条約……………………27, 285, 296
領域的制限（人権裁判所管轄権の）……………158, 160, 340, 343
６か月ルール……………………60, 61

人名索引

阿部浩己 ……331, 333
アンベール →IMBERT
ウィリアムス →WILLIAMS
ヴィルトハーバー →WILDHABER
江島晶子 ……12, 267, 331, 333
遠藤乾 ……8, 22
北村泰三 ……237, 333
ケルゼン，ハンス（KELSEN, Hans）……54
佐藤文夫 ……73, 197
ジェムツェヴスキ →DRZEMCZEWSKI
庄司克宏 ……51, 288
須網隆夫 ……33, 288, 298
芹田健太郎 ……63, 155, 189, 197, 221
祖川武夫 ……184, 187, 316
田岡良一 ……155, 161
徳川信治 ……135, 147
戸田五郎 ……49, 104, 155
フィッツモーリス →FITZMAURICE
ペスカトール →PESCATORE
ベルンハルト →BERNHARD
前田直子 ……135
マホーニー →MAHONEY
最上敏樹 ……22
薬師寺公夫 ……179, 183
リスダル →RYSSDAL
ルーカイデス →LOUCAIDES
ロイプレヒト →LEUPRECHT
ワイラー →WEILER

欧文

BATES, Edward ……27
BERGER, Vincent ……121, 124
BERNHARD, Rudolf ……240, 244
BLACKBURN, Robert ……325
CAMERON, Iain ……161
CLAPHAM, Andrew ……292, 300
DE BÚRCA, Gráinne ……288, 311, 313
DRZEMCZEWSKI, Andrew ……110, 111, 204, 210
FITZMAURICE, Gerald ……45
FLAUSS, Jean-François ……248, 491
GOLSONG, Heribert ……164
IMBERT, Pierre-Henri ……163, 165, 168, 169
LEUPRECHT, Peter ……51, 183
LOUCAIDES, Loukis G. ……355, 358
MAHONEY, Paul ……129, 131
MARTENS, Sibrand Karel ……260
MELCHIOR, Michel ……260
PESCATORE, Pierre ……23, 26
PETTITI, Louis-Edmond ……180
PETZOLD, Herbert ……329
POLAKIEWICZ, Jörg ……217, 325
RYSSDAL, Rolv ……12, 330, 332
SIMPSON, A. W. Brian ……44
STARACE, Vincenzo ……161
SUDRE, Frédéric ……39, 154
TRECHSEL, Stefan ……103
WEILER, Joseph H. H. ……8, 292
WILDHABER, Luzius ……51, 53, 55, 327, 331, 333, 370
WILLIAMS, Andrew ……298, 313

判例索引

※□内の数字は、『ヨーロッパ人権裁判所の判例』（信山社）の判例番号である。

ヨーロッパ人権条約機関

ヨーロッパ人権委員会

Austria v. Italy, Report, 30 March 1963 ……188, 189
Belgian Linguistic case, Report, 24 June 1965 ……164
Chahal v. UK, Report, 27 June 1995 ……266, 268
Cyprus Case, The First, Report, 26 September 1958 ……43, 44, 199, 222
Cyprus Case, The Second, Report, 8 July 1959 ……43, 44
Cyprus v. Turkey (Applications Nos. 6780/74, 6950/75), Report, 10 July 1976 ……139, 140, 222, 354, 357
Cyprus v. Turkey (Application No. 8007/77), Report, 4 October 1983 ……139, 140, 222, 354, 357
Cyprus v. Turkey (Application No. 25781/94), Report, 4 June 1999 ……139, 140
East African Asians v. UK, Report, 15 December 1973 ……44, 45
France, Norway, Denmark, Sweden and The Netherlands v. Turkey, Report, 7 December 1985 ……48, 49
Grandrath v. FRG, Report, 12 December 1966 ……200, 203
Greek Case, The, Report, 5 November 1969 ……42, 44, 136, 137, 222
Ireland v. UK, Report, 25 January 1976 ……137, 138
Silver and Others v. UK, Report, 11 October 1980 ……235, 237, 242, 244, 248
Soering v. UK, Report, 19 January 1989 ……252, 253
Warwick v. UK, Report, 18 July 1986 ……249, 250
Webster v. UK, Decision, 3 March 1978 ……222
X v. Italy, (Application No. 6323/73), Decision, 4 March 1976 ……171
X., Cabales and Balkandali v. UK, Report, 12 May 1983 ……249, 250
Young and James v. UK, Decision, 11 July 1977 ……222
Young, James and Webster v. UK, Report, 14 December 1979 ……218, 221, 256
Yousef v. UK, Report, 30 June 1992 ……268, 271

ヨーロッパ人権裁判所（特記しない限り判決）

A

Abdulaziz, Cabales and Balkandali v. UK [PC], 28 May 1995 ……238-241, 244, 246, 248
Abuyeva & Others v. Russia, 2 December 2010 ……144, 145
Airey v. Irland, 9 October 1979 ……226, 227, 230
Al-Nashif v. Bulgaria, 20 June 2002 ……269-271, 273, 275
Azinas v. Cyprus [GC], 28 April 2004 ……72

B

Banković and Others v. Belgium and 16 Other NATO Countries [GC], Decision, 12 December 2001 *6* ……58, 344, 345

Barberà, Messegué and Jabardo v. Spain, 6 December 1988 ……170, 171
Belgian Linguistic case (Merits) [PC], 23 July 1968 78 ……44, 45, 203, 327, 329
Belgian Linguistic case (Preliminary Objections) [PC], 9 February 1967 ……164, 165
Bosphorus Hava Yolları Turizm ve Ticaret Anonim Şirkreti v. Ireland [GC], 30 June 2005 2 ……53, 55, 317, 328, 330
Boyle and Rice v. UK [PC], 27 April 1988 ……223, 225, 247, 249
Broniowski v. Poland [GC], 22 June 2004 10 ……53, 55, 76, 134, 135, **361–370**

C

Campbell and Fell v. UK, 28 June 1984 ……238, 240
Chahal v. UK [GC], 15 November 1996 15 ……265–267, 272, 274
Conka v. Belgium, 5 February 2002 ……276–280
Cyprus v. Turkey [GC], (Application No. 25781/94) 10 May 2001 4 …54, 55, 139, 140, **347–359**

D

D. v. UK, 2 May 1997 ……264, 267

E

Engel and Others v. The Netherlands [PC], 8 June 1976 17 ……26, 47

G

Golder v. UK [PC], 21 February 1975 41 ……44, 45, 202, 204
Guzzardi v. Italy, 6 November 1980 ……47

H

Handyside v. UK [PC], 7 December 1976 18 ……327, 329
Hilal v. UK, 6 March 2001 ……264, 267

I

Ireland v. UK [PC], 18 January 1978 23 ……44, 45, 47, 137, 138, 222, 237, 238
Isayeva v. Russia, 24 February 2005 ……145
Isayeva, Yusupova and Bazayeva v. Russia, 24 February 2005 5 ……54, 55, 145

J

Jabari v. Turkey, 11 July 2000 ……268, 276, 279
James and Others v. UK, 21 February 1986 ……221, 247, 248

K

K. and T. v. Finland, 27 April 2000 ……125, 126
Khashiyev and Akayeva v. Russia, 24 February 2005 ……143, 145
Kjeldsen, Busk Madsen and Pedersen v. Denmark, 7 December 1976 75 ……166, 167
Klass and Others v. FRG [PC], 6 September 1978 ……223–226, 228, 229, 231, 272, 274
Kudła v. Poland [GC], 26 October 2000 19 ……53, 55, 328–330

L

Loizidou v. Turkey (Merits) [GC], 18 December 1996 ……58, **337–345**
Loizidou v. Turkey (Preliminary Objections) [GC], 23 March 1995 9 ……9, 12, 105, 173, 175, **337–345**

M

Mamatkulov and Asakarov v. Turkey [GC], 4 February 2005 20 ……70
Marckx v. Belgium [PC], 13 June 1979 58 ……47

N
National Union of Belgian Police v. Belgium, 27 October 1975 ……47
Neumeister v. Austria, 27 June 1968 ……204
P
Pisano v. Italy, 27 July 2000 ……127
Pisano v. Italy [GC], 24 October 2002 ……127
R
Ringeisen v. Austria, 16 July 1971 ……167
S
Silver and Others v. UK, 25 March 1983 [31] ……223, 225, 234–238, 242, 244–246, 248, 272, 274
Soering v. UK [PC], 7 July 1989 [14] ……252–254, 264, 267, 276, 279
Sunday Times, The v. UK [PC], 26 April 1979 ……47
Sunday Times, The v. UK (Article 50) [PC], 6 November 1980 ……47
Swedish Engine Drivers' Union Case, 9 February 1976 ……167, 228, 231
T
Tyrer v. UK, 25 April 1978 [16] ……26, 47, 168, 169, 230, 231
V
Valsamis v. Greece, 18 December 1996 ……226
Vilvarajah and Others v. UK, 30 October 1991 ……254, 256, 264, 267, 279
W
Wemhoff v. FRG, 27 June 1968 ……167

◆ **ヨーロッパ評議会閣僚委員会**（すべて決議）

Abdulaziz, Cabales and Balkandali v. UK, 28 June 1985 ……246, 248
Cyprus Case, The First, 20 April 1959 ……198, 199
Cyprus Case, The Second, 14 December 1959 ……199
Cyprus v. Turkey (Applications Nos. 6780/74 and 6950/75), 20 January 1979 ……139, 140, 200, 204–206, 354, 357
Cyprus v. Turkey (Application No. 8007/77), 2 April 1992 ……139, 140, 200, 205, 207
Dobbertin v. France, 29 September 1988 ……200, 205, 206
Dores and Silveira v. Portugal, 11 April 1985 ……200
Draper v. UK, 2 April 1981 ……207
East African Asians v. UK, 21 October 1977 ……200, 202, 204, 206
Eggs v. Switzerland, 19 October 1979 ……200, 204, 206
Garzarolli v. Austria, 13 December 1991 ……200
Glaser et al. v. Austria, 5 June 1965 ……199
Grandrath v. FRG, 29 June 1967 ……201, 203
Greek Case, The, 15 April 1970 ……44, 137
Gritscherneder v. Germany, 3 February 1994 ……200
Hilton v. UK, 24 April 1979 ……202, 204
Houart v. Belgium, 25 September 1987 ……207
Huber v. Austria, 15 April 1975 ……200, 202, 204

Inhabitants of Les Fouron v. Belgium, 30 April 1974 ……200, 204, 206
Ireland v. UK, 27 June 1978 ……138
Kiss v. UK, 19 April 1978 ……202, 204
Marijnissem v. The Netherlands, 25 February 1985 ……207
McVeigh, O'Neil and Evans v. UK, 24 March 1982 ……201, 204
Ofner and Hopfinger v. Austria, 5 April 1963 ……203
P. v. Austria, 13 December 1991 ……200
Pannetier v. Switzerland, 30 May 1986 ……199
Pataki and Dunshrin v. Austria, 16 September 1963 ……203
Plischke v. Austria, 9 April 1965 ……199
Preikhzas v. FRG, 19 October 1979 ……199
Sargin and Yagci v. Turkey, 14 December 1993 ……200
Silva v. Portugal, 3 February 1994 ……200
Warwick v. UK, 2 March 1989 ……200, 207, 250
Yousef v. UK, 19 October 1995 ……269, 271
Zeidler-Kornmann v. FRG, 28 June 1968 ……203

EU 司法裁判所（特記しない限り判決）

Accession by the Community to the Convention for the Protection of Human Rights and Fundamental Freedoms, Opinion, 28 March 1996 ……296, 297
Elliniki Radiophonia Tileorassi AE and Panellinia Omospondia Syllogon Prossopikou v. Dimitori Etairia Pliroforissis and Sotirios Kouvelas and Nicolaos Avdellas and Others, 18 June 1991 ……295
Hauer v. Land Rheinland-Pfalz, 13 December 1979 ……26, 289, 290, 292
Internationale Hadelsgesellschaft v. Einfuhr und Vorratstelle für Getreide und Futtermittel, 17 December 1970 ……23, 26, 289, 290, 292
Kadi and Al Barakaat v. Council and Commission [GC], 3 September 2008 ……28, 29
Nold et al. v. Commission, 14 May 1974 ……23, 26
Stauder v. City of Ulm, 12 November 1969 ……23, 26, 289, 292
Wachauf v. Bundesamt für Ernährung und Forstwirtschaft, 13 July 1989 ……293, 295

国際司法裁判所

La Grand Case, 27 June 2001 ……70

邦語事件名

あ 行

アイルランド対イギリス →Ireland v. UK
アイレー →Airey
アブエヴァ →Abuyeva
アブドゥルアジス →Abdulaziz
アルナシーフ →Al-Nasif
ヴァハウフ →Wachauf
ヴァルサミス →Valsamis

ヴィルワラヤー →Vilvarajah
ウォリック →Warwick
エッグズ →Eggs
エンゲル →Engel
オーストリア対イタリア →Austria v. Italy
か 行
カディ →Kadi
キェルドセン →Kjeldsen
キス →Kiss
キプロス対トルコ →Cyprus v. Turkey
第一・第二申立（第一次申立） →Applications Nos. 6780/74 and 6950/75
第三申立（第二次申立） →Application No. 8007/77
第四申立（第三次申立） →Application No. 25781/94
キャンベル・フェル →Campbell and Fell
ギリシャ事件 →Greek Case, The
クドワ →Kudła
クラス →Klass
グランドラート →Grandrath
国際商事会社事件 →Internationale Hadelsgesellschaft ……290
ゴルダー →Golder
さ 行
ジェームズ →James
ジャバリ →Jabari
シュタウダー →Stauder
シルヴァー →Silver
スウェーデン機関士組合事件 →Swedish Engine Drivers' Union Case
ゼーリング →Soering
た 行
第一・第二キプロス事件 →Cyprus Case, The First, The Second ……43
タイラー →Tyrer
チェチェン文民攻撃事件 →Isayeva, Yusupova and Bazayeva v. Russia
チャハル →Chahal
チョンカ →Conka
東部アフリカのアジア系住民事件 →East African Asians v. UK
ドッベルタン →Dobbertin
な 行
ノイマイスター →Neumeister
ノルト →Nold
は 行
ハウワー →Hauer
バルベーラ →Barberá
バンコビッチ →Banković

ヒラル　→Hilal
ヒルトン　→Hilton
フーバー　→Huber
ブロニオヴスキ　→Broniowski
ベルギー言語事件　→Belgian Linguistic Case
ボスポラス航空会社事件　→Bosphorus Hava Yolları Turizm ve Ticaret Anonim Şirkreti v. Ireland
ま　行
マクヴェイ　→McVeigh
や　行
ヤング　→Young
ユーセフ　→Yousef
ら　行
レフーロン住民事件　→Inhabitants of Les Fouron v. Belgium
ロイツィドゥ　→Loizidou

〈著者紹介〉
小 畑　郁（おばた かおる）
1959年　大阪府堺市に生まれる
1982年　京都大学法学部卒業
1987年　京都大学大学院法学研究科博士課程退学(学修指導認定)、
神戸商船大学講師、金沢大学助教授等を経て
現　在　名古屋大学大学院法学研究科教授

〈主要著作〉
「国際責任論における規範主義と国家間処理モデル」国際法外交雑誌101巻1号（2002年）
「近代国際法における外国人の身体・財産の一般的・抽象的保護観念の登場」『21世紀国際法の課題』（有信堂、2006年）
「請求権放棄条項の解釈の変遷」『講座 国際人権法1 国際人権法と憲法』（信山社、2006年）
「戦間期における個人の国際法主体性論の再検討」国際法外交雑誌109巻2号（2010年）
「降伏と占領管理の中の秩序思想」『日本の外交 3 外交思想』（岩波書店、2013年）

学術選書
130
国際法

ヨーロッパ地域人権法の憲法秩序化
――その国際法過程の批判的考察――

2014(平成26)年8月15日　第1版第1刷発行　3252-0101
6730-3　P592. ¥8800E : b050-150

著 者　小 畑　郁
発行者　今井 貴 渡辺左近
発行所　株式会社 信山社
〒113-0033　東京都文京区本郷6-2-9-102
Tel 03-3818-1019　Fax 03-3818-0344
henshu@shinzansha.co.jp
エクレール後楽園編集部 〒113-0033 文京区本郷1-30-18
笠間才木支店 〒309-1600 茨城県笠間市才木515-3
笠間来栖支店 〒309-1625 茨城県笠間市来栖2345-1
Tel 0296-71-0215　Fax 0296-72-5410
出版契約 2014-6730-3 Printed in Japan

 印刷・製本／松澤印刷・牧製本
ISBN978-4-7972-6730-3 C3332 NDC329.100-a013 国際法
6730-012-050-015